LOIS DES BÂTIMENS,

OU

LE NOUVEAU DESGODETS,

ÉDITION STÉRÉOTYPE

FAITE

AU MOYEN DE MATRICES MOBILES EN CUIVRE,

PROCÉDÉ D'HERHAN.

———

TOME PREMIER.

AVIS SUR LA STÉRÉOTYPIE.

La Stéréotypie, ou l'art d'imprimer sur des planches solides que l'on conserve, offre seule le moyen de parvenir à la correction parfaite des textes. Dès qu'une faute qui seroit échappée est découverte, elle est corrigée à l'instant et irrévocablement; en la corrigeant, on n'est point exposé à en faire de nouvelles, comme il arrive dans les éditions en caractères mobiles. Ainsi, le public est sûr d'avoir des livres exempts de fautes, et de jouir du grand avantage de remplacer, dans un ouvrage composé de plusieurs volumes, le tome manquant, gâté ou déchiré.

———

Nous invitons les personnes qui découvriront des fautes dans le texte des éditions stéréotypes, à nous les indiquer; elles recevront de suite, et sans frais, un exemplaire où les fautes seront corrigées.

———

Chez GARNERY, Libraire, rue de Seine, hôtel Mirabeau;
Et chez H. NICOLLE, rue de Seine, n° 12, hôtel de la Rochefoucauld.

LOIS DES BÂTIMENS,

OU

LE NOUVEAU DESGODETS,

TRAITANT,

SUIVANT LES CODES NAPOLÉON ET DE PROCÉDURE,

1° LES SERVITUDES en général, et particulièrement l'écoulement des eaux; le bornage, les clôtures, les murs mitoyens; les contre-murs pour les cheminées, fours et fourneaux; les vues chez le voisin, les fossés, les haies et autres plantations; le droit de passage, le tour d'échelle, la fouille des mines, le trésor;

2° LES RÉPARATIONS occasionnées par vice de construction, par accidens et par vétusté; ce qui comprend la garantie des architectes, entrepreneurs et ouvriers; les devis et marchés; le privilége sur les constructions; les cas fortuits; les travaux faits chez le voisin; les incendies; les réparations locatives, usufruitières et de propriété;

3° LES FORMES prescrites pour les visites des lieux, et les rapports d'experts, avec des modèles d'actes pour ces diverses procédures.

OUVRAGE nécessaire, non-seulement à toutes les personnes employées dans l'ordre judiciaire, mais encore aux architectes, aux entrepreneurs, aux propriétaires, aux locataires et fermiers, et à tous ceux qui régissent des biens.

PAR P. LEPAGE, ANCIEN AVOCAT.

A PARIS,

CHEZ GARNÉRY, LIBRAIRE, RUE DE SEINE.

DE L'IMPRIMERIE STÉRÉOTYPE DE MAME, FRÈRES
RUE DU POT-DE-FER, n° 14.
1811

TABLE
DES CHAPITRES, SECTIONS,
ARTICLES, ET PARAGRAPHES.

TOME I.
PREMIÈRE PARTIE.

DES SERVITUDES. . . . . Pag. **3**

CHAPITRE PREMIER.

DE L'ORIGINE DES SERVITUDES . . . . *Ibid.*

ART. Ier. Des servitudes personnelles . . . . *Ibid.*

    II. Des servitudes mixtes. 5

    II. Des servitudes réelles **7**

CHAPITRE II.

DE LA NATURE DES SERVITUDES RÉELLES, ET DE LEURS ESPÈCES. . 8

ART. Ier. De la nature des servitudes réelles . . . . *Ibid.*

    II. Combien il y a d'espèces de servitudes réelles. . . . 12

CHAPITRE III.

DES SERVITUDES NÉCESSAIRES, OU LOIS DU VOISINAGE. 14

SECTION PREMIÈRE.

DES SERVITUDES NATURELLES. 15

ART. Ier. De l'écoulement des eaux d'un héritage supérieur

    sur l'inférieur. 16

    II. Des sources d'eau. 18

    III. Des eaux courantes. 21

    IV. Du bornage. 24

    § Ier. Ce que c'est que l'action de bornage, et de quelle

        nature elle est. . . . . *Ibid.*

    § II. Par qui le bornage peut être requis. 26

    § III. Contre qui le bornage doit être requis. 28

    § IV. Des formalités du bornage. 30

    § V. Des frais de bornage, et des peines contre ceux qui

        déplacent les bornes. 34

ART. V. Du droit de clôture. 35

SECTION II.

DES SERVITUDES LÉGALES. . . . . Pag. 37
ART. Ier. Des murs mitoyens. 39
  § Ier. Quels murs sont mitoyens. . . . . *Ibid.*
  § II. A quelles marques on reconnaît qu'un mur n'est pas
         mitoyen. 43
  § III. Aux frais de qui est l'entretien d'un mur mitoyen. . 47
  § IV. Comment s'évalue la contribution à l'entretien d'un
         mur mitoyen. 49
  § V. Quand on peut exiger la réparation, ou la recons-
         truction d'un mur mitoyen. 54
  § VI. Comment on peut se dispenser des réparations d'un
         mur mitoyen. 55
  § VII. Quel usage on peut faire d'un mur mitoyen. 58
  § VIII. De l'exhaussement d'un mur mitoyen. 67
  § IX. Comment un mur qui n'est pas mitoyen peut le de-
         venir. 77
  § X. Comment l'exhaussement d'un mur peut devenir
         mitoyen. 91
  § XI. Quand on peut forcer son voisin à faire une clôture
         à frais communs. 96
  § XII. Du cas où les divers étages d'une maison appartien-
         nent à différens propriétaires. 107
  § XIII. Ce que deviennent les servitudes, quand on re-
         construit un mur mitoyen. 119
ART. II. Des contre-murs. 122
  § Ier. Observations générales. *Ibid.*
  § II. Des puits. 126
  § III. Des fosses d'aisance. 136
  § IV. Des cheminées et âtres. 145
  § V. Des forges, fours et fourneaux. 154
  § VI. Des étables. 158
  § VII. Des magasins de sel, et des amas de matières corro-
         sives. 160
  § VIII. Des voûtes de caves. 163
  § IX. Des contre-murs entre deux héritages qui ne sont
         pas de même niveau. 167
ART. III. Des vues sur les propriétés voisines. 171
  § Ier. Des vues de souffrance. 172
  § II. Des vues légales. 179
  § III. De la manière d'établir des vues légales. 185
  § IV. Des vues droites. 196
  § V. Des vues de côté, ou obliques. 204

Art. IV. De l'égout des toits...........................Pag. 208
       V. Des fossés mitoyens........................... 212
      VI. Des haies mitoyennes.......................... 219
     VII. Des plantations près d'un héritage voisin........ 224
    VIII. Du droit de passage légal...................... 236

  § Ier. En quoi consiste le droit de passage légal........ Ibid.
  § II. De l'indemnité due pour le passage légal........ 238
  § III. Par qui est dû le passage légal................. 240

Art. IX. Du tour d'échelle............................ 243

  § Ier. Du tour d'échelle, considéré comme servitude.... 244
  § II. De l'échellage................................ 251
  § III. De la ceinture............................... 259

Art. X. Du droit de fouiller des mines................ 261

  § Ier. Des mines en général......................... Ibid.
  § II. Des mines dont la disposition est réservée au Gou-
        vernement................................... 263
  § III. Des mines de fer............................. 266

Art. XI. Du trésor................................... 269

  § Ier. Ce qu'on entend par trésor, et à qui il appartient.. Ibid.
  § II. Application des principes concernant le trésor.... 272

CHAPITRE IV.

Des servitudes volontaires......................... 276

Art. Ier. Quelles servitudes peuvent être établies volontai-
        rement...................................... Ibid.
       II. Par qui les servitudes volontaires sont établies.... 281

  § Ier. Par qui un héritage peut être grevé de servitude... Ibid
  § II. Par qui un héritage peut être avantagé d'une servi-
        tude.. 284

Art. III. Comment s'établissent les servitudes volontaires... 286

  § Ier. Comment les servitudes s'établissent par titres.... Ibid
  § II. Des servitudes qui s'établissent par prescription.... 292
  § III. Des servitudes établies par destination du père de
        famille...................................... 298

CHAPITRE V.

Des droits résultans des servitudes.................. 302

Art. Ier. Comment se règle l'usage des servitudes......... Ibid.

  § Ier. Moyens généraux d'éviter les contestations relatives
        à l'usage des servitudes........................ 303

§ II. Principes à suivre pour régler l'usage des servitudes. Pag. 305
§ III. Du cas où l'un des héritages est divisé.   308
§ IV. Des cas où la servitude est réciproque.   312

Art. II. Droits du propriétaire de l'héritage dominant.   314

§ Ier. Des ouvrages nécessaires pour user d'une servitude.   *Ibid.*
§ II. De l'action du propriétaire dominant contre le pro-
       priétaire servant.   318

Art. III. Obligations du propriétaire de l'héritage dominant.   321

§ Ier. Aucun ouvrage capable d'aggraver la servitude
       ne peut être fait par le maître de l'héritage domi-
       nant. . . . .   *Ibid.*
§ II. Si le propriétaire du fonds dominant peut faire sur
       le fonds servant des travaux qui rendent la ser-
       vitude plus agréable ou moins onéreuse.   323
§ III. Quels changemens peuvent être faits sur l'héritage
       dominant.   324
§ IV. Des changemens faits sur l'héritage dominant, quand
       ils diminuent la servitude.   326

Art. IV. Droits du propriétaire de l'héritage servant.   329
     V. Obligations du propriétaire de l'héritage servant. . .   333

§ Ier. Ce que doit souffrir le propriétaire de l'héritage
       servant. . . . .   *Ibid.*
§ II. Quels changemens peuvent être faits à l'héritage
       servant.   336

CHAPITRE VI.

COMMENT S'ÉTEIGNENT LES SERVITUDES.   338

Art. Ier. Comment les servitudes s'éteignent par titre.   339

§ Ier. Quelles servitudes s'éteignent par titre. . . . .   *Ibid.*
§ II. Par qui l'extinction par titre doit être consentie. . .   341

Art. II. Comment les servitudes s'éteignent par destruction.   344

§ Ier. Quelle espèce de destruction éteint la servitude. . . .   *Ibid.*
§ II. Si une servitude éteinte par destruction peut être
       rétablie.   347
§ III. Si la servitude peut être rétablie, quand la destruc-
       tion a duré plus de trente ans.   348

Art. III. Comment les servitudes s'éteignent par confusion. .   350

§ Ier. Quand a lieu la confusion. . . . .   *Ibid.*
§ II. Quelles portions des deux héritages doivent être
       réunies pour opérer la confusion.   354

§ III. Du cas où le propriétaire de l'un des deux fonds succède au maître de l'autre fonds.......... Pag. 355

ART. IV. Comment les servitudes s'éteignent par prescription................................... 357

§ Ier. Comment l'extinction d'une servitude s'opère par la
prescription......................... Ibid.

§ II. Si les servitudes nécessaires s'éteignent par la prescription........................... 359

§ III. Comment interrompre cette prescription......... 362

§ IV. Des changemens opérés par la prescription dans le
mode des servitudes.................... 363

§ V. De quel jour commence la prescription propre à
opérer des changemens dans le mode d'une servitude.............................. 366

§ VI. Il ne faut pas confondre le mode avec l'objet de la
servitude........................... 368

§ VII. Du cas où l'héritage dominant appartient à plusieurs personnes...................... 371

§ VIII. Du cas où l'héritage servant appartient à plusieurs
personnes........................... 377

FIN DE LA TABLE DES CHAPITRES.

PRÉFACE.

LES *Lois des Bâtimens* par Desgodets sont le seul ouvrage qui concerne ce qu'on pourrait appeler l'*Architecture légale*; c'est-à-dire les lois que doivent connaître les architectes ; les entrepreneurs et les ouvriers, pour construire de manière à ne pas compromettre les intérêts des propriétaires, et à ne s'exposer à aucune garantie.

Cependant le travail de Desgodets n'est qu'un simple commentaire des articles qui, dans la coutume de Paris, parlent des servitudes et des constructions. Les notes de cet architecte étaient loin de compléter la législation sur cette matière, lorsque Goupy, autre architecte, a ajouté ses notes à celles de Desgodets. Quelque estimable que fût dans cet état le livre contenant les lois des bâtimens, il s'en fallait beaucoup qu'il présentât la même utilité qu'on aurait pu en tirer, s'il eût formé un traité méthodique.

D'ailleurs il ne faisait connaître que les dispositions de la coutume de Paris : par conséquent, les avis de Desgodets et de Goupy ne pouvaient être consultés fructueusement que pour le ressort de cette coutume.

Enfin ces deux architectes, en indiquant la manière dont s'interprétaient les lois relatives aux bâtimens, ne devaient traiter cette matière que comme des artistes accoutumés à construire; ils n'ont pas pu l'approfondir comme l'aurait fait une personne versée dans la science du Droit. Il faut pourtant l'avouer, un jurisconsulte se serait étendu sur les principes, et aurait nécessairement négligé de nombreux détails fort utiles, et qui ne sont familiers qu'à ceux dont la profession est de bâtir.

En effet, nous avons plusieurs traités sur les servitudes, quoiqu'en petit nombre; mais on y trouve seulement l'exposé plus ou moins satisfaisant des décisions générales concernant cette matière. Desgodets est le seul qui ait essayé de particulariser les préceptes, en les appliquant aux différens cas qui peuvent arriver; aussi son ouvrage était-il le plus généralement consulté par les praticiens, tant par ceux qui sont attachés aux tribunaux, que par ceux qui sont occupés aux constructions.

Néanmoins, depuis la promulgation des Codes Napoléon et de Procédure civile, cet ancien commentaire de quelques articles de la coutume de Paris ne peut plus servir de guide. Il fallait donc sur les lois des bâtimens un nouveau travail, conforme à notre nouvelle législation. S'il eût été entrepris par un architecte, ce qui n'est relatif qu'au droit y aurait perdu, et ce qui concerne plus particulièrement la construction n'y aurait pas gagné, puisqu'à cet égard il n'y a rien de changé. Présentées, au contraire, par un jurisconsulte, les *Lois des Bâtimens* peuvent réunir le double avantage de la discussion des principes, et de leur application à tous les cas proposés par Desgodets et son annotateur.

Enrichi de toute l'expérience de ces deux habiles architectes, l'ouvrage qu'on publie est bien plus considérable que le leur, et se trouve, par la clarté des explications, à la portée d'un plus grand nombre de personnes.

D'abord, ce n'est plus un simple commentaire, mais un traité méthodique, où les principes sont développés conformément aux lois nouvelles. Ils sont éclaircis par des exemples multipliés; et on les a conférés avec les opinions des auteurs dont les lumières ont jusqu'à présent éclairé cette matière.

En second lieu, cet ouvrage, ayant pour base les décisions des Codes Napoléon et de Procédure civile, devient utile, non pas uniquement dans le ressort de la coutume de Paris, mais dans tout l'Empire français, et même dans les pays étrangers où nos lois sont adoptées.

Troisièmement, outre que les matières traitées par Desgodets et son annotateur ont ici un développement bien plus étendu, et sont expliquées avec une meilleure méthode, on a de plus embrassé une multitude d'objets dont ces architectes n'ont pas parlé; c'est ce qu'on va voir par le court exposé de ce qui est contenu dans l'ouvrage qu'on publie sous le titre de *Lois des Bâtimens*.

La première partie, consacrée aux servitudes, en fait connaître l'origine, la nature et les différentes espèces : on y explique, dans le plus grand détail, toutes les sortes de servitudes nécessaires, qui sont naturelles ou légales: telles sont l'écoulement des eaux, le bornage, les clôtures, les murs mitoyens, les contre-murs pour cheminées, fours et fourneaux; les vues chez le voisin, les fossés, les haies et autres plantations; le droit de passage, le tour d'échelle, la fouille des mines, le trésor. Cette même partie traite ensuite tout ce qui concerne les servitudes volontaires; c'est-à-dire celles établies par la volonté des parties. On y voit aussi tous les droits résultans des servitudes, soit au profit, soit à la charge des propriétaires d'héritages dominans, ou d'héritages servans. Enfin on y enseigne comment les servitudes peuvent s'éteindre, ou par titres, ou par destruction, ou par confusion, ou par prescription.

Dans la seconde partie, on parle des réparations qui sont occasionnées ou par vices de construction, ou par accidens, ou par vétusté. Rien de ce qui est dit ici sur les vices de construction ne se trouve dans le commentaire de Desgodets, ni dans aucun auteur : on y développe les principes relatifs à la double garantie de ceux dont la profession est de construire. Il est étonnant que jamais personne n'ait cherché à les éclairer sur la nature et sur les conséquences des engagemens qu'ils contractent. Cependant il est du plus grand intérêt pour eux de connaître jusqu'à quel point ils sont garans de la solidité des travaux dont ils sont chargés. Il leur est nécessaire de savoir qu'ils sont également tenus, sous leur responsabilité, d'observer dans leurs ouvrages les lois relatives au voisinage et à la police : en quoi ces deux sortes de garantie diffèrent entre elles; le temps que dure chacune d'elles; enfin les condamnations auxquelles elles peuvent donner lieu.

Il était également nécessaire de marquer la part que les lois attribuent spécialement aux architectes, aux entrepreneurs et aux ouvriers, dans les deux espèces de garantie auxquelles ils sont soumis, chacun en ce qui le concerne. Pour établir sur cette matière des principes certains, il a fallu indiquer aux différentes personnes employées dans les bâtimens leurs obligations qui résultent, soit de leurs fonctions diverses, soit de la subordination que les entrepreneurs doivent aux architectes, et que les ouvriers doivent aux entrepreneurs.

En parlant des réparations occasionnées par accidens, on a expliqué des lois très-importantes, dont ne s'est nullement occupé Desgodets, ni son annotateur, quoiqu'on ait souvent besoin d'en faire l'application, surtout en cas d'incendie :

cette espèce d'accident, malheureusement trop fréquent, a été traité fort en détail.

On a trouvé plus de secours dans le commentaire de Desgodets et de son annotateur Goupy, pour les réparations causées par vétusté : c'est d'après eux qu'on a fait l'énumération des réparations locatives, de celles qui sont usufruitières, et de celles qui sont purement de propriété. Mais de plus, on a exposé méthodiquement les principes relatifs à ces objets; on les a éclaircis par des discussions approfondies et par des exemples multipliés. Ce travail important rend plus facile la décision d'une infinité de contestations qui se présentent journellement, et qui n'en sont pas moins très-embarrassantes.

Cette partie est terminée par l'indication précise de la nature du bail à vie, du bail à rente, et du bail emphytéotique : on y voit en quoi ces trois sortes de baux diffèrent les uns des autres, ainsi que du bail à loyer ou à ferme, et comment la charge des réparations se partage, dans chaque espèce de bail, entre le bailleur et le preneur.

La troisième partie enseigne les formes prescrites pour la visite des lieux, soit par des juges de paix, soit par des juges de tribunaux, soit par des experts : elle est entièrement neuve. En effet, ce qu'a pu dire Desgodets sur cette matière, d'après la coutume de Paris et l'ordonnance de 1667, n'est plus d'aucune utilité, depuis le Code de Procédure civile; c'est à cette seule loi qu'il faut aujourd'hui se conformer, pour procéder aux opérations dont il s'agit. On en distingue de trois sortes : les visites et appréciations faites par les juges de paix; les descentes de juges ordonnées par les tribunaux, et les rapports d'experts. On s'est attaché à en expliquer les formalités avec une telle clarté, que les personnes les moins

versées dans la procédure pourront facilement les comprendre. Afin de mettre ces opérations pour ainsi dire en
action, on a donné des modèles de tous les actes qui sont
nécessaires dans les différentes visites des lieux. Il était
d'autant plus intéressant de montrer ce genre de procédure
dans le plus grand jour, qu'il est bien peu de personnes qui
n'aient besoin d'experts, ou qui ne puissent être appelées à
en remplir les fonctions.

La multiplicité des matières, l'ordre et la méthode qui y
règnent, l'étendue des développemens, le grand nombre des
exemples qui rendent claire et familière l'application des
principes puisés dans nos nouveaux Codes, tels sont les
caractères propres à distinguer ce nouvel ouvrage sur les
Lois des Bâtimens de celui publié par Desgodets, et qui
n'est plus conforme à la législation actuellement en vigueur.

LOIS

DES BATIMENS.

LES fonds situés dans les villes ou dans les campagnes, soit qu'ils consistent en bâtimens, soit qu'ils ne présentent que des terres sans aucune construction, forment la partie la plus importante des biens que l'on peut posséder. De leur situation, de leur contiguité, de leur jouissance, de leur construction, de leur entretien, il naît des droits, ou qui sont en faveur des propriétaires et possesseurs, ou qui s'exercent contre eux.

La plupart des droits auxquels donnent lieu les immeubles, considérés dans les rapports qu'on vient d'énoncer, sont compris sous la dénomination de servitudes, ou concernent les diverses sortes de réparations auxquelles les biens-fonds sont sujets.

Il n'est pas de matière qui nécessite davantage des visites de lieux, des descentes de juge et des rapports d'experts. Il est donc convenable de s'occuper de ces trois sortes de procédures, en même temps que l'on explique ce qui est relatif aux servitudes, et aux différentes espèces de réparations des immeubles.

La diversité dans les coutumes et dans la jurisprudence de chaque parlement avait introduit en France une législation très compliquée, sur les objets dont nous nous occupons; mais le Code Nap. et le Code judiciaire, ayant établi des lois uniformes pour tout le territoire français, il devient facile autant qu'utile de réunir dans un seul ouvrage toutes celles qui concernent les batimens et autres immeubles.

Ce traité est divisé en trois parties.

La première contient tout ce qui concerne les servitudes;

La seconde parle de ce qui est relatif à toutes les sortes de réparations qu'exigent les immeubles;

La troisième indique, par des explications et des formules, les procédures à suivre par les juges de paix pour les visites et appréciations des lieux contentieux, par les tribunaux pour les descentes de juge et pour la nomination des experts, et par les experts pour faire régulièrement leurs rapports.

PREMIÈRE PARTIE.

DES SERVITUDES.

On divise cette partie en six chapitres.

Le premier explique ce qu'on entend en général par servitudes;

Le second fait connoître la nature des servitudes réelles ou services fonciers, et leurs différentes espèces;

Dans le troisième sont traitées les servitudes nécessaires, ou autrement dit les lois du voisinage, qui comprennent les servitudes naturelles, et les servitudes légales;

Le quatrième parlera des servitudes volontaires;

Le cinquième expliquera les droits résultant des servitudes;

Au sixième on verra comment s'éteignent les servitudes.

CHAPITRE PREMIER.

DE L'ORIGINE DES SERVITUDES.

On appelle en général servitude, l'assujettissement, soit d'une personne à une autre personne, soit d'une personne à une chose, ou d'une chose à une personne, soit d'une chose à une autre chose. De là vient la distinction que font quelques docteurs entre les servitudes personnelles, les servitudes mixtes et les servitudes réelles. On va parler de ces trois sortes de servitudes dans les trois articles suivans.

ARTICLE PREMIER. *Des servitudes personnelles.*

L'assujettissement d'une personne à une autre, est une servitude purement personnelle. Si elle consiste dans le droit de propriété qu'une personne exerce sur une autre, il en résulte l'esclavage qui ne peut pas exister en France, suivant cet ancien axiome : *in Galliâ libertas.*

Dans nos colonies, néanmoins, l'esclavage est admis; mais cet état, contraire à la nature, n'a lieu qu'à l'égard des nègres et de leurs enfans : ils peuvent être la propriété des personnes qui les achètent. L'esclavage établi dans les colonies est semblable à celui qui existait chez les Romains : *servitus autem est constitutio juris gentium, quâ quis dominio alieno contrà naturam subjicitur.* Inst., liv. 1, tit. III, §2.

Quand l'assujettissement d'une personne à une autre n'est pas l'esclavage, qui n'a jamais lieu en France, il consiste simplement dans la faculté qu'on a d'exiger de quelqu'un ce qu'il est tenu de faire, ou de ne pas faire, ou de donner; ce droit résulte de toutes les espèces de contrats et quasi-contrats.

De quelque nature que soit la chose qu'on est tenu de faire, l'action à laquelle on est exposé en ne satisfaisant pas à l'obligation se résout en des dommages-intérêts, suivant cet axiome : *nemo potest præcisè cogi ad factum.* On serait également tenu des dommages-intérêts, si on avait fait une chose qu'on étoit obligé de ne pas faire.

Lorsque l'obligation consiste à livrer une chose qui n'appartient pas encore à celui à qui elle est due, il n'en résulte qu'une action pour forcer le débiteur à payer les dommages-intérêts, résultant de son refus de livrer l'objet convenu : c'est ce que les jurisconsultes appellent *jus ad rem.*

Il ne faut pas le confondre avec *jus in re,* c'est-à-dire, avec le droit que nous avons de réclamer la chose qui nous appartient. Le cas arrive, par exemple, lorsque j'exerce le réméré sur un objet que j'avais vendu sous la réserve de cette faculté. Pendant la durée du temps convenu pour le réméré, mon droit de propriété n'était en quelque façon que suspendu; ensorte que, la condition qui donne ouverture au réméré étant arrivée, ma propriété reprend toute sa force, et mon action n'est réellement que la revendication d'une chose qui m'appartient.

Dans ce cas, celui qui possède l'objet du réméré ne peut

pas se dispenser de le livrer; il ne serait pas reçu à en offrir la valeur, ni toute autre indemnité.

Art. II. *Des servitudes mixtes.*

L'assujettissement des personnes aux choses, ou des choses aux personnes, sont des *servitudes mixtes*, parce qu'elles participent des servitudes personnelles et des servitudes réelles. Il y en a de deux espèces : l'une a lieu quand des personnes sont assujetties à des choses, et l'autre lorsque des choses sont assujetties à des personnes.

Depuis l'abolition de l'ancien système féodal, nous ne connoissons plus l'espèce de servitude mixte qui assujettissait les personnes aux choses, comme l'étaient les serfs à la terre seigneuriale, dans certaines coutumes. Ils n'étaient pas dans l'esclavage du seigneur, mais ils étaient personnellement attachés à la glèbe de son domaine; et entre différens devoirs qui leur étaient imposés, on remarque qu'ils ne pouvaient ni aller demeurer ailleurs, ni se marier à des personnes d'une condition différente, ni faire de testament sans le consentement du propriétaire de la seigneurie, quel qu'il fût; car les serfs, ou gens de main-morte, étaient liés à la terre seulement, et non pas à la personne du seigneur. Les Romains avaient de pareils serfs qu'ils appelaient *adscriptos glebæ.*

Les autres espèces de servitudes mixtes sont l'usufruit, l'usage et l'habitation; leur effet est d'assujettir non pas, comme faisaient les précédentes, des personnes à des choses, mais des choses à des personnes. Ainsi, la personne qui a un droit d'usufruit, ou d'usage, ou d'habitation, s'en sert tant que dure son titre, dans quelque main que soit la propriété de l'objet, parce que c'est la chose qui est assujettie à sa personne. Par la même raison, celui qui a droit d'usufruit, ou d'usage, ou d'habitation, ne peut en jouir que pendant le temps réglé dans l'acte, et ne le transmet pas à ses héritiers, parce que la chose n'est assujettie qu'à la seule personne désignée dans le titre; ce qui résulte de la nature même de chacun de ces droits.

Par l'usufruit, on jouit d'une certaine chose dont on n'est pas propriétaire, comme ferait celui même à qui elle appartient, et à la charge de la lui conserver. Ainsi tout ce que produit une chose est à la disposition de l'usufruitier : c'est de-là que lui vient ce nom qui exprime la faculté d'user des fruits; mais il doit veiller à la conservation de cet objet comme un bon père de famille. Il lui est permis de jouir, soit par lui-même, soit par des fermiers ou locataires, mais quelque arrangement qu'il fasse avec des tiers, leur droit cesse aussitôt que l'usufruit a pris fin.

L'usage donne à l'usager la faculté de prendre dans les produits d'une certaine chose qui ne lui appartient pas la quantité qui est nécessaire à ses besoins, ou qui est réglée par le titre, et cela pendant le temps qui y est spécifié.

A l'égard de l'habitation, elle consiste dans le droit d'habiter dans une maison dont on n'a pas la propriété, d'y rester pendant le temps convenu, et selon les conditions réglées par le titre.

Une différence essentielle ne permet pas de confondre l'usufruit avec l'usage et l'habitation. Nous avons dit que l'usufruitier peut jouir, soit par lui-même, soit par ses locataires ou fermiers; mais celui à qui le droit d'usage ou d'habitation a été accordé, en doit jouir personnellement, et ne peut ni le louer, ni le céder; à plus forte raison il ne le transfère pas à ses héritiers. Du reste, l'usufruit, l'usage et l'habitation ont de grandes ressemblances : par exemple, c'est en bon père de famille que l'on doit en jouir; si l'usufruitier est tenu aux réparations d'entretien, l'usager doit aussi contribuer aux frais de culture au prorata des fruits qu'il absorbe, et celui qui a un droit d'habitation est obligé de faire les réparations d'entretien en proportion de ce qu'il occupe dans dans la maison.

Quelques auteurs n'admettent que des servitudes personnelles, et des servitudes réelles; ils entendent par les premières uniquement l'usufruit, l'usage et l'habitation; ces servitudes prennent alors leur dénomination générale de ce que l'assujettissement de la chose est due à la personne. Nous avons préféré, comme plus exacte, la distinction des trois sortes de servitudes : celles qui sont purement personnelles; celles qui ont lieu entre les personnes et les choses, et qu'on appelle mixtes; enfin celles qui n'ont lieu qu'entre les choses.

Art. III. *Des servitudes réelles.*

Une chose qui est assujettie à une autre chose présente l'exemple de ce qu'on appelle proprement servitudes réelles, du latin *res,* qui signifie chose. Cependant ici le mot *réelle* doit être restreint aux seuls immeubles, comme étant les choses par excellence; ensorte que l'on ne désigne jamais comme servitude l'assujettissement d'une chose mobilière à une autre chose, soit mobilière, soit immobilière, ni le service dont un immeuble est grevé envers un objet mobilier. Ces espèces d'engagements prennent des noms relatifs à leurs différentes natures.

Ainsi, je fais avec vous un marché, afin que vous me prêtiez votre cheval toutes les fois que j'en aurai besoin pour me conduire à la campagne; il n'y a là qu'un contrat de louage, et non pas une servitude, quoiqu'il s'agisse de l'assujettissement d'un objet mobilier à un autre objet de même nature.

Pareillement, si je conviens de fournir une corde pour le service du puits de votre maison, pendant tout le temps que j'y demeurerai, cette convention n'est point une servitude, quoiqu'il s'agisse de l'assujettissement d'une chose mobilière à un immeuble.

Enfin, je vous cède le droit de placer votre voiture sous ma remise, tant que vous demeurerez dans la maison de mon frère; cet accord n'a point le caractère de servitude, quoique par là un immeuble soit assujetti à un objet mobilier.

On entend donc par servitude réelle, l'assujettissement d'un héritage pour le service d'un autre héritage, sans qu'il soit besoin d'en considérer les propriétaires; il suffit que les deux fonds n'appartiennent pas à la même personnes.

Pour que les assujettissements où il est question de quelque chose de mobilier, ne soient pas compris dans les servitudes réelles, on donne à celles-ci plus particulièrement le nom de *prédiales,* du latin *prædia*, qui veut dire immeubles.

Au reste, comme les servitudes personnelles sont connues spécialement sous le nom d'esclavage, et que chacune des servitudes mixtes est désignée sous un nom qui lui est particulier, ainsi qu'on l'a vu plus haut, le simple nom de servitude est resté pour exprimer celles qui sont purement réelles. Maintenant on conçoit pourquoi le Code Nap. parle de servitudes simplement, quand il s'occupe des servitudes prédiales ou purement immobilières, c'est-à-dire de l'assujettissement d'un fonds à un autre fonds, et pourquoi ces mêmes servitudes y sont également appelées *services fonciers*. Nous nous occuperons de cette seule espèce de servitude, parce qu'elle seule entre dans le plan de notre travail.

CHAPITRE II.

DE LA NATURE DES SERVITUDES RÉELLES OU PRÉDIALES, ET DE LEURS ESPÈCES.

Oɴ divisera ce chapitre en deux articles : l'un traitera de la nature des servitudes réelles ou prédiales, et l'autre fera connaître leurs différentes espèces.

Aʀᴛ. Iᵉʳ. *De la nature des servitudes réelles ou prédiales.*

Le premier caractère d'une servitude prédiale ou réelle, est qu'une charge soit imposée sur un héritage, pour l'usage et l'utilité d'un autre héritage appartenant à un autre propriétaire. *Code Nap., art.* 637.

De cette définition il résulte d'abord qu'il faut pour l'établissement d'une servitude deux fonds différens, et que pour l'utilité de l'un, qui est appelé le fonds *dominant*, il soit dû un service par l'autre, qui est nommé le fonds *servant*. Le droit qu'a le propriétaire d'un fonds, de passer les récoltes qu'il en retire, sur le fonds appartenant à une autre personne, est donc une servitude prédiale; elle est évidemment établie sur un immeuble, pour l'avantage d'un autre immeuble.

En second lieu, il est nécessaire que ces deux héritages appartiennent à deux personnes différentes; car s'ils sont dans la propriété d'un seul, celui-ci ne peut pas exercer d'action contre lui-même, pour assujettir l'un à l'autre : *nemo ipse sibi servitutem debet.* L. 10, ff. *comm. præd.* Un propriétaire fait de ses biens ce qui lui plaît, et l'usage auquel il applique l'un à l'utilité de l'autre ne s'appelle pas servitude; c'est ce que l'on nomme destination de père de famille.

Troisièmement, la servitude prédiale étant essentiellement due par l'héritage servant pour l'utilité de l'héritage dominant, elle reste la même, tant qu'il n'y a rien de changé à l'égard de ces deux fonds, malgré les changemens arrivés de la part des deux propriétaires. La faculté d'user d'une servitude considérée seule, et séparée du fonds dominant, ne peut donc être ni vendue, ni louée, ni donnée; celui qui possède le fonds dominant à juste titre est seul en droit d'exercer la servitude, sans pouvoir en faire participer d'autres possesseurs d'immeubles, ni même sans pouvoir l'étendre à d'autres biens qu'il posséderait lui-même.

Ainsi, celui qui peut faire abreuver les animaux servant à la culture de sa terre, dans les eaux de l'héritage voisin, ne peut transférer ce droit pour les animaux d'une autre terre, quand même il renoncerait à en user pour les siens. Ce genre de compensation ne peut pas être admis, parce qu'il s'agit d'un droit dû au seul héritage dominant, et non à la personne de son possesseur. Bien plus, si la servitude consiste à faire abreuver une certaine quantité de bestiaux, le propriétaire de l'héritage dominant ne peut pas en faire abreuver un plus grand nombre sur l'héritage servant. L. 24, ff. *de serv. præd. rust.*

Puisque la servitude n'est établie que pour l'utilité de l'héritage dominant, si un droit quelconque, par exemple celui du passage, était accordé sur un héritage au propriétaire d'un autre héritage, seulement pour sa personne et sa famille, tant qu'il demeurera dans le voisinage, il n'y aurait pas servitude; la concession aurait un autre caractère, et prendroit le nom ou de louage, ou de tout autre contrat, selon l'objet qui y seroit stipulé. En conséquence, l'acquéreur du fonds sur lequel ce droit aurait été accordé ne serait pas tenu de le laisser subsister, à moins qu'il ne s'y fût obligé personnellement, et alors cette obligation ne se réglerait pas par les lois concernant les servitudes prédiales.

Il n'est pas contraire à la nature des servitudes que la même soit établie sur plusieurs fonds différens, au profit d'un seul, ni que plusieurs fonds aient droit à la même servitude sur un seul. Ainsi, le même droit de passage sur plusieurs héritages peut être dû pour l'utilité d'un seul fonds; comme un seul fonds peut devoir le même droit de passage à plusieurs héritages appartenant à des propriétaires différens. L. 15, ff *comm. præd.*

Rien n'empêche que dans le titre portant établissement d'une servitude en faveur d'un héritage, une autre servitude ne soit imposée à ce même héritage pour l'utilité de celui par qui est due la première. Les servitudes simples sont celles où un des héritages est seulement dominant, et l'autre seulement servant : on appelle servitudes doubles ou réciproques, celles où chaque héritage est dominant pour un service foncier, et servant pour un autre service. Les servitudes réciproques ayant un double objet, tous les principes relatifs aux servitudes simples leur sont applicables; parce qu'on peut toujours ne considérer à la fois qu'un seul des objets à l'égard duquel l'un des héritages est dominant, tandis que l'autre est servant.

Un quatrième caractère des servitudes prédiales ou réelles est tiré de ce qu'elles n'ont pas pour objet de forcer le propriétaire de l'héritage servant à faire quelque chose, mais bien à ne pas faire certaine chose, ou à souffrir qu'une chose soit faite chez lui. Si, par exemple, il s'était obligé à abattre des arbres, cette convention, valable en elle-même comme obligation personnelle, ne serait pas une servitude qui est un droit purement réel, dû par un héritage, et non par une personne, à un autre héritage, et non à une personne. Or, un immeuble étant incapable d'agir, son assujettissement ne peut pas consister à faire quelque chose; il a donc seulement pour objet ou la prohibition de faire quelque chose sur l'héritage servant, ou la nécessité de souffrir qu'il y soit fait quelque chose : *servitutum non ea natura est, ut aliquid faciat quis, veluti viridaria tollat, ut amœniorem prospec-*

*tum præstet, aut in hoc ut in suo pingat, sed ut id patiatur,
aut non faciat. L. 15, §. 1, ff. de serv.*

On voit que la servitude donne au propriétaire de l'héritage dominant un droit qu'il n'aurait pas naturellement sur
l'héritage servant; par conséquent est diminuée la liberté
naturelle dont pourrait jouir le propriétaire de l'héritage servant, sans l'existence de la servitude. Au reste, la propriété
de la portion de l'héritage, sur laquelle est établie la servitude, ne cesse pas d'appartenir à celui qui possède le fonds
servant; le propriétaire de l'héritage dominant n'a que le
droit d'user de ce qui est affecté à l'utilité de son domaine :
*loci corpus non est dominii ipsius cui servitus debetur, sed
jus eundi habet. L. 4, ffr si serv. vind.*

Le cinquième caractère des servitudes est qu'elles sont
essentiellement indivisibles; en effet elles consistent en un
droit qui, de sa nature, ne peut pas s'exercer par portions,
ni par conséquent être dû pour portion. On peut bien limiter
une servitude quant à l'étendue des places qu'elle affecte, ou
quant aux saisons, aux jours, aux heures où on peut l'exiger;
mais ce droit ainsi limité est entier, et on ne peut pas le concevoir divisé en plusieurs portions. Cette doctrine est en-
seignée par Dumoulin, *de divid. et individ.* part. 3; et par
Pothier, sur la coutume d'Orléans, dans son introduction
au titre des servitudes. De là, ces docteurs concluent que
dans le cas où l'héritage dominant a été divisé, la servitude
est due à chacun des différens propriétaires en raison de la
portion qu'il possède; c'est aussi ce que décide le *Code Nap.,*
art. 700. Une conséquence qui résulte également de l'indivisibilité du service foncier, selon les mêmes auteurs, c'est
que si l'héritage servant est divisé, chacun des propriétaires
différens est tenu solidairement de laisser subsister la servitude. En parlant par la suite des droits et des obligations
qui résultent des servitudes, on verra l'application de ces
principes, qui n'obligent pourtant chaque possesseur de
l'héritage divisé que jusqu'à concurrence de sa portion ; car
n'étant pas tenu personnellement, il peut l'abandonner pour
se libérer. *Code Nap., art.* 699.

Un dernier caractère de la servitude est qu'en établissant

un droit en faveur de l'héritage dominant sur l'héritage servant, elle n'attribue aucune prééminence d'un fonds sur l'autre. *Code Nap., art.* 638. L'acte qui constitue la servitude n'admet donc aucune idée de féodalité ; de manière que toute convention qui y serait faite, pour donner à l'un des héritages un droit quelconque de seigneurie sur l'autre, serait radicalement nulle, comme contraire à la défense formelle portée par la loi.

Art. II. *Combien il y a d'espèces de servitudes réelles ou prédiales.*

Les jurisconsultes distinguent les immeubles de ville, *prædia urbana,* et les immeubles ruraux, *prædia rustica.* Les premiers comprennent toutes les espèces de bâtimens, tant ceux des villes que ceux des campagnes ; les seconds sont tous les autres fonds, de quelque nature qu'ils soient, prés, terres, vignes ou bois : *urbana prædia omnia ædificia accipimus, non solùm ea quæ sunt in oppidis, sed et si fortè stabula vel alia meritoria in villis, et in vicis, vel si prætoria voluptati tantùm deservientia. Quia urbanum prædium non locus facit, sed materia.* L. 198, ff. *de verb. sign.*

D'après cette distinction, les servitudes réelles ou prédiales établies pour l'usage des bâtimens, soit à la ville, soit à la campagne, sont appelées *servitudes urbaines,* tandis que l'on nomme *servitudes rurales* celles qui sont établies pour l'utilité des fonds de terre, quelle qu'en soit la situation. *C. Nap., art.* 687.

Ainsi la convention par laquelle il vous est interdit de planter des arbres sur le terrain que vous possédez en face de mes fenêtres est une servitude urbaine ; car, encore bien que les deux héritages soient situés à la campagne, il est évident que la servitude dont il s'agit est établie pour l'utilité d'un bâtiment. Au contraire le droit de prendre de l'eau dans votre maison pour arroser mon jardin est utile non à des bâtimens, mais à la terre ; c'est donc une servitude rurale, quoique les deux héritages soient situés dans une ville.

Une autre distinction est établie par le *Code Nap., art.* 688 ; il ne confond point les servitudes prédiales qui sont continues avec celles qui sont discontinues.

Les premières sont celles dont l'usage peut être continuel, sans avoir besoin du fait actuel de l'homme. Par exemple, les vues sur un héritage voisin, les conduites des eaux qui y passent, sont des servitudes continues. Dès que les vues sont ouvertes, ou que les conduites d'eaux sont établies, leur effet est permanent, et opère dans tous les instans, sans qu'il faille faire quelque chose pour exercer le droit qui en résulte.

On nomme servitudes discontinues celles qui consistent dans un fait qu'on répète autant de fois qu'on veut user du droit auquel est assujetti l'héritage servant. Ainsi le droit de passage, celui de puiser de l'eau, de prendre du sable, sont des servitudes discontinues, parce qu'elles cessent d'être exercées dans les intervalles qu'on met entre chacune des actions nécessaires pour en user.

La même loi, *art.* 689, distingue encore les servitudes apparentes et celles qui ne le sont pas.

Une servitude est apparente lorsqu'elle est annoncée par quelque ouvrage extérieur. Dans le mur qui sépare votre cour de la mienne, il se trouve une porte dont la fermeture est de votre côté; voilà ce qui annonce le droit que vous avez de passer de votre maison par la mienne, et ce qui fait dire que cette servitude est apparente. S'il existe un aqueduc portant les eaux de mon héritage sur le vôtre, on voit évidemment que votre fonds est assujetti au mien; c'est une servitude apparente.

Toutes celles qui ne sont indiquées par aucun signe extérieur, ne sont pas apparentes. La prohibition de construire sur votre terrain à une certaine place, ou de porter vos constructions au-delà d'une hauteur déterminée, ne laisse aucune trace de son existence, qui n'est attestée que par le titre; c'est donc une servitude non apparente.

Ces différentes distinctions, qui tiennent à la nature des servitudes, sont nécessaires à connaître pour l'application de quelques principes qu'on aura lieu de développer par la suite.

Considérées par rapport à leur origine, les servitudes réelles ou prédiales forment deux classes; elles sont ou nécessaires ou volontaires. Les servitudes nécessaires dérivent ou de la situation naturelle des lieux, ou d'obligations imposées par la loi ; elles sont volontaires quand elles sont établies par des conventions faites entre propriétaires. *Code Nap. art.* 639.

Les servitudes nécessaires, c'est-à-dire, celles formées par la nature du terrain, et celles établies par la loi, constituent ce que l'on peut appeler le *Code du voisinage ;* elles feront la matière du chapitre suivant, après lequel on s'occupera dans un autre chapitre des servitudes volontaires, c'est-à-dire, de celles qui s'établissent par convention et d'après la libre volonté des parties.

CHAPITRE III.

DES SERVITUDES NÉCESSAIRES, OU LOIS DU VOISINAGE.

LE voisinage étant le résultat d'un fait, on peut le considérer comme un quasi-contrat qui oblige les propriétaires d'héritages voisins à agir entre eux avec des égards auxquels ils pourraient être contraints, s'ils y manquaient.

D'abord chacun doit jouir de son héritage de manière à ne pas nuire à l'héritage voisin. Encore bien qu'on soit libre d'user à son gré de sa propriété, néanmoins la raison dit assez que ce droit occasionnerait les plus grands désordres et troublerait l'harmonie sociale, s'il était permis à chacun de faire chez soi des choses qui seraient nuisibles à ses voisins : *in suo hactenùs facere licet, quatenùs nihil in alienum immittat.* L. 8, § 5, *ff. si serv. vind.*

Observez que l'obligation où l'on est de ne rien faire qui nuise à l'héritage voisin ne s'étend pas au cas où il s'agit de le priver d'une simple commodité. Par exemple, si vous recevez du jour de mon héritage, qui ne doit point de servitude, il ne m'est pas défendu de vous priver de cet avantage, en élevant un mur sur ma propriété : *cum eo qui tollendo obscurat vicini ædes quibus non serviat, nulla competit actio.* L. 9, *ff. de ser. urb. præd.*

En second lieu, si pour cultiver, entretenir ou réparer son héritage, un propriétaire cause quelques dégâts à l'héritage voisin, il est tenu de payer une indemnité proportionnée au dommage qu'il a occasionné : *domum suam reficere unicuique, dùm non officiat invito alteri, in quo jus non habet.* L. 61, ff. *de div. reg. jur.*

Au surplus, en expliquant chaque espèce de servitudes nécessaires, on verra en quoi consistent les obligations qui naissent respectivement du voisinage. On distingue deux sortes de servitudes nécessaires, celles qui dérivent de la situation des lieux, et celles que les lois imposent, tant pour le bon ordre que pour l'utilité respective des héritages voisins. Ces deux sortes de servitudes nécessaires, dont les unes sont naturelles, et les autres sont légales, divisent ce chapitre en deux sections.

SECTION PREMIÈRE.

Des servitudes naturelles.

La situation respective de deux héritages voisins rend nécessaires certains assujettissemens de l'un envers l'autre, sans qu'il soit besoin d'aucun titre. Ces assujettissemens sont des servitudes naturelles, puisqu'elles dérivent du fait seul de la nature, c'est-à-dire, de la manière dont elle a disposé le terrain des deux héritages.

Dans l'usage ordinaire, les objets de servitudes naturelles sont, 1º l'écoulement des eaux d'un fonds supérieur sur l'inférieur; 2º le droit d'un propriétaire sur une source d'eau qu'il trouve dans son terrain; 3º le droit d'un propriétaire sur l'eau courante qui borde ou traverse son fonds; 4º l'action de bornage; 5º la faculté de clore un héritage. Nous parlerons de ces diverses servitudes dans les cinq articles suivans.

Art. Ier. *De l'écoulement des eaux d'un héritage supérieur sur l'inférieur.*

Quand deux héritages sont situés de manière que, par la pente naturelle du terrain, les eaux pluviales, ou autres produites par la nature, coulent de l'un sur l'autre, celui-ci est nécessairement assujetti à recevoir ces mêmes eaux, sans qu'il soit besoin d'aucun autre titre. *Code Nap., art.* 640.

De là, il suit qu'un écoulement qui serait l'effet de l'ouvrage des hommes ne produirait pas une servitude naturelle; l'héritage inférieur ne serait pas tenu de recevoir cet écoulement artificiel, si l'assujettissement n'était pas établi dans la forme prescrite pour toute servitude qui n'est pas nécessaire, *ibid.*

Le propriétaire de l'héritage inférieur étant obligé de souffrir la chute naturelle des eaux, ne peut opposer aucune digue qui en empêche l'écoulement. *Ibid.*

Le propriétaire supérieur aurait action contre l'inférieur, pour faire détruire les digues, ou autres obstacles opposés par ce dernier à l'écoulement naturel des eaux. En vain dirait-on que les ouvrages du propriétaire inférieur ont été faits sous les yeux du supérieur qui n'a fait aucune réclamation; ce silence, s'il n'a pas duré le temps nécessaire pour la prescription, n'est considéré que comme une erreur, fondée sur ce que le propriétaire supérieur n'a pas compris, jusqu'au moment de sa plainte, le tort que lui faisaient les digues construites par son voisin inférieur : *nulla enim voluntas errantis est.* L. 20, ff. *de aquâ et aqu. pluv.*

Cependant, il peut faire sur son terrain des travaux propres à recevoir les eaux de l'héritage dominant, pourvu qu'il n'en résulte aucun obstacle à leur écoulement.

De son côté, le propriétaire du fonds supérieur n'est pas libre d'aggraver l'assujettissement de l'inférieur. *Ibid.*

Ainsi l'écoulement n'étant dû que pour les eaux pluviales, par exemple, il ne pourrait pas y joindre d'autres eaux, sous prétexte qu'elles passent par le même chemin ; pareillement, si les eaux avaient naturellement leur direction sur telle portion de l'héritage inférieur, et avec telle rapidité, le propriétaire supérieur ne pourrait pas les diriger vers une autre portion du même héritage, ni leur donner plus ou moins de rapidité sans le consentement du propriétaire inférieur.

Celui-ci ne peut-il pas exiger que le champ supérieur soit

labouré dans le sens qu'il donne moins d'écoulement aux eaux? Non, la liberté la plus étendue doit être laissée à celui qui cultive son terrain; il est présumé prendre le parti qui paraît le plus avantageux, et il n'est pas tenu de faire des sacrifices pour son voisin. Cependant il ne peut pas chercher à nuire; en sorte que le propriétaire inférieur, non fondé à se plaindre du labourage, quelle que soit la direction des sillons, réclamerait avec raison si les sillons étaient ou plus profonds qu'il n'est d'usage, ou plus en pente que ne l'exige la nature du terrain. L. 2, § 3, 4, 5, 7, ff. *de aquâ et aqu. pluv.*

- Supposons que les eaux pluviales de votre héritage s'écoulent naturellement sur le mien, et qu'il vous soit plus agréable de les conduire soit chez un autre voisin qui y consent, soit dans une perte d'eau que vous voulez faire construire; puis-je m'y opposer, et exiger que vous laissiez suivre à ces mêmes eaux leur pente naturelle, afin que j'aie la faculté d'en user si je les trouve utiles?

D'un côté, on dit que le propriétaire supérieur ne peut pas aggraver la servitude, mais que rien ne s'oppose à ce qu'il la diminue, ou même à ce qu'il la rende sans effet. De plus, les eaux pluviales appartiennent à celui sur le fonds duquel elles tombent; il peut donc en disposer librement, et les employer en totalité pour son usage, ou les diriger comme bon lui semble, ou même les perdre dans un puisard construit sur son terrain.

D'autres veulent que l'héritage inférieur étant tenu de recevoir les eaux naturelles du supérieur, il soit juste aussi qu'on ne puisse pas le priver de ces mêmes eaux qui lui seraient utiles. Sans doute, ajoute-t-on, le supérieur peut user des eaux pluviales pour ses besoins; en sorte que s'il les absorbe entièrement, l'inférieur n'a rien à exiger; mais il serait trop dur que le supérieur, après avoir utilisé les eaux du ciel, pût perdre celles dont il ne se sert pas, et en priver l'héritage inférieur à qui la nature les destine tellement, qu'il est tenu de les recevoir, quand il plaît au supérieur de les laisser couler.

On convient, dans la première opinion, qu'il y aurait

Tome I. 2

beaucoup de dureté à priver l'héritage inférieur des eaux pluviales qui ne servent pas au supérieur; mais on pense que la liberté naturelle avec laquelle un propriétaire doit jouir de ce qui lui appartient, serait blessée si on le forçait à rendre compte de ce qu'il fait des eaux qui tombent sur son terrain. De là, on conclut avec raison que le propriétaire de l'héritage inférieur n'a aucune action en justice pour réclamer les eaux pluviales, quoiqu'il soit tenu de les recevoir quand elles ne sont pas absorbées par son voisin supérieur.

Au reste, dans une contestation qui s'élèverait sur une question semblable, il faudrait invoquer ce que le Code Nap. dit dans son *art.* 645, dont on ne peut pas trop louer la sagesse. Il ordonne aux tribunaux, dans ces sortes d'affaires, de concilier l'intérêt de l'agriculture avec le respect dû à la propriété; les localités, les usages, les circonstances, doivent être pris en considération. Il y a donc des cas où le propriétaire du fonds inférieur pourrait se plaindre utilement de ce que les eaux pluviales du fonds supérieur ont été détournées, tandis que dans d'autres cas il n'y aurait pas lieu d'écouter sa réclamation.

Art. II. *Des sources d'eau.*

Celui qui a une source d'eau dans son fonds, peut en user à sa volonté, sans avoir égard à l'héritage inférieur sur lequel l'eau s'écoulerait si on l'abandonnait à elle-même. *Code Nap., art.* 641.

Un pareil principe était trop conforme à la raison pour n'être pas adopté par nos législateurs; en effet, le propriétaire du fonds l'est nécessairement de tout ce qui est produit par ce même fonds. Le propriétaire de l'inférieur ne peut donc pas rechercher ce que deviennent les eaux de la source, ni les réclamer, à moins qu'il n'en ait acquis le droit par titre ou par prescription. *Ibid.*

La même loi, *art.* 642, détermine la manière dont la prescription peut s'acquérir en pareil cas; elle ne peut résulter que d'une jouissance non interrompue pendant trente ans, à compter du jour où le propriétaire du fonds inférieur a terminé des ouvrages apparens, destinés à attirer sur sa propriété l'écoulement des eaux de la source.

Si donc la source avait coulé naturellement sur l'héritage inférieur, même pendant plus de trente ans, la prescription ne pourrait pas être invoquée en faveur de cet héritage; car, par la supposition, n'ayant été rien fait par le propriétaire pour se procurer la jouissance des eaux, il n'en résulte point la présomption d'un consentement émané du maître de la source; il l'a abandonnée à la localité, ce qui n'est pas s'assujettir expressément à une servitude. Voilà pourquoi la loi, dans le cas dont il s'agit, exige que la possession, pour engendrer la prescription, soit fondée sur un fait dont il reste des traces apparentes; de manière que le propriétaire de la source, en souffrant le résultat de ce fait pendant trente ans sans réclamation, soit réputé avoir consenti à la servitude, c'est-à-dire, s'être obligé à laisser couler ses eaux sur le terrain voisin.

La précaution que prend la loi d'expliquer l'espèce de possession, qui seule est capable de produire la prescription en cette occasion, fait sentir à quel point les eaux d'une source appartiennent au maître du fonds où elle se trouve. Lorsqu'une prescription, telle qu'on vient de la caractériser, n'a point acquis à l'héritage voisin l'usage des eaux de la source, le maître de cette source peut en faire ce qui lui plaît; il peut même la détruire, si tel est son caprice, même quand il en résulterait la destruction des ramifications qui s'étendraient naturellement sur des terrains voisins : *si in meo fundo aqua erumpat quæ in tuo venas habet, si eas venas incideris, et ob id desierit aqua ad me pervenire, tu non videris vi fecisse, si nulla servitus mihi eo nomine debita sit.* L. 21, ff. *de aquâ et aqu. pluv. arc.*

Il faut pourtant supposer que le propriétaire de la source ne l'a point détruite avec dessein de nuire à son voisin. L. 1, §. 12, ff. *de aquâ et aqu. pluv. arc.*; car, suivant une maxime très-sage : *malitiis indulgendum non est.* L. 38, *de rei vindic.*

Cette décision du droit romain, étant une conséquence essentielle de la propriété, est consacrée par le Code Nap., qui n'admet que deux exceptions, dont l'une existe quand le droit du propriétaire est limité par titre ou par prescription, ainsi qu'on l'a dit. L'autre est écrite dans l'*art.* 643; elle a lieu lorsque la source fournit aux habitans d'une commune, d'un village, ou d'un hameau, l'eau qui leur est nécessaire. Ici se fait l'application d'un principe que personne ne peut méconnaître; c'est que le droit d'un particulier fléchit toujours devant l'intérêt général. Cependant, en parcilles circonstances, celui dont la propriété est grevée a du moins le droit de se faire indemniser. En conséquence, suivant le même article, des experts évaluent à une somme d'argent, non pas ce que valent les eaux dont profitent les habitans à qui la source est nécessaire, car on ne peut pas mettre un prix à une chose de cette nature; mais les experts disent de combien est diminué de valeur le fonds où est la source, par l'assujettissement d'en laisser écouler les eaux. Dans bien des circonstances, cette indemnité est peu de chose; mais il est possible qu'elle ait quelque importance dans certaines localités.

On sent bien qu'une servitude de cette espèce se réduit à la seule obligation de ne pas changer le cours que prennent les eaux, en sortant du domaine où elles ont leur source. Ainsi le propriétaire peut les faire circuler dans ses terres, pourvu qu'elles n'y soient pas entièrement absorbées, ni diminuées au point de n'en pas laisser une quantité suffisante aux habitans à qui elles sont nécessaires. Par la même raison, le propriétaire n'est tenu de faire aucun ouvrage, soit dans son domaine, soit dehors, pour la conservation des eaux de sa source; il remplit son devoir en ne faisant rien qui altère cette source. C'est donc aux habitans à faire les travaux que pourraient exiger, soit l'entretien de la source, si le propriétaire l'abandonnait à la nature, soit la conduite des eaux jusqu'à l'endroit où elles leur servent.

A tout ce qu'on vient de dire d'abord sur le droit que peut exercer le propriétaire d'un terrain, à l'égard d'une source d'eau qui s'y trouve, et ensuite sur les deux exceptions que nous avons remarquées, il faut ajouter la sage disposition de l'*art.* 645 du Code Nap.; elle s'applique à toutes les eaux dont parle cette loi dans le chapitre où cet article se trouve placé. Il est ordonné aux juges, en prononçant sur les contestations qui ont pour objet des eaux réclamées par des propriétaires, de concilier l'intérêt de l'agriculture avec les égards dus à la propriété. D'où on conclut que, par suite d'un concours de circonstances, on pourrait, en considération de l'agriculture, défendre au propriétaire d'une source particulière et qui n'est pas nécessaire à toute la commune, de mettre obstacle à ce que les eaux qui en sortent ne coulent sur les héritages inférieurs, après avoir utilisé les siens.

Art. III. *Des eaux courantes.*

Après avoir décidé que le propriétaire d'un fonds où se trouve une source d'eau peut disposer de cette eau de la manière la plus absolue, sans s'inquiéter des héritages voisins, excepté dans les cas qui ont été prévus, le Code Nap., *art.* 644, règle le droit qu'on a sur une eau courante qui borde un héritage. Cette eau n'étant pas le produit de cet héritage, puisqu'on la suppose venir de plus haut, le propriétaire de l'héritage n'a que la faculté de s'en servir pour l'irrigation de ses terres. Il ne peut donc pas en détourner le cours; en sorte que l'eau qu'il ne prend pas au passage, pour ses besoins, doit couler librement pour être employée au même usage dans les héritages inférieurs.

Remarquez que la disposition légale dont nous parlons excepte formellement les fleuves, les rivières navigables ou flottables; ces eaux courantes sont d'une importance si grande, qu'elles ne sont, dans aucun cas, susceptibles de devenir propriété particulière; le Code Nap., *art.* 538, les comprend textuellement dans le domaine public. Ainsi la manière dont un propriétaire riverain doit se comporter à l'égard des eaux navigables et flottables qui baignent ou traversent ses terres, est réglée par les lois relatives à l'administration et à la police des fleuves et rivières.

Il ne s'agit ici que des eaux courantes qui ne font point partie du domaine public; elles sont en quelque sorte la propriété particulière des riverains. La loi veut pourtant que chacun en use sans nuire à ceux qui y ont également droit; voilà pourquoi en leur permettant de prendre au passage toute l'eau dont ils ont besoin, elle leur ordonne de laisser le surplus suivre son cours naturel, sans y mettre le moindre obstacle. Dans la supposition d'une eau courante qui borde mon héritage, cette même eau borde à l'autre rive les terres d'un autre propriétaire. Il a donc comme moi la faculté de prendre au passage toute l'eau qui lui est nécessaire; par conséquent il peut comme moi aller en bateau sur cette eau courante, pourvu qu'il ne descende pas sur mon terrain, et qu'il n'y attache pas son bateau. Je dois également m'abstenir de faire sur son rivage ce qui lui est interdit sur le mien.

Puisque les riverains d'une eau courante qui n'est ni navigable, ni flottable, sont maîtres de prendre au passage l'eau dont ils ont besoin, il est évident que le poisson qu'ils trouvent dans cette eau leur appartient. Ainsi chacun peut pêcher le long de sa propriété, en opérant seulement sur son propre rivage : je ne pourrais donc pas tirer mon filet sur vos terres, qui sont à la suite des miennes, ni sur celles de la rive opposée, qui est la propriété d'un autre.

Ce qu'on vient de dire des eaux courantes concerne le cas où elles bordent un héritage; quel est donc le droit de celui dont ces mêmes eaux traversent le domaine? Alors les deux rives sont à lui; c'est pourquoi le Code Nap., même article, décide que le propriétaire, non-seulement peut prendre au passage toute l'eau dont il a besoin, mais encore qu'il peut en régler le cours sur son terrain, comme il lui plaît, pourvu qu'à la sortie de sa propriété les eaux reprennent leur direction ordinaire.

Toute eau courante, non navigable, ni flottable, qui traverse une terre, peut donc y être convertie en toutes sortes de formes; y faire toutes sortes de sinuosités; y avoir un lit d'une longueur, d'une profondeur et d'une rapidité aussi grandes ou aussi petites qu'on le veut; y faire mouvoir des machines, et y former des jets, des cascades; en un mot y être employée à tout ce qu'il plaît au propriétaire d'établir pour son utilité ou son agrément. La seule obligation imposée à ce propriétaire est de ne pas arrêter l'écoulement des eaux; en sorte qu'après en avoir fait l'usage qui lui a convenu dans son terrain, il faut qu'elles en sortent, et qu'elles prennent la voie qui leur est destinée, pour border ou traverser les héritages inférieurs.

Il est à remarquer que si, d'un côté, le propriétaire de l'héritage bordé ou traversé par une eau courante, ne peut pas en priver l'héritage inférieur, d'un autre côté aussi le propriétaire inférieur est tenu de recevoir cette même eau, selon que la nature du terrain l'exige. Ici s'applique donc tout ce qu'on a dit en l'article Ier de ce chapitre; car, encore bien qu'on n'y ait donné pour exemple que des eaux pluviales, on ne peut pas douter que toutes les espèces d'eaux qui se trouvent naturellement sur un héritage supérieur, doivent être reçues par l'héritage inférieur.

Sans doute le propriétaire dont le fonds est traversé par une eau courante, n'a pas le droit d'en priver l'héritage voisin; mais aussi le propriétaire inférieur ne doit faire aucuns travaux qui empêcheraient l'écoulement des eaux, ou qui les forceraient à prendre un autre cours sur l'héritage supérieur.

Ces diverses réflexions font sentir combien est sage l'*art.* 645 du Code Nap., qui s'applique évidemment à toutes les sortes d'eaux qui bordent ou traversent plusieurs héritages, soit qu'elles viennent du ciel, ou d'une source, ou d'un ruisseau. Dans toutes les consestations élevées entre des propriétaires à qui des eaux quelconques peuvent être utiles, on doit concilier l'intérêt de l'agriculture avec le respect dû à la propriété.

Il ne serait donc pas impossible que, fondé sur quelques circonstances particulières, un jugement défendît au propriétaire, dont l'héritage est traversé par une eau courante, de faire un certain usage de cette même eau, s'il était démontré que l'exercice de son droit de propriété, en cette occasion, causerait un préjudice notable à l'agriculture; il s'agirait alors de faire céder le droit d'un particulier à l'intérêt général. Alors, par respect pour la propriété, on admettrait toutes les modifications qui rendraient cette gêne plus sup portable, et même on adjugerait au propriétaire de l'héritage supérieur une indemnité fixée par des experts.

Art. IV. *Du bornage.*

Cet article sera divisé en cinq paragraphes, où on verra, 1° ce que c'est que l'action de bornage, et de quelle nature elle est; 2° par qui elle peut être formée; 3° contre qui; 4° comment se fait le bornage; 5° par qui les frais en sont supportés, et peines contre ceux qui déplacent les bornes.

§ Ier. *Ce que c'est que l'action de bornage, et de quelle nature elle est.*

Le seul moyen d'empêcher les usurpations entre voisins, et d'éviter les contestations qu'elles font naître, est de marquer, par des bornes, les limites où finit un héritage, et où commencent les héritages qui lui sont contigus.

De cette vérité il est résulté que les lois ont autorisé tout propriétaire à demander en tout temps que des bornes soient posées ou reconnues entre son héritage et ceux de ses voisins. Cette demande est ce que les jurisconsultes appellent action de bornage, *actio finium regundorum.*

Ceux contre qui cette action est dirigée, sont tenus de souffrir que l'opération ait lieu; voilà pourquoi le Code Nap. parle du bornage dans le titre des servitudes; car, à la considérer en elle-même, l'action pour borner des héritages n'est pas, à proprement parler, l'assujettissement d'un fonds à un autre fonds. Au reste, comme elle résulte essentiellement du voisinage, elle est ici placée fort convenablement.

Ce que dit le Code Nap. sur cette matière est renfermé dans le seul *art.* 646; il autorise tout propriétaire à exiger de ses voisins le bornage de ses propriétés contiguës aux leurs; il décide ensuite que l'opération se fait à frais communs. Le Code n'ayant rien réglé de plus, il faut suivre pour tous les autres détails les principes généraux du droit, et les usages de chaque pays.

L'action de bornage est de nature mixte; elle est personnelle en ce qu'elle naît de l'obligation que deux propriétaires contractent ensemble par le seul fait du voisinage, *quasi ex contractu.*

 La même action est réelle, parce qu'elle a pour objet de réclamer la portion de l'immeuble, qui peut avoir été usurpée, et qui sera déterminée par l'opération du bornage; or, selon une maxime connue, *actio quæ tendit ad immobile est immobilis.* C'est pour cette double raison qu'on regarde comme mixte l'action de bornage : *actio finium regundorum in personam est, licet pro vindicatione rei est.* Leg. 1, ff. *fin. regund.*

Néanmoins, il ne faut pas croire que l'action afin de faire borner des héritages contigus soit la même que l'action en revendication. Celle-ci, qui est purement réelle, a pour but unique de faire rentrer le propriétaire dans la possession d'une chose dont il a été privé sans son consentement. L'objet du bornage est principalement de marquer la ligne qui sépare des héritages limitrophes; sous ce rapport, la demande qui en est formée est personnelle. Une suite possible et simplement accessoire du bornage, est de faire rentrer chacun des propriétaires voisins dans la possession des portions de terrain qui pourraient avoir été usurpées; voilà le rapport sous lequel cette action est réelle.

Une conséquence de cette différence est que l'objet réclamé par la revendication est susceptible d'être acquis par la prescription ; tandis qu'il n'est pas possible d'opposer de plus long laps de temps à l'action de bornage. En effet, son but principal est de prévenir toute espèce de contestation, pour raison de la contiguité de divers héritages, et de faire connaître à chaque propriétaire ce qui lui appartient, et ce qu'il doit respecter, comme appartenant à ses voisins. Il est évident que jamais, sous prétexte d'une jouissance longue sans bornage, on ne peut s'opposer à une pareille opération, qui n'est qu'un exercice du droit de propriété.

A la vérité, il se mêle dans l'action de bornage quelque chose qui tient de la revendication; il faut en conclure que si, par l'événement du bornage, on trouve que l'un des propriétaires a usurpé sur l'autre quelques portions de terre, et en est resté paisible possesseur pendant le temps nécessaire pour prescrire, les bornes seront placées, conformément à la jouissance actuelle; l'usurpateur ne sera donc pas tenu de rendre ce que la prescription lui aura acquis. Cet effet, fort remarquable, fait sentir combien il était nécessaire d'expliquer que l'action de bornage est mixte; qu'elle est personnelle, pour ce qui concerne le placement des bornes; tandis qu'elle est réelle, pour ce qui peut avoir été usurpé.

§ II. *Par qui le bornage peut être requis.*

Quiconque a des droits dans la propriété d'un héritage peut en demander le bornage; ainsi cette action convient à celui qui est seul propriétaire d'un fonds, et à celui qui le possède par indivis avec d'autres, quand même ses copropriétaires ne se joindraient pas à lui. L'emphytéote et l'usufruitier ayant un droit de propriété dans l'héritage, *jus in re*, ils peuvent le faire borner. L. 4, § 9, ff. *fin. regund.*

Celui qui forme l'action de bornage est-il tenu de prouver son droit de propriété dans l'héritage qu'il possède, lorsque ce droit lui est contesté? Si on décidait pour l'affirmative, il en résulterait que celui qui posséderait sans titre, ne pourrait pas faire borner, tant que la prescription ne serait pas acquise; et même, après une jouissance fort longue, le propriétaire voisin qui ne voudrait pas procéder au bornage, pourrait contester la prescription. On sent assez que ce voisin n'a aucune qualité pour discuter le droit de celui qui demande le bornage; on peut donc assurer que le défendeur est non recevable à se refuser à l'opération, sous le prétexte que le titre de celui qui l'a requise n'est pas suffisant; dès que celui-ci est en possession, et se déclare propriétaire, il faut procéder au bornage.

Néanmoins le voisin défendeur a réellement intérêt à ce que le bornage soit fait avec le véritable propriétaire. C'est pourquoi, s'il n'est pas recevable à contester le titre du demandeur il est fondé du moins à mettre en cause celui qu'il croit être le légitime propriétaire. Cette précaution n'est pas seulement utile lorsque le demandeur en bornage paraît être un usurpateur; si c'est un emphytéote, ou un usufruitier qui requiert le bornage, il est bon d'y appeler celui à qui appartient la nue-propriété; en effet, l'opération étant faite sans ce dernier, il pourrait à son tour en demander une pareille pour lui. Par une raison semblable, si c'était le propriétaire qui eût requis le bornage, il serait prudent d'y appeler l'emphytéote, ou l'usufruitier; autrement ils pourraient exiger pour eux-mêmes un autre bornage.

Un tuteur peut-il, sans une autorisation du conseil de famille, provoquer le bornage des immeubles de son pupille?

Ceux qui croient l'autorisation indispensable, considèrent que l'action *finium regundorum* est mixte; par conséquent, sous un certain rapport elle est immobilière. Or le Code Nap., *art.* 464, défend au tuteur d'introduire en justice une action relative aux droits immobiliers du mineur, ni d'acquiescer à une demande relative aux mêmes droits, sans y être autorisé par avis de parens.

Pour l'opinion contraire, on dit que l'action de bornage n'est réelle qu'accidentellement, et que son caractère principal est d'être personnelle. L'intention de la loi, ajoute-t-on, est que le tuteur ne puisse pas légèrement s'engager dans un procès dont les suites pourraient porter atteinte aux droits immobiliers du mineur; or demander que les héritages du mineur soient bornés, n'est point élever une contestation; c'est le seul moyen de connaître les limites des biens dont l'administration lui est confiée, d'éviter des usurpations, et de prévenir toutes sortes de difficultés. Le tuteur, en provoquant le bornage, ne fait donc qu'un acte d'administration.

Comment pourrait-il veiller à la conservation des biens du mineur, s'il n'en connaît pas parfaitement les limites?

On ajoute encore que l'autorisation du conseil de famille n'est utile à demander que quand il y a matière à délibérer, et que les parens sont libres de ne pas l'accorder. Or peut-on imaginer un seul cas où il fût raisonnable de refuser au tuteur la faculté de faire borner les héritages du mineur?

Enfin les droits immobiliers du mineur ne peuvent jamais être mis en danger par le bornage; cette opération tend à faire connaître, et à renfermer dans des limites apparentes, toutes les portions des héritages qui lui appartiennent. Si pourtant, par l'effet de l'opération, il résultait que le voisin a usurpé des portions de terrain appartenant au mineur, le tuteur ne pourrait pas former, à cette occasion, une demande appuyée sur le travail des experts, sans y avoir préalablement été autorisé par avis de parens. Réciproquement, si le voisin du mineur prenait de l'opération du bornage occasion de réclamer des portions de terrain, le tuteur ne pourrait pas acquiescer à cette demande, sans y être autorisé.

De cette discussion, il résulte que le bornage en lui-même est un acte de simple administration, et que le tuteur peut le provoquer sans autorisation spéciale; mais que si cette opération donne lieu à revendication de la part du mineur, la demande n'en peut être dirigée par le tuteur qu'après s'y être fait autoriser en conseil de famille; comme aussi, dans le cas où c'est par le voisin du mineur qu'est faite la revendication en conséquence du bornage, il faut que le tuteur se fasse autoriser pour acquiescer ou défendre à cette demande.

Puisqu'il faut avoir un droit quelconque de propriété dans un héritage, pour être fondé à le faire borner, on doit conclure que celui qui le possède à titre précaire, tel qu'un fermier, n'a pas qualité pour intenter l'action *finium regundorum*. Le fonds lui est loué dans l'état où il se trouve; s'il est troublé dans la jouissance des objets compris en son bail, par des contestations relatives aux limites respectives, il n'a pas d'autre voie que celle de dénoncer le trouble à son bailleur, et de lui demander qu'il fasse borner. Un fermier, en effet, ou un locataire, ne peut agir qu'en vertu de son bail; il ne peut donc réclamer que contre le bailleur par une action purement personnelle, et non pas contre un tiers qui ne lui a point souscrit d'obligation, et qui n'est tenu de connaître que le propriétaire de l'héritage affermé.

§ III. *Contre qui le bornage doit être requis.*

Les principes qui règlent par qui le bornage peut être demandé, servent aussi à faire connaître contre qui l'action peut être donnée. Il est évident que, pour répondre à pareille demande, il faut avoir un droit de propriété dans l'héritage contigu à celui qu'il s'agit de borner.

Si le défendeur n'est pas seul propriétaire de l'héritage,

à l'occasion duquel il a été assigné, il agira prudemment s'il met en cause ses copropriétaires ; comme aussi dès que le demandeur les connaîtra, il s'empressera de les appeler. Les deux parties ont un égal intérêt à faire l'opération en présence de tous les intéressés, afin que ceux qui n'y auraient pas été appelés ne puissent pas demander un autre bornage ; ce qui serait onéreux aux uns et aux autres, puisque les frais de chacune de ces opérations sont supportés en commun par le demandeur et par le défendeur.

Pareillement, si le défendeur est usufruitier ou emphytéote, il sera utile de mettre en cause celui à qui appartient la nue-propriété.

A la demande en bornage, dirigée contre un tuteur, celui-ci peut-il répondre sans y être autorisé par avis de parens ?

Suivant *l'art.* 464 du Code Nap., un tuteur, non-seulement ne peut pas intenter en justice une action relative aux droits immobiliers du mineur, sans autorisation du conseil de famille, mais encore cette autorisation lui est nécessaire pour répondre à une demande relative aux mêmes droits. Or, dit-on, l'action en bornage étant mixte, est immobilière sous un certain rapport ; comment donc le tuteur peut-il procéder à l'opération qui lui est demandée, s'il n'est pas autorisé ?

Ici s'applique tout ce qu'on vient de dire au paragraphe précédent, sur la question de savoir si le tuteur peut provoquer le bornage sans y être autorisé par avis de parens. Ceux qui pensent que le tuteur peut faire borner les héritages du mineur sans autorisation, croient, à plus forte raison, que quand le bornage est requis par le voisin du mineur, le tuteur ne peut se dispenser d'y procéder, et qu'il ne lui faut pas d'avis de parens ; et dans l'opinion contraire, les plus raisonnables conviennent que, pour répondre à une demande en bornage, le tuteur n'a pas besoin d'autorisation ; ils se fondent sur ce que, suivant *l'art.* 646, tout propriétaire peut être forcé par son voisin au bornage des héritages contigus. En effet, il serait bien inutile d'assembler le conseil de famille pour délibérer sur une demande à laquelle il n'est jamais permis de se refuser. Si le mineur ne peut pas résister au partage provoqué par l'un des copropriétaires, et si en conséquence le tuteur peut y procéder sans avis de parens, comme le décide *l'art.* 465 du Code Nap., à plus forte raison doit-il en être de même quand le simple bornage est demandé par un voisin du mineur.

Remarquez pourtant que si, par suite de l'opération, il est reconnu que le voisin a usurpé, et qu'il faille former contre lui une demande pour le forcer à restituer, le tuteur s'y fera autoriser par le conseil de famille. Dans le cas où l'usurpation se trouverait faite au profit du mineur, il faudrait un avis de parens pour autoriser le tuteur à acquiescer aux réclamations du voisin, ainsi qu'on l'a expliqué au paragraphe précédent.

§ IV. *Des formalités du bornage.*

Le bornage est un contrat synallagmatique; il suffit, pour sa validité, qu'il soit signé par les parties intéressées, dans la forme de toutes les conventions de même nature, puisque le Code Nap. ne l'a pas soumis à des formalités particulières. De là, il suit que l'on ne doit plus avoir égard aux dispositions coutumières qui exigeaient, avant le Code, qu'un bornage fût fait par autorité de justice : on ne doit recourir aux tribunaux que quand les parties ne sont pas d'accord; par exemple, lorsque l'une refuse de procéder au bornage, ou quand elles ne peuvent pas convenir d'experts.

Que doit-on décider s'il s'agit d'un bornage auquel un mineur est intéressé? Le tuteur peut-il procéder à l'amiable à cette opération, ou bien est-il nécessaire qu'elle soit dirigée par le tribunal?

Ce qu'on a dit plus haut sur la question de savoir si un tuteur peut procéder au bornage sans y être autorisé par avis de parens, sert à se décider dans l'espèce proposée. Par le bornage n'est-il besoin que de fixer les véritables limites des héritages contigus, d'après les titres et l'arpentage, de manière que la juste étendue de chaque propriété soit reconnue sans aucune difficulté? Une pareille opération, n'excédant pas les limites d'une simple administration, peut se faire à l'amiable par le tuteur, comme tout autre acte de simple gestion, tels que les baux à fermes ou à loyers. Mais si par l'action du bornage on prétend, de part ou d'autre, réclamer des portions de terrain usurpé; en un mot, si à l'occasion du bornage, soit avant de le commencer, soit pendant l'opération, il s'élève quelque difficulté concernant des portions d'immeubles, il est évident, comme on l'a vu, que le tuteur ne peut pas procéder sans autorisation; et comme les délibérations du conseil de famille, en pareil cas, doivent être homologuées, on voit qu'alors le bornage doit être opéré par les ordres et sous les yeux de la justice.

Pour parvenir à faire un bornage à l'amiable, trois experts sont convenus entre les parties: à cet effet, il est naturel que chacune nomme le sien, en sorte qu'elles n'ont plus à s'accorder que sur le troisième. L'acte par lequel les parties nomment des experts, énonce les héritages dont il s'agit de marquer les limites, d'après les titres qui sont remis aux experts. En vertu de ce pouvoir, contenu dans cet acte synallagmatique signé par chacun des propriétaires, les experts procèdent d'abord à l'examen des titres, puis à l'arpentage des terres, ensuite à la reconnaissance des anciennes bornes s'il en existe, enfin à poser les bornes nouvelles. De leurs différentes opérations ils dressent procès-verbal, dans la forme qui sera expliquée dans la troisième partie de cet ouvrage.

Si leur rapport convient aux deux parties, soit qu'il ait été fait à l'unanimité, soit qu'il ne présente que l'avis de la majorité, elles passent un acte où elles s'obligent l'une envers l'autre à reconnaître pour bornes des héritages contigus, celles établies par les experts.

Quoique nous ne voyions aucune raison pour empêcher que l'acte de nomination d'experts, et celui qui adopte leur travail, soient faits sous signature privée, nous conseillons de passer ces sortes d'actes devant notaire; ils concernent des propriétés immobilières dont il est toujours fort utile que les titres soient authentiques.

Il n'est pas besoin de dire comment se fait un bornage en justite. Celui qui le provoque assigne le propriétaire voisin, dans les formes prescrites pour toutes les demandes ordinaires. Le jugement qui intervient contient la nomination des trois experts, faite d'après le choix des parties, sinon d'office par le tribunal. Assignés en exécution de ce jugement, les experts prêtent serment, et procèdent tant en présence qu'en absence des parties, après qu'elles ont été dùment averties, et sur les seuls titres qu'elles leur ont remis. Cette procédure sera plus au long expliquée dans la troisième partie de cet ouvrage : on y verra comment le rapport des experts est déposé au greffe, comment une expédition en est délivrée au requérant pour faire entériner ce rapport. Le jugement qui adopte le travail des experts, est le titre en vertu duquel les parties sont tenues de respecter les bornes posées juridiquement pour la séparation de leurs propriétés voisines.

S'il paraît, par l'arpentage, que l'un des propriétaires possède une quantité de terre plus grande que celle énoncée par ses titres, tandis que l'autre propriétaire se trouve posséder moins de terrain qu'il n'en est indiqué par les siens, comment doivent opérer les experts?

Lorsque la quantité qui excède d'un côté se trouve égale à celle qui manque de l'autre, il n'y a aucune difficulté; on rend à celui-ci ce que l'autre a de trop : *qui majorem locum in territorio habere dicitur, cæteris qui minùs possident, integrum locum assignare compellitur.* L. 7, ff. *fin. reg.*

Mais si l'un des propriétaires avait, au-delà de son contingent, plus de terrain qu'il n'en manque à l'autre, on ne prendrait pour remplir la part de ce dernier, que ce qui serait strictement nécessaire; en pareil cas, l'excédant doit rester à celui qui le possède.

Supposons que ce qui excède d'un côté ne suffise pas pour remplacer de l'autre; alors on donne à celui qui a moins, seulement ce qui se trouve de trop dans l'héritage contigu; car on n'est pas obligé de compléter, à son détriment, la portion de terrain qui paraît manquer à son voisin.

Au reste, ce qu'on vient de dire sur la justice qu'il y a, quand on procède au bornage, de prendre chez le propriétaire qui a trop, pour le donner au voisin qui a moins, ne peut avoir d'application au cas où celui qui possède au-delà de la quantité de terrain fixée par ses titres, invoque utilement la prescription; car cette manière d'acquérir est un titre légal. Ainsi, quand il serait prouvé que le terrain qui excède l'indication donnée par les titres de l'un, faisait réellement partie de l'héritage de l'autre; dès que le premier possède, non à titre précaire, depuis le temps nécessaire pour prescrire, il est aux yeux de la loi le vrai propriétaire de l'objet contesté. Par conséquent les bornes doivent se placer suivant l'état de la possession actuelle.

Il y a des bornes immuables, telles qu'une montagne, une rivière, un bois, un chemin public, un édifice, et autres objets dont la situation est invariable. Quand on manque de pareilles limites, on place des bornes mobiles; non pas qu'on néglige de les enfoncer dans la terre, mais elles sont ainsi appelées, parce qu'elles peuvent être déplacées par le simple travail de l'homme.

La forme des bornes mobiles varie selon les pays. Dans la plus grande partie de la France, on se sert de pierres d'une certaine grosseur, enfoncées en terre; tantôt il en excède une portion à l'extérieur, et tantôt elles ne sont point apparentes. Dans l'un et l'autre cas, pour qu'on ne croie pas que la pierre qui sert de borne, et qui assez souvent est brute, ne se trouve là que par hasard, on enterre autour de cette pierre d'autres pierres moins grosses, qu'on nomme témoins, parce qu'elles servent à faire reconnaître que la pierre principale est une borne. Dans certains pays, d'autres signes servent de témoins aux bornes.

Assez souvent, le bornage consiste à faire la reconnaissance des bornes indiquées par les titres et par les plans. Comme les bornes qui ne sont pas immuables sont plantées principalement à la pointe de chacun des angles de la pièce de terre, l'opération des experts consiste à faire fouiller dans les places indiquées par les titres et le plan : si les pierres trouvées sont déclarées être des bornes, l'opération est bientôt terminée; il ne reste plus qu'à tirer une ligne d'une borne à l'autre, pour avoir la figure de la pièce de terre.

Tome I. 3

§ V. *Des frais de bornage, et des peines contre ceux qui déplacent des bornes.*

Puisque le bornage est essentiellement utile aux deux propriétaires voisins, il doit se faire à frais communs. *Code Nap., art.* 646.

Cette disposition ne souffre aucune difficulté, quand ceux dont les propriétés sont contiguës, s'occupent de concert à marquer les limites de leurs héritages. Mais, si le défendeur résiste, le demandeur qui a obtenu un jugement pour faire procéder au bornage, avance les frais nécessaires; quand ensuite le rapport des experts est entériné, et que les frais sont liquidés, il obtient contre son adversaire un exécutoire montant à la moitié des frais de l'opération.

Observez que les dépens occasionnés par la résistance du défendeur, c'est-à-dire, ceux qu'il a fallu faire pour obtenir jugement contre lui, sont supportés en totalité par celui qui succombe; ces sortes de dépens ne sont pas compris dans les frais de l'opération, qui seuls doivent être payés en commun. Il en est de même des contestations qui surviennent pendant le bornage, ou à son occasion; elles donnent lieu à des dépens que supportent les parties condamnées par les jugemens rendus sur ces mêmes contestations; les seuls frais de l'opération sont payés en commun. En cas de difficulté, on fait taxer ces mêmes frais, selon les règles ordinaires établies par le décret impérial du 16 février 1807, relatif à la procédure qu'il faut suivre pour la taxe des frais et dépens.

Il est si intéressant pour l'ordre social que les bornes mobiles soient respectées, que, de tout temps, des peines sévères ont été prononcées contre ceux qui osent les déplacer. On trouve dans le Digeste un titre entier consacré à cette matière. Voyez *lib.* 41, *Titul.* 21, *de termino moto.*

Par la loi du 28 novembre 1791, le déplacement des bornes a été mis au nombre des délits de police correctionnelle; et comme tel il doit être puni d'une amende, et d'une détention de plusieurs mois, indépendamment des dommages-intérêts dus à la partie lésée. La détention du délinquant peut même être de deux ans, lorsqu'il est prouvé que son intention a été d'usurper une portion de l'héritage voisin.

Art. V. *Du droit de clôture.*

Avant le Code Nap., il y avait des coutumes, dans lesquelles un propriétaire ne pouvait clore qu'une portion déterminée de ses héritages, et cette portion variait selon les divers pays. Cette défense d'enclore une plus grande quantité de terrain que ne le prescrivait la coutume, était fondée sur le droit que chacun des habitans d'une commune avait de faire paître ses animaux, sur les terres des autres habitans de la même commune. Quelquefois ce droit était réciproque entre les habitans de deux communes limitrophes. Bien entendu qu'on ne pouvait envoyer paître ses animaux que sur des terres en jachères, c'est-à-dire qui se reposaient, ou bien sur celles dont la récolte était faite.

Ce droit des habitans d'une commune d'envoyer leurs animaux sur leurs propriétés respectives, et même sur les propriétés des habitans d'une autre commune, qui ont réciproquement la même faculté, se nomme *parcours.* Il faut le distinguer du *pâturage,* qui est le droit que, par exemple, j'ai de faire paître des animaux sur le terrain d'un autre, sans que celui-ci ait un droit semblable sur mon héritage. Le parcours résulte d'une sorte de société établie par la loi entre les habitans d'une même commune, ou entre les habitans de deux communes voisines : *percursus est societas quædam inita pascendi pecudes suas, et eas pascendi in alterius dominio;* c'est la définition qu'en donne Ducange dans son glossaire. Le parcours suppose un droit respectif, établi entre plusieurs propriétaires, pour faire paître leurs bestiaux sur les terrains qui appartiennent aux uns et aux autres.

A l'égard du pâturage, c'est un droit dont un propriétaire est obligé de souffrir l'exercice sur son fonds, pour l'utilité des animaux d'un fonds voisin. De là il suit que c'est une servitude; et comme elle n'est pas imposée nécessairement par la nature, c'est une servitude volontaire qui suit les principes de toutes les servitudes de la même espèce, et qu'on expliquera au chapitre suivant.

Le parcours n'étant pas une servitude, nous ne pouvons pas en parler dans cet ouvrage, nous renvoyons aux lois qui composent le Code rural. Il nous suffit ici de faire voir comment des propriétaires qui participaient au parcours, ne pouvaient pas à volonté clore leurs terres, puisque c'était évidemment les retirer de l'espèce de société formée pour le pâturage.

Le Code Nap. n'a point aboli le parcours, mais il a voulu établir un droit commun concernant la faculté d'enclore les terres, afin de faire disparaître sur ce point la diversité des dispositions coutumières, qui permettaient aux propriétaires d'enclore ici le quart, là le dixième, ailleurs d'autres portions plus ou moins grandes de leurs héritages. On a considéré que personne ne peut malgré lui rester en société, et que le droit sacré de propriété permet à chacun de faire de son bien ce qui lui plaît. En conséquence, l'*art.* 647 du Code Nap., décide que tout propriétaire peut clore son héritage, quand aucune servitude ne l'oblige pas à le tenir ouvert. Cette disposition qui est générale pour toute la France, et qui fait taire toutes celles des coutumes qui y sont contraires, est suivie d'une autre dont la justice est évidente : on voit dans l'*art.* 648, que le propriétaire qui veut se clore, perd son droit au parcours en proportion du terrain dont il prive la communauté.

Ainsi lorsqu'un propriétaire, dans un pays où le parcours est établi, met en clôture la moitié, ou le tiers, par exemple, des terres qu'il possède dans la commune, il perd la faculté d'user du parcours pour la moitié, ou le tiers du nombre des animaux qu'il avait droit de faire paître sur les terres non closes des autres propriétaires. Par conséquent, si la totalité des terres d'un habitant était fermée par des clôtures, il perdrait en totalité le droit de participer au parcours.

Dans les communes où le parcours existe, combien d'animaux chaque habitant peut-il faire paître? Sur ce point, le Code Nap. ne s'explique pas; en conséquence on doit se conformer aux coutumes et aux usages particuliers de chaque localité. Il paraît que le droit commun est qu'un habitant peut user du parcours, pour autant de têtes d'animaux qu'il possède d'arpens de terre non fermés; c'est donc cette règle qu'il faut suivre dans les lieux où, soit la coutume, soit l'usage, n'ont rien déterminé à ce sujet.

Pareillement, pour connaître les époques où il est permis et défendu d'envoyer paître les animaux sur les terrains assujettis au parcours, ainsi que pour savoir quels sont les animaux qui ne peuvent jamais être envoyés à cette sorte de pâturage, on doit observer les coutumes et les usages de chaque pays, en ce qui n'est pas contraire aux dispositions du Code rural.

Il nous reste à dire, sur cette matière, que la faculté de clore les terres est limitée au cas où on est tenu, par l'effet d'une servitude, à les laisser accessibles. Voilà pourquoi l'*art.* 647 du Code Nap. donne la liberté indéfinie de se clore, sauf l'exception portée en l'*art.* 682; il y est parlé du droit de passage pour arriver à un fonds enclavé, c'est-à-dire, qui n'a aucune issue sur la voie publique. On verra dans la seconde section de ce chapitre, que ce droit est une servitude nécessaire établie par la loi. Ainsi l'héritage enclavé peut bien être fermé, puisqu'il ne doit rien aux autres; mais les héritages qu'il faut traverser pour arriver à celui qui est enclavé, ne peuvent pas être totalement entourés de clôture; la portion destinée au passage doit rester libre. Il en est de même d'un héritage qui a été assujetti volontairement à livrer passage pour arriver plus commodément à un autre héritage non enclavé; l'héritage servant ne peut pas être fermé au préjudice de la convention faite pour la commodité de l'héritage dominant.

Ce qui concerne, soit la manière dont on peut clore son terrain, soit les clôtures qui sont mitoyennes, sera expliqué dans la section suivante.

SECTION II.

Des servitudes légales.

L'ordre social impose aux propriétaires, par rapport à leurs immeubles, des obligations respectives autres que celles qui résultent de la nature et de la situation des lieux : c'est ainsi, par exemple, que l'écoulement des eaux du terrain supérieur sur l'inférieur est un effet nécessaire de la nature, tandis que la faculté de rendre mitoyen un mur qui ne l'est pas, trouve son principe dans les devoirs réciproques qui sont prescrits entre voisins par les lois du voisinage.

On nomme donc servitudes légales, les servitudes prédiales qui résultent nécessairement de l'état où se trouve un héritage par rapport à un autre, mais qui pourtant n'existe que par l'autorité de la loi.

Ces sortes de servitudes ont pour objet soit l'utilité publique ou communale, soit l'utilité des particuliers. *Code Nap.*, art. 649.

Une des servitudes établies pour l'utilité publique concerne le marche-pied qu'un propriétaire est tenu de laisser sur le bord d'une rivière navigable du flottable, lorsqu'elle baigne ou traverse son héritage. Les servitudes qui ont pour objet la construction ou les réparations des chemins et monumens publics, sont dans la même classe : on peut donner pour exemple de cette espèce de servitude celle qui consiste à laisser tirer du sable ou des pierres dans un héritage pour des travaux publics. Si les travaux n'intéressent que la commune, ce sera une servitude légale, ayant pour objet l'utilité communale. *Code Nap.*, art. 650.

Tout ce qui regarde les servitudes légales motivées sur l'intérêt public ou communal, est déterminé par des lois ou règlemens particuliers qui tiennent au droit public, et non pas au droit privé qui est l'unique objet du Code Nap. *Ibid.*

Par exemple, c'est dans les lois et les règlemens sur la navigation que l'on voit les caractères auxquels on reconnaît qu'une rivière est navigable ou flottable, et par conséquent si chaque propriétaire riverain doit abandonner du terrain pour le marche-pied. Pareillement dans les lois et règlemens relatifs aux travaux publics, aux mines, aux canaux, on trouve à quoi sont assujettis les héritages qui peuvent y servir. Les lois et règlemens qui concernent les droits et l'administration des communes, disent également ce que les propriétaires de fonds sont obligés de souffrir pour les ouvrages utiles à chaque commune, tels que les chemins vicinaux. Suivant l'*art.* 652, d'autres obligations qui dérivent du voisinage, sont réglées par les lois de la police rurale.

Nous ne nous occuperons ici que des engagemens que fait naître le voisinage entre propriétaires, uniquement pour leurs intérêts particuliers : ce sont les seuls dont s'occupe le Code Nap. Ils concernent 1° les murs mitoyens; 2° les précautions à prendre pour certaines constructions; 3° les vues sur les propriétés voisines; 4° l'égout des toits; 5° les fossés mitoyens; 6° les haies mitoyennes; 7° les plantations près d'un héritage voisin; 8° le droit de passage. On va expliquer ces divers objets dans les huit articles suivans.

ART. Ier. *Des murs mitoyens.*

Ce que nous avons à dire sur cette matière fort étendue se divise en treize paragraphes qui expliquent, 1° quels murs sont mitoyens; 2° à quelles marques on reconnaît la mitoyenneté d'un mur; 3° aux frais de qui est l'entretien du mur mitoyen; 4° comment se fait l'évaluation des frais d'entretien, 5° quand on peut exiger la contribution à l'entretien; 6° comment on peut se dispenser de contribuer à l'entretien; 7° quel usage on peut faire d'un mur mitoyen; 8° ce qui concerne l'exhaussement de ce mur; 9° comment un mur qui n'est pas mitoyen peut le devenir; 10° comment s'acquiert la mitoyenneté de l'exhaussement d'un mur, qui n'est mitoyen que jusqu'à une certaine hauteur; 11° quand on peut forcer un voisin à faire une clôture à frais communs; 12° comment sont supportées les réparations d'une maison dont les divers étages appartiennent à des propriétaires différens; 13° ce que deviennent les servitudes, quand on reconstruit le mur mitoyen.

§ Ier. *Quels murs sont mitoyens.*

On appelle mur mitoyen, le mur qui sépare deux héritages contigus, et qui appartient en commun aux propriétaires des deux héritages. Pour entendre les obligations que

le voisinage impose, relativement aux murs mitoyens, il faut
considérer qu'un héritage est borné, ou par un autre héritage, ou par un objet qui ne fait pas partie de l'héritage voisin, tel qu'un chemin, une rivière. Si le propriétaire ferme
son héritage par un mur du côté du chemin ou de la rivière, il est évident que cette clôture n'appartient qu'à lui
seul, et que le voisin, de qui il est séparé par le chemin ou
la rivière, ne peut jamais acquérir droit de communauté en
un pareil mur. En effet, ce voisin ne pourrait profiter de ce
mur pour y appuyer quelque chose, qu'en obstaclant l'air qui
est au-dessus du chemin, ce qui est prohibé par les lois de
police.

Quand l'héritage touche immédiatement au fonds voisin, le propriétaire peut placer son mur de clôture, soit
sur le bord extrême de son terrain, soit en laissant un
espace quelconque compris sur son fonds, entre sa clôture
et le terrain voisin. Dans le premier cas, il est évident que le
mur appartient en entier à celui qui l'a fait construire à ses
dépens sur son propre héritage. Mais ce mur pourra devenir
la propriété commune des deux voisins, si celui sur le terrain
duquel il n'est pas construit veut acquérir le droit d'en faire
usage ; c'est une servitude imposée par la loi, et motivée sur
la contiguité qui existe entre le mur et le terrain voisin,
comme on le verra par la suite.

Cette contiguité n'existe pas, lorsque entre le mur de clôture et l'héritage voisin, il a été laissé une portion quelconque de terrain ; alors le mur n'est pas susceptible de devenir
commun par l'effet du voisinage, comme dans le cas précédent ; le voisin dont l'héritage ne touche pas immédiatement
au mur, ne peut pas exiger qu'on lui vende la faculté d'en
faire usage.

De là, résulte que ce qui est réglé, par les lois du voisinage, concernant les murs mitoyens, ne s'entend que d'un
mur qui touche les confins de deux héritages qu'il sépare,
c'est-à-dire, dans le langage des praticiens, d'un mur joignant
sans moyens. A l'égard d'un mur joignant deux héritages
avec moyens, c'est-à-dire, d'un mur au-delà duquel est un
espace quelconque qui l'empêche de toucher immédiatement

à l'héritage voisin, il ne se trouve jamais dans le cas d'être mitoyen.

Peu importe que cet espace soit un chemin, ou un ruisseau public, ou un terrain appartenant au propriétaire du mur.

Chez les Romains, le voisinage n'imposait pas la nécessité de rendre mitoyen un mur qui séparait deux héritages ; les propriétaires qui voulaient bâtir étaient tenus en conséquence de laisser un espace de deux pieds et demi entre leurs murs et le terrain du voisin, soit que ce dernier eût lui-même une clôture, soit qu'il n'en eût pas. De là vient que dans la plupart des lois, les maisons sont appelées îles ; car les bâtimens étaient la plupart isolés les uns des autres ; ils ne se touchaient pas, et les murs de séparation n'étaient communs entre deux voisins que quand il y en avait une convention spéciale.

Nous voyons aussi parmi nous des bâtimens très-voisins les uns des autres, et qui sont séparés par un espace ; c'est ce qui arrive lorsque celui qui a bâti le premier a laissé du terrain au-delà de son mur. Il en est résulté que, pour construire le bâtiment voisin, on n'a pas pu acquérir la mitoyenneté. Par conséquent il a fallu faire un autre mur ; de sorte que les deux bâtimens se trouvent séparés par un espace que l'on nomme *tour d'échelle* ou *échelage*, et quelquefois *ceinture*.

Cependant de tous temps nos lois ont établi, comme chose utile au public et aux propriétaires, que tout mur pût être placé sur l'extrémité de l'héritage, de manière à toucher sans moyens l'héritage voisin. Celui qui n'a aucun droit dans le mur de séparation n'est pas lésé par un pareil usage, parce qu'il peut acquérir, quand il lui plaît, la communauté à ce même mur, sous les conditions dont on parlera au neuvième paragraphe.

Souvent il arrive que deux propriétaires voisins font construire à frais communs le mur de séparation ; alors moitié de son épaisseur est placée sur le terrain de l'un, et moitié sur le terrain de l'autre. Il est assez évident en pareil cas, que le mur appartient aux deux propriétaires voisins. Observez même que, dans les villes et faubourgs, un propriétaire peut toujours forcer son voisin à contribuer aux frais du mur de séparation; c'est ce qu'on expliquera par la suite.

Ainsi d'abord un mur ne peut être mitoyen que quand il joint sans moyens les deux héritages. En second lieu, pour qu'un mur ainsi placé appartienne indivisément aux deux voisins, il faut ou qu'ils l'aient fait construire à frais communs, ou que l'un des voisins en ait acquis la mitoyenneté de celui par qui ce mur a été construit.

La communauté des murs est si favorable en France, qu'on présume toujours qu'elle existe à l'égard d'un mur joignant sans moyens deux héritages contigus, à moins que le contraire ne soit prouvé. Le Code Nap., *art.* 653, dit que, dans les villes et dans les campagnes, tout mur servant de séparation entre bâtimens jusqu'à l'héberge, ou entre cours et jardins, et même entre enclos dans les champs, est présumé mitoyen, s'il n'y a titre ou marque du contraire. Par cette disposition, la présomption est que le mur de séparation n'a été fait à frais communs, ou que l'un des voisins n'en a acheté la mitoyenneté que pour la portion dont il avait besoin. C'est ce qu'expriment les mots, *jusqu'à l'héberge,* c'est-à-dire, jusqu'à la hauteur des bâtimens appuyés sur le mur de séparation.

Si donc les constructions que soutient le mur d'un côté et de l'autre sont égales en hauteur et longueur, la mitoyenneté est supposée exister pour la totalité du mur. Si les bâtimens que l'un des voisins appuie sur le mur de séparation en couvrent toute la longueur, et seulement moitié de la hauteur, ce voisin ne sera réputé avoir la mitoyenneté que de la moitié du mur. Si les constructions d'un voisin, en ne s'élevant qu'à la moitié de la hauteur du mur, n'occupaient que la moitié de la longueur, son droit à la communauté ne comprendrait que le quart de ce mur, c'est-à-dire, la moitié de la hauteur sur la moitié de la longueur. En un mot, la présomption de droit n'attribue de mitoyenneté au voisin qu'en proportion de la surface prise sur le mur de séparation pour appuyer son bâtiment.

Cette explication s'entend quand un propriétaire use d'une portion de mur plus grande que celle utilisée par le voisin, tout le mur appartient au premier, sauf la portion qui sert au second, et qui, à cause de cela, est mitoyenne. Mais supposons que le mur de séparation excède également les constructions faites des deux côtés, que faudra-t-il décider relativement à la partie de mur qui excède?

Il nous paraît conforme à l'esprit de la loi de se déclarer pour la communauté du mur entier, s'il n'y a titre ni marque pour attester la non-mitoyenneté de la portion de mur qui excède les bâtimens.

Quand le mur qui fait contestation sert simplement de clôture, sans construction ni d'un côté ni de l'autre, la mitoyenneté est également présumée en vertu de la loi, à moins que le contraire ne soit prouvé; c'est ce que décide expressément l'article qu'on vient de citer. Qu'arriverait-il si ce mur avait une hauteur plus grande que celle réglée pour les clôtures ordinaires? Pour décider si ce qui excède la mesure prescrite est mitoyen ou non, on consulte soit les titres, soit les marques offertes par le mur lui-même; et si l'on n'y voit aucun motif de détermination, la faveur de la mitoyenneté doit l'emporter; le mur est déclaré commun dans toute sa hauteur.

§ II. *A quelles marques on reconnaît qu'un mur n'est pas mitoyen.*

La présomption qui fait regarder comme mitoyen un mur joignant sans moyens deux héritages, cesse lorsque le contraire est attesté par les titres. Cette décision est conforme aux principes sur les présomptions de droit; elles ne servent qu'à défaut de titres. Mais ce qui est particulier à la matière que nous traitons, c'est que les titres peuvent être remplacés par certaines marques qui se trouvent aux murs de séparation.

On prouve que la mitoyenneté n'existe pas, lorsque la sommité d'un mur est droite d'un côté, et à plomb de son parement; tandis que de l'autre, cette même sommité présente un plan incliné. *Code Nap., art.* 654.

Par l'effet que produit le haut d'un mur terminé comme on vient de le décrire, les eaux qui tombent sur l'épaisseur du mur coulent nécessairement le long du plan incliné, et par conséquent sur l'héritage qu'il regarde. Or on présume que le propriétaire de cet héritage a seul construit le mur; si le voisin y avait contribué, le mur aurait été terminé par un chaperon à deux pentes, pour jeter les eaux autant d'un côté que de l'autre. *Ibid.*

Non-seulement le mur n'est pas réputé mitoyen lorsqu'il n'est chaperonné que d'un côté, comme on vient de l'expliquer, mais encore lorsqu'on y a mis, en le construisant, des filets ou des corbeaux de pierre d'un seul côté; dès lors le mur est censé appartenir au seul propriétaire dont les filets ou corbeaux regardent l'héritage. *Ibid.*

Il est bon d'observer que la loi n'exige aucune preuve, et n'indique aucune marque, pour constater la mitoyenneté d'un mur; car cette mitoyenneté est présumée exister de plein droit. Il n'est donc besoin de preuve que pour détruire cette présomption. Or les preuves que la loi admet sont d'abord les titres, et à leur défaut certaines marques présentées par le mur lui-même; ces marques sont de trois espèces, la première est le chaperon à une seule pente, tournée du côté de l'héritage du réclamant, la seconde consiste dans des filets de pierre, construits avec le mur, et placés du côté de celui qui prétend avoir la propriété du mur entier. Ces filets prennent différens noms, selon les formes qui leur sont données par les architectes, tantôt ce sont des corniches, tantôt des larmiers, tantôt des cordons, tantôt des plinthes. Voilà pourquoi la loi se sert du mot filet pour exprimer en général tout ce qui forme ligne saillante sur une des faces du mur.

Enfin, pour troisième espèce de marque, la loi désigne des corbeaux; ce sont des pierres en saillie, placées de distance en distance dans le mur, du côté de celui qui les invoque comme des témoins de son droit exclusif à la propriété du mur.

L'une de ces marques suffit pour opérer la preuve de la non-mitoyenneté. Ainsi quand même le mur aurait un chaperon à double pente, il n'en serait pas moins considéré comme n'étant pas mitoyen, s'il présentait un filet, ou bien des corbeaux de pierre d'un seul côté. Pareillement un mur chaperonné à double pente, avec des filets des deux côtés, cesserait d'être réputé mitoyen s'il présentait des corbeaux d'un seul côté.

Il y avait des coutumes qui admettaient d'autres marques pour attester, soit la mitoyenneté, soit la propriété non commune du mur de séparation; on demande s'il faut suivre leurs dispositions à cet égard.

La négative n'est pas douteuse; car le Code Nap. ne permet de consulter les coutumes que dans les circonstances qu'il indique, ou du moins dans certains cas qu'il n'a pas prévus. Ici, sa décision est claire et sans exception; il faut donc la suivre dans toute la France, sans se permettre de l'interpréter par les coutumes.

Ainsi, par exemple, l'article 124 de la coutume d'Orléans porte que si des corbeaux de pierres saillantes sont arrondis en-dessous, ils attestent que le mur est commun; tandis que si les corbeaux sont arrondis en-dessus, il en résulte que le mur n'est mitoyen que jusqu'à la hauteur de ces marques. Une pareille disposition est contraire à celle du Code Nap., qui ne distingue pas si les corbeaux sont arrondis en-dessus ou en-dessous; il n'admet pas non plus des marques pour attester la mitoyenneté, qui est en général l'état présumé de tout mur de séparation. Il faut donc invoquer des marques dans le seul cas où on veut prouver qu'un mur n'est pas mitoyen; car sans marques et sans titres, la mitoyenneté existe de plein droit. Pareillement, s'il y a des corbeaux en saillie dans un mur de séparation, peu importe qu'ils soient arrondis en-dessus ou en-dessous; ils annoncent la propriété entière de ce mur en faveur de celui dont ils regardent l'héritage.

Ce que disent de contraire les coutumes ne peut donc plus servir que pour les constructions faites avant la publication du Code.

On demande si les marques n'étant pas placées au haut du mur, il en résulte que la portion qui leur est inférieure est seule mitoyenne, et que celle qui leur est supérieure n'est pas en commun. Cette question ne convient évidemment qu'aux murs ou portions de murs qui ne supportent point de bâtimens; car quand des bâtimens sont appuyés de part et d'autre contre un mur, il appartient aux deux propriétaires dans les proportions indiquées au § précédent. Si ce mur excède les bâtimens et qu'il y ait des filets ou des corbeaux d'un seul côté, on décidera que le seul maître de cet excédant est le propriétaire du côté duquel sont placées les marques. A l'égard du cas où le mur de séparation ne fait partie d'aucun bâtiment, c'est aussi par les marques, à défaut de titres, qu'on pourra connaître à qui il appartient exclusivement. Mais doit-on faire attention à la hauteur où sont placées les marques, soit dans un mur entier, soit dans une portion de mur excédant les bâtimens?

Si la marque de non-communauté consiste dans la sommité du mur qui ne se trouve chaperonnée qu'à une seule pente; ou bien si, le chaperon étant à deux pentes, un filet règne d'un seul côté comme servant de bord au chaperon, il n'est pas douteux que le mur ou la portion du mur en litige n'appartienne en totalité à la personne dont la marque regarde l'héritage.

Mais s'il y a un filet ou des corbeaux placés de manière que le mur les excède, par exemple, de moitié ou du tiers, faut-il en conclure que le mur appartient tout entier au propriétaire du côté duquel se trouvent les marques? ou bien faut-il décider que le mur est mitoyen depuis le bas jusqu'aux marques, et qu'il cesse de l'être pour la portion qui s'élève au-dessus des marques?

Le Code Nap. ne dit autre chose, sinon que la propriété du mur non mitoyen est présumée appartenir au voisin dont les marques regardent l'héritage. De là, quelques personnes pensent que les marques indiquent la non-mitoyenneté du mur entier; la loi n'ayant fait aucune distinction relative aux places qu'occupent les marques dans le mur, on ne doit pas diminuer leur effet, sous prétexte qu'elles sont posées ou plus haut ou plus bas.

Nous croyons que le silence du Code Nap. sur la place des marques dans le mur laisse toute faculté de suivre les usages des lieux. Ainsi dans les pays où la place des filets et corbeaux annonce que telle portion du mur est commune, tandis que l'autre portion ne l'est pas, on doit continuer de donner la même interprétation à ces marques.

Bien plus, dans les pays où l'usage n'est pas constant sur ce point, il nous semble que, suivant l'esprit du Code Nap., on doit considérer le placement des filets et corbeaux afin de reconnaître ce que le mur a de mitoyen. En effet, la mitoyenneté est l'état présumé de tout mur de séparation ; il faut des titres ou des marques pour prouver le contraire. De là il suit que les marques établissant une exception au droit commun, il ne faut pas les interpréter dans le sens le plus étendu ; en conséquence, il paraît conforme à l'intention de la loi de déclarer la non-mitoyenneté d'un mur, seulement pour la portion qui s'élève au-dessus des marques ; autrement on ne pourrait pas expliquer pourquoi les filets et corbeaux se trouvent dans certains murs à telle hauteur plutôt qu'à telle autre. D'ailleurs, puisque des marques dans un mur sont admises pour servir de titre, et que souvent la communauté du mur n'a lieu que pour portion, il est naturel de faire exprimer par les marques ce qui serait écrit dans un titre, c'est-à-dire, si le tout ou seulement portion du mur est une propriété exclusive.

Observez que les filets et corbeaux doivent être en pierres ; il serait trop facile de les figurer furtivement en plâtre, et de priver ainsi le voisin de son droit de communauté dans le mur. En un mot, il faut que l'on ait la certitude que ces marques ont été placées en construisant le mur ; leur témoignage ne serait point reçu, s'il paraissait qu'elles ont été incrustées postérieurement à la construction.

§ III. *Aux frais de qui est l'entretien d'un mur mitoyen.*

Lorsqu'un mur de séparation n'est pas mitoyen, il ne peut pas y avoir de difficulté quand il s'agit de le réparer ; celui à qui appartient le mur, et qui seul a droit de s'en servir, doit seul en supporter les charges. Ainsi les lois du voisinage n'ont dû parler des réparations des murs, que pour le cas où ils sont mitoyens, afin de régler pour quelle portion chaque voisin doit contribuer à leur entretien et à leur reconstruction.

Il est de principe que l'un des propriétaires d'un objet qui appartient à plusieurs, a le droit de forcer ses associés à faire avec lui les dépenses nécessaires à la conservation de la chose commune. Or, par le seul fait de la mitoyenneté d'un mur, il devient la propriété des deux voisins; de cette communauté naît l'obligation où ils sont de veiller à sa conservation, et de le réparer ou même de le reconstruire à leurs frais, chacun en proportion de son droit à la communauté de ce mur. *Code Nap., art.* 655.

Si donc le mur n'est mitoyen que pour la moitié, et que l'autre moitié appartienne exclusivement à l'un des voisins; celui-ci entretiendra seul cette moitié, dont il est l'unique propriétaire. A l'égard de la moitié qui est en communauté, chaque voisin y contribuera par égale portion; en sorte que dans le cas proposé, un des voisins aura à sa charge les trois quarts du mur; tandis que l'autre voisin n'en payera qu'un quart.

Le mur de ma maison est mitoyen pour un tiers de sa longueur avec un premier voisin, pour un autre tiers avec un second voisin, et enfin pour le dernier tiers avec un troisième voisin; la moitié des frais de la réparation ou de la reconstruction de ce mur sera supportée par moi, et la dépense de l'autre moitié sera divisée par égales portions entre mes trois voisins.

Pareillement, si la partie de mur qui me sépare d'avec l'un de mes trois voisins est la seule qui ait besoin d'être réparée ou reconstruite, la dépense en sera faite à frais communs entre ce même voisin et moi.

Observez que les réparations ou reconstructions qu'il faut répartir entre les voisins, proportionnellement à leur droit dans la communauté du mur, sont uniquement celles qui sont occasionnées par la vétusté, ou par quelque accident qui ne provient pas de la faute d'un des propriétaires. En effet, lorsque le mur est dégradé, ou entièrement ruiné par le fait d'un des voisins, par exemple, pour avoir été souvent froissé par ses voitures, ou par celles qui sont venues chez lui, celui-ci doit seul supporter la dépense des réparations ou de la reconstruction, dépense qui n'aurait pas eu lieu s'il avait su prendre des moyens suffisans pour garantir le mur. A cet effet, l'autre propriétaire peut former son action pour forcer celui qui doit réparer le mur à y mettre des ouvriers. Si le défendeur prétend n'être pas l'auteur des dégradations, ou qu'elles n'existent pas, ou qu'elles ne sont pas telles que le demandeur les exige, on fait constater l'état du mur par des experts. Ils donnent un détail estimatif des réparations, s'il s'en trouve de nécessaires; et ils déclarent en même temps qu'elles proviennent du fait de l'un des voisins, ou d'une cause qu'on ne peut imputer ni à l'un, ni à l'autre. D'après le rapport des experts, il est ordonné que les réparations qui y sont décrites seront supportées, soit par l'un des voisins, si elles proviennent de son fait particulier, soit à frais communs et dans la proportion du droit de chacun, si elles ont pour cause ou la vétusté, ou un accident dont aucun d'eux n'est responsable.

Si l'un des propriétaires est seul condamné à faire des réparations, et qu'il ne les fasse pas dans un certain délai qui lui est fixé, son voisin pourra y faire travailler en vertu du jugement. En conséquence, sur la représentation des quittances des ouvriers, exécutoire lui sera délivré pour le montant des sommes qu'il aura payées, conformément aux détails exprimés dans le rapport des experts.

Dans le cas où, soit la réparation, soit la reconstruction du mur mitoyen est déclarée une dépense commune, le demandeur est autorisé à passer seul les marchés avec les ouvriers, si, après y avoir appelé le défendeur, il ne se présente pas. Le même jugement ordonne que, sur le vu des quittances des ouvriers, il sera délivré au demandeur exécutoire pour la somme à laquelle doit contribuer le défendeur.

§ IV. *Comment s'évalue la contribution à l'entretien du mur mitoyen.*

Quand un voisin ne renonce pas à la communauté d'un mur, il est contraint, ainsi qu'on l'a dit, de contribuer aux réparations, ou à la reconstruction, en proportion de son droit à ce mur. Si les parties ne sont pas d'accord sur quelques circonstances, on fait visiter les lieux par des experts; ils suivent certaines règles pour évaluer la portion de chaque voisin, dans la dépense que doit occasionner la réparation d'un mur mitoyen.

La première règle, comme on l'a dit, est que chacun contribue au prorata de son droit à la communauté du mur. Si donc la mitoyenneté ne s'étend qu'au tiers, ou au quart du mur, ce qui se voit par les titres ou par les marques, le tiers ou le quart des frais est payé en commun par égales portions; le surplus est supporté par celui à qui appartient la portion de mur qui n'est pas mitoyenne.

La seconde règle est que celui des propriétaires qui veut reconstruire le mur dans des dimensions plus fortes, doit prendre sur lui cette dépense; le voisin n'est obligé qu'à souffrir le travail. Néanmoins, celui qui fait la construction est tenu de garantir et indemniser ce voisin de tous les accidens qui pourraient arriver à ce dernier. Si donc les bâtimens du voisin ont besoin d'être étayés pendant les travaux, c'est à celui qui les fait à se charger des étayemens.

Ce qu'on vient de dire a lieu quand le mur mitoyen qu'il s'agit de reconstruire est encore bon pour l'usage auquel il a été consacré jusqu'alors : car il est juste qu'un propriétaire ne soit pas entraîné dans des dépenses que son voisin seul trouve utiles. Mais si le mur mitoyen était caduc et entièrement corrompu, l'un des deux voisins aurait la faculté d'en provoquer la reconstruction à frais communs.

Le mur caduc ayant de plus faibles dimensions qu'il n'est d'usage dans le pays, on demande si l'un des voisins a droit d'exiger que la reconstruction se fasse dans les dimensions ordinaires. Il y a des personnes qui croient que le mur doit être reconstruit comme il était.

Cette décision ne paraît pas devoir être adoptée, parce que les dimensions d'usage, dans chaque pays, sont établies pour la durée des bâtimens et pour la sûreté publique. Il serait donc contraire aux devoirs d'un bon voisinage, de se refuser à reconstruire un pareil mur selon les règles ordinaires, quand même il aurait été originairement élevé dans des dimensions plus faibles.

Si le mur mitoyen avait des dimensions plus fortes que celles d'usage, ou s'il avait été établi avec des matériaux plus précieux que ceux qu'on a coutume d'employer, serait-on obligé de le refaire suivant les dimensions qu'il avait, et avec des matériaux de même nature? On pense pour l'affirmative. En effet, d'après l'existence ancienne de la construction, on peut supposer qu'il y a eu convention entre les voisins pour établir un mur plus solide et plus dispendieux que ceux qui se font ordinairement. L'un des voisins qui exigerait que le mur ne fût reconstruit que suivant les règles d'usage ne réussirait donc pas. La communauté d'un mur étant présumée, tant que le contraire n'est pas prouvé, on a droit de soutenir que si le mur a été construit dans de plus fortes dimensions, et avec des matériaux plus précieux qu'il n'est d'usage, c'est par suite d'une convention suffisamment attestée par le mur lui-même.

Au reste, quand on a déterminé de quelle manière un mur mitoyen, qui est caduc, doit être reconstruit, chacun doit y contribuer selon sa part dans la communauté de ce mur; et si l'un des deux voisins voulait que le mur neuf fût construit plus épais, ou plus long, ou plus haut, ou avec des matériaux plus chers, il faudrait que l'excédant de la dépense fût à sa charge. Le prix qu'aurait coûté le mur, s'il avait été reconstruit suivant le rapport des experts, est le seul pour lequel les copropriétaires doivent contribuer, chacun en raison de sa part dans la mitoyenneté. Par conséquent, celui qui ne tire aucune utilité de la plus grande force ou de la plus grande dimension donnée au mur, ne doit supporter, sans indemnité, que la portion des embarras et des dépenses accessoires qu'il aurait eus à souffrir, si le mur eût été reconstruit sans augmentation.

Supposons donc que ce voisin ait des bâtimens adossés au mur qu'on refait avec une épaisseur beaucoup plus forte qu'elle n'était; la dépense des étayemens, par exemple, n'en est pas plus considérable. Mais cet excédant d'épaisseur fait durer les travaux plus de temps qu'il n'en faudrait, si l'on suivait les anciennes dimensions; il est dû alors des indemnités au voisin, pour la prolongation d'embarras qui le fait souffrir au-delà de ce qu'il devait s'y attendre, soit dans son commerce, soit à raison de ses locations.

Si un des propriétaires du mur qu'il s'agit de reconstruire avait fait des embellissemens de son côté, soit en peinture, soit en sculpture, on demande s'ils seraient rétablis à frais communs.

On répond que, si le mur est reconstruit parce que l'un des propriétaires en a causé la chute, ou parce qu'il ne le trouve pas assez fort pour son usage, celui-ci doit supporter seul la dépense totale du mur, et en outre réparer les torts qu'il cause à son voisin; par conséquent il sera tenu de rétablir les embellissemens.

Il n'en serait pas de même si la reconstruction du mur était nécessitée par la vétusté, ou par un accident dont aucun des propriétaires ne serait l'auteur : le mur seul serait refait à frais communs, et chacun supporterait les pertes et les embarras qui lui seraient particuliers, et qui seraient une suite de l'accident. Ainsi le rétablissement des ornemens serait à la charge de celui à qui ils appartenaient; comme aussi chacun ferait étayer de son côté, selon qu'il en serait besoin, sans que ces dépenses pussent être partagées.

Un propriétaire a élevé un bâtiment sur un mur mitoyen, le croyant assez fort pour supporter cette charge. Au bout de quelques années, ce mur est écrasé par le bâtiment; on demande si le propriétaire de ces constructions nouvelles doit rétablir seul tout le mur de séparation.

Il faut savoir si celui qui a construit sur le mur a payé à son voisin une indemnité pour raison de la surcharge, comme le prescrit le Code Nap., dans l'*art.* 658, dont on parlera par la suite. Dans le cas où cette indemnité n'a pas été acquittée, quelques personnes prétendent que la chute du mur mitoyen ayant été occasionnée par la charge des bâtimens, celui à qui ils appartiennent doit seul réparer le tort qu'ils ont causé.

D'autres pensent, avec plus de raison, que cette décision est trop rigoureuse. Sans doute que celui qui appuie sur un mur un poids disproportionné à la force de ce mur, est cause de l'écroulement, et doit supporter la peine de son impru-

dence; mais il ne serait pas juste qu'il fût tenu de fournir un
mur neuf à la place d'un mur qui peut-être avait déjà passé
les deux tiers de sa durée, lorsqu'il a été chargé d'une nouvelle construction. Le propriétaire qui n'a pas eu la précaution de consolider le mur avant de s'en servir n'est tenu envers son voisin que de réparer le préjudice occasionné; il ne
doit donc supporter seul que la perte qu'il fait éprouver à ce
voisin, en le forçant à contribuer au mur avant le temps
où il en aurait été besoin. Des experts alors apprécient ce
dommage, en raison du temps que le mur aurait pu encore
durer sans la surcharge; et la somme qu'ils fixent pour cette
indemnité est payée par le propriétaire imprudent, en
outre de sa part des frais communs, et en diminution de
celle de son voisin.

Si l'indemnité de surcharge a été payée, il semble que le
propriétaire qui a bâti ait acheté le droit d'accélérer la vétusté du mur; par conséquent, il ne paraît pas que, quand
l'écroulement arrive, il soit dû aucun dédommagement pour
un événement qui a été prévu, et dont l'indemnité a été
payée d'avance.

La reconstruction, dans ce cas, semble donc devoir s'o-
pérer à frais communs, sans en faire supporter une plus
forte part à celui qui a surchargé le mur.

Quelque raisonnable que paraisse cette opinion, il serait
plus juste d'examiner si l'indemnité qui a été payée lors de
l'élévation des bâtimens sur le mur mitoyen est suffisante,
eu égard au temps qu'a duré le mur depuis la surcharge qu'on
lui a fait supporter. En effet, cette indemnité de surcharge
peut avoir été évaluée fort légèrement; on peut s'être trompé
sur la force présumée du mur; le propriétaire qui a bâti a pu
faire des constructions plus pesantes que celles qu'il avait
projetées. A raison de ces différentes circonstances, l'écroulement du mur peut être arrivé beaucoup plus tôt qu'on ne
devait s'y attendre. Nous pensons donc qu'il faut faire décider par des experts, si, nonobstant l'indemnité de surcharge payée d'avance par le propriétaire qui a bâti sur le
mur, ce dernier ne doit pas supporter dans la reconstruction
une plus forte portion que celle dont il est tenu, propor-

tionnellement à son droit de communauté au mur; ils diront
à quoi se monte le supplément d'indemnité, s'il en est dû.

§ V. *Quand peut-on exiger la réparation, ou la reconstruction d'un mur mitoyen?*

Un mur mitoyen est dans le cas d'être réparé, lorsque, par
quelque cause que ce puisse être, il se trouve dégradé de
manière à porter même la plus légère atteinte à la solidité du
mur. Les hommes de l'art sont toujours consultés sur de pareils faits, quand il s'élève à ce sujet des contestations; leur
avis alors est d'autant plus utile, que le plus souvent il faut
non-seulement désigner les réparations nécessaires, mais
encore déterminer la manière dont chaque espèce de réparation doit être exécutée, et fixer les prix de chacune.

En général, un mur mitoyen doit être réparé quand il s'y
trouve des lézardes, soit d'un côté, soit de l'autre; quand il
manque de crépi en quelques places, tant sur une face que
sur l'autre; quand le chaperon est endommagé en quelques-
unes de ses parties; quand une ou plusieurs des pierres qui
forment le mur viennent à se déplacer; quand le mur dé-
verse, c'est-à-dire quand il penche d'un côté; quand il présente des renflemens soit d'un côté, soit de l'autre. Au reste,
on le répète, lorsque les copropriétaires ne sont pas d'accord
sur l'existence ou la nature des réparations nécessaires pour
conserver un mur en bon état, on doit le faire examiner par
des experts, qui, selon une infinité de circonstances diverses
et d'après la localité, reconnaissent s'il y a lieu à réparer, et
indiquent les ouvrages à effectuer.

A l'égard de la reconstruction d'un mur mitoyen, on peut
dire la même chose. Si les parties ne s'accordent pas à le regarder comme caduc, c'est aux gens de l'art à décider. Il est
certain d'abord que, quand le mur mitoyen est tombé, l'un
des propriétaires a droit d'exiger qu'il soit rétabli.

En second lieu, lorsqu'il est corrompu, c'est-à-dire tellement mauvais, qu'il ne peut plus servir à l'usage auquel il est
destiné, il doit être refait. Les signes auxquels on reconnaît
qu'un mur est corrompu varient selon la nature de ses matériaux, selon son épaisseur et son élévation, et selon l'usage

auquel il sert. Un mur de clôture, par exemple, fait dans les dimensions ordinaires, doit être en plus mauvais état pour être condamné à la démolition, que s'il était d'une plus grande élévation avec la même épaisseur. Pareillement, il faut des signes de corruption encore bien moins prononcés pour contraindre à la reconstruction d'un mur qui soutient des bâtimens; on doit en prévenir la chute, autant pour l'intérêt des propriétaires que pour la sûreté publique.

Troisièmement, un mur qui penche d'un côté ou de l'autre très-sensiblement peut être condamnable selon les circonstances. S'agit-il d'un mur mitoyen qui porte des édifices, la règle la plus généralement observée est de ne le condamner à être démoli que quand il est hors de son à plomb, de plus de la moitié de son épaisseur. Si donc un mur qui est commun à deux bâtimens avait dix-huit pouces d'épaisseur et dix toises de hauteur, et qu'il penchât de trois quarts de pouce par toise, le déversement serait de sept pouces et demi; ce qui ne suffirait pas pour le faire abattre, parce que la moitié de l'épaisseur est neuf pouces. Si ce même mur avait treize toises de haut, avec le même déversement, il serait condamnable, parce qu'alors le surplomb serait au total de neuf pouces et trois quarts de pouce; ce qui excéderait la moitié de son épaisseur.

On n'est pas à beaucoup près aussi exigeant lorsqu'il s'agit d'un simple mur de clôture; quel que soit son déversement, on le laisse subsister tant qu'il ne menace pas d'une ruine prochaine; et même on considère encore sa position pour le déclarer plus ou moins promptement en état de ruine. S'il sépare seulement deux enclos à la campagne, loin des habitations, on le laissera subsister plus long-temps que s'il forme séparation entre les cours de deux maisons habitées par un grand nombre de personnes.

§ VI. *Comment on peut se dispenser des réparations d'un mur mitoyen.*

Il y a une différence bien remarquable entre le cas où la réparation d'un mur mitoyen provient du fait d'un des propriétaires, et celui où la dépense doit être supportée en commun, proportionnellement au droit de chacun. Dans la première hypothèse, celui qui seul a été cause des dégradations ne peut jamais se dispenser d'en supporter seul la dépense, soit que le mur se trouve mitoyen, soit qu'il appartienne en entier au voisin; car on est toujours obligé personnellement de réparer les torts qu'on a occasionnés. Mais quand la réparation ou la reconstruction est une charge de la communauté du mur, celui qui ne veut pas y contribuer a un moyen de se soustraire à l'obligation de la mitoyenneté; il consiste à abandonner son droit relatif à la propriété de ce mur. *Code Nap., art.* 656.

Cette disposition est fondée sur ce que la mitoyenneté frappe plutôt sur l'immeuble que sur la personne du voisin; en sorte que celui-ci cessant d'être propriétaire de la chose asservie à la communauté, il est déchargé de l'obligation qui en résulte. L. 6, § 2, ff. *si serv. vend.*

Au reste, ce que dit à cet égard le Code Nap., conformément au droit romain, reçoit deux exceptions. L'une a lieu lorsque le mur mitoyen soutient des bâtimens appartenant au voisin de qui on réclame une contribution aux réparations. En effet, par l'abandon que ce propriétaire ferait de sa part dans la communauté, le mur soutenant ses bâtimens ne serait pas entièrement à la disposition de son voisin, puisque celui-ci serait gêné par les bâtimens appuyés sur le mur.

On demande si, en abandonnant également ces mêmes bâtimens, celui à qui ils appartiennent peut se dispenser de contribuer aux réparations du mur? La négative ne paraît pas douteuse, parce que la loi ne permet d'abandonner que ce qui est mitoyen; or les bâtimens qui s'appuient sur le mur ne font pas partie de la communauté. Celui à qui ils appartiennent ne peut donc pas forcer son associé de les prendre, et d'augmenter ainsi sa propriété, souvent d'une manière qui lui serait plus onéreuse qu'utile.

La seconde exception est pour les villes et faubourgs; on verra par la suite que le propriétaire d'une maison située dans une ville ou dans un faubourg peut toujours forcer son voisin à faire un mur en commun pour séparer les deux héritages. De là il doit résulter que, s'il y a lieu à réparer ou à reconstruire un mur mitoyen dans une ville ou dans un faubourg, l'un des voisins, pour se décharger de l'obligation de contribuer à cette dépense, n'a pas la faculté d'abandonner son droit de communauté.

On ne doit donc étendre la disposition de *l'art.* 656 du Code Nap. qu'aux murs mitoyens qui séparent des héritages situés dans les campagnes, ou qui font partie, soit d'un hameau, soit d'un village, soit même d'un bourg.

Celui qui, pour se décharger de l'obligation de réparer un mur mitoyen, en abandonne sa portion, doit-il délaisser aussi le terrain sur lequel est posée la moitié de l'épaisseur du mur?

La réponse est tirée de la nature même de la chose dont il s'agit. En effet, le mur ne peut pas exister sans la terre où sont ses fondations; par conséquent, si ce mur est commun, la terre où il pose doit l'être également.

En renonçant à la communauté du mur, on renonce donc à tout ce qui le compose; c'est-à-dire, non-seulement aux matériaux dont il est formé, mais encore à la terre sur laquelle il est fondé, puisque, sans cette terre qui le soutient, le mur ne subsisterait pas.

Supposons que mon voisin ait abandonné son droit au mur qui sépare nos deux héritages, et qui était mitoyen. Par cet abandon, que je fais constater dans un acte, je deviens seul propriétaire du mur, qui doit être considéré comme s'il avait été construit par moi seul, et par conséquent comme si, dans toute son épaisseur, il avait été fondé sur mon terrain. Dans la suite le mur tombe en ruine, et je ne juge pas à propos de le reconstruire; au contraire, je veux cultiver la place où il était posé. On demande si je pourrai comprendre dans ma culture la portion de terrain qui portait la moitié de l'épaisseur de ce mur, et qui m'a été abandonnée avec le mur lui-même lorsque mon voisin a voulu se décharger de l'obligation de contribuer aux réparations.

Pour l'affirmative, on dit que l'abandon du droit à la communauté ayant compris nécessairement la terre qui portait le mur, elle est devenue une propriété incommutable.

Je l'ai en quelque sorte acquise, cette terre, ainsi que les matériaux du mur, pour le prix auquel se montait la portion des réparations dont le voisin a voulu s'épargner la dépense.

D'autres, avec plus de raison, soutiennent que le prix de l'abandon n'est pas seulement la portion des réparations qui étaient dues quand il a eu lieu, mais encore toutes les réparations qui devaient se faire à l'avenir. Si donc le mur vient à tomber, et qu'il ne soit pas relevé, la condition de l'abandon cesse d'être remplie, et par conséquent cet abandon cesse lui-même d'avoir son effet. On conclut de là que le voisin qui avait renoncé à la communauté du mur sous une condition qui n'est pas exécutée, n'est plus obligé par une convention que l'autre partie méconnait; il peut donc reprendre non-seulement la portion du terrain qu'il avait cédée, mais encore la moitié des matériaux du mur démoli; en un mot, il rentre dans le droit qu'il avait avant l'abandon.

§ VII. *Quel usage on peut faire d'un mur mitoyen.*

Lorsqu'un mur n'est pas mitoyen, on sent bien que le propriétaire à qui il appartient a le droit exclusif de s'en servir; le voisin ne peut pas même y appuyer du treillage, ni tout autre objet, quoique ce mur touche sans moyens ses terres; car il est la propriété entière et exclusive de celui qui l'a fait construire.

Mais lorsqu'un mur qui sépare deux héritages appartient aux deux propriétaires voisins, chacun a la faculté d'en jouir en proportion du droit qu'il a dans la mitoyenneté.

Si donc le mur qui sépare mon héritage du vôtre est mitoyen seulement pour la moitié de la longueur ou de la hauteur, et que l'autre moitié vous appartienne exclusivement, je ne pourrai me servir que de la moitié qui est en commun, tandis que vous aurez l'usage du mur entier.

Les deux voisins doivent jouir du mur mitoyen, ou de la portion du mur en mitoyenneté, de manière à ne pas se nuire; voilà pourquoi chacun doit s'en servir de son côté seulement.

Ainsi chacun peut appuyer sur la face du mur mitoyen qui le regarde tel bâtiment qu'il veut. Néanmoins chacun peut faire porter par ce mur soit des poutres, soit des solives, et les placer dans toute l'épaisseur de la maçonnerie, à l'exception de cinquante-quatre millimètres, qui valent deux pouces. Ce n'est pas qu'il soit défendu de percer le mur d'outre en outre pour placer les bois plus facilement; mais on est tenu alors de remplir en maçonnerie les deux pouces que les poutres ou les solives laissent vides; il faut que les bois ne paraissent pas du côté du voisin. *Code Nap., art.* 657.

On demandera sans doute comment fera l'autre propriétaire, s'il a besoin par la suite de placer des poutres ou des solives précisément aux endroits où se trouvent les bois de celui qui le premier a construit. La réponse est dans le Code Nap., qui, au même article, réserve au voisin le droit de réduire la poutre avec l'ébauchoir jusqu'à la moitié de l'épaisseur du mur. Par ce moyen la poutre de l'un touche par le bout la poutre de l'autre, et les deux pièces de bois occupent chacune la moitié de l'épaisseur du mur.

Si un propriétaire voulait adosser une cheminée contre le mur mitoyen, précisément vis-à-vis de la poutre du voisin, on réduirait également la longueur de cette poutre, de manière qu'elle ne vînt que jusqu'à la moitié de l'épaisseur du mur; on ne pourrait s'en dispenser, afin d'éloigner du corps de cheminée la pièce de bois. Cette précaution ne dispense pas de celles dont on parlera au § IV de l'article suivant, et qui sont indispensables pour prévenir les accidens du feu.

En indiquant l'ébauchoir, comme l'instrument avec lequel la poutre peut être diminuée jusqu'à la moitié du mur, la loi fait assez entendre que l'on ne peut pas déranger les bois que l'un des voisins a posés le premier; et que s'il est permis de retrancher sur la longueur de ces mêmes bois ce qui excède la moitié de l'épaisseur du mur commun, c'est à condition qu'on se servira de moyens qui ne puissent pas nuire aux constructions déjà faites.

Le propriétaire qui veut faire travailler à un mur mitoyen, comme il en a le droit, est-il tenu d'en prévenir son voisin?

Quelques coutumes l'exigeaient; de ce nombre est celle de Paris, art. 204; et même, par son article 203, elle chargeait les maçons d'avertir, par une simple signification, tous ceux avec qui était mitoyen le mur qu'il s'agissait de démolir, percer ou reconstruire. Le Code Nap. n'impose point aux maçons l'obligation d'avertir les intéressés au mur qu'ils sont chargés de percer ou de démolir; mais aussi il exige que le propriétaire qui veut se servir du mur ne se contente pas de faire une simple signification au voisin. L'*art*. 662 défend à tout propriétaire de pratiquer dans le corps d'un mur mitoyen aucun enfoncement, ni d'y appuyer aucun ouvrage sans le consentement du voisin. Si celui-ci refuse de consentir, l'autre peut faire indiquer par des experts les moyens nécessaires pour que la nouvelle construction ne soit pas nuisible aux droits de l'opposant.

Rien n'est plus raisonnable qu'une pareille disposition; elle empêche qu'un des propriétaires du mur mitoyen n'abuse de son droit au détriment du voisin. Il n'a jamais été permis de faire travailler à un mur commun sans en avertir les parties intéressées, et sans leur laisser le temps de prendre leurs précautions, soit pour prévenir les dégâts que pourraient leur occasionner les travaux, soit pour qu'ils puissent réclamer contre l'entreprise du voisin, s'il n'est pas fondé à toucher au mur. Mais souvent les avertissemens étaient signifiés infidèlement, rien ne réglait le temps convenable qu'il fallait accorder aux voisins pour se garantir des torts qu'ils pouvaient craindre comme suite des travaux. On a remédié à ces inconvéniens, en exigeant le consentement de ceux qui ont droit à la communauté du mur, ou de portion du mur qu'il s'agit de percer. Si ce consentement est accordé volontairement, le temps où commenceront les travaux est réglé à l'amiable; on fixe par le même accord l'époque où finiront ceux qui peuvent gêner le voisin.

Les parties intéressées sont-elles en contestation, elles s'adressent à la justice, qui, sur le vu des titres, et sur un rapport d'experts, s'il en est besoin, défend de toucher au mur quand le demandeur n'est pas fondé; dans le cas contraire, elle règle la manière dont les travaux seront faits, ainsi que le temps où ils commenceront, et où finiront ceux qui peuvent causer de l'embarras aux voisins.

Y a-t-il des travaux concernant le mur commun auxquels un voisin peut s'opposer absolument, par la seule raison qu'ils ne lui conviennent pas? ou bien la faculté que donne le Code Nap. de recourir à des experts en cas de refus du voisin s'étend-elle à toutes sortes d'ouvrages qu'on projette, relativement au mur mitoyen?

La raison de douter, est que la disposition légale est générale; dans tous les cas où le voisin refuse son consentement, elle autorise à faire nommer des experts.

Il est certain que, quel que soit le refus du voisin, on a le droit de recourir à des experts toutes les fois qu'on a besoin de faire examiner les droits respectifs, et de connaître si le refus du voisin peut être absolu, ou s'il doit se borner à contester le mode de construction. Mais quand un voisin prétend faire au mur mitoyen des ouvrages qu'il lui est défendu par la loi d'entreprendre, tel que le percement pour un passage dont il n'y a pas de titre, à quoi servirait-il d'avoir un rapport d'experts? On sait que tout copropriétaire d'un mur mitoyen a le droit, en pareil cas, de refuser son consentement d'une manière absolue, et sans autre raison que sa volonté. Il en serait autrement si la mitoyenneté était contestée; il faudrait, pour la juger, avoir l'avis des gens de l'art.

S'agit-il de travaux qui sont permis à chacun des copropriétaires du mur, par exemple, de placer des poutres, le refus du voisin ne peut être fondé que quand il craint qu'on ne prenne pas les précautions nécessaires; c'est encore alors qu'il y a lieu de s'adresser à des experts pour indiquer la manière de construire régulièrement.

Par cette explication, on voit que la faculté de recourir à des experts, lors d'un refus de la part du voisin, n'est accordée que pour les cas où il s'agit de faire au mur mitoyen des travaux relatifs, soit à sa conservation, soit à l'usage que l'on est en droit de faire d'un mur dont la jouissance est en communauté.

L'embarras de ces sortes de travaux doit être souffert par le voisin, comme l'autre souffrirait également les travaux que voudrait faire son copropriétaire. Cependant on ne doit pas abuser de cette règle de réciprocité; et il entre dans l'intention de la loi, en forçant de prendre le consentement du voisin pour travailler au mur mitoyen, de faire fixer le temps que durera l'embarras qu'il est obligé de souffrir. On demande donc d'après quels principes il faut déterminer les époques, soit pour commencer, soit pour finir les ouvrages dont il s'agit.

D'abord, avant de les commencer, il est nécessaire de laisser aux voisins un temps suffisant, tant pour se préparer à souffrir l'incommodité des travaux, que pour garantir les objets qui en pourraient recevoir du dommage.

Quant à l'époque où doivent être terminés les ouvrages qui sont de nature à gêner les voisins, la règle est de ne pas discontinuer de travailler dès qu'on a commencé, et d'employer autant d'ouvriers à la fois qu'il est permis par la localité.

Chacun des propriétaires d'un mur commun ayant droit d'y faire travailler, après en avoir obtenu l'autorisation volontaire ou forcée, il en résulte que celui qui bâtit n'est pas tenu des dommages que les voisins auraient pu éviter en prenant des précautions ordinaires. Par exemple, un voisin se plaint de ce que les coups portés contre le mur ont cassé une glace qui y était appuyée; il ne sera pas écouté, parce qu'ayant été prévenu de l'époque où les travaux devaient commencer, il a dû garantir les meubles qui pouvaient en souffrir.

Pareillement un voisin a appliqué le long du mur mitoyen de légers ouvrages qui ont été endommagés par les efforts nécessaires pour opérer le percement; celui à qui ces ouvrages appartiennent doit s'imputer de ne les avoir pas soutenus par des étais ou de toute autre manière.

Mais s'il survient des dégâts que le voisin n'a pu prévoir, par exemple, si, en frappant le mur pour le percer, des éclats de pierres avaient brisé une croisée ou une porte du voisin, celui qui fait travailler serait tenu de réparer le dommage. De même, si le percement mettait à découvert une poutre, une solive, ou toute autre partie du bâtiment voisin, et qu'il fût nécessaire de l'étayer, ce serait aux frais de celui qui fait construire; ces sortes d'ouvrages étant des accessoires de la construction qu'il a entreprise, il a dû les calculer dans sa dépense.

Le consentement du voisin, ou, à son refus, l'autorisation de la justice, est nécessaire pour quelque espèce d'ouvrage qu'on veuille faire au mur mitoyen. Ainsi on doit le demander, s'il faut faire, soit un percement pour placer des poutres, soit la démolition du tout ou de partie du mur; il en est de même s'il s'agit d'un simple enfoncement, comme une niche pour un poêle, ou une armoire, ou tout autre objet. On conçoit que ce genre d'ouvrage doit affaiblir le mur, en diminuant son épaisseur dans la partie que l'on fait travailler; et si le voisin avait un pareil enfoncement de son côté vers le même endroit, le mur se trouverait sans aucune soutenue. Il est donc essentiel que les copropriétaires s'entendent en pareil cas, ou que des experts, en vertu d'un jugement, règlent ce qui est convenable pour la conservation du mur sans blesser les droits d'aucune des parties intéressées.

Plusieurs coutumes, parmi lesquelles est celle de Paris, avaient prescrit de faire poser les poutres, soit sur des jambes ou chaînes de pierres, soit sur des corbeaux de pierres de taille; le Code Nap. n'ayant point changé cette précaution, est-elle restée obligatoire?

La loi nouvelle a tout prévu, en exigeant ou le consentement du voisin, ou, sur son refus, l'autorisation de la justice pour faire travailler à un mur mitoyen. En effet, par l'accord volontaire, les parties conviennent de la manière dont l'ouvrage doit être fait pour la solidité du mur. S'il a fallu recourir à la justice, le jugement, sur le rapport des experts, détermine les précautions qu'il faut employer pour la sûreté de la construction. Ainsi on n'est jamais dans le cas de toucher à un mur mitoyen sans que les parties intéressées aient été à portée de consulter les gens de l'art; ce qui suffit pour que chacune puisse connaître ce qu'elle doit exiger de celui qui veut bâtir sur le mur commun. Il nous paraît que la législation actuelle est plus parfaite en ce point que la précédente, parce qu'on ne peut pas prévoir toutes les circonstances qui se rencontrent lorsqu'il s'agit de se servir d'un mur mitoyen pour y appuyer de nouvelles constructions. Il vaut mieux que les parties déterminent d'avance la manière dont se feront les travaux que de s'exposer à des contestations pour raison de constructions vicieuses. Il arrivait souvent que les précautions indiquées dans l'ancienne loi étaient ou insuffisantes ou excessives, eu égard aux ouvrages projetés. D'ailleurs les règles à suivre pour la solidité des travaux varient selon les pays, en raison de la différence des matériaux et de la nature des bâtimens.

Ces réflexions nous engagent à ne pas imiter quelques commentateurs de coutumes, qui indiquent les différentes manières de construire sur un mur mitoyen, selon que ce mur est plus ou moins fort. Outre que tous les cas ne peuvent pas être prévus en pareille matière, les méthodes se perfectionnent, et elles ne conviennent pas à toutes les localités. Le plus certain est donc, suivant le Code Nap., de consulter des hommes de l'art chaque fois qu'il en est besoin.

Ce qu'on a dit jusqu'ici de l'usage que l'on peut faire d'un mur mitoyen, concerne le cas où il faut faire travailler à ce mur ; mais on demande si chacun des propriétaires peut, de son côté, se servir du mur, soit pour y adosser des amas de différens objets, tels que des matériaux, des pavés, des terres, du bois, du fer, du fumier et autres choses, soit pour y appliquer du treillage, des boiseries, et autres ornemens.

La règle est qu'un propriétaire ait l'usage de la face que présente le mur de son côté, pour y adosser ou y appliquer ce qu'il juge à propos, pourvu qu'il ne porte aucun préjudice à la solidité de ce mur, et que ce qu'il dépose au bas ne puisse servir à s'introduire chez le voisin, ni même à regarder ce qui s'y passe.

Ainsi, lorsque le mur mitoyen supporte un bâtiment d'un côté, il a la force de soutenir des bois, des pavés, et autres objets posés par terre le long de ce mur, de l'autre côté, et accumulés à une certaine hauteur. Cependant si le voisin avait une croisée dans ce mur, par l'effet d'une servitude, les objets dont il s'agit ne devraient pas être amoncelés au point de faciliter ou la vue ou le passage par cette croisée ; pareillement les choses que l'on pose ainsi le long du mur ne doivent pas obstacler le jour que ce voisin a droit de retirer de sa croisée.

A l'égard des murs de clôture, n'étant pas destinés à supporter la moindre chose, ceux à qui ils appartiennent ne peuvent y rien adosser de ce qui peut faire effort, comme des terres, du sable, du fumier.

On ne doit pas adosser contre un mur quelconque des matières capables d'engendrer de l'humidité; il se fait une fermentation qui corrompt les mortiers et attaque la solidité du mur. Si on fait un contre-mur pour garantir le mur commun des inconvéniens dont on vient de parler, le voisin n'a plus à se plaindre; il en est de même si les choses qui sont amoncelées le long du mur, telles que des pierres, sont posées sur leur lit de manière qu'elles n'aient aucune poussée.

Le voisin pourra exiger, dans tous les cas, que les objets adossés le long du mur mitoyen, même quand il y a contre-mur, ne s'élèvent pas assez pour qu'à l'aide de ces objets on puisse regarder ou passer par-dessus le mur.

Comme la loi défend d'appliquer aucun ouvrage dans le corps d'un mur mitoyen, sans le consentement du propriétaire voisin, ou sans autorisation de la justice, on demande si ces précautions sont nécessaires lorsqu'il s'agit d'appliquer sur le parement du mur un treillage, une peinture, des boiseries, des papiers, et autres ornemens qui n'ont aucun poids, et ne font aucun effort contre le mur.

Il est évident que ces sortes d'ouvrages ne sont pas compris parmi ceux que le Code Nap. ne permet de faire qu'après avoir obtenu consentement ou autorisation; car ils ne se font pas dans le corps du mur, comme ceux que nécessite l'application d'un bâtiment, d'un appentis, d'un hangar. La loi a voulu que chaque propriétaire du mur commun n'en pût user de manière à nuire à son voisin; or les simples ornemens dont on parle ne pouvant causer aucune dégradation au mur, on les place sans le consentement du voisin. En conséquence, pour ces objets, la liberté du droit de propriété n'est point gênée; elle doit l'être d'autant moins, que la face du mur, du côté d'un des voisins, ne peut jamais servir qu'à lui.

Tome I.   5

En défendant de faire aucun percement au mur mitoyen sans le consentement du voisin, la loi comprend nécessairement la faculté d'y ouvrir des fenêtres. Cette défense résulte naturellement de l'*art.* 662, qu'on vient d'expliquer; mais elle est formellement écrite dans l'*art.* 675, dont il sera parlé dans la suite, quand on traitera ce qui concerne les vues qu'on peut avoir sur la propriété voisine.

Les décisions dont on vient de s'occuper supposent que le mur est en communauté; car on ne doit pas oublier ce que nous avons dit plus haut, que l'on n'a pas droit de toucher d'une manière quelconque à un mur dont on n'a pas la mitoyenneté. Il appartient exclusivement à celui qui l'a fait construire; lui seul peut donc en jouir. Ainsi, lorsque mon mur joint sans moyens votre héritage, c'est-à-dire, lorsque étant construit jusque sur le dernier pouce de mon terrain, il touche immédiatement votre fonds, je ne peux faire aucun usage de la face que présente ce mur de votre côté, parce qu'il faudrait anticiper sur votre propriété, qui commence où finit l'épaisseur de mon mur; mais vous n'en avez pas plus de droit sur cette face du mur, puisqu'il ne vous appartient pas. Vous ne pourriez pas y appuyer du treillage, ni même des objets mobiles, tels que des bois ou des fers emmagasinés; en vain diriez-vous qu'ils seraient placés de manière que par le bout inférieur ils porteraient sur votre terrain, et ne poseraient que par le bout supérieur le long du mur. A plus forte raison, il ne vous est pas permis de mettre un amas de pierres, de terres, de sable, de fumier contre ce mur. En un mot, vous ne pouvez pas y toucher d'une manière quelconque; et cette défense doit être d'autant plus rigoureuse, qu'il vous est facile de la faire cesser en acquérant la mitoyenneté, comme on l'expliquera dans la suite.

On demande pourtant si vous pourrez peindre de votre côté la façade de ce mur dont vous ne voulez pas acquérir la mitoyenneté. Il ne paraît pas raisonnable que je puisse vous en empêcher, car je n'ai d'action qu'en raison de mon intérêt; or on sait que la peinture, loin de nuire au mur, ne peut que conserver l'enduit sur lequel elle est appliquée. Ce serait donc par pure méchanceté que je voudrais vous priver du plaisir de donner au mur un aspect plus agréable pour votre habitation. C'est pourquoi je ne serais pas écouté; les obligations du bon voisinage me défendent de vous gêner sur un point qui vous convient, lorsqu'il ne m'est pas nuisible : *malitiis non est indulgendum.*

§ VIII. *De l'exhaussement d'un mur mitoyen.*

Du droit que chaque propriétaire exerce sur le mur mitoyen, il suit, comme on l'a dit, qu'il peut s'en servir pour appuyer une nouvelle construction, en prenant les précautions dont il est parlé dans le paragraphe précédent, afin de ne pas nuire au droit de son voisin. Mais il peut arriver, ou que le mur ne soit pas assez élevé, ou qu'il ne soit pas assez fort pour soutenir le bâtiment que l'un des copropriétaires veut établir; on demande si ce dernier a le droit d'exhausser le mur, ou de le fortifier, ou même de le détruire pour en reconstruire un autre d'une force plus considérable.

L'embarras qu'un tel travail doit occasionner au voisin à qui le mur convient tel qu'il est, serait le seul motif qui pourrait faire obstacle; mais l'intérêt de la société est que les bâtimens puissent se perfectionner, devenir plus grands, plus commodes; d'ailleurs celui à qui le mur paraît suffisant, pouvait se rencontrer dans des circonstances qui lui auraient fait désirer un mur plus haut ou plus fort; enfin il peut arriver dans la suite que lui ou ses successeurs soient bien aises de profiter de l'élévation du mur, ce qui lui serait permis, comme on le verra dans le paragraphe suivant.

Les règles du voisinage autorisent donc un des propriétaires du mur mitoyen à l'exhausser quand il en a besoin, et à forcer l'autre voisin à souffrir l'embarras de ce travail. Les anciennes lois avaient des dispositions qui le disaient expressément, et le Code Nap. les a adoptées dans son *art.* 658. Mais il ordonne en même temps que les dépenses de l'exhaussement soient en totalité à la charge de celui qui a besoin d'une plus grande élévation; il n'est pas juste de forcer le voisin à contribuer à cette augmentation. Par conséquent, cet excédant de mur est la propriété exclusive de celui qui l'a payé, et qui seul est chargé de l'entretenir; car le mur n'est mitoyen que depuis le bas jusqu'à l'endroit où commence l'exhaussement.

De là il résulte que le voisin qui n'a pas contribué à l'élévation du mur, n'a le droit de se servir en aucune manière de la portion qui ne lui appartient pas; il ne lui est pas même permis d'y appuyer des choses mobiles, telles que sont des pièces de bois ou de fer en dépôt. Par leur extrémité supérieure, elles ne doivent toucher qu'à la partie mitoyenne du mur; et si ces pièces étaient plus hautes, il faudrait s'arranger pour qu'elles ne touchassent à l'exhaussement, pas même légèrement. Cette règle doit s'observer d'autant plus rigoureusement, que le propriétaire qui trouve utile pour lui l'élévation faite au mur par son voisin, est libre d'acquérir le droit de s'en servir, comme on le verra par la suite.

Quoique celui qui n'a pas contribué à l'exhaussement du mur n'y ait aucun droit de propriété, et qu'ainsi l'entretien ne le concerne pas, cependant, si ce qui excède la portion mitoyenne menaçait ruine, de manière à faire craindre quelque accident chez lui, il aurait action pour forcer son voisin, ou à réparer l'exhaussement, ou à l'abattre. Ceci est une conséquence du quasi-contrat qui naît du voisinage, et en vertu duquel il n'est pas permis de causer le moindre préjudice à son voisin.

Outre l'obligation de payer seul l'exhaussement, le propriétaire qui le fait faire est tenu, suivant le Code Nap., même *art.* 658, de donner à son voisin une indemnité proportionnée à la diminution que le mur mitoyen éprouvera dans sa durée. En effet, l'exhaussement le chargera nécessairement d'un poids qui accélérera l'époque où il sera nécessaire de le reconstruire, et qui au moins en rendra les réparations plus fréquentes et plus considérables. Sous ce rapport, le voisin éprouve un préjudice dont il est juste qu'il soit indemnisé. La coutume de Paris, dans son *art.* 197, avait fixé l'indemnité à raison du sixième de l'exhaussement; c'est-à-dire, que si le mur mitoyen recevait une élévation de six toises superficielles, il fallait payer au voisin le prix d'une toise. La coutume avait donc décidé que le mur qu'on élevait diminuait de valeur dans la proportion d'un tiers de l'exhaussement; en conséquence, deux voisins étant supposés propriétaires indivis, chacun pour moitié, du mur auquel l'un des deux avait donné de l'élévation, celui-ci était tenu de payer à son voisin la moitié de la dépréciation du mur, c'est-à dire le demi-tiers ou le sixième du prix de l'exhaussement.

Il est aisé de sentir tous les calculs auxquels donnait lieu cette décision, selon les différentes circonstances. D'abord, si la mitoyenneté du mur n'était pas égale entre les deux voisins; par exemple, si l'un y avait contribué pour deux tiers, et l'autre seulement pour un tiers, ce n'était plus le sixième que celui-ci devait payer lorsqu'il voulait exhausser le mur; l'indemnité devait être proportionnée, d'une part à la portion mitoyenne, et de l'autre à la portion qui n'était pas en communauté. Pareillement, il fallait considérer de quelle nature était l'exhaussement; s'il avait été établi des chaînes de pierres à partir de la fondation, il était juste d'avoir égard à cette dépense, propre à fortifier le mur mitoyen. En un mot, la fixation du sixième pour indemnité, n'abrégeait pas les opérations arithmétiques qu'exigeaient les circonstances, et souvent même elle était un obstacle à ce que l'on suivît exactement la raison et l'équité.

Pour s'en convaincre, supposons un mur mitoyen de six toises de longueur sur deux toises de haut; ce qui fait un total superficiel de douze toises, dont chaque voisin a payé six toises. Un d'eux veut exhausser ce mur de six toises sur toute sa longueur; la superficie de l'exhaussement sera donc de trente-six toises, dont le sixième serait six toises. Ainsi ce que recevrait le voisin pour la charge de l'exhaussement serait égal au prix que lui a coûté toute sa part dans la construction du mur commun. Or il n'est pas convenable, en pareille circonstance, qu'une simple indemnité absorbe la valeur entière de la chose qui n'est que diminuée de valeur, et non pas anéantie.

Ces réflexions ont sans doute déterminé les législateurs à ne point fixer le taux de l'indemnité dans le cas dont il s'agit:

l'*art.* 658 du Code Nap., dit seulement qu'elle sera en raison de l'exhaussement et suivant la valeur. Ainsi le propriétaire qui veut exhausser un mur mitoyen doit en obtenir le con sentement de son voisin, ou à son refus, s'y faire autoriser par justice; car l'*art.* 662, comme on l'a dit dans le paragraphe précédent, ne permet pas, sans cette précaution, de faire au mur mitoyen le moindre travail qui puisse blesser les droits des parties intéressées. Les gens de l'art que l'on est alors dans le cas de consulter à l'amiable, ou qui sont nommés juridiquement pour experts, évaluent l'indemnité en raison de la qualité du mur mitoyen, de ses dimensions, de l'exhaussement qu'on veut faire, de la nature des matériaux qu'on y emploiera; enfin, ils auront égard à toutes les circonstances qui peuvent modifier l'indemnité. Tout ce que les commentateurs ont dit pour indiquer aux experts les moyens de faire concorder avec l'équité, la fixation de l'indemnité au sixième de l'exhaussement, devient donc inutile depuis la disposition du nouveau Code; elle leur recommande seulement d'être justes, et de prendre en considération tant l'exhaussement que la valeur du mur mitoyen. Ils diront par conséquent si le mur est en état de supporter l'élévation projetée, et de combien de temps sa durée en sera abrégée. Dans le cas où le mur ne pourrait pas supporter l'exhaussement, ils indiqueront comment il faut s'y prendre pour que la construction nouvelle puisse se faire sans danger. Tantôt ils annonceront qu'il ne manque au mur mitoyen, pour avoir une force suffisante, que des chaînes de pierres; tantôt ils feront remarquer que les fondations de ce mur doivent être fortifiées sous œuvre; d'autres fois ils prononceront que le mur a besoin d'être reconstruit ou en entier, ou dans certaines portions, et avec une épaisseur plus considérable.

Si, d'après l'arrangement amiable des parties, ou l'avis des experts nommés judiciairement, il faut, pour supporter l'exhaussement, que l'on travaille au mur mitoyen, soit pour y mettre des chaînes de pierres, soit pour fortifier les fondations sous œuvre, soit pour le reconstruire en totalité, ou seulement dans certaines places, la dépense devra être à la charge de celui seul qui veut faire l'exhaussement, puisque c'est à lui seul que ce travail sera utile.

Si cette construction cause quelque dommage au voisin; par exemple, si elle le force à des indemnités envers ses locataires, celui qui fait construire en doit tenir compte; ces objets font partie de la dépense d'exhaussement. Par la même raison, dans le cas où il faudrait donner plus d'épaisseur au mur, le terrain nécessaire pour l'excédant de cette dimension seroit pris du côté de celui qui fait exhausser. *Code Napoléon*, art. 659.

Un mur peut être mitoyen jusqu'à une certaine hauteur, et le surplus appartenir exclusivement à celui qui veut exhausser encore plus qu'il n'avait déjà fait; alors il doit une indemnité en raison de cette seconde augmentation de hauteur, qui est aussi une augmentation de poids sur la portion mitoyenne du mur.

Tous les gens de l'art blâment les exhaussemens qui ne se font que sur la moitié de l'épaisseur d'un mur; c'est une mauvaise construction. Veut-on que l'élévation soit moins épaisse que le mur qui la porte, il faut alors que le milieu de l'épaisseur de la construction nouvelle soit perpendiculaire sur le milieu de l'épaisseur de la construction inférieure; par ce moyen, l'excédant d'épaisseur de la partie ancienne du mur paraît moitié d'un côté et moitié de l'autre. En adoptant la méthode vicieuse de placer l'élévation sur la moitié de l'épaisseur, du côté de celui qui fait exhausser, éviterait-il de payer une indemnité? Ne pourrait-on pas soutenir que celui qui a fait l'exhaussement ne l'a placé que sur la moitié qui lui appartient dans l'épaisseur du mur? Non; car la propriété du mur mitoyen qui sépare nos deux héritages, par exemple, est tellement indivise, que la moitié des pierres dont il est construit, tant celles qui sont de votre côté que celles qui sont du mien, vous appartient, et que l'autre moitié des mêmes pierres est à moi. Ainsi, en posant l'exhaussement de ce mur seulement sur la moitié de l'épaisseur de votre côté, vous n'en surchargez pas moins ma propriété. On pourrait même ajouter que le mur mitoyen, surchargé seulement sur la moitié de son épaisseur, est plus en danger de boucler et de se détériorer. Par conséquent, bien loin de rien épargner par cette vicieuse construction, l'indemnité n'en serait que plus considérable; car elle est évaluée proportionnément au genre d'exhaussement et au tort que le mur mitoyen en peut éprouver. Il est donc bien essentiel que les constructeurs soient persuadés qu'il n'y a rien à gagner à ne pas se conformer aux règles de l'art; elles prescrivent de placer toujours le milieu de l'épaisseur de l'élévation sur le milieu de l'épaisseur du mur qui la supporte.

Lorsque celui qui fait l'exhaussement prend sur lui de reconstruire en entier le mur mitoyen, qui, quoique bon, n'était pas assez fort pour supporter l'élévation, doit-il l'indemnité? Non, si on exige que ce qui sera fait à neuf ait une dimension suffisante pour supporter la nouvelle construction aussi long-temps qu'aurait duré le mur mitoyen. On voit alors que l'intérêt du voisin ne sera pas blessé, et par conséquent, qu'il n'y a pas lieu à indemnité; elle se trouvera naturellement comprise dans la reconstruction du mur qui sera fait sur de plus fortes dimensions. C'est sans doute pour cette raison que le Code Nap., dans son *art.* 659, en prévoyant le cas dont nous parlons, ne fait aucune mention de l'indemnité qu'il a ordonnée par son article précédent, où il s'agit d'exhausser le mur mitoyen tel qu'il se trouve.

Si un mur mitoyen est mauvais, le voisin qui veut l'exhausser peut exiger qu'il soit refait à frais communs, sauf à payer l'indemnité pour la charge qu'il y mettra, ou à supporter seul l'augmentation proportionnée des dimensions, comme il vient d'être dit.

Dans le cas où le mur ne serait pas absolument mauvais, pouvant durer encore quelques années si on n'y touchait pas, il n'en faudrait pas moins le reconstruire en entier avant de l'exhausser; le voisin serait même tenu d'y contribuer, en diminuant néanmoins sa part, en proportion du temps que le mur aurait encore duré. L'indemnité, pour la charge de l'exhaussement serait due en outre, à moins que le mur ne fût refait de manière à durer autant que s'il n'y avait pas d'exhaussement; l'augmentation des dimensions formerait alors l'indemnité.

Observez que, quand un mur mitoyen est reconstruit d'après des dimensions plus fortes, le voisin qui ne prend aucune part à l'exhaussement ne doit contribuer à l'entretien du mur mitoyen que comme si le mur avait conservé son épaisseur primitive, et s'il n'y était entré que des matériaux semblables à ceux dont il se trouvait construit quand il s'est agi de l'exhausser. On n'a pas besoin de répéter ici que la portion exhaussée n'est pas mitoyenne, et que par conséquent son entretien reste à la charge de celui qui l'a faite.

Qu'arrivera-t-il si le mur mitoyen était un pan de bois, fort bon pour servir de séparation, mais hors d'état de supporter un exhaussement? Il serait sans doute nécessaire de remplacer ce pan de bois par un mur en maçonnerie; mais serait-il fait en commun, ou seulement aux frais de celui qui veut exhausser?

Partout un mur mitoyen est d'une utilité si grande, qu'il doit toujours être propre à servir aux deux voisins, et à être exhaussé s'il en était besoin. Il faut donc qu'il soit fait dans les dimensions et avec les matériaux qui sont en usage dans chaque pays pour ces sortes de séparations. Or un pan de bois n'est considéré, par aucun architecte, comme suffisant pour soutenir les bâtimens qu'on voudrait y appuyer des deux côtés; il est surtout hors d'état de supporter un exhaussement, et de recevoir des cheminées. En conséquence, beaucoup de personnes croient que le propriétaire qui veut exhausser un mur mitoyen consistant en un pan de bois, peut contraindre son voisin à le reconstruire à frais communs en maçonnerie, précisément comme dans le cas où le mur mitoyen est absolument mauvais. Dans cette opinion, qui est celle de Desgodets, en sa note 18, sur l'*art.* 195 de *la Coutume de Paris,* on ne peut se refuser à cette reconstruction dans les villes et les faubourgs, puisque l'on est tenu d'y avoir des murs mitoyens quand l'un des voisins l'exige. A l'égard des campagnes, bourgs et villages, le seul moyen de ne pas contribuer à la conversion du pan de bois en un mur de maçonnerie, est d'abandonner la mitoyenneté.

Un mur mitoyen qui a été exhaussé par un voisin, vient

à tomber de vétusté; faut-il encore payer l indemnité, pour relever l'exhaussement avec le mur? Oui; celui qui reconstruit seul l'exhaussement doit une indemnité pour la charge qu'il va mettre sur la portion mitoyenne. En vain dirait-on qu'il a déjà indemnisé, lorsque la première fois il a fait exhausser; on répondrait que cette première fois il n'a payé qu'en proportion de ce que devait durer le mur mitoyen, et que, l'époque de le reconstruire étant arrivée, le temps pour lequel a été fixée l'indemnité est expiré. Ainsi dès qu'il faut renouveler le mur mitoyen, celui qui veut surcharger ce mur par un exhaussement doit une nouvelle indemnité. En effet, le nouveau mur, s'il n'est porté qu'à l'élévation de la mitoyenneté, durera plus long-temps que s'il est fait sur une hauteur plus grande; par conséquent, celui qui ne profite pas de l'exhaussement, doit être indemnisé de la diminution de durée qu'en éprouvera la propriété commune.

Si, en travaillant sous œuvre, on ne reconstruit que le mur mitoyen, la portion faite par exhaussement se trouvant bonne, on demande si celui à qui elle appartient, doit encore à cette époque une indemnité à son voisin. Ce cas ne diffère du précédent qu'en ce que l'élévation au-dessus de la mitoyenneté n'est pas reconstruite; mais, telle qu'est cette élévation, elle n'en sera pas moins une charge sur le mur commun qu'il faut refaire à neuf. La première indemnité ne doit produire son effet que pendant la durée du mur ancien. Le temps est-il venu d'en bâtir un neuf, l'un des propriétaires n'a pas le droit de le surcharger pour son compte, sans indemniser encore son voisin; peu importe que l'exhaussement soit une nouvelle construction, ou un reste de l'ancienne.

Bien entendu que si le mur n'était reconstruit sous œuvre que dans une portion de ce qui est en communauté, le surplus pouvant rester, on ne devrait de nouvelle indemnité, pour l'exhaussement, que dans la même proportion. Prenons pour exemple un mur de six toises de long, sur quatre toises de haut, dont deux toises ont été faites par exhaussement, sur toute la longueur; on voit que la partie mitoyenne est seulement de six toises de long, sur deux toises de haut.

Vient une époque où il faut reconstruire, non pas la totalité de ce qui est en commun, mais une toise de haut sur toute la longueur ; il est évident que celui à qui appartient l'exhaussement ne devra payer pour nouvelle indemnité qu'en raison d'une toise de haut, c'est-à-dire, la moitié de ce qu'il aurait dû s'il eût fallu reprendre sous œuvre toute la portion mitoyenne.

On propose le cas où, l'exhaussement seul ayant été détruit, on a l'intention de le reconstruire, sans qu'il soit besoin de toucher à ce qui est mitoyen ; doit-on payer une nouvelle indemnité ? On répond que, si la reconstruction est de même nature et de même dimension que le premier exhaussement, il ne sera rien dû ; car l'indemnité a été payée pour tout le temps que le mur mitoyen pourra supporter une pareille charge. Par conséquent, si pendant que le mur subsiste encore l'exhaussement tombe, celui qui l'avait construit le rétablira sans nouvelle indemnité, ayant acquis le droit de charger le mur pendant tout le temps de sa durée. Observez que s'il met une charge plus forte, soit en exhaussant davantage, soit en donnant à sa construction plus d'épaisseur, il devra indemnité pour ce qui excédera la charge qu'il s'agissait de remplacer.

On verra bientôt que celui qui n'a pris aucune part à l'exhaussement d'un mur mitoyen a le droit d'en acquérir la communauté quand il veut, soit pour le tout, soit pour portion, en payant une part proportionnelle de la dépense ; on demande si dans cette dépense on doit comprendre l'indemnité qu'il a reçue à l'époque de l'exhaussement. On ne peut pas en douter : elle fait partie du prix qu'a coûté l'exhaussement.

Si le mur mitoyen avait été reconstruit plusieurs fois l'indemnité pour l'exhaussement aurait aussi été payée le même nombre de fois, ainsi qu'on l'a dit plus haut ; or le voisin acquérant la communauté de la portion exhaussée remboursera-t-il sa part de l'indemnité autant de fois qu'elle lui a été payée ? Non certainement : c'est comme si, l'exhaussement ayant été reconstruit plusieurs fois, on demandait si, pour en acquérir la mitoyenneté, il faut la payer le même nombre de fois; on ne balancerait pas à décider qu'on ne doit considérer que la valeur actuelle de l'exhaussement. Il en est de même de l'indemnité; elle est relative à la durée du mur mitoyen; quand ce mur a besoin d'être reconstruit, une nouvelle indemnité est due, pour le seul temps qu'il durera. Dans l'évaluation de l'exhaussement il ne faut donc comprendre que l'indemnité payée la dernière fois. Ainsi le voisin qui acquiert la mitoyenneté de l'exhaussement doit sa part de la dernière indemnité seulement. On observera que cette indemnité a été évaluée en raison de la durée que devait avoir alors le mur mitoyen; il faut donc avoir égard au temps qui s'est déjà écoulé depuis cette évaluation, lorsqu'il s'agit de déterminer la portion d'indemnité que doit supporter celui qui demande à jouir en commun de l'exhaussement fait antérieurement sans lui.

Desgodets, en sa note 17, sur l'*art.* 197 de la *Coutume de Paris*, dit que le voisin qui ne paie pas les charges de l'exhaussement est garant pendant dix ans de la durée du mur mitoyen; mais que, passé la dixième année, il n'y a plus lieu à cette garantie, et que même l'autre voisin n'a plus le droit de réclamer son indemnité. Nous ne voyons pas sur quoi cette opinion est fondée; on ne connaissait alors, comme aujourd'hui, de garantie de dix ans que celle des entrepreneurs de bâtimens; mais elle leur est personnelle, et a été établie afin de les forcer à suivre les règles de leur art. On ne peut donc pas l'appliquer à tout voisin qui fait exhausser un mur mitoyen sans payer les charges.

Personne, suivant l'*art.* 662 du Code Nap., ne peut faire travailler à un mur mitoyen sans le consentement des parties intéressées, ou sans l'autorisation de la justice. Celui qui se permettrait de violer la loi en ce point se rendrait coupable d'un quasi-délit, et serait condamné à tous les dommages-intérêts qui en pourraient résulter. L'action personnelle que l'on aurait contre lui serait soumise à la prescription ordinaire de trente ans. Observez que les dommages-intérêts seraient plus ou moins considérables, selon que le quasi-délit aurait des effets plus ou moins prompts. Ainsi le mur mi-

toyen est-il écroulé dans la première année de l'exhaussement, l'indemnité sera plus forte que si la ruine de ce mur
n'eût eu lieu qu'au bout de douze ans. Dans tous les cas, il
est nécessaire d'avoir égard au temps que le mur avait déjà
duré. En effet, s'il n'avait plus de force que pour dix ans
quand l'exhaussement a eu lieu, et que l'écroulement se soit
opéré au bout de huit ans, le dommage n'est pas si grand
que si l'accident fût arrivé dès la première année.

A l'égard du propriétaire qui, avant de faire exhausser le
mur mitoyen, s'est mis en règle vis-à-vis de son voisin,
le prix de l'indemnité a nécessairement été fixé, soit à
l'amiable, soit par des experts nommés juridiquement. Or
celui qui, dans ce cas, ne paye pas cette indemnité, donne
lieu à une action qu'on peut exercer contre lui pendant le
temps réglé pour la prescription en pareille matière. Au reste,
peu importe alors que le mur mitoyen cède plus ou moins
promptement à la charge de l'exhaussement; il n'est dû que
l'indemnité fixée, qui n'est susceptible ni d'augmentation,
ni de diminution.

Ainsi, dans aucun cas, l'action qu'on a contre le voisin
qui exhausse le mur mitoyen sans payer l'indemnité, ne doit
être confondue avec la garantie dont est tenu l'entrepreneur
qui a fait la construction, et qui, suivant l'*art.* 2270 du Code
Nap., serait responsable, si son travail ne durait pas au moins
pendant dix ans.

§ IX. *Comment un mur qui n'est pas mitoyen peut le
devenir.*

Parmi les obligations qui naissent du voisinage, est celle
de vendre la mitoyenneté d'un mur de séparation, lorsqu'il
convient au voisin de l'acquérir. Au premier aspect, il paraît
étonnant qu'on puisse forcer quelqu'un à vendre sa propriété; mais, dans le cas dont il s'agit, il est évident que le
quasi-contrat qui se forme par le voisinage, non-seulement
oblige les propriétaires des héritages contigus à ne rien faire
qui puisse réciproquement leur être nuisible, mais encore
force l'un à laisser faire ce qui, sans lui être préjudiciable,
peut être utile à l'autre. En effet, par aucun motif raison-

nable, je ne peux refuser de vous vendre la communauté au mur qui sépare nos deux maisons; j'y trouve même un avantage, puisque je reçois par ce moyen la moitié de la valeur de ce mur, et que dès-lors je suis soulagé de la moitié de son entretien. Ma résistance ne serait donc dirigée que par l'envie de vous désobliger, et de vous contraindre inutilement à la dépense d'un autre mur; ce qui est condamnable, suivant la maxime de droit, *malitiis non est indulgendum.*

C'est sur ce fondement qu'est établi l'*art.* 661 du Code Nap.; on y voit que le propriétaire dont l'héritage touche à un mur construit sur l'héritage voisin peut rendre mitoyen le mur entier, ou seulement une portion, sans que le maître du mur puisse s'y refuser. A cet effet, il faut payer à celui-ci la moitié de la valeur du mur, ou de la portion qu'on veut rendre commune, et la moitié du terrain sur lequel est la fondation de ce mur ou de cette portion de mur.

Si un mur a cessé d'être mitoyen par l'abandon que l'un des propriétaires en a fait à l'autre, celui des deux voisins qui a ainsi renoncé à la communauté du mur peut la reprendre à volonté, en payant ce que prescrit la loi; car elle parle de tout mur qui n'est pas mitoyen à l'époque où le droit d'en jouir en commun est réclamé. D'ailleurs les motifs qui ne permettent pas de refuser la mitoyenneté au voisin qui la demande, sont les mêmes, soit que le mur n'ait jamais été mitoyen, soit qu'après l'avoir été il ait cessé de l'être.

Celui qui veut rentrer dans la communauté du mur doit sans doute en payer la moitié; mais faut-il qu'il paye aussi la moitié du terrain sur lequel sont les fondations? Avant l'abandon qu'il a été obligé de faire, pour éviter de contribuer aux réparations du mur mitoyen, ce terrain appartenait à lui seul, et alors le prix ne lui en a pas été payé. Pour rentrer dans la mitoyenneté, il lui suffit donc, suivant certaines personnes, de rembourser la moitié de la valeur du mur; à l'égard du terrain qu'il avait abandonné sans rien recevoir pour indemnité, il y rentre naturellement. En effet, dit-on, ce terrain n'avait été compris dans l'abandon que par l'impossibilité de séparer la jouissance du mur de celle du fonds sur lequel il se trouvait construit; lors donc que les choses reprennent leur premier état de mitoyenneté, pourquoi celui à qui appartenait le terrain abandonné serait-il tenu d'en payer la valeur à son voisin, qui n'en a jamais fait l'acquisition pour un prix quelconque?

On répond à cette opinion, que le texte de l'*art.* 661 s'y refuse formellement. Il y est dit d'une manière absolue, et sans aucune restriction, que la mitoyenneté ne peut être acquise qu'en payant la moitié de la valeur du mur et la moitié du terrain; pourquoi admettrait-on une exception que n'a pas désignée la loi? *Ubi lex non distinguit, nec nos distinguere debemus.* Celui qui avait abandonné son droit à la communauté du mur ne peut donc le reprendre qu'en remboursant au voisin moitié de la valeur, tant du mur que du terrain sur lequel il est supporté. Cette décision était écrite dans l'*art.* 212 de la *Coutume de Paris;* on y lit que le voisin qui demandait à rentrer en son premier droit de mitoyenneté devait rembourser la moitié de la valeur du mur et du terrain; comme cette disposition faisait le droit commun, il paraît qu'elle a été adoptée par nos législateurs.

Au surplus, il est raisonnable d'obliger celui qui reprend la mitoyenneté à payer aussi la moitié du terrain sur lequel est fondé le mur. Quand, pour éviter de contribuer à l'entretien, il a fait abandon de son droit, il y a compris sa portion de terrain; par conséquent, l'abandon a été fait purement et simplement, à condition d'entretenir le mur: cette vérité a été démontrée au paragraphe VI. Tant qu'existe le mur, il appartient donc en totalité, y compris le terrain, au voisin à qui l'abandon a été fait. Le prix dont celui-ci a payé les objets compris dans cet abandon, et par conséquent le prix de la moitié du terrain, consiste dans les dépenses d'entretien et de reconstruction du mur; ainsi, après l'abandon de la mitoyenneté, le voisin à qui il a été fait est devenu propriétaire véritable et à titre onéreux du mur et du terrain. De là, il suit nécessairement que celui qui veut rentrer dans son droit de communauté précédemment abandonné doit acheter non-seulement la moitié du mur, mais encore la moitié du terrain, cette moitié ayant cessé de lui appartenir lors de l'abandon qu'il en avait fait.

Objectera-t-on qu'au paragraphe V nous avons décidé que celui qui a abandonné son droit à la communauté du mur peut rentrer dans la jouissance du terrain qui en faisait partie, si par la suite le mur vient à périr et à n'être pas relevé? La réponse est, que le terrain abandonné n'est devenu la propriété du voisin, resté seul maître du mur, que sous la condition de l'entretenir; or, si ce mur n'existe plus, le motif de l'abandon s'évanouit, il n'a plus d'effet : *cessante causâ, cessat effectus.* Celui qui avait abandonné la moitié du terrain où était assis le mur peut donc reprendre cette moitié, puisqu'il n'y a plus de raison pour qu'elle demeure dans la possession du voisin. Celui-ci serait susceptible d'être attaqué par une action qui aurait pour objet la revendication d'un terrain dont il ne fait pas l'usage convenu.

Celui qui n'a besoin de rendre mitoyen qu'une portion du mur de séparation, par exemple, le quart de la longueur dans toute la hauteur, ou le quart de la hauteur, soit dans toute la longueur, soit seulement dans une partie de la longueur, n'est pas obligé d'acquérir la mitoyenneté du surplus; alors il paye moitié de la seule portion qui lui est utile. Si, par la suite, il avait encore besoin d'une autre partie, ou de tout le reste du même mur, il pourrait en acquérir la mitoyenneté, en payant la moitié de ce qu'il faudrait ajouter à la possession commune.

Si on ne veut rendre mitoyen que la moitié, le tiers, ou le quart, ou toute autre partie prise dans la longueur du mur sur toute sa hauteur, on ne paiera la moitié que d'une pareille portion du terrain. Mais si on demandait à jouir, par exemple, de la moitié de la longueur du mur sur la moitié de sa hauteur, ce serait le quart du mur entier; or l'emplacement sur lequel se trouve cette quatrième partie du mur forme la moitié du terrain nécessaire à sa fondation entière. Par conséquent, après avoir payé à raison du quart des matériaux et de la façon du mur, il faudrait en outre acquérir la communauté dans cette moitié du terrain.

Cet exemple fait voir que les experts doivent, pour plus de clarté dans leurs opérations, évaluer séparément le mur et le terrain; car il peut arriver que la portion de maçonnerie qu'on veut rendre commune occupe du terrain dans une plus grande proportion.

Dans l'évaluation du mur ou de la portion de mur dont je veux acquérir la mitoyenneté, on ne doit comprendre que les fondations qu'il est d'usage de donner à un mur tel que celui dont il s'agit. En conséquence, si vous avez fait à votre mur des fondations profondes pour avoir des caves sous votre bâtiment, et que je n'aie pas besoin de construire des caves de mon côté, je ne serai tenu de vous payer que la moitié de la valeur des fondations considérées comme elles devraient être si vous n'aviez pas de caves. Par la suite, si je désire avoir des caves, il faudra que, pour me servir du surplus des fondations de votre mur, je vous paye la moitié de ce que vaut ce surplus.

Par la même raison, si vous n'avez pas de caves, et qu'après avoir acquis la mitoyenneté de votre mur, je veux construire des caves de mon côté, je serai tenu de faire sous-œuvre la fondation plus profonde qui me sera nécessaire, et je serai seul propriétaire de cette augmentation souterraine. Par conséquent, si vous voulez, par la suite, vous servir de cet excédant de fondation pour des caves, il faudra que vous me remboursiez la moitié de ce qu'il aura de valeur à cette époque.

Que déciderait-on si, le mur ayant douze toises de long sur quatre toises de haut, on ne voulait acheter la mitoyenneté que des deux toises les plus élevées dans toute la longueur? Ce cas arriverait, s'il s'agissait d'appuyer au mur une galerie à la hauteur du premier étage; celui qui voudrait la faire construire n'aurait pas besoin de la portion inférieure du mur.

Plusieurs personnes croient qu'il suffit d'acquérir la mitoyenneté de la portion supérieure du mur, parce que le Code Nap., *art.* 661, accorde la faculté de rendre mitoyen la seule portion du mur dont on a besoin, sans distinguer si elle est supérieure ou inférieure, et sans dire que, pour se servir de la partie supérieure, on soit obligé d'acquérir la portion qui est immédiatement dessous.

Tome I.   6

D'autres pensent plus raisonnablement que, la partie supérieure d'un mur ne pouvant pas subsister sans la partie inférieure qui la supporte, celui qui a besoin de la portion élevée profite nécessairement aussi de celle de dessous. Ainsi on doit mesurer la portion de mur dont on veut acquérir la mitoyenneté, à partir des fondations jusqu'à la hauteur dont on a besoin. En adoptant cette opinion, Desgodets, dans sa 16ᵉ note sur l'*art.* 194 de *la Coutume de Paris*, ajoute que la galerie saillante ne doit pas être supportée uniquement par le mur, surtout si elle a une certaine largeur, il faut encore qu'elle porte sur des piliers fondés dès le bas, ou sur un corps de bâtiment appartenant à celui par qui elle est construite.

Est-il nécessaire que je justifie avoir besoin de la communauté de votre mur pour que je puisse vous forcer à me la céder? Il y a des auteurs qui ont prétendu que l'obligation où vous êtes de me vendre la jouissance commune de votre mur est contraire au droit sacré de la propriété, qui naturellement laisse chacun maître de vendre ou de ne pas vendre ce qui lui appartient. Cette obligation n'est donc qu'une exception établie en faveur du voisinage; elle doit être, dit-on, restreinte au seul cas où la communauté réclamée peut être utile.

D'autres soutiennent, avec plus de raison, que l'*art.* 661 du Code Nap. a donné, d'une manière absolue et sans aucune restriction, à tout propriétaire le droit de rendre mitoyen le mur qui sépare immédiatement son héritage de l'héritage voisin. De là, ils concluent que celui qui veut acquérir la mitoyenneté n'est pas tenu de prouver qu'elle lui est utile; on présume qu'il y trouve un avantage quelconque, puisqu'il se détermine à en payer la valeur.

On insiste, en disant que, s'il en est ainsi, le voisin achetera la communauté du mur uniquement pour faire boucher les jours de souffrance qui y ont été pratiqués, et qui l'importunent; car une fois le mur devenu mitoyen, il invoquera l'*art.* 675 du Code Nap., qui ne permet pas d'ouvrir des jours dans un mur mitoyen, sans le consentement du voisin. La réponse est que l'avantage de faire boucher des vues importunes, paraît un motif suffisant pour autoriser l'acquisition de la mitoyenneté, puisque ce motif est fondé sur la loi même; c'est l'avis de Pothier, dans son *Traité du Contrat de Société*, second appendice, *art.* II, § III.

Vous voulez avoir la mitoyenneté d'un mur que j'ai fait construire; il est maintenant dans un tel état de vétusté, qu'il ne peut subsister si on ne le rétablit en totalité. En conséquence, au lieu de m'offrir la moitié de la valeur du mur, vous demandez qu'il soit relevé à frais communs, et afin de n'avoir pas à me tenir compte de la moitié du terrain, vous proposez que ce mur soit assis, moitié sur votre héritage, et moitié sur le mien.

Les uns prétendent que je ne peux pas me refuser à laisser placer ce nouveau mur qui va être mitoyen, comme il l'aurait été dans l'origine, si on l'eût d'abord établi en commun.

Ceux qui sont d'avis contraire nous paraissent mieux fondés; ils disent que je ne peux pas être forcé par vous à reconstruire mon mur, quelque mauvais qu'il soit, avant que vous en ayez acquis la mitoyenneté. Ainsi vous n'avez pas le droit, au lieu de m'offrir la valeur du mur, de demander qu'il soit relevé à frais communs. La marche dictée par la loi est que vous me remboursiez la valeur du mur, quelque modique qu'en soit le prix, et que vous achetiez la moitié du terrain sur lequel ce mur est assis. C'est alors que, devenu copropriétaire du mur, vous pouvez me forcer de contribuer à sa reconstruction, s'il est réellement hors d'état de servir. Or, cette reconstruction doit se faire sur le même terrain et d'après le même alignement; car l'un des copropriétaires n'a pas le droit de faire changer la place où est assis le mur. Il appartient à la communauté tel qu'il est posé; de manière que l'un des voisins ne peut en rien le déranger sans le consentement de l'autre. On peut même sentir facilement que la faculté de faire changer la fondation serait souvent nuisible, en ce que les bois, qui, d'un côté ou de l'autre, sont appuyés sur le mur mitoyen, deviendraient trop courts si ce mur était reculé de huit à neuf pouces vers le côté opposé. Cette décision a lieu, quel que soit celui des deux voisins qui demande le reculement; car si l'un, pour avoir la mitoyenneté, est tenu d'acheter la moitié du mur et du terrain en l'état où il est, l'autre est forcé de lui vendre cette moitié telle qu'elle est placée.

Un propriétaire peut bâtir sur un mur mitoyen qui est bon pour clôture, mais qui est insuffisant pour soutenir les édifices qu'il veut élever. En conséquence, comme nous l'avons dit plus haut, d'après l'*art.* 659 du Code Nap., il peut reconstruire ce mur en entier, l'exhausser et le fortifier autant qu'il en est besoin, pourvu qu'il en fasse la dépense, et qu'il prenne sur son terrain l'excédant de l'épaisseur. Ce mur reste mitoyen jusqu'à la hauteur et épaisseur de clôture; et pour le surplus, il appartient exclusivement à celui qui l'a reconstruit. Par la suite, l'autre voisin veut aussi appuyer des bâtimens sur la portion de mur qui n'est pas en communauté; on demande ce qu'il doit payer pour acquérir la mitoyenneté.

Beaucoup d'experts évaluent le mur dans l'état où il est, ainsi que tout le terrain de sa fondation. Ils défalquent de cette valeur celle du mur considéré comme simple clôture, puisque c'est là ce qui est déjà en communauté. L'excédant leur paraît être le prix de ce qui n'est pas mitoyen; et ils désignent la moitié de cet excédant comme devant être payée par celui qui veut rendre le mur entièrement commun.

Exemple. Les experts trouvent que le mur, s'il fût resté simple clôture, vaudrait 1200 francs; mais dans l'état où il a été reconstruit, ce mur vaut 3400 fr. Dans ces évaluations le terrain est compris. La mitoyenneté, disent-ils, existe déjà pour la clôture de 1200 fr.; il s'agit donc de l'acquérir pour le surplus. Si donc de la valeur totale, qui est de 3400 fr., on ôte 1200 fr., qui représentent la mitoyenneté existante, il restera 1800 fr. pour l'objet non-commun. En conséquence, pour en acquérir la mitoyenneté, il faut payer moitié de cette somme, c'est-à-dire, 900 fr. à celui qui a fait la reconstruction du mur.

L'annotateur de Desgodets, sur l'*art.* 194 de la *Coutume de Paris*, blâme cette manière d'opérer. Suivant lui, la mitoyenneté du mur entier met les deux voisins au même état que si, à frais communs, ils avaient reconstruit le mur tel qu'il est; or, en pareil cas, ils auraient démoli le mur de clôture pour le remplacer par un mur plus haut et plus épais; les seuls matériaux du mur de clôture leur auraient servi, ainsi que le terrain de la fondation. De là il résulte que, pour opérer avec justice dans l'espèce proposée, celui qui veut acquérir la communauté du mur entier, doit être considéré comme abandonnant son droit de simple clôture qui ne lui suffit plus, et comme faisant construire à frais communs le mur tel que son voisin l'a établi. Il faut donc évaluer ce que vaut le mur dans l'état où il est actuellement, et la moitié de sa valeur fait le prix de la mitoyenneté. Dans cette évaluation on ne fait entrer que le terrain qui a été nécessaire pour donner au mur une plus grande épaisseur; car le surplus de la terre qui servait de fondation à la clôture avait été pris sur les deux héritages contigus. Quant aux matériaux de la clôture, ils sont d'une bien petite considération, surtout si on défalque de leur valeur le prix de la démolition et de l'enlevement des gravois. Cependant si, par extraordinaire, les bons matériaux sortis du mur de clôture avaient tourné au profit de celui qui a fait la reconstruction, il serait juste de tenir compte de ce profit dans l'évaluation de la mitoyenneté réclamée, ayant égard à la détérioration de ces matériaux pendant le temps qui s'est écoulé depuis qu'ils ont été employés.

Il est à remarquer que l'*art.* 661 du Code Nap. ne dit pas que la mitoyenneté sera acquise en payant moitié de la dépense faite pour construire le mur; il ordonne seulement de payer la moitié de la valeur du mur, ou de la portion de mur dont on veut jouir en commun. Ainsi, lorsqu'on fait l'évaluation du mur, il ne faut pas se reporter au temps où il a été bâti, mais le considérer dans l'état où il est au moment de l'expertise. Si donc un mur fait pour durer cent ans n'était rendu commun qu'au bout de cinquante ans, le prix de la mitoyenneté serait moins considérable que si elle eût été requise 25 ans plus tôt; pareillement il serait plus fort que si l'évaluation se fait 25 ans plus tard.

Celui qui veut acquérir la mitoyenneté d'un mur pour y adosser des bâtimens, doit-il payer la moitié du mur et du terrain, avant de se servir de ce mur? La Coutume de Paris a décidé pour l'affirmative dans l'*art.* 194; et cette disposition est conforme aux principes de droit, d'après lesquels tout propriétaire peut ne pas livrer la chose qu'il vend, s'il n'en a reçu le prix. Celui à qui la mitoyenneté est demandée, est donc libre de s'opposer à ce que le voisin fasse aucun usage du mur, tant qu'il n'aura pas acquitté le prix fixé, soit pour la maçonnerie, soit pour le terrain.

Un voisin demande la mitoyenneté d'un mur seulement jusqu'à la hauteur de clôture; elle ne peut pas lui être refusée. Mais, quand il se trouvera copropriétaire de la clôture, ne pourra-t-il pas demander, en vertu de l'*art.* 658 du Code Napoléon, qu'il lui soit payé une indemnité pour la charge qu'occasionne l'excédant de la hauteur du mur.

Le cas sur lequel prononce l'article cité, n'a lieu que quand l'exhaussement du mur s'effectue postérieurement à l'état de mitoyenneté; tandis que la question suppose qu'un mur fort élevé appartient exclusivement à l'un des voisins, lorsque l'autre vient lui demander à s'en servir jusqu'à hauteur de clôture. Dans le cas prévu par le Code, la propriété commune étant détériorée par l'exhaussement qui est fait postérieurement, il est dû évidemment une indemnité pour la part de celui qui ne fait pas exhausser. A l'égard de l'espèce proposée, celui qui demande à jouir du mur jusqu'à hauteur de clôture, n'achète ce droit que ce qu'il vaut actuellement; or, dans l'évaluation, on a considéré que la portion rendue mitoyenne était chargée d'un exhaussement. Ainsi le voisin qui ne demande communauté que jusqu'à hauteur de clôture, ne peut plus se plaindre de la charge qui existait quand il a fait sa convention, ni par conséquent réclamer d'indemnité, pour ce qui excède la hauteur de clôture; car le prix qu'il a payé a été d'autant moins considérable, que le mur était chargé d'un plus grand exhaussement.

Lorsque l'on veut seulement adosser des cheminées à un mur qui appartient au voisin, on a droit de lui acheter la mitoyenneté de la portion de mur que les cheminées occuperont dans toute leur hauteur, et sur leur largeur. A ce sujet, on observe que l'usage est de calculer la largeur des cheminées, comme ayant un pied de plus de chaque côté, sur toute la hauteur; c'est ce que les constructeurs appellent le pied d'aile. Goupi, annotateur de Desgodets, trouve cet usage injuste, attendu que celui dont le bâtiment n'est pas élevé, n'a besoin de monter ses cheminées que jusqu'au sortir de ses combles; c'est l'exhaussement du mur de séparation qui le force à les conduire plus haut. Celui à qui appartient cet exhaussement cause donc de la gêne au voisin, qui, pour indemnité, devrait être autorisé à faire l'adossement de ses cheminées, sans payer la mitoyenneté de la portion de mur qu'elles occupent; au moins cette portion qu'il faut payer, ne devrait-elle pas être augmentée d'un pied d'aile de chaque côté de la largeur, sur toute la hauteur.

On répond que celui qui a élevé son mur a usé de son droit de propriété; que le voisin en peut profiter, en rendant mitoyen ce mur, pour le tout ou pour partie, et que si actuellement il n'en use que pour ses cheminées, il peut arriver un moment, où il sera bien aise d'en user pour son bâtiment entier. A l'égard de l'usage où on est de calculer la portion de mur réclamée, comme si la cheminée avait une largeur plus grande d'un pied de chaque côté, il serait possible de le contester, suivant les circonstances, et si cet usage n'était pas bien constant dans le pays où on le trouve; car la loi n'oblige à payer la mitoyenneté que de la seule portion de mur qu'on veut occuper pour adosser les cheminées.

Il paraît au surplus que cet usage est fondé sur ce que, pour faire tenir le corps d'une cheminée sur la face du mur, il faut maçonner à droite et à gauche, au-delà de la place qu'occupe la largeur de cette cheminée. Ce motif nous paraît suffisant pour autoriser le pied d'aile.

Faut-il que les cheminées qu'on adosse au mur du voisin, en lui en payant la place, soient élevées verticalement, ou bien est-il permis de les dévoyer?

Il est bien nécessaire de savoir à quoi s'en tenir sur ce point, parce qu'autrement il y aurait souvent des querelles entre des voisins. Celui à qui appartient le mur, et qui y a pratiqué des vues, se trouverait lésé par la mitoyenneté, si le voisin masquait avec ses cheminées les jours percés dans ce mur. L'autre, sous prétexte de donner telle direction à ses cheminées, pourrait exécuter le dessein secret de nuire à son voisin par méchanceté.

D'après ces réflexions, il est juste de s'arrêter à ce qui est le plus convenable pour la solidité du mur. Or, les architectes conviennent tous qu'une cheminée dévoyée altère la bonté du mur plus qu'une cheminée droite. En conséquence, il faut décider que celui qui achète la mitoyenneté d'une portion de mur pour adosser ses cheminées, n'est pas le maître de choisir sur le mur les places où il veut les faire passer. Pareillement, le propriétaire du mur n'a pas le droit, en recevant le prix de la mitoyenneté, de tracer aux cheminées le chemin qu'elles suivront.

Puisque l'*art.* 662 du Code Napoléon, défend de toucher à l'objet de la mitoyenneté, avant d'avoir réglé avec le voisin la manière d'exécuter le travail sans nuire à ses droits, il est convenable que, par l'acte qui établit la communauté de la portion de mur destinée à recevoir les cheminées, leur direction soit déterminée, ou à l'amiable ou par experts.

Si le mur qu'il s'agit de rendre mitoyen est totalement corrompu et hors d'état de servir, celui qui veut en acquérir la jouissance peut-il forcer son voisin à reconstruire ce mur à frais communs?

Il faut distinguer si le voisin à qui appartient le mur y a des bâtimens adossés, ou si ce mur est une simple clôture. Dans ce dernier cas, le propriétaire du mur peut soutenir qu'on n'a rien à exiger de lui, jusqu'à ce qu'on ait acheté la mitoyenneté, en payant la moitié de la valeur du mur, quelque petite que soit cette valeur, et en payant le prix de la moitié du terrain. Dès que le mur sera devenu mitoyen, celui à qui la reconstruction sera proposée pourra s'en décharger, en abandonnant la mitoyenneté, conformément à l'*art.* 656 du Code.

Lorsque des bâtimens sont appuyés sur le mur, celui à qui le tout appartient pourrait aussi ne rien écouter, tant que la mitoyenneté ne lui serait pas payée, quelque modique qu'en fût le prix. Après ce paiement si le mur était condamné à être reconstruit, le propriétaire à cause de ses bâtimens, serait tenu d'y contribuer pour sa part. Au surplus, quand cette nécessité de reconstruire le mur est constatée par le rapport qui évalue la mitoyenneté, on ne peut pas exiger que le demandeur paye autre chose que la moitié du terrain et les matériaux qui pourront servir au mur neuf. Ce dernier cas diffère du précédent, en ce que celui à qui appartenait le mur, n'a pas la faculté de se décharger de la reconstruction en abandonnant la mitoyenneté, parce que le mur soutient ses bâtimens; c'est ce que décide le même *art.* 656.

Cependant, s'il détruisait les bâtimens qui s'appuient sur le mur, il se trouverait dans le premier cas, et il pourrait abandonner la mitoyenneté, pour éviter de contribuer à la reconstruction du mur.

Quand le mur qui me sépare de mon voisin est d'une grosse épaisseur, et que j'ai besoin seulement d'une simple clôture, suis-je obligé d'acquérir la mitoyenneté de toute l'épaisseur, ou puis-je restreindre ma demande à une épaisseur de clôture ordinaire?

Ceux qui pensent que je ne suis tenu qu'à payer l'épaisseur de clôture, se fondent sur ce que la loi décide qu'on peut acquérir la mitoyenneté pour tout le mur, ou seulement pour portion. Ainsi, de même qu'un mur fort élevé, et fort long, peut être rendu commun seulement jusqu'à la hauteur de clôture, et pour une portion de sa longueur; de même aussi on peut n'acheter que l'épaisseur de clôture; cette opinion est celle de Desgodets. On a vu en effet, que si un mur mitoyen est trop faible pour soutenir les bâtimens de l'un des voisins, celui-ci peut leur donner plus de hauteur et d'épaisseur; ce qu'il ajoute dans ces deux dimensions n'est pas mitoyen. Pourquoi donc, lorsqu'un mur a vingt-un pouces d'épaisseur, par exemple, n'en pourrais-je pas acquérir la communauté pour quinze pouces seulement?

D'autres, du nombre desquels est Pothier, disent que l'on ne peut pas se servir d'une portion de l'épaisseur d'un mur, comme on fait d'une portion de sa longueur; toute l'épaisseur est indivisible; elle profite en totalité à celui qui se sert du mur, jusqu'à une certaine hauteur ou longueur. Ces raisons ne nous paraissent pas suffisantes. La question, au reste, n'est pas sans difficulté ; elle peut être décidée différemment selon les circonstances. C'est pourquoi, il faut en pareil cas que les experts s'expliquent dans chaque affaire, et que les juges statuent sur ce point selon l'équité.

Votre mur est construit en pierres de taille ; suis-je obligé, pour m'en servir comme d'une simple clôture, de vous payer la moitié de sa valeur, ou seulement la moitié de ce que vaudrait un mur de clôture fait en moëllons ordinaires ?

Le *Code Nap., art.* 661, dit-on d'un côté, donne à un propriétaire le droit de rendre mitoyen le mur ou portion du mur construit par son voisin ; mais il ne fait aucune distinction concernant la qualité du mur ; c'est le mur tel qu'il est, en moëllons, ou en pierres de taille, dont il faut payer la moitié. Si ce mur n'était qu'en plâtre, ou en terre, on ne serait tenu de payer que la moitié d'un mur de cette espèce. Par la même raison, s'il est construit en matériaux plus précieux, la moitié de sa valeur en doit être plus considérable. Celui qui a établi ce mur a usé de son droit de propriété, il était libre de le faire comme il lui plaisait ; lors donc qu'on veut lui en acheter la mitoyenneté, il faut la lui payer ce qu'elle vaut. En un mot, ajoute Pothier en adoptant cette opinion, c'est un mur en pierres de taille qui existe ; c'est donc la valeur de ce mur qu'il faut considérer, et non pas celle d'un mur en moëllons qui n'existe pas.

Pour l'opinion contraire, embrassée par Desgodets, on dit que, suivant l'esprit de la loi, on n'est tenu d'acheter que la portion de mitoyenneté dont on a besoin. Cette règle est fondée sur la nécessité de faire participer aux avantages du voisinage toutes les classes de propriétaires, les riches aussi-bien que ceux dont la fortune est bornée. Il est bien certain que mon voisin a été le maître de faire construire à grands frais, et même avec luxe, le mur qui sépare son héritage du mien ; mais, par son goût pour une dépense au-dessus de mes moyens, il n'a pas pu me réduire à l'impossibilité de me servir de son mur, qui joint sans moyen ma propriété.

Cependant, s'il fallait que je payasse la moitié de la valeur d'un mur en pierres de taille, lorsque je n'ai besoin que d'un mur de clôture, je serais hors d'état de profiter de la faculté que la loi accorde à tout propriétaire de jouir en commun d'un mur de séparation. Il serait trop dur que mon sort fût devenu plus fâcheux, parce que j'ai un voisin fort riche, ou qui a construit follement. C'est cet inconvénient qu'a voulu prévenir le Code Nap., en permettant d'acheter seulement la portion de mitoyenneté dont on a besoin. Si donc il me suffit d'avoir droit à un simple mur fait en moëllon, vous ne pouvez pas me forcer à payer la dépense folle ou luxueuse qu'il vous a plu de faire, pour établir fort chèrement un mur en pierres de taille.

Sur cette difficulté, comme sur la précédente, nous préférons l'avis de Desgodets. Au surplus, les experts doivent bien expliquer les circonstances dans lesquelles se trouvent les parties, et les juges détermineront, selon les différens cas, la valeur pour laquelle doit être acquise la mitoyenneté.

§ X. *Comment l'exhaussement d'un mur peut devenir mitoyen.*

Dans le paragraphe précédent, on a considéré le mur qui joint sans moyen deux héritages, comme ayant été construit par l'un des propriétaires; on a vu comment l'autre voisin peut obtenir la mitoyenneté, soit de la totalité, soit seulement d'une portion de ce mur. Maintenant, nous supposons que le mur est mitoyen, et que l'un des propriétaires l'a fait exhausser à ses frais, en payant à l'autre voisin une indemnité proportionnée à la charge qu'il fait porter pour son utilité, par le mur qui est en commun. Dans ce cas, la mitoyenneté ne subsiste que jusqu'à l'exhaussement qui appartient exclusivement à l'un des voisins. Par conséquent, les deux propriétaires n'ont l'usage commun que de la portion du mur qui est mitoyenne; et celui qui a fait l'exhaussement a seul le droit de se servir de cette portion élevée. Mais, par la suite le voisin qui n'a pas contribué à cet exhaussement, peut-il acquérir le droit de l'utiliser de son côté? Il en a la faculté, en payant la moitié de la dépense qu'a coûté cet exhaussement, et la moitié du terrain fourni pour l'excédant d'épaisseur, si pour exhausser il a fallu rendre le mur plus fort : *Code Nap., art.* 660.

Cette disposition a le même fondement que celle de *l'art.* 661, qui oblige un voisin à céder la mitoyenneté du mur qu'il a fait construire. Voyez ce que nous avons dit au commencement du paragraphe précédent, pour faire sentir combien il est juste de ne pas laisser au propriétaire d'un mur de séparation la liberté de refuser au voisin la faculté de s'en servir. Il nous reste donc ici à expliquer quelques difficultés relatives à l'exhaussement qu'il s'agit de rendre mitoyen.

La première est tirée du texte même de *l'art.* 660 : il veut que, pour avoir la mitoyenneté de l'exhaussement, on paye la moitié de la dépense qu'il a coûté. Si on suppose que l'exhaussement est déjà fort ancien, celui qui veut en acquérir la communauté ne doit-il payer que la moitié de la valeur actuelle de cette portion du mur, ou bien, sans avoir égard au temps qu'elle a duré, doit-il payer la moitié de la dépense qu'elle a coûté ?

Le doute vient de ce que *l'art.* 661, en parlant de la mitoyenneté du mur, dit qu'on paiera seulement la moitié de sa valeur actuelle; tandis qu'en parlant de l'exhaussement, *l'art.* 660 exige qu'on rembourse la moitié de la dépense que cet exhaussement a coûté.

Il ne peut pas y avoir deux manières d'être juste; en sorte que si, d'après le Code lui-même, on ne doit que la moitié de la valeur actuelle du mur dont on veut acquérir la mitoyenneté, il en doit être de même lorsqu'il s'agit de rendre commun l'exhaussement fait à ce mur; c'est seulement la moitié de sa valeur actuelle qu'on est tenu de payer. Par conséquent, si cet exhaussement avait été construit de manière à durer cent ans, et que la mitoyenneté n'en fût requise qu'après un laps de cinquante ans, la moitié de la valeur dont il faudrait tenir compte ne serait pas si considérable que si l'exhaussement eût été fait vingt-cinq ans plus tard.

Ainsi, c'est par *l'art.* 661 qu'il faut interpréter *l'art.* 660; celui-ci, en parlant de la moitié de la dépense qu'a coûté l'exhaussement a voulu faire sentir que, dans l'évaluation de la mitoyenneté de cette portion de mur, il faut avoir égard non-seulement aux matériaux et à la main-d'œuvre qu'il a fallu employer, mais encore aux dépenses accessoires que cet exhaussement a occasionnées.

Par exemple, si pour donner au mur mitoyen une élévation plus grande, j'ai été obligé de le reconstruire en tout ou en partie ; s'il m'a fallu faire des chaînes de pierre, des jambes boutisses, des jambes étrières, ou faire des fondations plus profondes, pour le rendre plus fort ; si j'ai été forcé d'étayer votre bâtiment, d'y faire des travaux à la couverture, de vous payer des indemnités pour non valeur de location ; en un mot, si l'élévation du mur mitoyen m'a coûté autre chose que les matériaux et la main-d'œuvre, il est nécessaire que vous participiez à ces dépenses accessoires, lorsque vous voulez vous servir de l'exhaussement. Il est vrai que dans l'évaluation de ces objets accessoires on a égard au temps qui s'est écoulé depuis la construction de l'exhaussement, comme quand on apprécie cette portion du mur en elle-même.

De là, il suit que, pour avoir droit de communauté à l'exhaussement du mur, il faut payer la moitié de la valeur actuelle de cette construction, y compris la moitié du terrain qui a servi à donner au mur plus d'épaisseur, si cette augmentation a été nécessaire. On paye en outre la moitié de la valeur actuelle des dépenses accessoires auxquelles elle a donné lieu.

Une seconde question consiste à savoir si on peut acquérir la mitoyenneté d'une portion de l'exhaussement, ou bien si, pour se servir d'une partie de cet exhaussement, on est tenu de payer, comme si on avait besoin de la totalité.

Le doute vient encore de la différence qu'on remarque entre l'expression de l'*art.* 660, et celle de l'*art.* 661. Ce dernier dit précisément que l'on a la faculté de rendre mitoyen le tout ou partie d'un mur de séparation. Le précédent parle de l'exhaussement fait sur un mur mitoyen, aux dépens d'un seul voisin ; il permet à l'autre voisin d'en acquérir la mitoyenneté, et ne prévoit pas le cas où une seule portion de cet exhaussement serait utile à ce dernier.

Pour se décider, on doit suivre l'esprit de la loi; il se manifeste dans l'*art.* 661, qui doit servir d'interprétation à l'*art.* 660. Il est évident que celui qui veut acquérir un droit de mitoyenneté, peut, dans tous les cas, le restreindre à une portion quelconque du mur, pourvu que cette portion se mesure, à partir des fondations, ainsi qu'on l'a observé dans le paragraphe précédent. On ne voit pas pourquoi, lorsqu'il s'agit de l'exhaussement, on serait tenu d'acheter la communauté du tout, quand on n'a besoin que d'une portion. Un mur qui a trente toises de long, sur deux toises de haut, a été construit à frais communs; l'un des voisins, par la suite, ayant fait à ses dépens un exhaussement de trois toises sur toute la longueur, le mur est resté mitoyen pour l'ancienne construction, et ne l'a point été pour l'exhaussement. Quelques années après, celui qui n'a pas contribué à l'exhaussement voudrait bien en avoir la mitoyenneté, dans une longueur de douze toises, l'autre propriétaire ne peut-il pas exiger qu'il prenne la mitoyenneté de la totalité de l'exhaussement? Non, il serait autorisé à n'acquérir qu'une portion de la communauté du mur, si rien n'en était mitoyen; par la même raison, il peut n'acquérir qu'une portion de l'exhaussement, lorsque cet exhaussement seul n'est pas mitoyen. Il y a même raison pour décider à l'égard de l'exhaussement, comme on le fait à l'égard du mur entier : *Ubi eadem est ratio, idem jus dicendum est.*

Lorsqu'un propriétaire veut rendre mitoyen un exhaussement, et qu'il ne le trouve pas assez fort, il a la faculté de le reconstruire ou de le rendre plus solide à ses frais; il supporte en outre également seul toutes les dépenses accessoires, telles que celles nécessaires pour étayer les bâtimens du voisin, pour faire le raccordement de ses couvertures, le rétablissement de ses corps de cheminées. Mais si l'exhaussement est en mauvais état, et incapable de subsister quelques années, le propriétaire qui veut acquérir la mitoyenneté, peut-il exiger que son voisin contribue à la reconstruction? Oui, sans doute : alors il faudra rétablir l'exhaussement suivant les dimensions, et avec les matériaux d'usage; car si celui qui réclame la mitoyenneté faisait reconstruire l'exhaussement d'une manière plus dispendieuse, le voisin ne contribuerait point pour l'excédant de dépense qui en résulterait : bien plus, il lui serait dû une indemnité pour la charge plus grande mise sur le mur mitoyen.

On demande si celui qui a fait l'exhaussement peut refuser de participer à la reconstruction, en abandonnant la mitoyenneté. Rien n'empêche d'appliquer à l'exhaussement ce qui est décidé par l'*art.* 656 pour le mur lui-même. En conséquence, si celui qui a fait l'exhaussement n'y a pas de bâtimens adossés, il peut en abandonner la mitoyenneté; dès-lors cet exhaussement appartiendra exclusivement au voisin qui demande à le reconstruire pour en faire usage. La reconstruction s'en fera donc à ses frais, et il supportera seul les dépenses accessoires, telles que celles qu'il faudra faire aux bâtimens voisins pour étayemens et raccordemens.

Dans le cas où celui qui seul a fait l'exhaussement en abandonne la mitoyenneté pour s'exempter de contribuer à la reconstruction, l'autre voisin qui en supporte les frais doit-il payer une indemnité pour raison de la charge qu'il maintient sur le mur mitoyen?

Oui; car l'exhaussement qu'il reconstruit n'étant utile qu'à lui, et n'appartenant qu'à lui par suite de l'abandon, il se trouve dans le même cas où il serait si l'exhaussement était fait pour la première fois; or, alors il devrait une indemnité pour la charge imposée au mur mitoyen, selon qu'on l'a expliqué au § VIII.

Après l'abandon de l'exhaussement, si un propriétaire avait besoin de s'en servir, il pourrait en recouvrer la mitoyenneté, en payant la moitié de la valeur, tant de cet exhaussement que des dépenses accessoires qui en ont été la suite. Il tiendrait compte aussi de la moitié de l'indemnité qu'il aurait reçue pour la charge produite par l'exhaussement sur le mur mitoyen. C'est une des circonstances où l'*art.* 66o du Code Nap. reçoit son application.

Ce qui est réglé pour acquérir la mitoyenneté de l'exhaussement d'un mur, doit s'étendre à l'augmentation donnée au même mur en sens contraire, c'est-à-dire, par ses fondations. Ainsi une clôture mitoyenne n'étant d'abord fondée qu'à trois pieds en terre, reçoit par la suite de nouvelles fondations bien plus profondes, aux frais d'un des voisins qui veut se faire des caves. Cet enfoncement de la clôture appartient exclusivement à celui qui en a fait la dépense ; lui seul a droit de s'en servir, et lui seul est tenu de le réparer. Mais si l'autre propriétaire voulait aussi se faire des caves, il pourrait acquérir la mitoyenneté du mur souterrain, soit pour le tout, soit pour portion, de la même manière qu'il pourrait acquérir la mitoyenneté d'un exhaussement. À cet effet, il paierait la moitié de la valeur de ce qu'il désire mettre en commun dans le mur souterrain ; et pour trouver cette valeur, on aurait égard aux dépenses accessoires occasionnées par la construction de ce mur inférieur, et au temps qu'elle a déjà duré, comme pour un exhaussement.

Il y a cependant une différence entre le cas où il s'agit de l'excédant d'un mur en fondation et un exhaussement ; quand un seul voisin construit sur un mur mitoyen, il doit une indemnité en raison du poids qu'il établit sur l'objet commun. Mais quand la fondation est rendue plus profonde par un des voisins, il est évident qu'il ne charge pas le mur, et qu'ainsi il ne doit aucune indemnité.

De là il suit que celui qui veut avoir la mitoyenneté d'un exhaussement auquel il n'a pas contribué, doit rembourser la moitié de la valeur de cette construction, des dépenses accessoires qu'elle a occasionnées, et de l'indemnité qu'il avait reçue. S'il s'agit d'avoir la jouissance commune d'une construction faite sous des fondations, on paye moitié de sa valeur, ainsi que des dépenses accessoires ; mais il n'y a pas lieu au remboursement d'une portion d'indemnité relative à la charge, puisqu'il n'en avait été payé aucune pour cette construction souterraine.

§ XI. *Quand on peut forcer son voisin à faire une clôture à frais communs.*

On a considéré jusqu'à présent les obligations du voisinage sans distinguer où sont situés les héritages séparés par des murs; maintenant il faut remarquer une différence entre les villes et les campagnes. Dans les campagnes, et par conséquent dans les bourgs, villages, hameaux, en un mot, dans tous les lieux qui ne sont point compris dans les limites des villes ou de leurs faubourgs, chacun est maître d'enclore sa propriété, ou de la laisser accessible. De là il suit que si l'un des propriétaires veut avoir une clôture, il la peut faire sur son propre terrain, soit en laissant un espace entre le mur qu'il construit et l'héritage contigu, soit en plaçant son mur sur l'extrême limite, de manière qu'il touche sans moyen la propriété voisine. Ce mur appartient exclusivement à la personne qui en a fait la dépense; et s'il y a un espace entre ce mur et l'héritage du voisin, celui-ci ne peut jamais avoir droit au mur, le terrain laissé hors de la clôture s'oppose à l'acquisition de la mitoyenneté. Mais si le mur touche sans moyen la propriété du voisin, celui-ci a la faculté d'en jouir en commun, après avoir remboursé la moitié de la valeur du mur qu'il s'agit de rendre mitoyen, et la moitié du terrain qui porte les fondations. Tels sont en général les droits du voisinage qui ont été expliqués dans les paragraphes précédens, concernant les murs de séparation, et qui s'exercent sans exception dans les campagnes.

Dans les villes et faubourgs, un propriétaire peut aussi acquérir la mitoyenneté d'un mur qui touche sans moyen son héritage; mais ce qui est particulier, c'est que quiconque veut séparer son héritage de celui du voisin, a le droit d'exiger que ce dernier contribue pour moitié à la construction du mur de séparation. Presque toujours on use de ce droit, d'abord, parce que la dépense du mur est partagée entre les voisins; en second lieu, parce que le terrain sur lequel est la fondation se trouve économisé. En effet, puisque les deux propriétaires doivent contribuer également à la confection du mur, celui qui l'exige est autorisé à placer l'épaisseur de la séparation, moitié sur son héritage, et moitié sur l'héritage contigu. *Code Napol. art.* 663.

Cette disposition, qui semble gêner le droit de propriété dans les villes et faubourgs plus que dans les campagnes, a pour objet de prévenir de trop fréquens sujets de contesta-

Tome I.

tions entre des voisins dont les habitations, nécessairement très-rapprochées, ont des communications trop faciles. Cette sorte d'assujettissement, qui force deux voisins à s'enclore à frais communs, a également pour but la sûreté et la salubrité dans les communes où les habitans se trouvent réunis en certain nombre. Plusieurs coutumes avaient imposé une pareille obligation, seulement pour certaines villes de leur ressort; mais le Code, en reconnaissant l'utilité de cette servitude légale, l'a étendue à toutes les communes qui ont le titre de villes, et à leurs faubourgs.

Ainsi, dans les villes et faubourgs, celui qui s'enclôt peut asseoir moitié de l'épaisseur du mur sur le terrain du voisin; mais il n'a droit d'exiger de celui-ci que la moitié de la dépense et du terrain d'un simple mur de clôture. S'il lui plaît que la séparation soit une maçonnerie plus considérable, il supportera seul la dépense de ce qui excédera le prix d'une clôture ordinaire, et il prendra sur son héritage le terrain nécessaire à la plus grande épaisseur qu'il voudra donner au mur. Alors ce mur ne pourra servir en commun que comme clôture, et jusqu'à la hauteur de clôture; la jouissance plus étendue qu'on en pourra faire appartiendra exclusivement à celui qui aura construit.

Par suite de ce principe, le voisin qui a contribué seulement jusqu'à concurrence de clôture, n'est tenu des réparations et de la reconstruction que dans la même proportion, et comme si le mur n'était qu'une simple clôture.

Ces réflexions font sentir la nécessité de constater, par titres ou par marques, les cas où le mur n'est mitoyen que comme clôture; car s'il était construit sur des dimensions plus considérables, et qu'on ne vît aucun indice pour faire connaître à qui appartient l'excédant de clôture, on présumerait que le mur est mitoyen pour la totalité.

Un mur qui touche sans moyen deux héritages qu'il sépare, se nomme mur de clôture, quand, ni d'un côté ni de l'autre, il ne supporte aucun bâtiment. Si l'un des voisins y a placé des constructions, c'est pour lui un mur de séparation servant de clôture à l'autre. Enfin si, de part et d'autre, on se sert du mur mitoyen pour recevoir des bâtimens, c'est pour les deux voisins un mur de séparation. Nous indiquons ici ces dénominations qui sont en usage dans la pratique des constructeurs, afin de mieux sentir en quoi consiste le mur de clôture auquel on a droit de faire contribuer le propriétaire voisin. L'intention de la loi, par cette servitude, est de pourvoir plus efficacement à la sûreté et à la salubrité des habitans des villes et faubourgs; elle entend seulement les autoriser à clore leurs propriétés à frais communs avec leurs voisins; on ne peut donc pas étendre cette autorisation au-delà de simple clôture.

Il eût été à désirer que le Code Nap. eût spécifié, sans restriction, en quoi doit consister un mur de clôture; mais les législateurs ont senti que les matériaux étant différens, selon les différentes contrées, la manière de se clore doit changer selon les pays. En conséquence, l'*art.* 663 dit que la hauteur de la clôture sera fixée suivant les réglemens particuliers, et les usages constans et reconnus. Ainsi, dans les pays où les coutumes s'expliquent sur ce point, il faut suivre leurs dispositions. A l'égard des coutumes qui ne parlent pas des dimensions à donner aux murs de clôture, on doit suivre les usages constans et reconnus dans chaque pays. Enfin, si aucun usage n'est suffisamment constaté, le même article décide que tout mur de séparation qui sera construit nouvellement par la suite, ou qui sera rétabli à la place d'un ancien, dans les villes et faubourgs formant une population de cinquante mille âmes et au-dessus, aura au moins une hauteur de trente-deux décimètres, c'est-à-dire, dix pieds, y compris le chaperon. Dans toutes les autres villes et leurs faubourgs, la hauteur d'un mur de clôture doit être au moins de vingt-six décimètres, c'est-à-dire, de huit pieds, toujours en supposant qu'il n'y ait sur les lieux ni usage, ni règlement qui décide autrement.

Demandera-t-on quelle doit être, soit l'épaisseur d'un mur de clôture, soit la profondeur de ses fondations, et pourquoi la loi n'en a pas parlé en même temps qu'elle a déterminé la hauteur? La réponse est que l'épaisseur d'un mur et la profondeur de ses fondations ne dépendent pas uniquement de sa hauteur, mais encore de la nature des matériaux qu'on emploie, et du terrain sur lequel on le construit. Or, chaque contrée a des matériaux qui lui sont propres, et le terrain est fort solide dès la surface dans un endroit, tandis que dans d'autres, il faut fouiller profondément pour trouver de quoi poser solidement les fondations; il n'a donc pas été possible d'indiquer dans la loi, ni l'épaisseur du mur, ni la profondeur à laquelle il faut l'asseoir. Le but qu'elle se propose étant de prescrire une séparation capable de procurer la tranquillité respective des voisins, dans les villes et faubourgs, il a suffi de fixer la moindre élévation nécessaire pour opérer une clôture. A l'égard de l'épaisseur du mur, de la profondeur de sa fondation, et de la manière de le construire, soit en moellons durs ou tendres, soit avec chaux et sable, soit avec plâtre ou avec tout autre mortier, il faut suivre les usages du pays. On peut dire en général que quand on exige du voisin sa contribution à la clôture, non-seulement le mur doit avoir la hauteur prescrite, mais encore une épaisseur et une profondeur proportionnées.

Pareillement, il faut que l'on emploie pour le mur les matériaux qui sont d'usage dans le pays, de manière à faire une séparation d'une solidité ordinaire et approuvée par les règles de l'art.

Observez que pour construire un mur de clôture, auquel on force le voisin à contribuer, il faut obtenir préalablement son consentement, ou, à son refus, l'autorisation de la justice; c'est une conséquence de l'*art.* 662, que nous avons expliqué au § VII, en parlant de l'usage qu'on peut faire d'un mur mitoyen. Il ne serait pas prudent de faire construire le mur, et ensuite de demander au voisin qu'il ait à en payer la moitié. Une pareille manière d'agir pourrait occasionner beaucoup de contestations qui s'éviteront en formant d'abord la demande, et en ne procédant à la construction de la clôture, qu'après avoir obtenu une autorisation volontaire ou judiciaire. Or, de quelque manière qu'intervienne l'autorisation, on fait régler, soit à l'amiable, soit par justice, sur rapport d'experts, la nature des matériaux à employer, et les dimensions à observer, tant en hauteur qu'en épaisseur et profondeur; en sorte que le mur étant fait, suivant ce qui est ainsi prescrit, il ne donne lieu à aucune difficulté.

Le sol d'un héritage peut être plus élevé que le sol de l'héritage contigu, et cette différence peut se rencontrer précisément sur la ligne où doit être construit le mur de clôture; on demande comment satisfaire à la loi pour donner, par exemple, dix pieds de haut au mur de séparation. La difficulté vient de ce que, si on observe les dix pieds, à partir du terrain le plus bas, on ne trouvera pas la même hauteur en mesurant le mur du côté opposé. Fera-t-on le mur sur une hauteur de dix pieds, à partir du sol le plus élevé? On aura de l'autre côté une hauteur qui excédera celle prescrite; alors naît la question de savoir si on peut forcer le propriétaire du terrain le plus bas, à contribuer au mur de séparation, pour la portion qui excédera, de son côté, la hauteur légale.

Les uns disent que la loi est suffisamment exécutée, lorsque la clôture est de la hauteur prescrite, à partir du sol le moins élevé. En effet, le but est la sûreté respective des deux voisins; or, si le mur a d'un côté la hauteur réglée, c'en est assez pour que les deux héritages se trouvent séparés par un obstacle tel que le veut la loi. Exemple : supposons qu'à partir du sol inférieur, le mur ait dix pieds de haut, et que ce même mur ne se trouve élevé que de sept pieds de l'autre côté; l'un et l'autre voisin auraient également une hauteur de dix pieds à franchir pour passer par dessus le mur. Le propriétaire du sol inférieur trouverait cette hauteur en montant; et l'autre, qui à la vérité n'aurait que sept pieds à monter, trouverait les dix pieds quand il s'agirait de descendre chez le voisin.

Desgodets et son annotateur, dans leurs commentaires sur l'*art.* 209, de la *Coutume de Paris*, ne pensent pas que la séparation soit égale de part et d'autre dans l'espèce proposée, attendu qu'un mur est franchi en descendant, bien plus facilement qu'en montant. Ils concluent de là, que, pour atteindre le but de la loi, il faut que le mur de clôture ait la hauteur légale, à partir du terrain le plus élevé. Il en résulte sans doute une plus grande hauteur de l'autre côté; mais.

puisqu'il faut qu'il ait de l'inégalité, il vaut mieux qu'elle procure une plus grande sûreté à l'héritage inférieur, que de rendre insuffisante la sûreté de l'héritage supérieur.

En prenant ce parti, que nous regardons comme le plus raisonnable, le mur ne peut monter à la hauteur prescrite du côté le plus élevé, sans excéder la mesure nécessaire du côté opposé; qui donc supportera la dépense de cet excédant? Le propriétaire du sol le plus bas doit, suivant Desgodets, contribuer pour la moitié de la hauteur de clôture, en la mesurant de son côté. L'autre moitié est payée par le propriétaire du terrain supérieur; de plus, ce propriétaire doit faire à ses dépens toute la portion dont il est nécessaire d'élever encore ce mur, pour qu'il ait de son côté la hauteur de clôture. On en donne pour raison que celui qui a un terrain élevé, doit supporter les charges auxquelles cette circonstance donne lieu. Le voisin n'est tenu de contribuer que jusqu'à la hauteur prescrite, en mesurant de son côté; en outre, il a droit d'exiger qu'en mesurant de l'autre côté, il y ait une semblable hauteur de clôture. Si donc, à cause de l'élévation du terrain voisin, cette hauteur ne se trouve pas, c'est au propriétaire de ce terrain à supporter la dépense qu'il faut faire pour que, de son côté, le mur ait la hauteur nécessaire.

C'est par une raison semblable que, suivant ce qui a été dit précédemment, le propriétaire du terrain le plus élevé est tenu de faire de son côté un contre-mur, pour empêcher que la clôture ne soit détruite par le mouvement des terres qui la pousseraient. Le propriétaire du terrain bas ne doit pas contribuer à la dépense du contre-mur, parce que la cause qui nécessite cette construction ne vient pas de son fonds, et que chacun doit supporter les inconvéniens qui résultent de la supériorité ou infériorité de son terrain.

Un exemple, dans lequel l'intérêt du terrain le moins élevé est blessé, se présente lorsque des eaux lui viennent naturellement de dessus le terrain supérieur; il doit les supporter, sans qu'on puisse faire aucun ouvrage pour les empêcher de s'écouler; c'est un inconvénient attaché à la nature de l'héritage inférieur.

Certains faubourgs se terminent par des terrains qui semblent faire partie de la campagne, et où il n'existe pas une construction. On peut citer, par exemple, les marais qui se trouvent à l'extrémité des faubourgs dans la plupart des villes. Si le propriétaire d'une portion de pareils terrains veut enclore sa possession, pourra-t-il forcer ses voisins à contribuer à la clôture, quoique ceux-ci ne possèdent auprès de son héritage que des terres labourées?

La raison de douter vient de ce que *l'art.* 663 du Code Nap. ne force à la contribution d'un mur que quand il s'agit de séparer des maisons, des cours, des jardins; or, par l'hypothèse, les terrains dont il est question sont de simples champs, cultivés comme en pleine campagne, et qui ne tiennent à aucune maison.

D'ailleurs, l'obligation de contribuer aux murs de séparation n'est établie dans les villes et faubourgs, que pour la sûreté respective des voisins; or, dans le cas proposé, celui qui veut s'enclore y trouve seul son avantage, puisque les autres n'en restent pas moins sans clôture de toute autre part.

Quelque spécieuses que soient ces raisons, elles ne peuvent pas balancer la disposition de la loi, qui veut généralement qu'on soit tenu de contribuer au mur de clôture dans les villes et faubourgs. Ainsi, dans les questions semblables à celles qui nous occupent, la seule chose à examiner est le fait de la situation des terrains, s'ils font partie de la ville ou des faubourgs, il est certain que la contribution au mur peut être exigée. Elle ne paraît actuellement utile qu'à celui qui fait construire; mais dans la suite, elle pourra servir également aux voisins quand il leur conviendra de s'enclore. Bien souvent une première construction engage à en faire d'autres à côté; et, sous ce rapport, il devient utile de forcer des voisins dans les villes et faubourgs, à la contribution des murs qui séparent leurs propriétés contiguës, quoique labourées.

A l'égard de l'objection tirée de ce que *l'art.* 663 ne parle que de la séparation des maisons, cours et jardins, et non pas des terrains cultivés comme des champs et des marais, on répond que la loi n'entend pas faire une énumération des seuls objets qu'on a le droit d'enclore à frais communs. En désignant les maisons, cours et jardins, elle a voulu comprendre toutes les espèces de terrains qui se trouvent ordinairement dans les villes et faubourgs. D'ailleurs, dès qu'un propriétaire enclôt sa possession, il y fait essentiellement ou une cour, ou un jardin, ou une maison, et quelquefois ces trois choses à la fois; ainsi, il est dans les termes mêmes de la loi, qui ne considère pas si le terrain situé dans une ville ou un faubourg, était un champ, mais seulement s'il s'agit d'en faire une maison, ou une cour, ou un jardin.

Si, après avoir fait enclore son terrain à frais communs, un propriétaire continue à le cultiver comme un champ, sans y faire ni maison, ni cour, ni jardin, les voisins pourront-ils répéter ce qu'ils ont payé pour leurs portions de la clôture? Non, parce que la loi n'a pas prescrit l'emploi qu'on doit faire du terrain; il suffit qu'il soit dans une ville ou dans un faubourg, et qu'on veuille l'enclore, pour qu'on ait le droit d'exiger que les voisins contribuent à la construction des murs. Au surplus, dès qu'un terrain labouré est entouré de murs, il cesse d'être un champ; c'est un véritable jardin, quelle qu'en soit la culture.

Vous possédez un terrain qui finit précisément à la limite du faubourg, et il est contigu à mon héritage qui commence la campagne au-delà de cette limite. Vous voulez entourer de murs votre possession; pouvez-vous me forcer à contribuer à la clôture qui doit séparer nos deux héritages?

Si on décide négativement, on vous prive de la faculté accordée à tous ceux dont la propriété est située dans une ville ou dans un faubourg; en adoptant l'affirmative, on m'impose une obligation qui ne doit pas m'atteindre, puisque mon terrain est hors des limites.

Dans cette alternative, il vaut mieux restreindre la prérogative que d'étendre la servitude au-delà des bornes prescrites par la loi; vous serez donc tenu de faire à vos dépens la clôture de mon côté, s'il ne me convient pas d'y contribuer. Cette décision est conforme au texte même de l'*art.* 663, qui n'exige la contribution au mur, que quand les deux héritages qu'il s'agit de séparer sont l'un et l'autre situés dans la ville ou les faubourgs; par conséquent, s'il n'en est qu'un qui soit en-deçà des limites, tandis que l'autre se trouve dans la campagne, la disposition légale ne reçoit pas d'application. En effet, il n'y aurait plus de réciprocité entre les voisins; celui qui est en-deçà des limites exercerait, contre le propriétaire de l'héritage situé au-delà, un droit dont ce dernier ne jouirait pas; car, son terrain étant entièrement dans la campagne, la loi n'autorise pas à l'enclore à frais communs, pas même du côté qui touche la limite du faubourg.

Si donc, celui dont l'héritage situé dans la campagne commence à l'endroit où se termine le faubourg, venait à s'enclore, il ne pourrait pas exiger que son voisin qui est en-deçà de la limite, contribuât à la construction du mur de séparation; car, cette faculté ne s'exerce qu'entre deux héritages qui font partie de la ville ou des faubourgs. Quand un seul y est compris, et que l'autre est dans la campagne, le propriétaire du premier, comme on vient de le dire, n'a pas le droit de forcer son voisin à payer une portion de la clôture; réciproquement, lorsque c'est celui-ci qui construit, il n'est pas fondé à faire contribuer l'autre à la construction du mur de séparation.

Un troisième cas arrive, lorsque la ligne qui fait la limite du faubourg coupe mon héritage, de manière qu'il n'y en a qu'une portion, par exemple, la plus petite, en deçà de la limite. Puis-je alors refuser de payer ma part du mur de séparation que vous construisez sur le bord de votre héritage qui est dans le faubourg, et qui est contigu au mien? Ne puis-je pas dire que *l'art.* 663 s'applique seulement au cas où les deux voisins peuvent user de réciprocité? Or, le droit que vous exercez contre moi, je ne puis pas le faire valoir contre mes autres voisins, puisque leurs terrains limitrophes du mien sont situés hors des limites.

On répond qu'il existe une réciprocité suffisante dans l'exemple proposé; car si vous me faites contribuer au mur, c'est parce que je pourrais exercer la même faculté contre vous, si c'était par moi que fût construite cette clôture. Dans un pareil cas, les deux portions de terrain sur lesquelles est fondé le mur se trouvent enclavées dans le faubourg; c'en est assez pour que l'*art.* 653 reçoive son application.

Si cependant ce qui est renfermé dans le faubourg était une portion de terrain si petite, qu'il ne fût pas possible de la séparer utilement du surplus, peut-être me traiterait-on comme si je ne possédais rien en-deçà de la limite; car le peu quelquefois est considéré comme rien. Les circonstances bien constatées par les experts pourraient alors déterminer une décision qu'il faudrait d'autant moins regarder comme contraire à la loi, qu'elle n'en serait qu'une application raisonnable.

La faculté d'exiger la contribution du voisin au mur de séparation, dans les villes et faubourgs, ne s'étend pas au-delà des dimensions d'une simple clôture, ainsi que nous l'avons observé au commencement de ce paragraphe. Si donc un propriétaire fait un mur plus élevé et plus fort, la dépense qui excède est à sa charge, et par conséquent le mur n'est mitoyen que jusqu'à la hauteur de clôture; c'est encore ce que nous avons remarqué. Pareillement, si le voisin qui n'a contribué que pour sa part de clôture voulait que ce qui excède, ou qu'une portion de ce qui excède fût en commun, il pourrait l'obtenir en remboursant la moitié de la valeur de ce dont il désirerait avoir l'usage. Ici s'applique ce qu'on a dit dans le § X, sur la manière d'acquérir la mitoyenneté de l'exhaussement fait par un seul propriétaire sur un mur mitoyen.

Quand la portion de clôture qui excède la hauteur exigée par la loi a été rendue mitoyenne, les réparations, et même la reconstruction, de cette portion doivent se faire à frais communs. Mais l'un des deux voisins peut-il s'exempter de contribuer aux réparations, en abandonnant la mitoyenneté de la portion qui excède la hauteur de clôture?

La raison de douter est que, dans les villes et faubourgs, on n'a pas la faculté d'abandonner la communauté de la clôture; or il semble que ce qui est construit au-dessus de cette clôture doit avoir le même sort.

Ce qui doit décider, c'est que dans les villes et faubourgs

la mitoyenneté n'est forcée que jusqu'à la hauteur de clôture pour la sûreté réciproque des voisins; c'est ici une servitude légale qu'il n'est pas permis d'étendre au-delà du cas prévu. Si donc il est fait un exhaussement sur le mur de séparation, cet exhaussement peut devenir mitoyen ou cesser de l'être, à la volonté des parties; pareillement, la mitoyenneté peut en être abandonnée. En un mot, pour cet excédant de clôture, on suit les règles expliquées au § X, concernant l'exhaussement des murs mitoyens en général.

Par cette même raison, après avoir abandonné la communauté de ce qui excède la clôture, on peut la reprendre en totalité ou en partie, en remboursant la moitié de ce que vaut la portion dont on veut jouir.

§ XII. *Du cas où les divers étages d'une maison appartiennent à différens propriétaires.*

En jurisprudence, le sol s'entend de la superficie d'un fonds de terre. Le dessus du sol comprend donc ce qui est sur la surface du terrain, comme les arbres, les édifices, les eaux; et le dessous du sol se dit des objets qui se trouvent plus bas que la superficie, comme les caves, les puits, les égouts, les carrières, les mines, les sablonnières, les sources d'eau.

Il est de principe que celui qui est propriétaire du sol peut disposer également du dessous et du dessus, à moins qu'il n'y ait titre contraire. Plusieurs coutumes en avaient fait une disposition expresse, que le Code Napoléon a consacrée par son *art.* 552.

En conséquence, le propriétaire de la surface d'un terrain peut construire et planter dessus, comme il lui plaît, et à telle hauteur que bon lui semble. Pareillement, il peut creuser son fonds aussi profondément qu'il le veut, soit pour construire des caves, des puits, des égouts, des souterrains quelconques, soit pour tirer des pierres, du sable, des eaux, des minéraux, et généralement ce qu'il trouve dans son héritage.

Cette faculté du propriétaire du sol pour faire dessus et dessous ce qui lui plaît en constructions, plantations et fouilles, est soumise, selon le même *art.* 552 du Code, aux modifications qui y sont apportées, soit par les servitudes naturelles, légales et volontaires, soit par les lois ou réglemens relatifs aux mines et à la police.

Ainsi vous ne pouvez pas faire sur votre terrain des constructions qui empêcheraient l'eau pluviale de descendre du terrain voisin; car votre héritage est assujetti, par une servitude naturelle, à recevoir les eaux qui sont amenées naturellement de dessus l'héritage supérieur.

Pareillement, vous ne pouvez pas creuser un puits ou une fosse d'aisance dans votre terrain, trop près de mon mur; une servitude établie par les lois vous force de tenir votre fouille à une certaine distance, ou de garantir mon mur par un contre-mur, suivant l'usage des lieux.

De même, si j'ai un titre par lequel il vous est défendu de faire des plantations devant mes croisées, votre droit de propriété est limité par cette servitude volontairement consentie.

Il est certain aussi qu'un propriétaire ne pourrait pas construire une maison dans une ville avec des matériaux prohibés par la police du lieu. Enfin, il y a des mines qui ne peuvent pas s'ouvrir par le propriétaire du terrain, sans en avoir obtenu l'agrément du Gouvernement.

Au reste, puisque celui qui a le sol est nécessairement propriétaire du dessus et du dessous, sauf les exceptions dont on vient de parler, il suit que toutes constructions, toutes plantations, et généralement tous ouvrages établis sur un terrain, ou dans son intérieur, sont présumés faits par le propriétaire du sol, et lui appartenir, à moins que le contraire ne soit prouvé; car, soit par titre, soit par prescription, un souterrain, ou un des étages d'une maison, ou toute autre portion d'un bâtiment, peut cesser d'être dans la possession du propriétaire du sol. *Code Napol.*, *art.* 553.

Il peut donc arriver que les différens étages d'une maison appartiennent à autant de personnes différentes; comme aussi le même étage peut être divisé en plusieurs portions, et appartenir à autant de propriétaires différens. De pareils arrangemens sont occasionnés le plus souvent par des partages, surtout dans les campagnes, ou dans des villes peu commerçantes. Il est mieux, quand on fait de semblables divisions de la même maison, de régler en même temps le mode à suivre pour les réparations et les reconstructions qui peuvent devenir nécessaires, et de désigner pour quelle part chaque propriétaire doit contribuer à la dépense.

Néanmoins il n'est pas rare que cette sage précaution ait été négligée ; d'ailleurs elle ne peut avoir lieu lorsque la division de la maison s'opère, soit par prescription, soit par d'autres voies qui ne supposent aucun accord entre les propriétaires.

Dans ce cas, on contribue aux réparations et aux reconstructions, comme le prescrit le Code Napoléon, dont l'*art.* 664 est d'autant plus remarquable, qu'il établit un droit nouveau, tout-à-fait différent de ce qui était réglé par les coutumes ; en ce point ce Code a fait une amélioration très-louable.

1° Les gros murs et le toit sont à la charge de tous les propriétaires ; chacun y contribue en proportion de la valeur de son étage. Par conséquent, si le même étage est divisé entre plusieurs personnes, la part de dépense attribuée à cet étage est supportée par chacun des propriétaires, en raison de ce que vaut la portion qui lui appartient dans ce même étage.

Rien n'est plus raisonnable ; parce que les gros murs et le toit d'une maison sont des objets communs à tous les propriétaires, il est juste que ceux à qui ils sont utiles en supportent les charges, en proportion de ce qu'ils en profitent. Les coutumes qui avaient parlé de cette contribution entre les divers propriétaires de la même maison, voulaient que chacun fît réparer les portions de murs qui répondaient à son étage, ce qui donnait lieu à des difficultés sans nombre ; tandis que rien n'est plus simple à exécuter que la disposition du Code.

2° Le propriétaire de chaque étage entretient et reconstruit le plancher sur lequel il marche. Ce plancher, il est vrai, est un objet commun à lui et au propriétaire de l'étage inférieur ; mais il est évident que la seule personne qui fatigue un plancher est celle qui marche dessus, et non pas celle qui est dessous. Quelques coutumes avaient décidé qu'en pareil cas le propriétaire d'un étage serait chargé du plancher de dessus; de là il résultait que le propriétaire des greniers était obligé à l'entretien énorme de la couverture, ce qui était injuste. Il est évident que la disposition du Code est plus raisonnable.

Lorsque le même étage est divisé en plusieurs propriétaires, chacun est tenu d'entretenir et de reconstruire, s'il y a lieu, la portion du plancher sur laquelle il marche.

On demande si le plafond en plâtre, ou en toute autre substance, dont est revêtu le dessous d'un plancher, est à la charge du propriétaire qui marche sur ce plancher, ou bien si la dépense en est supportée par le propriétaire inférieur, qui a la vue et la jouissance de ce plafond.

Nous croyons que le plafond ne fait point partie de ce que la loi entend par le plancher, qui consiste dans les solives, les planches qu'elles supportent, et le carreau ou le parquet que l'on met assez souvent sur ces mêmes planches. Le plafond dont le propriétaire de l'étage inférieur revêt le dessous du plancher, pour masquer les solives, est un ornement qui n'est pas nécessaire; lui seul a droit de le faire établir, lui seul en jouit, lui seul par conséquent est tenu de l'entretenir s'il veut le conserver.

Cependant il est bon de distinguer si c'est par vétusté que le plancher a besoin d'être réparé, ou si c'est par l'effet d'une force majeure, ou bien si le propriétaire qui marche dessus est cause de la dégradation. Dans les deux premiers cas, le plafond dont est revêtu le dessous du plancher sera réparé aux frais de celui à qui ce plafond appartient; dans l'autre cas, le propriétaire par le fait duquel est arrivée la dégradation, sera tenu de faire rétablir le plafond, parce qu'on est toujours responsable du dommage que l'on occasionne par sa faute dans la propriété d'autrui.

A la charge de qui sera le plancher qui couvre le dernier étage? La difficulté vient de ce que personne ne marche sur ce plancher.

On distingue les étages au-dessus desquels il y a des greniers, et ceux au-dessus desquels est le toit, comme dans la plupart des mansardes. Si au-dessus d'un étage est un grenier, celui à qui ce grenier appartient est tenu d'entretenir le plancher sur lequel il marche pour jouir du grenier. Quand entre le dernier plancher et le toit il n'y a point de grenier, ce plancher est considéré comme faisant partie du toit; en sorte qu'il est entretenu à frais communs.

A l'égard de l'intérieur de chaque étage, où sont, par exemple, des portes, des croisées, des cloisons et des murs servant à la distribution des appartemens, chaque propriétaire doit entretenir ce qui lui appartient; ces objets ne servent point en commun.

3° Il reste à parler des escaliers; d'après la loi, le propriétaire du premier étage entretient l'escalier qui y conduit; le propriétaire du second étage entretient la portion d'escalier qui y conduit, à partir du premier étage; le propriétaire du troisième étage entretient la portion d'escalier qui y conduit, à partir du second étage, et ainsi de suite.

Bien entendu que, si les personnes des étages supérieurs endommageaient les escaliers des étages inférieurs, en faisant monter des objets qui, par leur poids, ou par leur forme, peuvent causer du dégât, les réparations seraient supportées par ceux qui les auraient occasionnées.

Si quelqu'un était propriétaire seulement des caves d'une maison, l'escalier qui descend à ces caves sera-t-il à la charge du propriétaire du rez-de-chaussée? Il faudrait décider pour l'affirmative, si on s'arrêtait à la lettre de la loi; car si l'escalier qui va du rez-de-chaussée au premier étage est entretenu par le propriétaire du premier étage, l'escalier qui monte de la cave au rez-de-chaussée doit être réparé par le propriétaire du rez-de-chaussée.

Mais il est facile de sentir que l'esprit de la loi s'oppose à cette conséquence. Le rez-de-chaussée est le point de départ pour la distribution des escaliers entre les propriétaires des différens étages. En conséquence, s'il se trouve des étages souterrains, c'est du rez-de-chaussée qu'on y descend, comme c'est du même point que l'on monte aux étages supérieurs. De là il suit que, pour appliquer aux caves la disposition de la loi relative à l'entretien des escaliers, il faut dire que le propriétaire de la première cave sera chargé des réparations de l'escalier qui y conduit, à partir du rez-de-chaussée; pareillement, le propriétaire de la cave inférieure aura à sa charge l'escalier qui y conduit, à partir de la cave supérieure.

En est-il des voûtes des caves comme des planchers? Le propriétaire qui marche sur une voûte est-il tenu de la réparer et de la reconstruire? Les coutumes qui en parlaient mettaient les voûtes de caves à la charge des propriétaires du dessous; mais le Code Napoléon ayant changé sur ce point l'ancienne législation, elle ne doit plus servir de règle. Ce Code ne s'est pas expliqué particulièrement sur les voûtes de caves : la question est donc de savoir si sa disposition concernant les planchers doit s'appliquer aux voûtes de caves, quand les titres de propriété n'en parlent pas. Nous croyons que par l'expression de plancher, le Code comprend également les voûtes, comme par l'expression d'étages il entend aussi les caves; ainsi le propriétaire du rez-de-chaussée est chargé de la voûte de la première cave, et le propriétaire de cette première cave doit entretenir la voûte de la cave qui lui est inférieure.

Quand il y a des caves ou des souterrains, les gros murs descendent jusqu'au bas de ces constructions profondes; par conséquent les propriétaires des caves contribuent aux réparations ou reconstructions de ces gros murs, chacun en proportion de la valeur de sa cave.

Si un gros mur avait besoin de réparation dans une partie seulement, par exemple, au second étage, les propriétaires des étages inférieurs seraient-ils tenus de contribuer à la dépense?

Non sans doute, disent les uns, parce que l'intention de la loi est que chaque propriétaire contribue aux réparations des gros murs, à raison de la valeur de l'étage qui lui appartient, c'est-à-dire, à raison de son intérêt dans la communauté du mur. Or, le propriétaire de l'étage où le mur se trouve défectueux est seul intéressé à la réparation; peu importe au maître d'un étage que le mur soit mauvais dans les parties qui excèdent. De là on conclut que la disposition par laquelle chaque propriétaire est tenu de contribuer à un gros mur ne doit s'appliquer qu'au cas où la réparation est à faire dans toute sa hauteur.

Ce raisonnement est entièrement contraire à la lettre et à l'esprit de la loi. D'abord le texte dit expressément que les gros murs et le toit seront réparés et reconstruits à la charge de tous les propriétaires, chacun en proportion de l'étage qui lui appartient; il ne distingue pas le cas où le mur n'a besoin de réparations qu'à la hauteur d'un étage. Ainsi, supposons que le gros mur ait un bouclement dans la portion qui soutient le second étage, le travail qu'il faut faire dans cette seule place doit être aux frais de tous les propriétaires; celui des caves, celui du rez-de-chaussée, celui du premier étage se joindront au propriétaire du second étage, ainsi qu'aux propriétaires des étages supérieurs. La dépense sera supportée par tous, et chacun y contribuera en proportion de la valeur de son étage. Si donc les caves, le rez-de-chaussée et le premier étage sont chacun d'une valeur plus considérable que le second étage, la contribution de chacun des propriétaires inférieurs sera plus forte que celle du propriétaire du second étage, quoique la réparation se fasse particulièrement chez ce dernier.

L'esprit de la loi ne permettrait pas une autre interprétation; elle considère que les gros murs et le toit d'une maison dont les divers étages appartiennent à différentes personnes, sont des objets communs, possédés indivisément par les propriétaires, qui tous ont intérêt de conserver ces parties essentielles; car il n'est pas indifférent à l'un des propriétaires qu'un étage supérieur au sien vienne à tomber en ruine, ni de posséder un étage dans une maison où les autres étages sont mal entretenus.

Dans le fond d'une cour est un corps de logis; pour y arriver il faut passer à travers un autre corps de logis donnant sur la rue. Ces deux bâtimens appartiennent à deux particuliers différens; en sorte que le maître du corps de logis placé au fond de la cour n'est propriétaire dans l'autre bâtiment que du passage, c'est-à-dire, d'un portail au-dessus, au-dessous, et aux côtés duquel sont des constructions qui ne lui appartiennent pas. On demande comment se fait la contribution aux réparations de ce passage.

Suivant ce qu'avaient réglé les coutumes, on était fort embarrassé pour prendre un parti raisonnable. Nulle difficulté ne se présente pour appliquer la disposition du Code. Les deux murs qui forment le passage sont communs entre tous ceux à qui ils sont utiles, et chacun doit y contribuer en raison de la valeur de sa portion de propriété dans la maison. Par conséquent, celui qui possède le passage payera en raison de la valeur de ce passage; ceux à qui appartiennent le rez-de-chaussée à droite et à gauche du passage, payeront en raison de la valeur de leur possession; ceux qui ont des étages au-dessus du passage, et dans lesquels est nécessairement comprise l'élévation des deux murs dont il s'agit, doivent payer en raison de la valeur de leurs portions de propriété. Si même ces deux murs descendent profondément pour former des caves, ceux à qui les constructions souterraines appartiennent doivent contribuer aussi à la réparation de ces murs, en proportion de la valeur de leurs caves. Pour qu'il y ait lieu à cette contribution, peu importe à quel étage ces murs ont besoin d'être réparés; que ce soit dans les caves seulement, ou dans les greniers, tous ceux dont les propriétés partielles sont soutenues d'un côté ou de l'autre par ces murs doivent participer aux réparations.

Si l'un des murs formant le passage était mitoyen, et par conséquent s'il servait de séparation entre la maison à laquelle tient le passage et la maison du voisin, celui-ci, étant à lui seul propriétaire de la moitié du mur mitoyen, supporterait à lui seul la moitié des réparations; l'autre moitié serait répartie entre ceux à qui appartiennent le passage et les différens étages placés dessus et dessous, en raison de leurs portions de propriété.

Quand le passage est fermé par une porte, elle est entièrement à la charge du maître de ce passage. Mais le mur de face, dans lequel est ouverte la baie qui reçoit la porte, est en communauté, comme les deux murs entre lesquels on passe. Chacun des divers propriétaires à qui ce mur de face est utile, en supporte donc les réparations, en raison de la valeur de l'étage ou de la portion d'étage qu'il possède. Ainsi celui à qui appartient le passage ne peut pas être chargé seul des réparations qu'il faudrait faire à la partie de mur à laquelle touche la porte; tous ceux que ce mur intéresse doivent y participer; le maître du passage doit aussi sa part des réparations qui se font au même mur dans les autres étages. Cette explication est une conséquence directe de *l'art.* 664, qui veut que les gros murs soient réparés en commun entre les différens propriétaires d'étages.

Le plancher qui termine la hauteur du passage est à la charge de celui à qui appartient l'étage supérieur; car c'est ce propriétaire qui seul marche sur ce plancher, et en fait usage. *Ibid.*

Par la même raison, les voûtes des caves qui sont sous le passage doivent être à la charge de celui qui marche dessus. Il est donc le plus intéressé à ce que les eaux ne filtrent pas sur la voûte, et à la ménager de manière qu'elle se conserve le plus long-temps possible.

Les gros murs et le toit d'une maison dont les divers étages se trouvent partagés entre plusieurs personnes, sont des objets qu'elles possèdent en commun, et sur lesquels elles ont des droits proportionnés à la valeur des portions qui leur appartiennent dans cette maison. Il faut donc que chacune use de ces objets communs, de manière à ne pas nuire à ses copropriétaires. Ainsi les réparations et la reconstruction de ces objets communs ne doivent se faire aux frais de tous, que quand elles sont exigées par la vétusté ou par une force majeure; car si les réparations ou la reconstruction étaient occasionnées par le fait d'un des propriétaires, il serait seul tenu d'en supporter la dépense. En un mot, ici s'applique ce que nous avons dit concernant les obligations respectives de deux voisins à l'égard d'un mur mitoyen; en effet, les gros murs et le toit sont possédés en commun par les personnes qui se partagent les différens étages d'une maison, de la même manière qu'un mur mitoyen est possédé en commun par les deux voisins dont il sépare les héritages.

De là il suit que la disposition de l'*art.* 662 du Code Napoléon, qui ne permet pas de mettre des ouvriers au mur mitoyen sans le consentement des parties intéressées, doit être suivie dans le cas où les étages d'une maison appartiennent à plusieurs personnes séparément. L'une ne peut donc pas faire travailler au toit ni à un des gros murs, sans avoir obtenu préalablement le consentement des autres propriétaires. Si l'un d'eux refuse de consentir, il faut se pourvoir en justice, où interviendra un jugement qui donnera l'autorisation si la demande est trouvée raisonnable. Par ce moyen, avant de commencer aucun travail, la nature des ouvrages, et la part pour laquelle chaque intéressé doit y contribuer, se trouvent réglées soit à l'amiable, soit par des experts nommés judiciairement. Alors il n'est plus question que d'exécuter les travaux projetés, conformément à ce qui est expliqué par le rapport des experts.

Il est plus ordinaire de diviser une maison entre plusieurs particuliers lorsqu'elle a différens corps de logis ; alors la cour qui contient ces divers bâtimens est commune à tous ceux à qui ils appartiennent. Cette communauté se règle d'après les mêmes principes dont on vient de parler. Chacun doit user de cette cour, de manière à ne point gêner ses copropriétaires. Ainsi il est permis de changer les portes et les fenêtres, d'en faire un plus grand nombre, ou de leur donner de plus grandes ou de plus petites dimensions, à moins que par des titres positifs cette liberté ne soit limitée. En effet, quand aucune convention particulière n'existe à ce sujet, il est évident que les copropriétaires de la cour n'éprouvent aucun préjudice de ces sortes de changemens.

Mais il n'est loisible à aucun de ceux qui jouissent de la cour en commun d'y faire des constructions qui excéderaient les alignemens du pourtour, ni même de faire aucun ouvrage en saillie, quoique ne portant pas sur le terrain de la cour ; telle que serait une galerie extérieure au premier étage.

Pareillement aucun des propriétaires de la cour n'a le droit d'en changer la forme, ni d'y rien déranger sans le consentement des autres intéressés : par exemple, l'écoulement des eaux qui tombent dans cette cour ne peut recevoir une autre direction que celle établie, si toutes les parties n'y donnent pas leur approbation.

Si dans cette cour il y avait en commun un puits, un hangar, des latrines ou autres objets, il faudrait également que chaque propriétaire en fît usage, de manière à ne porter aucun préjudice aux autres, et à ne point gêner leur jouissance. On ne peut pas non plus y rien déranger, ni y faire aucun changement sans le consentement de tous ceux entre qui est établi ce genre de communauté.

On conçoit bien que les réparations à faire soit au pavé de la cour, soit aux murs de simple clôture, soit à la porte qui la ferme et qui sert à tous les propriétaires, doivent être supportées en commun ; c'est-à-dire que, comme le veut l'*art.* 664, chacun doit y contribuer en proportion de la valeur de sa propriété. Il en est de même des réparations à faire au puits, aux latrines, au puisard, au hangar, en un mot à tous les objets appartenant à plusieurs personnes.

En se conformant à l'esprit de l'*art.* 662, aucun des propriétaires ne peut mettre des ouvriers pour réparer la chose qui est en communauté, sans en avoir obtenu, soit le consentement des autres intéressés, soit l'autorisation de la justice. Par ce moyen, la nature des travaux et le mode de contribution à la dépense qu'ils doivent occasionner, se trouvent préalablement réglés par les experts choisis à l'amiable, ou nommés judiciairement.

De ce principe, il faut donc conclure que le propriétaire d'un étage, ou de toute autre portion de maison, ne peut faire aucun changement aux gros murs, au toit, aux escaliers, aux planchers, et, en général, à ce qui ne lui sert pas exclusivement, sans le consentement des autres personnes intéressées, ou sans l'autorisation de la justice. Cette conséquence, dit-on, est fort juste à l'égard des gros murs et du toit, parce que les réparations doivent en être faites en commun. Mais ce qui concerne les escaliers et les planchers n'est plus dans le même cas; celui qui est seul chargé d'entretenir le plancher sur lequel il marche, ou la portion d'escalier qui conduit de l'étage immédiatement inférieur à celui qu'il habite, semble être le maître de ces objets; il peut en disposer comme il veut, pourvu qu'il conserve un escalier ou un plancher.

Ce raisonnement ne nous paraît pas admissible, parce qu'encore bien que la loi ait mis chaque portion d'escalier et chaque plancher à la charge d'un seul des propriétaires, il n'en est pas moins vrai que ces objets sont utiles à plusieurs. En effet, l'escalier qui conduit du rez-de-chaussée au premier étage sert pour les étages supérieurs; il ne peut donc pas être permis au propriétaire, qui seul est tenu des réparations de cette portion d'escalier, de la changer à sa volonté, ni d'y mettre trop souvent des ouvriers qui obstaclent le passage, ou le rendent incommode pendant que dure leur travail. Pareillement, combien est importuné celui qui habite un étage, quand on fait des changemens ou des réparations dans le plancher qui est au-dessus de sa tête! De pareils travaux, d'ailleurs, peuvent endommager les gros murs sur lesquels est appuyé ce plancher. Il est donc évident que la personne chargée seule de l'entretien du plancher n'a pas le droit d'y faire des changemens aussi souvent qu'il lui plaît, même sous prétexte de le réparer.

Le seul moyen d'éviter toute difficulté sur ce point, est, en se conformant à l'*art.* 662, de ne mettre des ouvriers à aucune des parties de la maison, qui sont utiles à plusieurs des propriétaires, sans avoir préalablement obtenu leur consentement, ou, à leur refus, sans s'y être fait autoriser par un jugement. Les experts qui, en pareil cas, sont nommés ou à l'amiable, ou judiciairement, déclarent si les changemens ou les réparations sont nécessaires; ils indiquent la nature des ouvrages, et les indemnités qui peuvent être dues; en un mot, en suivant alors leur rapport adopté volontairement par les parties, ou autorisé par jugement, il ne peut plus y avoir lieu à contestation.

§ XIII. *Ce que deviennent les servitudes quand on reconstruit un mur mitoyen.*

On verra, en parlant des servitudes établies par convention, qu'elles s'éteignent quand leurs objets sont réduits au point qu'on ne peut plus en faire usage; on verra aussi qu'elles revivent, les choses étant remises dans l'ancien état. On demande ce qui a lieu à l'égard des droits respectifs de deux voisins, lorsque le mur mitoyen est détruit, ou lorsque les bâtimens qu'il soutenait n'existent plus.

La difficulté vient de ce que dans les servitudes prédiales, il y a nécessairement un fonds pour l'utilité duquel est due la servitude, et un autre fonds assujetti à cette servitude. Un mur mitoyen n'offre pas l'idée d'un héritage servant et d'un héritage dominant; il est assis également sur l'un et l'autre terrain. Les droits des deux voisins sont les mêmes pour jouir du mur qui leur appartient en commun; on ne peut pas dire que l'une des propriétés est seule assujettie à l'autre sans réciprocité; la mitoyenneté est plutôt l'objet d'une société que d'une servitude. De là pouvait naître la question de savoir, si les principes concernant l'extinction des servitudes, étaient applicables à la mitoyenneté des murs.

L'affirmative n'est pas douteuse, quand on considère que la communauté d'un mur est une véritable servitude prédiale. Elle diffère de celle qui existe entre un héritage dominant et un héritage servant, en ce que les deux propriétés séparées par le mur mitoyen sont réciproquement asservies l'une à l'autre; chacune domine l'autre et en est dominée à son tour, pour raison du même objet. Quand un héritage est tenu de recevoir les eaux qui s'écoulent naturellement de l'héritage supérieur, il y a servitude simple qu'on pourrait appeler *unilatérale*, parce que l'obligation est due d'un seul côté. On trouve dans la mitoyenneté d'un mur une servitude réciproque, ou si l'on veut une servitude *bilatérale*, parce que l'obligation est due de part et d'autre. En effet, chacun des héritages contigus est tenu de recevoir la moitié de l'épaisseur du mur; si l'on ne peut pratiquer d'un côté aucun enfoncement dans ce mur, ni lui faire supporter au-

cune construction, sans le consentement des parties intéressées, de l'autre côté on est assujetti à la même obligation.

Au reste, pour prévenir toute sorte de difficulté sur cette
question le Code Napoléon en réglant ce qui concerne les
murs mitoyens, a déclaré, *art.* 665, que quand on reconstruit un mur mitoyen, ou une maison, les servitudes actives
et passives se continuent à l'égard du nouveau mur ou de la
nouvelle maison, sans toutefois qu'elles puissent être aggra-
vées, et pourvu que la reconstruction se fasse avant que la
prescription soit acquise ; c'est-à-dire précisément, que les
principes relatifs à l'extinction des servitudes s'appliquent
au cas où le mur est mitoyen : nous renvoyons donc pour les
détails, à ce qui sera expliqué sur cette matière, dans le
chapitre qui traitera des servitudes volontairement con-
senties.

Ainsi quand un mur mitoyen s'est écroulé, et qu'il est
relevé à frais communs, non-seulement il devient mitoyen
de la même manière qu'il était avant ; mais, si ce mur donnait lieu à quelque servitude, elle reprendrait sa force
comme avant l'écroulement du mur. Si, par exemple, l'un
des propriétaires s'était engagé à ne jamais élever ce mur
au-delà d'une hauteur déterminée, afin de ne pas priver
d'air la maison voisine, cet assujettissement existerait encore après la reconstruction du mur, quoiqu'il se fût passé
plusieurs années entre son écroulement et son rétablissement. Il ne serait pas nécessaire qu'il intervînt un titre nouveau pour faire revivre cette servitude, quand même, pendant l'intervalle, il ne serait resté aucun vestige du mur mitoyen. Mais, si le temps écoulé entre la destruction du mur
et son rétablissement, était suffisant pour compléter la prescription, la servitude serait éteinte ; elle ne pourrait revivre
que par un titre nouveau. Le mur dont la reconstruction se
ferait à frais communs, serait donc mitoyen suivant les
règles générales ; et sans restriction pour cause de servitude,
de manière que chacun des propriétaires aurait droit de
l'exhausser, en se conformant à ce qui est expliqué dans le
§ VIII.

Qu'arriverait-il, si un mur mitoyen était reconstruit aux

frais d'un seul propriétaire? L'autre aurait toujours le droit
d'en faire usage, en remboursant sa part de la dépense; il ne
paierait rien pour le terrain, si le mur a été placé sur l'ancienne trace, c'est-à-dire, moitié sur un héritage et moitié
sur l'autre. Dans le cas où le mur aurait été assis dans toute
son épaisseur sur le terrain du propriétaire qui l'a fait reconstruire, le voisin devrait lui rembourser, outre sa part
de la dépense, la moitié de la valeur du terrain sur lequel se
trouverait la fondation du mur.

Celui qui fait reconstruire un mur mitoyen peut-il forcer
son voisin à y contribuer? Oui, sans doute; et celui-ci n'a
d'autre manière d'éviter le paiement de sa part, qu'en abandonnant la mitoyenneté, suivant ce qui a été expliqué au
§ VI. Comme dans les villes et les faubourgs on peut exiger
de son voisin qu'il contribue à une clôture commune, ainsi
que nous l'avons dit au § XI, il s'ensuit que dans les villes
et les faubourgs on n'a pas la faculté d'abandonner la mitoyenneté du mur, pour éviter de payer la moitié de la reconstruction; on ne peut pas se dispenser d'y contribuer jusqu'à hauteur et épaisseur de simple clôture.

Concluons de tout ce qu'on vient de dire, que la reconstruction d'un mur de séparation, quelque long que soit le
temps écoulé depuis sa destruction, n'empêche pas qu'on ne
puisse lui appliquer les principes relatifs à la mitoyenneté;
elle est susceptible d'être acquise ou abandonnée, selon ce
qui a été expliqué à l'égard d'un mur construit pour la première fois.

Pareillement, les servitudes volontaires auxquelles un
mur, quoique mitoyen, peut être assujetti, ne cessent pas
d'exister après sa reconstruction, comme elles étaient auparavant, si elles n'ont point été éteintes par la prescription
dont on parlera par la suite.

Ce qui a lieu à l'égard d'un mur mitoyen qu'on reconstruit et qui est l'objet d'une servitude, s'étend au cas où il
s'agit de rebâtir une maison entière; les servitudes qui lui
étaient dues, ou celles qu'elle devait, revivent comme auparavant, à moins qu'elles ne soient de nature à être prescrites, et que le temps utile à la prescription ne se soit

écoulé entre la destruction de la maison et sa réédification.

Dans le cas de la reconstruction du mur mitoyen **ou de la** maison entière, il n'est pas permis de faire la moindre innovation capable d'aggraver les servitudes; elles revivent après le rétablissement, de la même manière qu'elles existaient auparavant, sans distinguer si elles ont pour cause, soit la situation des lieux, soit la loi, soit une convention.

Art. II. *Des contre-murs.*

Cet article est divisé en neuf paragraphes; dans le premier sont quelques observations générales sur les précautions à prendre lors de certaines constructions. On trouvera dans les autres l'application de ces principes généraux; ainsi, dans le second paragraphe on parlera des puits; dans le troisième, des fosses d'aisance; dans le quatrième, des cheminées et âtres; dans le cinquième, des forges, fours et fourneaux; dans le sixième, des étables; dans le septième, des magasins de sel et des amas de matières corrosives; dans le huitième, des voûtes; enfin dans le neuvième, des contre-murs entre deux héritages qui ne sont pas de même niveau.

§ 1er. *Observations générales.*

Par le quasi-contrat du voisinage, un propriétaire qui fait sur son terrain certaines constructions dont le voisin pourrait être incommodé, est tenu de suivre les règles que l'art indique, pour éviter l'accident qui serait à craindre si on négligeait les précautions nécessaires.

Voilà pourquoi le Code Napoléon, *art.* 674, dit que près d'un mur qui sépare deux héritages, on ne peut creuser un puits ou une fosse d'aisance, y construire une cheminée, un âtre, une forge, un four, un fourneau, y adosser une étable, ni un magasin de sel, ni un amas de matières corrosives, à moins de laisser la distance prescrite par les règlemens et usages particuliers relatifs à ces objets, ou à moins de faire les ouvrages qu'exigent ces mêmes règlemens et usages, pour éviter de nuire aux voisins.

Quelques coutumes, du nombre desquelles est celle de

Paris, ne parlent de précautions à prendre pour les constructions dont il s'agit, que quand elles sont faites près d'un mur mitoyen ; mais les commentateurs et la jurisprudence ont décidé qu'en cette occasion, par mur mitoyen, la coutume entend un mur de séparation, même quand il n'est pas commun aux deux voisins. Pour lever toute difficulté sur ce point, le Code a étendu expressément sa disposition au cas où le mur est mitoyen, et au cas où il ne l'est pas ; ce qui est juste, puisqu'une forge et toutes les autres constructions désignées par l'*art.* 674 peuvent nuire au voisin, même quand le mur de séparation n'est pas mitoyen, et lui appartient exclusivement.

Il eût été à désirer que les législateurs eussent spécifié les distances qui doivent être observées entre l'héritage voisin et chacune des constructions dont ils parlent, et qu'ils eussent indiqué les sortes d'ouvrages intermédiaires qu'il faut faire, quand on ne peut pas observer les distances prescrites ; mais il est évident qu'une disposition uniforme pour toute la France était impossible sur un pareil sujet : les précautions à prendre, pour ne pas nuire au voisin par des constructions de la nature de celles dont il s'agit, dépendent de la forme de ces constructions, du terrain où elles sont faites, des matériaux que l'on trouve dans chaque pays. De là il est résulté la nécessité de se borner à poser le principe dans la loi. Ainsi dans toute l'étendue de la France on doit prendre des précautions pour empêcher que les constructions désignées par l'*art.* 674 ne portent préjudice aux voisins. Ces précautions sont de deux sortes ; ou bien on met une certaine distance entre le mur de séparation et la construction qui pourrait nuire, ou bien, quand la distance suffisante n'est pas observée, on fait un ouvrage intermédiaire entre la construction nuisible et le mur de séparation.

Quelle distance faut-il laisser ? et au lieu de distance, quel ouvrage intermédiaire faut-il faire ? Le Code, sur ces deux objets, se contente de dire que, dans chaque pays, on suivra les règlemens particuliers et l'usage ; en conséquence, dans le ressort des coutumes qui s'en expliquent, on doit se conformer à leurs dispositions. Dans les coutumes qui ne parlent pas de ces détails, ainsi que dans les pays qui se gouvernaient d'après le droit romain, on doit observer les réglemens particuliers à cette matière, et, à défaut de règlemens, les usages.

De ce que celui qui fait une des constructions dont il s'agit est tenu d'user de certaines précautions, il résulte que le voisin a le droit de veiller à ce que ces sortes de constructions se fassent de telle manière qu'il ne puisse craindre aucun inconvénient. Par la même raison, lorsque ces constructions se trouvent établies sans que le voisin en ait eu connaissance, il a le droit de faire vérifier si les précautions convenables ont été prises. Ainsi il est prudent à celui qui construit, et qui veut éviter toute contestation, de faire constater en présence de son voisin, ou celui-ci dûment appelé, que les coutumes ou règlemens, ou à leur défaut les usages ont été observés dans l'établissement des objets désignés par l'*art.* 674.

Lorsque, malgré les précautions prescrites pour l'une des constructions dont il s'agit, il est causé quelque dommage au voisin, est-on tenu de l'indemniser ?

Avant de prononcer sur une pareille question, on doit examiner si l'accident vient de ce que l'on a mal exécuté ce qui constitue les précautions prescrites ; car alors le tort occasionné au voisin aurait pour cause la faute des ouvriers : or, le propriétaire pour lequel ils ont travaillé est responsable de leur mauvais ouvrage, sauf son recours contre eux.

. Dans le cas où il est reconnu que les ouvrages de précaution ont été faits suivant l'usage et les règles de l'art, il y a des personnes qui prétendent que le maître de la construction n'est pas tenu des accidens qui arrivent. Suivant eux, il est à l'abri de tous reproches dès qu'il a pris les précautions prescrites ; les événemens qui peuvent suivre sont donc à la charge du voisin qui en souffre, comme s'il s'agissait d'une force majeure, parce qu'on a fait tout ce qui était ordonné pour le garantir.

D'autres soutiennent avec plus de raison, que le principe qui défend de causer du tort à autrui n'a point ici d'exception. Si donc, malgré les précautions d'usage, une des constructions dont il s'agit a occasionné un accident chez le voisin, on doit l'indemniser, et faire cesser cet accident par des moyens plus efficaces que ceux qu'on avait employés.

On demandera peut-être à quoi sert de prendre les précautions indiquées par la loi, si l'on n'en est pas moins garant en cas d'accident. La réponse est que, faute de précautions, le voisin a le droit de s'opposer à la construction pendant qu'on y travaille; et, si elle est déjà faite, il peut en demander la reconstruction, même sans attendre qu'il soit arrivé aucun accident. En effet, quand les précautions d'usage n'ont pas été prises, il y a présomption qu'il en résultera des inconvéniens; ce qui suffit pour donner à celui qui en est menacé le droit de forcer son voisin à faire ce qui est nécessaire pour prévenir tout événement fâcheux. Au contraire, quand on a employé tous les moyens préservatifs indiqués par la loi, il est présumable qu'aucun accident ne surviendra; dès-lors, quelque crainte que puisse concevoir le voisin, il ne peut pas empêcher la construction, ni troubler la jouissance de celui qui en a fait la dépense; et si, par la suite, le nouvel ouvrage occasionne des accidens, c'est alors seulement que le voisin pourra réclamer la réparation des torts qu'il aura éprouvés. Sans doute que, si l'ouvrage était reconnu de mauvaise exécution, le propriétaire aurait son recours contre l'entrepreneur pendant les dix premières années; mais vis-à-vis du voisin réclamant, le propriétaire est, dans tous les cas, tenu de réparer le préjudice occasionné par la construction, soit qu'elle ait été mal faite, soit que l'accident ne puisse pas être imputé à l'ouvrier. En effet, quoique les ouvrages de précaution aient été bien faits, si néanmoins il est arrivé des inconvéniens, il en faut conclure que ces ouvrages étaient insuffisans. Ce sera, si on veut, l'effet d'une cause qu'aucun homme de l'art n'aurait prévue; dans ce même cas, le propriétaire des constructions est le seul qui doive supporter les suites fâcheuses de cet événement; il serait injuste d'en faire retomber la perte sur le voisin, qui n'a aucune part aux constructions, et qui n'en doit pas profiter.

Nous venons de dire que le recours contre l'entrepreneur n'a lieu que pendant les dix premières années, à compter du jour où les ouvrages sont reçus; c'est ce que l'on trouve dans l'*art.* 2270 du Code Napoléon. Le sens de cette disposition est que tout ouvrage neuf qui a duré dix ans, sans qu'il s'y soit manifesté aucun défaut, est réputé avoir été suffisamment bien construit.

De là il suit que les entrepreneurs ne sont jamais garans des ouvrages auxquels ils ne font que des réparations. Il suit de là encore, que si des vices de construction sont évidens, ils ne peuvent pas être couverts par le laps de dix ans. Le temps de la prescription n'opère qu'une présomption; or, dans l'hypothèse d'un vice qui est mis à découvert, il y a impossibilité d'établir une présomption de bonne construction. Par exemple, un entrepreneur a fait passer une solive par le tuyau d'une cheminée, ou bien il n'a pas construit un contre-mur entre une fosse d'aisance et le puits du voisin. Douze années après, le feu prend par la solive posée dans la cheminée, ou bien, le puits du voisin se trouve infecté par les matières de la fosse d'aisance; on ne doute pas que l'entrepreneur ne soit responsable de ces événemens. En vain dirait-il qu'ils sont arrivés plus de dix ans après la confection des ouvrages; il est manifeste qu'il ne s'est pas conformé aux règles qu'il devait suivre, et que c'est par sa faute que les accidens sont arrivés. L'évidence du fait résisterait sans cesse à la présomption d'une bonne construction, parce que cette présomption, qui résulte du laps de dix années, ne produit d'effet que quand il ne parait aucune infraction aux règlemens.

Il nous reste à faire l'application des observations générales dont on vient de s'occuper, aux différentes sortes de constructions indiquées dans l'*art.* 674 du Code Napoléon, c'est ce qui va faire la matière des paragraphes suivans.

§ II. *Des puits.*

Un propriétaire qui n'est privé par aucun titre du dessous de son sol, peut creuser un puits dans telle place de son terrain qu'il lui plaît de choisir, et le faire aussi large et aussi profond que bon lui semble. Il n'a pas besoin de s'inquiéter s'il y a sur l'héritage voisin un puits moins profond que le sien, parce que les divers propriétaires ne sont pas obligés de tenir leur puits au même degré de largeur et de profondeur. La raison en est que les eaux viennent ou de source, ou d'un dépôt formé au sein de la terre.

Les sources sont toutes placées dans la terre très-inégalement : tel propriétaire en trouve à une petite profondeur, et dans un espace peu large, tandis que son voisin, pour en rencontrer, est obligé de fouiller une étendue bien plus grande, et de descendre bien plus bas. Il serait donc impossible d'assujettir des voisins à faire des puits de profondeur et de largeur égales, lorsqu'ils ne peuvent se procurer que de l'eau de source.

Si l'eau qu'ils obtiennent vient d'un grand dépôt formé par la nature au sein de la terre, et qui s'étend en superficie dans tout un pays, peu importe que le puits d'un héritage soit plus profond ou plus large que celui de l'héritage voisin. Un réservoir aussi considérable alimentera également l'un et l'autre puits; et quelle qu'en soit la largeur ou la profondeur, l'eau ne montera pas dans l'un plus haut que dans l'autre. Ils différeront seulement, en ce que le plus large et le plus profond aura une plus grande masse d'eau, soit en épaisseur, soit en superficie; mais chacun en aura autant qu'il est capable d'en contenir.

Si, par le puits que je fais dans mon terrain, je taris le vôtre, suis-je tenu de vous indemniser, et de faire cesser le tort que je vous cause? D'après ce qu'on vient de dire sur les deux voies qui procurent de l'eau dans les puits, la question se décide négativement. En effet, votre puits manquant d'eau dès que le mien est ouvert, c'est une preuve que j'ai rencontré la même source que vous, que cette source passe sur mon terrain avant d'arriver sur le vôtre, et qu'elle n'est pas suffisante pour alimenter l'un et l'autre puits. Cet événement est une conséquence des lois de la nature, et ne vient pas du fait de l'homme qui ne peut y remédier. En conséquence, chacun doit jouir de l'avantage naturel de sa situation; et comme, en creusant mon puits, j'ai usé de mon droit de propriété sans qu'il me soit donné aucun moyen d'empêcher le préjudice que vous en recevez, je n'en suis pas responsable. Le seul remède à l'inconvénient que vous éprouvez, consiste à faire creuser votre puits plus profondément, afin de trouver une autre source dont les conduits n'aboutissent pas au mien.

Quand le puits que l'on veut faire est à la proximité, soit d'un mur qui sépare deux héritages, soit d'une cave ou d'un autre puits placé sur le terrain voisin, on doit, en construisant le puits, établir un contre-mur pour garantir ou le mur de séparation, ou la cave du voisin, ou son puits, de tous les dommages que pourrait causer l'infiltration des eaux.

Pour opérer son effet, le contre-mur doit être fondé plus bas que le sol du puits; il doit monter jusqu'au niveau du terrain, comme la maçonnerie sur laquelle se pose la mardelle, c'est-à-dire, l'espèce de garde-fou qui borde l'ouverture à hauteur d'appui. La longueur du contre-mur doit être telle, que l'on ne puisse pas craindre l'infiltration des eaux au-delà de ses extrémités. Le plus sûr est de faire le contre-mur circulairement, selon la circonférence du puits; par ce moyen on est assuré, d'une part, qu'aucune infiltration des eaux n'aura lieu dans les terres, et de l'autre, que le puits conservera l'eau parfaitement; ce qui est très-utile pour l'héritage même sur lequel ce puits est construit.

A l'égard de l'épaisseur du contre-mur, elle ne se trouve pas fixée par le Code; il veut seulement que sur ce point on suive les règlemens et les usages de chaque pays. Il est à remarquer que les dispositions coutumières sont très-variées à cet égard; il en est sans doute de même dans les pays où les coutumes ne s'en expliquent pas, et où ces sortes de constructions sont déterminées par des règlemens ou des usages particuliers. Par exemple, suivant la coutume de Paris, *art.* 191, le contre-mur doit avoir un pied d'épaisseur; la coutume de Sens, *art.* 106, dit que le contre-mur aura une épaisseur d'un pied et demi; d'autres exigent une épaisseur de deux pieds, et même de trois pieds.

Quand la coutume ou quelque règlement de localité a fixé l'épaisseur du contre-mur, on ne craint pas d'être inquiété par le voisin en se conformant à ce qui est prescrit pour cet objet. Mais s'il n'y a rien dans la coutume ou dans les règlemens du pays pour prescrire les dimensions nécessaires, il faut consulter l'usage. Alors la prudence veut que celui qui fait construire un puits souscrive avec son voisin un arrangement à l'amiable ; en cas de refus de la part de ce dernier, on doit obtenir préalablement l'autorisation de la justice. Par ce moyen, les experts choisis volontairement, ou nommés judiciairement, indiquent l'usage et la manière de rendre la précaution plus efficace. Après avoir ainsi, sur leur rapport, obtenu le consentement du voisin, ou, à son refus, un jugement, on est assuré de n'être point troublé dans la construction, ni dans la jouissance du puits.

Lorsque Desgodets écrivait, on était dans l'usage de ne point incorporer le contre-mur avec le mur qui sépare les deux héritages ; on en donnait pour raison, que le mur et le contre-mur en étaient plus faciles à réparer chacun séparément. Mais l'architecte Goupy, son annotateur, dit que cet ancien usage ne subsiste plus, et que l'expérience a fait reconnaître combien il est plus avantageux pour la conservation du mur et du contre-mur qu'ils soient liés et ne fassent qu'un seul corps de maçonnerie. Il observe qu'une pareille construction exige que le milieu du mur soit rempli, non pas de pierraille, mais de bons moellons placés sur leur lit et bien liaisonnés.

Au reste, il ne faut pas oublier que, encore bien qu'on ait suivi une bonne méthode de construction, et qu'on ait observé ce qui est ordonné, soit par une disposition précise de la coutume ou d'un règlement particulier, soit par le rapport des experts choisis volontairement ou judiciairement, on n'en est pas moins tenu de réparer les accidens que le puits occasionnerait. En effet, ces accidens annonceraient ou que l'ouvrage de précaution a été mal exécuté, ou qu'il est insuffisant ; or, dans l'un et l'autre cas, celui à qui le puits appartient doit remédier au mal qui en résulte.

Ainsi, le mur qui sépare les deux héritages se trouve-t-il détruit dans ses fondemens beaucoup plus tôt qu'on ne devait s'y attendre ; on examine si la cause en est dans l'infiltration des eaux du puits voisin; et s'il y a puits d'un côté et de l'autre, on vérifie de quel puits les eaux sont parvenues jusqu'au mur mitoyen. Après le rapport des experts, le propriétaire dont les eaux sont reconnues comm e cause du dépérissement du mur, est tenu d'une indemnité proportionnée au tort qu'il a causé. Par exemple, supposons que le mur de séparation ait été construit de manière à durer cent ans, et que les eaux du puits aient avancé de vingt ans la destruction de ce mur. C'est évidemment par l'effet de l'infiltration des eaux que la séparation des deux héritages a besoin d'être reconstruite vingt ans trop tôt; voilà le préjudice que l'on doit faire apprécier par experts. Si le mur n'est pas mitoyen, l'estimation du préjudice est la seule chose que doive le propriétaire du puits; et si le mur est mitoyen, cette évaluation du préjudice est due par le propriétaire du puits, au-delà de sa part des réparations du mur.

Ce que nous venons de dire des effets d'un puits à l'égard d'un mur de séparation, s'étend également au cas où les eaux de ce puits préjudicieraient à tous autres objets situés sur l'héritage voisin, tels que seraient un autre puits ou des caves. Quelques coutumes ont prévu le cas où un puits est creusé sur un héritage, peu loin d'un puits existant dans l'héritage voisin; il faut alors suivre ce qu'elles prescrivent pour les précautions à prendre. Dans les pays où les lois locales ne s'expliquent pas sur ce point, on suit l'usage établi, soit dans le lieu, soit dans les contrées voisines où la nature du terrain paraît être semblable, et où la manière de construire est la même.

La coutume de Paris, par exemple, exige au moins une maçonnerie de trois pieds, y compris l'épaisseur du mur et du contre-mur. S'il y a déjà un mur mitoyen entre les deux puits, chacun doit en être séparé par un contre-mur d'un pied, ce qui fait au moins les trois pieds au total; car il n'y a point de mur mitoyen qui n'ait au moins un pied d'épaisseur; il est même assez d'usage de les faire de dix-huit pouces d'épaisseur.

Si, entre les deux héritages, il n'y a pas de mur de séparation, le propriétaire qui le dernier fait un puits, doit sans doute le tenir à distance légale du puits déjà existant. Mais ne suffit-il pas qu'il fasse le contre-mur prescrit? faut-il qu'il établisse à ses dépens tout ce qui manque de maçonnerie pour que la séparation ait l'épaisseur exigée?

Il ne peut pas y avoir de difficulté dans les villes et les faubourgs on peut y exiger de son voisin qu'il contribue à la clôture commune. Par conséquent, celui qui construit le second puits demande qu'un mur soit établi entre les deux puits à frais communs, parce que c'est une véritable clôture. Dès-lors il est dans le cas de celui qui place son puits près d'un mur de séparation, et dont on a parlé plus haut.

Dans les campagnes, celui qui veut s'enclore fait le mur à ses dépens, lorsque son voisin refuse d'y contribuer. Si donc un propriétaire ouvre un puits à la proximité du puits de l'héritage voisin, dont il n'est séparé par aucun mur, doit-il fournir à lui seul toute la maçonnerie nécessaire pour arriver à l'épaisseur légale?

Les uns n'en font aucun doute, parce que celui qui bâtit le dernier leur paraît seul dans le cas d'observer les règlemens : lorsque le premier puits a été construit, on ne pouvait pas prévoir que le voisin en voudrait établir un autre à la proximité; c'est donc à celui-ci à faire sur son terrain le mur de séparation, outre son contre-mur; ces constructions, jointes à celle du puits ancien, composeront l'épaisseur de maçonnerie exigée. Si, par la suite, il s'agit d'acquérir la mitoyenneté du mur qui formera le milieu de cette maçonnerie, l'acquisition s'effectuera en payant la valeur de ce qu'on voudra rendre commun.

D'autres soutiennent, avec plus de raison, que le propriétaire du nouveau puits peut forcer son voisin à contribuer à la portion de maçonnerie qui doit tenir le milieu entre les deux contre-murs. Ce n'est pas sans doute en vertu du droit qu'on a de s'enclore en commun, puisque ce droit ne s'exerce que dans les villes et les faubourgs, et que dans l'hypothèse on se trouve à la campagne. Mais le propriétaire de l'ancien puits est contraignable à faire sa part de maçonnerie intermédiaire, en vertu de la loi qui veut qu'entre deux puits voisins, il y ait une certaine épaisseur de muraille. Cette loi ne distingue pas si les puits sont construits à la ville ou à la campagne; la précaution est exigée pour la conservation des deux puits; les deux propriétaires doivent donc y contribuer. Quand le premier puits a été construit, on a dû prévoir que le cas où on se trouve pourrait arriver un jour, et par conséquent s'attendre à la dépense nécessitée aujourd'hui, quoiqu'il ne fût encore obligatoire de la faire à cette époque.

Rien n'empêchera que celui des deux propriétaires qui voudra élever un mur de séparation sur le milieu de la maçonnerie placée entre les deux puits n'en fasse la dépense; alors le mur de séparation lui appartiendra exclusivement, à partir du dessus de la maçonnerie qui est en terre, et qui est commune. En conséquence, il sera tenu seul des réparations du mur extérieur, tandis que la partie du même mur qui est souterraine et qui sépare les deux contre-murs des puits sera entretenue à frais communs.

Observez que celui qui ferait élever ainsi hors de terre le mur de séparation, devrait payer une indemnité, en raison de la charge que porterait la partie inférieure et mitoyenne de ce mur.

Il est aussi à remarquer que la mitoyenneté de cet exhaussement du mur enterré peut s'acquérir de la même manière que celle de tout autre exhaussement fait sur un mur qui est tout entier en élévation. On peut voir à ce sujet ce qui est dit au § X de l'article précédent.

Si un mur mitoyen, dans le ressort de la coutume de Paris, par exemple, avait deux pieds d'épaisseur, les contre-murs des deux puits construits de part et d'autre pourraient-ils n'avoir que chacun six pouces? La raison de douter est que, dans cette coutume, on exige trois pieds de maçonnerie entre deux puits placés sur deux héritages voisins; or, dans l'hypothèse, le mur mitoyen ayant deux pieds d'épaisseur, il suffit que chaque contre-mur ait six pouces, pour qu'il se trouve trois pieds de maçonnerie entre les deux puits.

Ce qui décide est, d'abord, que chaque contre-mur ne peut être d'une moindre épaisseur que celle fixée par la loi; dans la coutume de Paris cette épaisseur étant d'un pied, rien ne peut dispenser de cette dimension. Si elle se rencontre avec un mur fort épais, la précaution prescrite n'en sera que plus efficace. En second lieu, une certaine épaisseur de contre-mur est fixée pour garantir le mur mitoyen, et assurer que les eaux ne filtreront pas jusqu'à lui : or, quelle que soit la forte épaisseur de ce mur, il serait exposé à la dégradation par les eaux, si des deux côtés il n'était pas revêtu d'un contre-mur ayant l'épaisseur requise, et réglée dans chaque pays en raison de la nature, tant du sol que des matériaux qu'on y emploie.

Un propriétaire est seul maître du mur qui le sépare de l'héritage voisin : il veut construire un puits près de ce mur; est-il tenu de prendre les précautions exigées par la loi, pour prévenir les dégradations que les eaux du puits pourraient occasionner à ce mur? Personne n'ayant le droit d'exiger qu'il garantisse la conservation d'un mur qui n'appartient qu'à lui, il est libre de construire son puits comme il lui plaît.

On ne pense pas non plus que, pendant la construction de ce puits, le voisin qui n'a aucun mur dans le cas de craindre la filtration des eaux, puisse intenter aucune action pour forcer ce propriétaire à faire les ouvrages de précaution prescrits par la loi. Mais la prudence, qui prévoit que par la suite le voisin pourra faire des constructions auxquelles les eaux du puits deviendraient nuisibles, l'avertit assez de ne pas s'exposer pour l'avenir à des travaux qui, alors, seraient bien plus dispendieux que s'il les eût faits en établissant son puits.

En effet, si le voisin vient à acquérir la mitoyenneté du mur, qu'on ne peut jamais refuser de lui vendre, il a le droit de forcer le propriétaire du puits à garantir le mur commun par un contre-mur de dimensions convenables. Si, sans rendre mitoyen le mur de séparation, le voisin fait chez lui des caves qui se remplissent des eaux du puits, il peut forcer le propriétaire de ce puits à faire les ouvrages capables d'empêcher les eaux d'entrer dans les caves. On ne peut donc jamais conseiller à celui qui ouvre un puits près de l'héritage voisin, de ne pas prendre toutes les précautions nécessaires pour garantir cet héritage de la filtration des eaux, quand même il n'y aurait actuellement sur ce même héritage aucune construction.

L'établissement d'un puits ou d'une cave, fait d'après les règlemens, pourrait causer quelque dommage au voisin; on demande par qui serait supportée la perte qui en résultera. Il n'est pas douteux que le propriétaire du puits ou de la cave serait tenu de réparer le tort que sa construction aurait occasionné; l'événement prouve que les précautions qu'il a prises sont insuffisantes, quoiqu'il se soit conformé à la loi. Il est vrai qu'il a son recours contre celui à qui il a confié sa construction, si l'accident arrive dans les dix premières années; car, suivant le Code Napoléon, *art.* 2270, après ce laps de temps, l'architecte et les entrepreneurs sont déchargés de la garantie des gros ouvrages qu'ils ont faits ou dirigés. Si donc un puits ou une cave, ou toute autre construction faite sur un héritage depuis plus de dix ans, occasionne quelque dommage chez un voisin, le propriétaire de la construction qui a causé l'accident n'a plus de recours contre l'architecte ou l'entrepreneur; mais il n'en doit pas moins indemniser le voisin qui a éprouvé le préjudice.

On demandait, avant le Code Napoléon, si l'entrepreneur qui baissait le fond d'un puits construit par un autre était responsable des événemens que ce renfoncement pouvait occasionner. Souvent, il est vrai, un puits d'une certaine profondeur ne porte pas atteinte aux bâtimens qui sont aux environs; mais si, pour y avoir une plus grande quantité d'eau, on le creuse plus bas, il est possible qu'alors les constructions supérieures ou voisines en soient endommagées. Or, disait-on d'une part, l'entrepreneur qui a creusé après coup, a dû s'arranger de manière que les édifices qui jusqu'alors n'avaient pas souffert, n'éprouvassent aucun tort. D'un autre côté, on soutenait qu'il serait injuste de faire retomber l'indemnité sur le second entrepreneur, d'abord parce que l'accident pourrait bien venir de la mauvaise construction faite originairement par le premier; en second lieu, si pour des ouvrages accessoires qui sont peu lucratifs, on courait les risques d'une garantie aussi importante, on ne trouverait aucun entrepreneur qui voulût s'en charger.

Cette dernière opinion ayant été adoptée par le Code Napoléon, il est évident que la question ne peut plus souffrir de difficulté ; l'article qu'on vient de citer ne charge l'architecte et les entrepreneurs de garantir que les gros ouvrages qui leur sont confiés, et non pas les travaux secondaires qui consistent en raccommodages ou perfectionnemens d'ouvrages existans. Cependant, pour éviter la garantie en faisant des travaux secondaires, le constructeur doit suivre les règles de l'art ; s'il y avait manqué, et qu'il fût prouvé que l'accident n'est arrivé que par sa négligence ou son ignorance, il ne pourrait pas, pendant les dix années de garantie, éviter la condamnation aux dommages-intérêts.

L'entrepreneur d'un puits qu'il faut ouvrir à neuf est-il tenu d'y faire venir une quantité d'eau déterminée ? Dans plusieurs circonstances, la décision de cette question dépend de la nature du marché et du prix convenu. Mais, en général, et quand les conditions du marché ne contiennent aucune particularité à ce sujet, l'entrepreneur d'un puits ne peut pas être garant de la quantité d'eau qui y viendra. S'il est convenu de creuser le puits à une profondeur déterminée, son obligation est remplie quand l'excavation est achevée, sans examiner s'il y vient de l'eau ou non. Faut-il encore le rendre plus profond, parce que l'eau n'y paraît pas ? c'est un nouveau marché à faire avec l'entrepreneur.

A-t-il été convenu avec lui qu'il creuserait le puits jusqu'à ce qu'il y vînt une quantité d'eau suffisante ; Desgodets et Goupy disent, sur ce cas, que si le puits est fait dans une saison où les eaux sont hautes, on l'enfonce le plus possible, sans qu'on puisse garantir ce qui en résultera lorsque les eaux seront basses, attendu la difficulté d'un travail pareil pendant que les eaux sont élevées. De là, il résulte que l'on doit préférer la saison des eaux basses pour construire un puits ; car alors, disent les mêmes architectes, on peut facilement y procurer deux à trois pieds d'eau, qui suffisent pour que l'entrepreneur n'ait aucun reproche à craindre.

Cependant, si le propriétaire loue sa maison en stipulant qu'il y a un puits, il suffit qu'on y trouve un pied d'eau pendant les plus basses eaux, parce qu'avec cette quantité on peut puiser avec un seau ordinaire. Mais si le puits, dans la saison la plus sèche, ne contenait pas au moins un pied d'eau, le locataire aurait droit de se plaindre, et de demander, ou qu'on lui procurât une quantité suffisante d'eau dans le même puits, ou qu'on lui donnât la jouissance d'un autre puits; sinon il pourrait conclure à la résiliation du bail. Il en serait de même si l'eau du puits, quoique abondante, était infectée.

§ III. *Des fosses d'aisance.*

Tout ce qu'on a dit relativement aux puits, s'applique aux fosses d'aisance; en sorte que nous nous contenterons ici d'énoncer ce qui a été dit dans le paragraphe précédent, où nous renvoyons pour les développemens. Les seuls points auxquels nous nous arrêterons, sont ceux qui présentent quelque chose de particulier aux fosses d'aisance. On ne doit pas en construire à la proximité d'un mur de séparation, soit qu'on en ait la mitoyenneté, soit qu'il appartienne exclusivement au vois..., sans faire un contre-mur pour garantir son mur du contact des matières de la fosse; elles ne tarderaient pas à corrompre les fondemens de ce mur sans cette précaution.

Ainsi, il faut que le contre-mur soit de bonne construction, fait avec des matériaux d'excellente qualité; leur choix dépend des localités. La longueur du contre-mur doit être telle que les urines, en filtrant à travers les terres, ne puissent pas attaquer le mur par les extrémités du contre-mur. Le plus certain est d'entourer la fosse par le contre-mur, de manière à ne laisser aucun passage aux matières.

L'épaisseur du contre-mur est différente selon les différens pays; on doit se conformer dans chacun aux dispositions de la coutume ou des règlemens particuliers, ou consulter l'usage. Quand cet usage n'est pas constant, il est prudent, lorsqu'on ouvre une fosse d'aisance à la proximité d'un héritage voisin, de s'entendre avec le propriétaire de cet héritage pour s'en rapporter à des gens de l'art; s'il refuse, on fait nommer des experts en justice. Par ce moyen, on est assuré de construire sans craindre d'être arrêté pendant les travaux, par aucune contestation sur la manière dont ils sont exécutés.

De bons architectes assurent qu'il n'est plus d'usage de séparer le mur et le contre-mur; suivant eux, l'expérience prouve que l'une et l'autre construction sont mieux conservées, quand elles ne font qu'un seul corps de maçonnerie.

Au surplus, quelque exactitude qu'on ait mise à observer ce qui est prescrit par la coutume, ou les règlemens, ou l'usage, comme ouvrages de précaution pour une fosse d'aisance, le propriétaire qui la fait construire n'en est pas moins tenu des dommages qui pourraient résulter, soit de l'excavation, si elle occasionnait quelque fraction ou autre préjudice aux bâtimens voisins, soit de l'infiltration, si les matières pénétraient jusqu'au mur du voisin, ou dans ses caves. De là naît la nécessité, non pas seulement de se conformer aux règlemens, mais de réussir à contenir dans la fosse toutes les matières, et à les empêcher de sortir d'aucun côté. Voilà pourquoi il faut que la maçonnerie des quatre faces de la fosse soit impénétrable; en conséquence, on doit la faire de l'épaisseur convenable, selon la nature des meilleurs matériaux que l'on peut trouver dans le pays.

Il n'est pas moins important que le fond de la fosse soit bien maçonné, afin que les eaux infectées ne puissent pas, en s'imbibant dans la terre, parvenir jusqu'aux constructions voisines. Quelques ouvriers mettent un lit de glaise sur le fond de la fosse; mais les quatre murs qui s'élèvent du fond n'ont pas assez de liaison avec cette glaise, et les matières pénètrent facilement par-dessous ces murs. Il faut donc suivre la méthode indiquée par l'annotateur de Desgodets : elle consiste à faire sur le terrain du fond, un massif d'un pied d'épaisseur en bons moellons posés sur leur lit, bien liaisonnés et bien maçonnés avec mortier ou plâtre pur. Sur ce massif, on étend du sable jusqu'à quatre ou cinq pouces de haut; sur ce sable, on pave en grès posés à bain de mortier de chaux et de ciment, en observant de former le revers du pavé du côté du mur voisin, afin que la pente porte les eaux du côté opposé.

Il faut éviter de fonder les fosses d'aisance jusqu'à l'eau, parce que les eaux venant à croître se mêlent aux matières; quand ensuite les eaux baissent, elles portent l'infection partout où elles pénètrent, et souvent dans les puits voisins qu'elles alimentent. Cependant, il est quelquefois impossible de ne pas trouver l'eau, quand on creuse une fosse dans des terrains bas: alors, on doit l'épuiser pendant la construction, et trouver les moyens d'établir un fond solide, comme on vient de le décrire. On lui donne l'épaisseur nécessaire pour qu'il ne soit pas pénétré par l'eau; en sorte qu'en construisant convenablement les quatre faces de la fosse sur un pareil fond, les matières s'y trouvent contenues comme dans un pot.

Dans les coutumes où est réglée quelle maçonnerie doit exister entre deux puits placés sur deux héritages, on applique les mêmes dispositions au cas où il s'agit de creuser deux fosses d'aisance dans deux héritages contigus. Quant aux pays où les lois locales ne s'en expliquent pas, on suit l'usage. Nous citerons ici, comme exemple, la coutume de Paris : dans son *art.* 191, elle veut qu'une épaisseur de trois pieds de maçonnerie sépare deux puits qui n'appartiennent pas au même propriétaire; elle ne parle pas de deux fosses d'aisance placées l'une près de l'autre sur deux héritages contigus. Nous pensons avec les commentateurs de cette coutume, qu'il faut aussi trois pieds de maçonnerie entre les deux fosses. Ce que nous avons dit à ce sujet, concernant deux puits construits à la proximité l'un de l'autre, soit qu'il existe entre eux un mur de séparation, soit qu'il n'en existe pas, s'applique à deux fosses d'aisance. Nous ne répéterons pas ici ce que nous avons dit à ce sujet; on peut le voir dans le paragraphe précédent.

Quand deux fosses d'aisance sont l'une d'un côté du mur de séparation, et l'autre du côté opposé, le contre-mur de chacune doit être fait si solidement, que le mur soit garanti de l'atteinte des matières, et qu'il ne se fasse aucun écoulement d'une fosse dans l'autre. Cependant, avec le temps, la maçonnerie la mieux faite finit par céder à la force corrosive des matières; en sorte que quand il s'agit de faire des réparations au mur qui sépare les héritages, il est difficile de reconnaître dans quelle proportion chaque propriétaire doit y contribuer.

En règle générale, chacun doit réparer son contre-mur; à l'égard du mur qui est au milieu, s'il est mitoyen, la réparation s'en fait en commun; et s'il appartient à un seul propriétaire, celui-ci seulement est tenu de l'entretenir; le voisin ne doit payer que les dommages occasionnés par sa fosse d'aisance. Par exemple, si le contre-mur d'une fosse était bien sain, tandis que l'autre contre-mur serait imprégné de matières, ainsi que le mur, il serait évident que la destruction de ce mur proviendrait de la fosse dont le contre-mur est gâté; alors le propriétaire de cette fosse serait seul tenu de faire à ses frais la réparation du mur. Cette décision convient au cas où le mur appartient à un seul, aussi-bien qu'au cas où il est mitoyen, parce que toujours on doit seul supporter les dommages qu'on a seul occasionnés. Dans l'évaluation de ce dommage, on a égard au temps que le mur a déjà duré, et on ne considère comme véritable préjudice, que le temps dont la destruction du mur se trouve accélérée.

Quand les deux contre-murs sont également pénétrés de matières, en sorte qu'on ne peut pas savoir de quelle fosse le mur a reçu plus d'atteinte, ce mur est réparé en commun s'il est mitoyen; et s'il appartient à un seul, le propriétaire supporte seul la dépense.

Il arrive quelquefois qu'une fosse a plus contribué que l'autre à la destruction du mur de séparation; c'est un point assez difficile à décider, et qui dépend de l'examen bien attentif d'experts très-versés dans leur art. On a lieu de le juger ainsi, lorsque, par exemple, une fosse est plus basse que l'autre, et que les matières de la moins enfoncée coulent dans la plus profonde. Il est assez naturel de penser alors, que cet accident est cause de ce que le mur de séparation est devenu mauvais plus tôt qu'on ne devait s'y attendre, du moins à partir de sa fondation jusqu'à l'endroit par où s'écoulent les matières. Il est donc raisonnable de faire supporter ce dommage par le propriétaire de la fosse la moins creuse, soit que le mur appartienne à un seul, soit qu'il se trouve mitoyen.

Lorsqu'on fait une fosse d'aisance, est-il nécessaire que le contre-mur qui garantit le mur de séparation s'élève non-seulement jusqu'au niveau du terrain, mais encore jusqu'à la hauteur du tuyau, qui monte quelquefois au dernier étage?

Si le tuyau est fait simplement en maçonnerie, il n'est pas douteux qu'il faille l'appuyer sur le contre-mur, qui monte alors depuis le bas de la fosse jusqu'à la partie la plus élevée du tuyau. En effet, les matières qui coulent dans ce tuyau corrompraient très-promptement le mur de séparation, s'il n'était pas garanti par un contre-mur; le motif qui a fait ordonner cette précaution pour la fosse, subsiste pour le tuyau qui n'en est que la prolongation.

Cependant, lorsque le tuyau est en métal ou en terre cuite, les architectes décident que les matières ne peuvent pas pénétrer à l'extérieur, et qu'il n'y a aucun danger pour le mur de séparation, auquel ces tuyaux ne touchent pas. Ils exigent que le tuyau de métal ou de terre cuite soit entouré d'une chemise de plâtre ou de mortier, d'un pouce et demi au moins d'épaisseur. L'isolement du tuyau doit être conservé, en sorte qu'il y ait un espace vide entre la chemise de maçonnerie qui le recouvre, et le mur de séparation. Cet espace ne doit point être fermé par les côtés, afin de laisser l'air circuler librement. Il faut aussi que le mur de séparation soit enduit solidement vis-à-vis du tuyau; ce qui se fait aux frais de celui à qui appartient le tuyau. Desgodets appuie cette opinion sur un arrêt du parlement de Paris, rendu en la seconde chambre des enquêtes, le 27 avril 1648. Goupy, annotateur de Desgodets, observe, à cette occasion, qu'on ne laisse presque jamais circuler l'air entre le tuyau et le mur; l'isolement est toujours observé, mais on le masque par des languettes qui règnent à droite et à gauche du tuyau, afin de dérober l'apparence d'un tel objet, et d'en écarter jusqu'à la pensée. Au surplus, ajoute-t-il, les propriétaires se passent réciproquement cette sorte de déguisement, qui contribue à l'agrément des maisons. Dans ce cas, il faut que le mur de séparation soit d'une construction bien pleine et bien compacte; autrement, il pourrait être imprégné, sinon de matières, du moins d'une mauvaise odeur qui infecterait les appartemens du voisin. Celui-ci aurait droit de s'en plaindre; alors le propriétaire du tuyau d'aisance serait tenu de faire cesser l'accident.

Pour diminuer la mauvaise odeur qui sort par les cabinets d'aisance, on donne ordinairement une issue à l'air de la fosse, par des ventouses pratiquées à cet effet. Il n'est pas permis d'ouvrir ces sortes de ventouses chez le voisin, même quand le mur de séparation est mitoyen. Bien plus, quand une pareille ventouse, ouverte du côté de celui à qui elle appartient, incommode le voisin parce qu'elle est trop près de ses fenêtres, celui-ci peut exiger que le propriétaire de la ventouse détourne la mauvaise odeur, en lui donnant une autre direction.

Quelques coutumes ont aussi prévu le cas où une fosse d'aisance est ouverte sur un héritage, à la proximité d'un puits placé sur l'héritage voisin. Dans les pays où les lois locales ne s'en expliquent pas, on suit l'usage. Il paraît en général que la maçonnerie entre une fosse d'aisance et un puits, doit être plus épaisse qu'entre deux puits ou deux fosses; la raison en est, que l'on ne peut trop prendre de précautions pour empêcher que les eaux du puits ne soient infectées par les matières de la fosse.

La coutume de Paris, dans son *art.* 191, exige, par exemple, qu'entre les deux puits ou les deux fosses de deux héritages, la maçonnerie ait trois pieds, tandis qu'elle lui prescrit une épaisseur de quatre pieds entre une fosse d'aisance et un puits.

Pour bien entendre comment s'effectue l'épaisseur de maçonnerie ordonnée par les coutumes, ou par les règlemens, entre une fosse d'aisance et le puits d'un voisin, il faut considérer les diverses circonstances où la question peut se présenter.

Si les deux constructions s'opéraient simultanément près du mur de séparation, le propriétaire du puits ne serait tenu qu'à faire un contre-mur de l'épaisseur réglée pour le cas où un puits est ouvert près d'un mur; à l'égard du propriétaire de la fosse, il donnerait à son contre-mur assez d'épaisseur pour que, réuni au mur et à l'autre contre-mur, il y eût entre le puits et la fosse la maçonnerie exigée. En prenant pour exemple la coutume de Paris, le contre-mur du puits n'aurait qu'un pied, qui, joint au mur de séparation, dont l'épaisseur n'est quelquefois que d'un pied, formerait une épaisseur de deux pieds; en conséquence, le contre-mur de la fosse devrait avoir deux pieds. Si le mur avait dix-huit pouces, comme les architectes le conseillent toujours, le contre-mur de la fosse n'aurait besoin que de dix-huit pouces d'épaisseur, pour que toute la maçonnerie eût quatre pieds dans cette dimension.

Remarquez que si le mur de séparation avait deux pieds et demi d'épaisseur, ce qui n'arrive que rarement, les contre-murs de part et d'autre n'en auraient pas moins un pied chacun, quoiqu'alors le total de la maçonnerie excédât quatre pieds. En effet, les deux contre-murs sont destinés à garantir le mur d'un côté et de l'autre; ils ne pourraient produire cet effet, si chacun n'avait pas au moins la plus petite épaisseur fixée pour toute espèce de contre-mur.

Ces décisions s'appliquent au cas où, le mur et le puits existant sur le même fonds, le voisin veut établir de l'autre côté une fosse d'aisance. Celui-ci doit faire son contre-mur de telle épaisseur, que, joint au mur de séparation et au contre-mur du puits, la maçonnerie totale forme l'épaisseur prescrite. Cependant, jamais le contre-mur de cette fosse ne peut avoir moins d'épaisseur qu'il n'est ordonné pour ces sortes de constructions; à Paris, cette épaisseur est au moins d'un pied.

Vient maintenant le cas où on veut creuser le puits, lorsque déjà une fosse d'aisance est ouverte près du mur de séparation. Desgodets prétend qu'on n'est pas obligé de donner au contre-mur du puits plus d'épaisseur qu'il n'est prescrit pour une pareille construction; d'où il tire la conséquence, que le propriétaire de la fosse est tenu de fortifier son contre-mur, s'il en est besoin, pour que la masse des deux contre-murs et du mur de séparation atteigne l'épaisseur ordonnée.

Goupy, l'annotateur de Desgodets, est d'une opinion contraire, que nous regardons comme la plus raisonnable. En effet, celui qui a construit la fosse d'aisance près du mur de séparation, ne voyant pas de puits de l'autre côté, n'était tenu qu'à un contre-mur d'une épaisseur légale; par exemple, à Paris, elle aurait été d'un pied. En se conformant à la loi sur ce point, le propriétaire de la fosse n'a dû craindre aucun reproche. Si donc le voisin veut avoir près de là un puits, il semble naturel qu'il doive faire son contre-mur de telle épaisseur, qu'entre le puits et la fosse il se trouve la quantité de maçonnerie exigée. Ne serait-il pas trop dur, et même injuste, de forcer le propriétaire de la fosse à démolir son contre-mur, et à le reconstruire sur une plus grande épaisseur, parce qu'il a plu à son voisin de faire par la suite un puits à la proximité?

Quoi qu'il en soit, l'essentiel ici n'est pas tant de donner une épaisseur légale au contre-mur, que de construire la fosse de telle manière que les matières y soient contenues de tous les côtés, comme elles le seraient dans un pot. En effet, en donnant au contre-mur l'épaisseur légale, on est assuré que, pendant la construction, le voisin ne réclamera pas; mais sur quelque forte dimension qu'ait été formé ce contre-mur, si les matières pénètrent jusqu'au mur de séparation, le voisin aura le droit de se plaindre, et de forcer le maître de la fosse à la rétablir plus solidement. Ainsi, on ne peut trop le répéter, c'est la parfaite construction qui est principalement à observer dans ces sortes d'ouvrages.

Il est inutile de dire que si, en creusant une fosse d'aisance, il en résultait quelque fraction au bâtiment du voisin, ou tout autre dommage, le propriétaire de la fosse devrait l'indemnité, sauf son recours contre l'entrepreneur. Ici s'appliquent les réflexions que nous avons faites au paragraphe précédent, en parlant du préjudice que l'enfoncement d'un puits peut occasionner à l'héritage voisin.

Par son *art.* 195, la coutume de Paris exige qu'il y ait des latrines dans chacune des maisons situées en la ville et faubourgs de Paris; d'autres coutumes, comme celles d'Orléans, de Bourbonnais, de Nivernais, ont des dispositions semblables. On demande s'il faut s'y conformer; car le Code Napoléon n'a point parlé de cet objet.

Les uns disent que le silence du Code est une abrogation tacite, et qu'ainsi on n'est pas obligé de se soumettre aux articles des coutumes qu'il n'a pas formellement autorisés.

D'autres soutiennent, avec raison, que l'obligation tacite a lieu quand une loi nouvelle porte des dispositions qui ne peuvent subsister en même temps que celles de la loi antérieure. Le silence du Code Napoléon sur le point dont il s'agit, prouve seulement que les législateurs n'ont pas voulu le régler d'une manière générale. Aucun texte du Code ne se trouve en opposition avec celui qui a été prescrit par les règlemens locaux relatifs à la question; d'où il suit qu'ils n'ont été ni formellement, ni tacitement abrogés. On ajoute que la disposition dont on s'occupe actuellement tient à la matière des servitudes; l'obligation d'avoir des latrines est une véritable servitude légale dans les coutumes qu'on a indiquées. Or, l'esprit du Code est évidemment de laisser subsister toutes les lois locales concernant les servitudes, excepté dans les cas qu'il a réglés expressément. D'un autre côté, on peut dire que les servitudes naturelles et légales tiennent, pour la plupart, à la police, au bon ordre; ce qui est principalement vrai à l'égard de la nécessité de faire des latrines dans chaque maison. Or, le Code n'a point entendu innover aux lois générales, ni aux règlemens particuliers relatifs à la police. Toutes ces raisons nous portent à croire que l'on doit suivre dans chaque pays ce que la coutume, ou des règlemens locaux, ou l'usage, ont établi concernant la salubrité et les autres objets de police ou de sûreté publique. Concluons que dans la ville et les faubourgs de Paris, chaque propriétaire doit avoir des latrines dans sa maison; il en doit être de même dans les villes et faubourgs des pays régis par des coutumes qui ont des dispositions semblables. A l'égard des villes et faubourgs des contrées où il n'y a rien de réglé à ce sujet par les lois locales, nous pensons que les magistrats qui y exercent la police doivent exiger cette précaution utile, et que réclame l'intérêt public. Dans les villages où il y a moins de population, et où chacun a plus d'espace pour son habitation, il n'y aurait pas les mêmes inconvéniens à craindre, si on laissait construire des maisons sans latrines.

Pour que ces sortes de constructions produisent l'utilité qu'exige la salubrité de la ville, chaque fosse d'aisance doit être d'une capacité proportionnée au nombre des personnes qui en ont l'usage; de manière que l'on ne soit pas obligé de la vider trop fréquemment. Les architectes qui ont écrit sur ce sujet pensent qu'un propriétaire dont les latrines sont dans le cas d'être vidées tous les ans, par exemple, peut être forcé, sur la réclamation de ses voisins, soit par voie d'action en justice, soit par voie de police, à faire une fosse plus grande.

Celui qui, soit pour établir une fosse d'aisance plus spacieuse dans un autre endroit, soit pour toute autre raison, abandonne des latrines qui existaient, doit d'abord les faire vider, et faire enlever les terres, sables et matériaux infectés qui s'y trouvent; c'est seulement après ce préalable nécessaire qu'il est permis de combler la fosse.

Avant de terminer ce qu'on avait à dire sur la nécessité d'avoir des latrines, et de les construire d'une manière assez solide pour que les matières ne filtrent pas, il est bon d'observer que l'entrepreneur qui les fait à neuf garantit pendant dix ans qu'elles n'occasionneront aucune incommodité aux voisins. Si donc, avant ce laps de temps, un propriétaire est attaqué par son voisin pour inconvéniens résultant des latrines, il peut mettre en cause l'entrepreneur qui a été chargé de les construire. Mais après l'expiration des dix premières années, à compter du jour où l'ouvrage a été reçu, tout recours cesse, à moins que l'entrepreneur ait manqué aux réglemens; cette faute n'est pas prescrite par dix ans.

§ IV. *Des cheminées et âtres.*

On ne peut trop prendre de précautions contre l'incendie quand on construit une cheminée. Par son *art.* 674, le Code Napoléon a ordonné de suivre, sur cette matière, les règlemens et les usages locaux, auxquels il n'a apporté aucun changement.

Tome I. 10

La plupart des coutumes règlent ce qu'il faut faire, soit au contre-cœur, soit au tuyau, soit à l'âtre d'une cheminée.

Le contre-cœur est le mur qui forme le fond de la cheminée, et que l'on couvre ordinairement d'une plaque de fer fondu.

L'âtre est la place sur laquelle est posé le combustible qu'on allume dans la cheminée; il est recouvert de briques ou de carreaux de terre. A droite et à gauche, l'âtre est fermé par deux jambages qui s'élèvent à une certaine hauteur, en sorte que l'ouverture de la cheminée, dans la chambre, embrasse tout l'espace contenu entre les deux jambages.

La ligne qui termine cette ouverture dans la partie supérieure est marquée par une saillie que l'on nomme le manteau de la cheminée, et qui sert à porter une tablette de bois, ou de pierre, ou de marbre. Le devant de cette saillie, ainsi que les faces antérieures des jambages, sont ordinairement revêtus en bois, ou en pierre, ou en marbre; cet ornement est appelé chambranle.

Le tuyau est le conduit par où s'échappe la fumée; il commence depuis le manteau et s'élève jusqu'au-dessus des combles. Le corps de la cheminée est la portion du tuyau mesurée depuis le manteau jusqu'à la couverture du bâtiment; et ce qui excède le toit est nommé la tête de la cheminée.

On conçoit que, dans certains pays, les précautions qu'on est obligé de prendre pour la construction des cheminées ne soient pas les mêmes que celles prescrites dans d'autres contrées. Par exemple, la Coutume de Paris, *art.* 189, comme d'autres qui lui ressemblent en ce point, ne permet pas de se servir, pour le fond d'une cheminée, d'un mur de séparation, mitoyen ou non; il faut le garantir par un contre-mur qui devient le contre-cœur auquel touche le feu. Il doit avoir six pouces d'épaisseur, former le fond de la cheminée dans toute sa largeur, jusqu'à la hauteur du manteau. Le contre-mur arrive à cette hauteur, en perdant insensiblement de son épaisseur, de manière qu'il cesse d'exister sans que la retraite soit marquée. Cette obligation est imposée par la coutume à celui qui construit une cheminée, même quand le mur auquel il l'appuie n'appartient qu'à lui seul. Tous architectes ou entrepreneurs, chargés de construire des cheminées, sont responsables de l'exécution de cet ouvrage de précaution. S'ils le négligent, ils commettent une faute qui ne se prescrit pas par le laps de dix ans.

Il est à désirer que, dans les pays où il n'a rien été réglé pour le contre-cœur des cheminées, on adopte cette construction, exigée par plusieurs coutumes, et recommandée par tous les bons architectes.

Au reste, depuis que l'industrie s'est perfectionnée, on a imaginé de faire des contre-cœurs en plaques de fer fondu; ce qui préserve les murs beaucoup mieux qu'une maçonnerie en briques. On satisfait donc suffisamment aux coutumes qui exigent des contre-murs, dès qu'on met au fond de chaque cheminée une plaque de fer fondu. Desgodets veut qu'on laisse un pouce de distance entre la plaque de fonte et le mur pour les petites cheminées; la distance est de deux pouces pour les grandes cheminées où on fait beaucoup de feu, telles que celles des cuisines. Cette distance peut se remplir avec plâtre et poussier, ou tel autre mortier. Goupy, son annotateur, assure qu'on pose les plaques de fonte tout près du mur, et qu'on y coule du plâtre ou mortier, seulement pour remplir le peu de vide qui pourrait se rencontrer. Il ajoute qu'on n'a jamais reconnu de dommage fait au mur par la chaleur, derrière des contre-cœurs de cette espèce.

Quand le mur appartient exclusivement au voisin, il est évident qu'on ne peut pas y appuyer des cheminées sans avoir acquis la mitoyenneté au moins de la portion de mur qu'elles touchent.

Soit qu'on élève des cheminées le long d'un mur mitoyen, soit que ce mur appartienne tout entier à celui qui construit, on demande s'il est permis de former leurs tuyaux dans l'épaisseur du mur. Voyons d'abord le cas où le mur est mitoyen, du moins dans la partie où s'appliquent les cheminées.

Des coutumes, du nombre desquelles est celle de Paris, ne permettaient pas à un des copropriétaires d'un mur mitoyen, d'y faire le moindre enfoncement sans le consentement du voisin; par conséquent, aucun de ces mêmes propriétaires n'avait le droit de placer ses cheminées dans l'épaisseur du mur commun, à moins d'un accord entre eux.

D'autres coutumes, telles que celles d'Auxerre, de Berri, de Sedan, autorisaient celui des deux voisins qui, le premier, construisait des cheminées, à les encastrer dans la moitié de l'épaisseur du mur mitoyen. Dès que l'un avait usé de cette faculté, l'autre, s'il faisait ensuite des cheminées, ne pouvait plus les placer au même endroit; car les deux cheminées prenant chacune la moitié de l'épaisseur du mur, il aurait été détruit.

Cette diversité de dispositions n'existe plus depuis le Code Napoléon, qui, dans son *art.* 662, défend à un propriétaire de pratiquer dans le mur mitoyen aucun enfoncement sans le consentement du voisin; il consacre en loi générale, pour toute la France, ce que la Coutume de Paris a ordonné.

Il est vrai que, suivant le même article, si le voisin refuse de consentir, on a droit de faire régler par experts les moyens d'exécuter le nouvel ouvrage sans nuire à l'opposant. De là quelques personnes concluent que, dans les coutumes qui permettent de placer les cheminées dans la moitié de l'épaisseur du mur mitoyen, on doit sans doute, pour satisfaire à la loi, demander le consentement du voisin; mais, à son refus, elles disent qu'on fait régler par experts la manière d'exécuter selon les règles de l'art cet encastrement des cheminées permis par la coutume.

Nous n'adoptons pas cette interprétation; il nous semble que le Code, en défendant toute espèce d'enfoncement dans un mur mitoyen sans le consentement du voisin, a fait assez entendre que celui-ci est toujours reçu à s'opposer aux travaux projetés, même à l'encastrement des cheminées. En effet, la défense est générale, et porte sur toutes les sortes d'enfoncement à faire dans un mur mitoyen, sans restriction en faveur des pays où il était permis de placer des cheminées dans l'épaisseur des murs mitoyens. Ainsi, par tout l'Empire, il faut examiner les motifs sur lesquels est fondé le refus du voisin; et comme il est évident, pour tout constructeur, que l'encastrement des cheminées est un ouvrage capable de détériorer le mur, le voisin est trouvé bien fondé à refuser son consentement à une construction aussi vicieuse, même dans le ressort des coutumes qui l'autorisaient avant le Code.

Il n'en serait pas de même s'il s'agissait de poser une poutre ou des solives sur le mur mitoyen; car cette opération ne peut pas détériorer le mur; elle reste par conséquent au nombre de celles qui constituent la jouissance de la chose commune. Voilà pourquoi le Code permet aux deux propriétaires de disposer, chacun de son côté, de la moitié de l'épaisseur du mur pour y poser des pièces de bois. Celui qui veut user de cette faculté n'est pas dispensé à demander le consentement de son voisin; ce n'est pas que ce dernier ait droit de le refuser, sous prétexte que le mur en souffrira; mais il peut avoir des moyens à opposer d'une autre nature. Par exemple, s'il prouve que le mur n'est pas mitoyen, ou qu'une servitude établie par titre défend au voisin de placer des bois sur le mur, il pourra s'opposer au travail projeté. En pareil cas, ce n'est pas sur la détérioration du mur qu'il faut motiver le refus; car si le voisin s'obstinait à ne pas consentir sans présenter d'autres raisons, le tribunal accorderait l'autorisation convenable.

Quelquefois, sans donner un refus absolu, le voisin met à son consentement des conditions concernant la manière de faire le travail projeté. Si les parties ne s'accordent pas sur le mode d'exécution, on a recours aux juges, qui, sur un rapport d'experts, déterminent les moyens les plus convenables d'effectuer les ouvrages sans nuire aux droits du réclamant.

De cette opinion, il résulte que, dans toute la France, même dans les coutumes qui permettaient l'encastrement des cheminées, on ne peut pas aujourd'hui forcer un voisin à y consentir. Aux raisons qu'on vient d'expliquer on peut ajouter que le feu qui prend dans une cheminée se communique bien moins quand le mur a conservé toute son épaisseur. Ce motif d'utilité publique serait seul capable de faire proscrire le système de l'encastrement des cheminées dans les coutumes qui, avant la publication du Code, permettaient cette monstrueuse construction.

Examinons maintenant si celui qui est propriétaire de la totalité du mur de séparation peut y enclaver ses cheminées. Il n'est pas douteux qu'il est maître de faire de sa chose ce que bon lui semble; mais ce mur qui, dans l'hypothèse, touche sans moyen l'héritage du voisin, peut devenir propriété commune dès que ce dernier voudra en payer la moitié. Alors il pourra exiger que les cheminées soient retirées hors de l'épaisseur du mur. Ce droit du moins est incontestable dans les coutumes qui défendent d'enclaver les cheminées; car celui qui bâtit sait bien qu'un mur qui le sépare immédiatement de l'héritage voisin est susceptible de devenir mitoyen; il ne peut donc rien faire contre ce droit éventuel qu'il lui est facile de prévoir. De là il suit qu'il serait imprudent à un propriétaire de placer ses cheminées dans l'épaisseur d'un mur de séparation dont il est le seul maître, puisqu'il peut arriver, au moins dans la coutume de Paris et dans celles qui lui ressemblent, qu'on lui fasse retirer ses cheminées quand le mur sera devenu mitoyen. Ceux qui, comme nous, pensent que le Code a rendu générale à toute la France la disposition de la coutume de Paris sur ce point, voient que dans tout l'Empire celui qui adosse des cheminées à son propre mur doit éviter de les y encastrer, quand ce mur est susceptible de devenir mitoyen. Ce qui nous confirme dans cette opinion, c'est que tous les bons architectes regardent l'encastrement des cheminées dans les murs de séparation, comme une construction vicieuse qu'il est utile de bannir même des pays où elle avait été permise.

Un propriétaire juge à propos d'encastrer ses cheminées dans l'épaisseur d'un mur qui se trouve au milieu de son bâtiment; ses deux héritiers se partagent l'immeuble, de manière que ce mur devient mitoyen : on demande si l'héritier du côté duquel se trouvent les cheminées est tenu de les rétablir hors de l'épaisseur du mur? La négative ne souffre aucune difficulté, parce que l'état dans lequel existent les cheminées a été considéré dans le partage; il en est une des conditions; dès-lors l'enfoncement des cheminées dans le mur mitoyen, se trouve autorisé par le consentement du voisin, puisque c'est avec lui que s'est fait le partage.

Si le mur, devenu mitoyen par l'effet du partage, avait besoin d'être reconstruit en entier, faudrait-il le rétablir comme il était? Pourrait-on forcer le maître des cheminées de les refaire hors de l'épaisseur du mur? La reconstruction doit être exécutée sans changer en rien l'ancien état des choses. En effet, l'encastrement des cheminées ayant été consenti par le partage, c'est un droit que le propriétaire qui en jouit ne peut perdre que par la prescription. C'est le cas d'appliquer l'*art.* 665 du Code Napoléon : il décide que quand on reconstruit un mur mitoyen, les servitudes actives et passives continuent à l'égard du nouveau mur comme elles étaient à l'égard de l'ancien.

Les architectes, considérant combien est vicieuse la méthode d'encastrer les cheminées dans un mur qui sépare deux héritages, et les dangers qui en peuvent résulter, croient qu'on ne peut pas trop étendre la défense de faire aucun enfoncement dans de pareilles séparations. En conséquence, dans l'espèce proposée, ils voudraient que le propriétaire des cheminées ne fût pas autorisé à les replacer dans l'épaisseur du mur nouveau, sauf à l'indemniser, s'il en résultait plus de dépense pour la reconstruction commune, ou une diminution dans la valeur de sa maison. L'intérêt public nous semble ici un motif assez puissant pour faire adopter cette opinion, toutes les fois que les circonstances le permettront; car, au moyen de l'indemnité proposée, le propriétaire des cheminées n'a plus à se plaindre.

La saillie qui forme le manteau de la cheminée est bâtie sur un châssis dont les branches sont scellées dans le mur. Sans cette précaution, cette saillie ne serait pas solide, et ne pourrait pas supporter la tablette de bois, ou de pierre, ou de marbre dont elle est ordinairement couverte. Il n'est pas permis de faire en bois le châssis dont il s'agit, il y aurait trop à craindre que le feu ne s'y mît et ne causât un incendie; le châssis du manteau est ordinairement en fer.

Il existe un règlement de police, du 21 janvier 1672, qui défend d'adosser des cheminées à des cloisons ou à des pans

de bois, même en usant de la précaution d'un contre-mur.
Ce règlement qui a été renouvelé le 10 novembre 1781, et
récemment encore en janvier 1808, est trop sage pour ne
s'y pas conformer; et encore bien qu'il n'ait été fait que pour
Paris, il convient que les architectes et les entrepreneurs des
départemens s'y conforment. Faut-il conclure de là qu'on
doit renoncer à placer des cheminées du côté où se trouve
une cloison ou un pan de bois? Ce serait souvent une gêne
considérable dans la distribution des appartemens. Voici
donc ce qui se pratique pour éviter tous les accidens que le
règlement de police a voulu prévenir. On coupe le pan de
bois dans toute la hauteur de l'étage où l'on veut faire la cheminée, et dans une largeur qui, à droite et à gauche, excède
de six pouces au moins la largeur de la cheminée. La portion
coupée est remplacée par un mur soit en moellons, soit en
briques. Près de ce mur, avec la précaution d'un contre-
mur, on peut construire la cheminée pour ce même étage.
A l'égard du tuyau qui monte dans les étages supérieurs, on
l'appuie sur le contre-mur, qu'on élève alors autant que le
pan de bois qu'il s'agit de garantir. Goupy, qui donne ce
conseil, dit que cette précaution n'est pas toujours suffisante; d'où nous concluons qu'il serait plus sûr de couper le
pan de bois dans toute sa hauteur jusqu'à la couverture, à
partir de l'étage où se trouve le contre-cœur de la cheminée,
et dans la largeur nécessaire; le vide serait rempli en maçonnerie, comme on vient de le dire. Alors, en faisant un
contre-cœur, on peut, sans aucun danger, adosser la cheminée au pan de bois qui, dans cette partie, devient un véritable mur.

Par le même règlement de police, il est défendu de faire
passer aucune pièce de bois dans des tuyaux de cheminée,
même en recouvrant ces bois d'une forte épaisseur de maçonnerie. S'il arrive qu'un tuyau de cheminée passe près
d'une pièce de bois, cette pièce, quoique se trouvant hors
du tuyau, doit être recouverte de six pouces de maçonnerie.
Pour que ce recouvrement puisse tenir, on enfonce dans la
pièce de bois des chevilles de fer dont il reste en dehors une
longueur de six pouces. Quand il est possible de laisser un

espace vide de quelques pouces entre le tuyau de cheminée et la maçonnerie dont la pièce de bois est recouverte, on ne doit pas le négliger; cet isolement est d'une utilité reconnue, et une sûreté de plus contre les accidens du feu.

Le même règlement détermine les dimensions de l'espace intérieur des tuyaux de cheminée; mais il suffit qu'un homme puisse monter et descendre dans les cheminées pour les nettoyer et les raccommoder. Les plus petites dimensions du vide intérieur d'un tuyau de cheminée, c'est-à-dire, du chemin laissé à la fumée, est aujourd'hui de deux pieds trois pouces de large, sur dix pouces de profondeur, dans toute la longueur du tuyau.

Un autre article du même règlement, qu'on ne peut trop rigoureusement exécuter, est celui qui défend de poser l'âtre des cheminées au-dessus d'une pièce de bois faisant partie du plancher, quelque épaisseur de maçonnerie que l'on mît entre le carreau de l'âtre et les bois sur lesquels il serait posé; il faut donc faire une enchevêtrure à la charpente du plancher, au-dessous de l'âtre. Par l'effet de ce travail, toute la place destinée à l'âtre est absolument vide de charpente; ce vide, qu'on nomme le treillis de la cheminée, est rempli de maçonnerie, de manière que sous l'âtre il n'y a aucun bois. Il faut observer que l'enchevêtrure, c'est-à-dire, le châssis de charpente qui forme le treillis de la cheminée, et reçoit la maçonnerie servant de base à l'âtre, soit de dedans en dedans, d'une longueur plus considérable que celle du manteau de la cheminée. Les jambages qui supportent ce manteau doivent poser sur la maçonnerie qui remplit le vide du treillis; et il est bon qu'il y ait encore six pouces entre les bords de ce châssis de charpente et les jambages. Quant à la largeur du treillis, elle est telle que, depuis le contre-cœur jusqu'au chevêtre, il y ait de deux à trois pieds, selon que la cheminée est plus ou moins profonde.

Desgodets cite un arrêt du 29 mars 1610, par lequel il a été jugé au parlement de Paris, qu'un propriétaire ne pouvait pas être forcé d'élever au-delà de trois pieds les tuyaux de ses cheminées au-dessus des combles; cependant la maison dont il s'agissait était basse. Néanmoins cet architecte ajoute que, si une cheminée était adossée à un mur de clôture d'une hauteur ordinaire, il serait à propos de porter la cheminée à six pieds au-dessus du faîte de l'édifice, et de la reculer, au moins de six pieds, des fenêtres voisines par où la fumée pourrait entrer trop facilement sans cette précaution.

Ceux qui entreprennent la construction d'une cheminée sont garans pendant dix ans des accidens qui arrivent par défaut de solidité; c'est une conséquence de l'*art.* 2270 du Code Napoléon, en vertu duquel les entrepreneurs doivent répondre que leurs ouvrages dureront au moins dix ans. Mais ils seraient responsables aussi long-temps que d'un quasi délit, de l'incendie qui aurait pour cause une construction faite sans les précautions ordonnées par la loi et les règlemens.

Ainsi, par exemple, un tuyau de cheminée vient à crever après un laps de dix années, et cet événement allume un incendie; l'entrepreneur ne peut pas être attaqué en dommages-intérêts. Mais si l'accident est occasionné par une solive laissée sous l'âtre de la cheminée, ou par une pièce de bois qui traverse le tuyau, l'entrepreneur en est encore responsable, parce qu'il a commis une faute que le laps de dix ans ne peut pas couvrir.

§ V. *Des forges, fours et fourneaux.*

Il en est des forges, fours et fourneaux comme des cheminées; le Code Napoléon, *art.* 674, veut qu'en les construisant près d'un mur de séparation, mitoyen ou non, il soit observé les précautions prescrites par les règlemens locaux, et qu'à défaut de règlemens on se conforme à l'usage.

Beaucoup de coutumes exigent un contre-mur, entre une forge, ou un four, ou un fourneau, et le mur de séparation; mais elles varient sur la fixation de l'épaisseur de ce contre-mur, qui dans certains pays, comme à Clermont, à Nevers, doit avoir un demi-pied d'épaisseur; à Blois, un demi-pied et un empan est la mesure indiquée; à Paris, à Calais, à Reims, il faut un pied d'épaisseur au contre-mur, un pied et demi à Sedan, à Troyes, à Cambrai, et deux pieds dans les coutumes de Bar et de Châlons.

Il faut aussi, selon plusieurs coutumes, que le contre-mur soit éloigné du mur, par un intervalle vide dont l'étendue est fixée diversement. Par exemple, à Paris, ce vide est d'un demi-pied, et se nomme *tour du chat*.

Pour la Lorraine, ni cet intervalle, ni l'épaisseur du contre-mur ne sont spécifiés; il est dit seulement que le contre-mur se construit de telle manière que le voisin ne puisse recevoir aucun dommage. C'est l'énoncé du principe général; il est la règle commune pour tous les pays, même pour ceux où les règlemens locaux ne s'expliquent pas sur cet objet. En effet, il est d'équité naturelle que personne ne fasse, dans sa propriété, même pour son utilité, rien qui soit nuisible à ses voisins, rien par conséquent qui expose leurs bâtimens à l'incendie. Les avis des architectes qui ont écrit sur les constructions des forges, fours et fourneaux, seront donc ici placés convenablement. Les entrepreneurs y trouveront des instructions fort utiles, qui ne doivent pas néanmoins leur faire oublier de se conformer aux dispositions des coutumes et règlemens locaux.

D'abord le contre-mur qui forme le fond de la forge, ou du four, ou du fourneau, doit avoir l'épaisseur fixée par la loi du pays; à Paris, cette épaisseur est d'un pied. En second lieu, entre ce contre-mur, et le mur près duquel se fait la construction, il faut observer un intervalle vide, dans la dimension prescrite par les règlemens du pays; à Paris, le tour du chat, c'est-à-dire ce vide qu'il faut laisser entre le contre-mur et le mur, est de six pouces. Troisièmement, le contre-mur doit s'étendre dans toute la largeur et la hauteur de la forge, du four ou du fourneau; et l'espace vide qui le sépare du mur ne doit être fermé, ni par les extrémités, ni par le haut, afin que l'air, passant librement, garantisse le mur des atteintes de la chaleur.

Parmi les forges auxquelles sont applicables les règles de construction dont on parle sont comprises celles des maréchaux, des taillandiers, des serruriers, des couteliers, des orfèvres, et généralement de tous les ouvriers qui se servent de forges, quelle qu'en soit la forme, et quelle que soit la matière qui y est travaillée.

Les fours dont il s'agit ici sont non-seulement ceux des boulangers, des pâtissiers, des traiteurs, des cuisines, mais encore tous ceux que l'industrie allume pour quelque objet que ce soit, et quelle qu'en soit la forme. Ainsi les fours propres à cuire la porcelaine, la poterie de terre, et ceux des autres manufactures, sont dans le même cas ; on observe même que, ces sortes de fours étant beaucoup plus ardens que ceux des boulangers et des pâtissiers, il est convenable que l'espace vide qui sépare le mur et le contre-mur soit plus considérable, c'est-à-dire au moins d'un pied.

Enfin, sous le nom de fourneaux, il faut entendre tous les feux qui servent aux arts et métiers, quels que soient leur dénomination, leur forme et leur usage. Ainsi les fourneaux des salpêtriers, des brasseurs, des teinturiers, des affineurs, des fondeurs, des chapeliers, et généralement de tous les genres quelconques de manufactures, doivent être construits avec les précautions convenables, pour qu'ils ne donnent lieu à aucune crainte d'incendie.

On demande si le fourneau potager d'une cuisine exige un contre-mur. Il ne paraît pas que le contre-mur soit né-cessaire, quand le mur près duquel on construit le fourneau, est de bonne maçonnerie. Mais, si le fourneau de cuisine est placé près d'une cloison ou d'un pan de bois, tous les archi-tectes s'accordent à dire qu'il doit être pris des précautions. La plus certaine est de faire un contre-mur, construit avec un rang de briques posées sur leur plat ; ce contre-mur doit avoir toute la longueur du fourneau, et monter plus haut. Pour gagner de la place, on peut couper le pan de bois dans une largeur et hauteur suffisante, et remplir le vide en bonne maçonnerie de moellons ou briques. Entre le mur et le contre-mur faut-il laisser un espace vide ? On n'a pas cou-tume de tenir le contre-mur éloigné du mur, lorsqu'il s'agit d'un fourneau construit dans une maison particulière ; mais on serait en droit d'exiger cet isolement du contre-mur, si le fourneau était celui d'un traiteur, d'un restaurateur, et en

général d'une cuisine où le feu est considérable et continuellement allumé.

En comparant à une cheminée soit une forge, soit un
four, soit un fourneau, on distingue dans chacun de ces
objets le contre-cœur, l'âtre et le tuyau. Ce qu'on vient de
dire du contre-mur s'entend du contre-cœur de la forge, du
four ou du fourneau; c'est lui qu'il faut tenir dans l'isolement. A l'égard de l'âtre, on doit y appliquer les règles prescrites pour l'âtre des cheminées; c'est-à-dire qu'il n'est pas
permis de le poser sur une partie de plancher qui contienne
du bois, quelque épaisseur de maçonnerie que l'on mette
pour couvrir les morceaux de bois. Il faut donc pratiquer
une enchevêtrure, comme pour l'âtre d'une cheminée, ainsi
qu'on l'a expliqué au paragraphe précédent. En effet, si cette
précaution est prescrite pour les âtres de cheminée, à plus
forte raison doit-elle avoir lieu pour les âtres où se fait un
feu bien plus ardent.

Quant aux tuyaux des forges, des fours et des fourneaux,
il faut aussi se conformer à ce qui est prescrit pour la construction des tuyaux de cheminée. On observe de plus qu'on
ne peut se dispenser d'isoler les tuyaux des forges, fours et
fourneaux dans lesquels il est allumé un feu considérable et
continuel. Ainsi, par exemple, le tuyau d'un four à porcelaine ou à poterie de terre, le tuyau d'une forge où se fa-
brique le fer, le tuyau d'un fourneau de salpêtrier ou de
fondeur de gros objets, doivent être isolés de manière qu'il
y ait un espace vide entre chaque tuyau et le mur près duquel il s'élève.

Les précautions prescrites pour la construction des forges,
des fours et des fourneaux peuvent être exigées par le voisin, quand le mur est mitoyen, et quand le mur lui appartient exclusivement. Mais, si celui qui construit la forge, le
four ou le fourneau, est seul maître du mur de séparation,
son voisin peut-il le forcer à se conformer aux règles dont
on vient de parler?

Cette question, considérée sous le rapport de la propriété,
a été traitée dans le paragraphe précédent : on y examine si
le propriétaire peut encastrer ses cheminées dans un mur de

séparation qui n'appartient qu'à lui seul. Les observations faites à ce sujet conviennent entièrement au cas où la construction, au lieu d'une cheminée, est une forge, ou un four, ou un fourneau; nous ne les répéterons pas ici. Cependant, sous le rapport de la sûreté publique, et du danger des incendies, il n'est pas douteux qu'un propriétaire peut exiger de son voisin les précautions prescrites par la loi ou l'usage, dans une construction destinée à recevoir du feu. Encore bien que cette construction se fasse entièrement sur ma propriété, il m'est expressément défendu par les lois de police de commettre des imprudences qui laissent craindre les accidens du feu chez moi-même, parce que j'exposerais mes voisins à des dangers trop certains.

§ VI. *Des étables.*

Sous la dénomination d'étables, on entend ordinairement les lieux où sont enfermés des animaux dont le fumier n'est retiré que quand il se trouve porté à un certain degré de fermentation. Néanmoins ceux qui laisseraient de même le fumier des chevaux dans les écuries, seraient tenus de se conformer aux règles prescrites pour la construction des étables.

Dans son *art.* 674, le Code Napoléon veut que l'on prenne pour ces sortes de constructions les précautions usitées dans chaque pays. Le but est d'empêcher que les murs mitoyens n'éprouvent des altérations par le long séjour des fumiers dans les étables; car, suivant ce que nous avons vu au § VII de l'article I, il n'est pas permis à des propriétaires de faire usage de leur mur commun de manière à porter atteinte à sa solidité.

Ceux qui demanderaient si on est tenu de prendre les mêmes précautions, dans le cas où le mur de séparation appartient exclusivement au voisin, trouveraient la réponse en considérant qu'on ne peut appuyer aucun bâtiment sur un mur dont on n'a pas ou la propriété, ou la mitoyenneté.

A l'égard de celui qui est seul propriétaire du mur de séparation, c'est-à-dire, du mur qui touche sans moyen l'héritage voisin, il est libre de prendre ou de négliger toutes précautions en construisant une étable; mais s'il est prudent, il prévoira que le mur est susceptible de devenir mitoyen, et qu'à l'époque où le cas arrivera le voisin pourra exiger que le mur soit garanti des atteintes portées par les fumiers.

Le véritable moyen de procurer la garantie désirée, est de faire un contre-mur en dedans de l'étable. Quelques coutumes indiquent les dimensions de ce contre-mur; mais dans les pays où la loi locale ne s'en explique pas, on prend pour règle de faire un contre-mur capable d'empêcher les fumiers de pénétrer jusqu'au mur mitoyen. Si les parties ne s'accordent point à cet égard, des experts, nommés à l'amiable ou judiciairement, fixent la manière dont le contre-mur sera construit; ce qui dépend de la nature des matériaux. Au reste, dans les coutumes qui indiquent l'épaisseur et la hauteur du contre-mur, le voisin n'a pas, il est vrai, le droit de troubler la construction qui se fait conformément à ce qui est réglé; mais il n'en est pas moins fondé à réclamer, si, malgré les précautions, le mur mitoyen vient à être endommagé par les fumiers de l'étable. Ainsi, sans s'arrêter absolument à ce qui est ordonné par les règlemens de chaque pays, on doit regarder comme principe incontestable, que le contre-mur a besoin d'être construit de manière qu'il garantisse parfaitement le mur mitoyen; en conséquence, voici quelques avis qui pourront être utiles.

D'abord le contre-mur doit régner dans toute la longueur de l'étable, avec l'épaisseur et la hauteur prescrite par la coutume ou l'usage du pays. A Paris, l'épaisseur doit être de huit pouces, ce qui suffit lorsqu'on emploie de bons moellons et un bon mortier. Quant à la hauteur, la coutume de Paris veut que le contre-mur monte jusqu'à la mangeoire, parce qu'on est dans l'usage de relever les fumiers sous la mangeoire. Dans les pays où, ni la loi locale, ni un usage constant ne s'expliquent pas sur ce point, on peut raisonnablement se conformer à cette disposition; car on ne voit pas l'utilité d'un contre-mur qui aurait une plus grande élévation.

Si le mur mitoyen est précisément celui auquel ne sont pas attachées les mangeoires, faudra-t-il qu'il soit garanti par un contre-mur? L'affirmative n'est pas douteuse, parce que le côté où sont placées les mangeoires n'est pas le seul exposé aux fumiers, dont les eaux s'écoulent même plus abondamment vers les autres côtés. Lors donc qu'une étable est fermée, soit au fond, soit à droite, soit à gauche, par un mur mitoyen, il faut le garnir intérieurement d'un contre-mur, sans distinguer si la mangeoire y est appuyée ou non, et si, à chacun des trois côtés de l'étable, il se trouvait un mur mitoyen, le contre-mur à hauteur de mangeoire régnerait au pourtour de ces trois murs, quand même les mangeoires ne seraient appuyées à aucun d'eux.

Pour que la précaution du contre-mur soit utile, il faut, outre l'épaisseur et la hauteur convenable, une fondation assez basse pour empêcher les eaux de l'étable de pénétrer jusqu'aux fondemens du mur mitoyen. A cet effet, on distingue si l'étable est ou non pavée à chaux et à ciment. Comme cette manière de paver est très-solide, les architectes pensent que le contre-mur est suffisamment fondé à un pied de profondeur. Quand l'étable n'est pas pavée à chaux et à ciment, la fondation du contre-mur doit être plus basse; prudemment il faut lui donner trois pieds de profondeur.

Desgodets pensait que le contre-mur ne devait pas être incorporé, afin qu'il fût plus facile de le réparer sans endommager le mur. Mais, suivant Goupy, son annotateur, l'expérience a démontré que le mur est plus sûrement garanti quand le contre-mur lui est incorporé; en sorte qu'on ne manque plus de lier le contre-mur avec le mur mitoyen.

§ VII. *Des magasins de sel, et des amas de matières corrosives.*

Le principe qui ne permet pas à celui qui jouit d'un mur mitoyen d'en user de manière à en accélérer la destruction, s'étend non-seulement à tous les cas dont il a été parlé dans les paragraphes précédens, mais encore à ceux où on place près de ce mur des amas de sel ou de matières corrosives. Le Code Napoléon, *art.* 674, dit expressément qu'on prendra pour les cas dont il s'agit les précautions ordonnées par les coutumes ou par les réglemens locaux.

Le moyen le plus certain de garantir un mur mitoyen des atteintes de matières capables de l'altérer, est de le couvrir par un contre-mur, qui, suivant les différentes circonstances, doit avoir des dimensions plus ou moins fortes en longueur, épaisseur et hauteur. Si les lois du pays sont muettes sur le genre d'établissement qu'on se propose de faire, des experts nommés à l'amiable ou juridiquement, indiquent la manière de construire un contre-mur convenable à la circonstance.

Si on fait un magasin de sel, ou de morues salées, ou de toute autre espèce de salines, tous les architectes veulent que le contre-mur, fait en bons matériaux, ait un pied d'épaisseur avec la même longueur et la même hauteur que le mur mitoyen, et avec une fondation de trois pieds de profondeur.

Quand on entasse du fumier près d'un mur mitoyen, comme il arrive aux maraîchers, aux jardiniers fleuristes et pépiniéristes, on doit garantir ce mur par un contre-mur, non-seulement pour empêcher les fumiers de toucher au mur, mais encore pour que ses fondations n'en soient pas altérées. En conséquence, il faut que le contre-mur soit assez épais, assez élevé, et d'une construction assez bonne, pour que les eaux du fumier ne pénètrent pas jusqu'au mur. Par la même raison, ce contre-mur doit être fondé assez bas pour que les fondemens du mur ne soient pas attaqués.

Desgodets pense qu'un pareil contre-mur doit avoir au moins huit pouces d'épaisseur, s'étendre en longueur et hauteur autant que la masse du fumier, et être fondé au moins à deux pieds de profondeur. Cet architecte cite un arrêt rendu le 26 août 1650, en la seconde chambre des enquêtes du Parlement de Paris, et par lequel Jean de Calogne a été condamné à réparer un mur contre lequel il avait déposé du fumier sans un contre-mur intermédiaire.

De pareilles précautions doivent être prises par ceux qui, par leur état, emmagasinent, ou font des amas de différentes matières corrosives, comme des salpêtres, des débris d'animaux pour les manufactures de sel ammoniac, et autres semblables. Pour connaître les proportions des contre-murs dans les différens cas où ils sont nécessaires, il faut, si les parties ne sont pas d'accord, s'en rapporter à des experts, qui sont alors nommés ou à l'amiable ou en justice.

C'est ici le lieu d'avertir que, pour faire passer de l'eau par un aqueduc, le long d'un mur mitoyen, il faut faire un contre-mur d'une épaisseur suffisante pour que l'eau ne puisse pas pénétrer jusqu'au mur. En cas de difficulté sur les dimensions de ce contre-mur, on a recours à des experts, qui prennent en considération la qualité des matériaux, la nature des eaux, leur abondance et leur rapidité.

A l'égard des eaux qui coulent sur la superficie du terrain, on ne doit pas leur donner passage près du mur mitoyen sans avoir garanti ce mur par un revers de pavé bien cimenté. Par ce moyen, les eaux ne touchent point au mur, et ne peuvent pas pénétrer jusqu'à ses fondations. Une précaution plus certaine, est de faire couler les eaux dans une gargouille, c'est-à-dire, par un canal creusé dans la pierre.

Quand on adosse à un mur mitoyen une pierre à laver, elle doit avoir des rebords, au moins du côté du mur, pour qu'il ne soit pas dégradé par les eaux qui le toucheraient sans cette précaution.

Puisqu'on parle des différentes manières de garantir de toutes sortes d'atteintes les murs mitoyens, on doit dire que dans les passages propres aux voitures, il faut placer des bornes pour empêcher les dégradations que pourraient occasionner les roues. Dans les passages peu larges, où les bornes prendraient trop de place, on garantit les murs en y appliquant des bandes de fer d'une largeur suffisante, et placées à la hauteur où les essieux peuvent toucher les murs. Si ces passages sont communs, les précautions dont il s'agit sont payées en proportion de la propriété de chaque voisin; mais, si le passage est à l'usage d'un seul, il doit seul supporter la dépense nécessaire, pour garantir les murs mitoyens des dégradations que les voitures pourraient faire de son côté.

Il faut aussi mettre des barrières, ou de charpente, ou de pierre dans le fond des remises, qui sont appuyées contre un mur mitoyen, afin d'empêcher les dégradations que pourrait occasionner le reculement des voitures.

Selon l'*art* 192 de la coutume de Paris, celui qui, ayant place vide près d'un mur mitoyen, voulait faire labourer cette place, était tenu d'y construire un contre-mur. Les commentateurs disent que ce contre-mur ne se pratique pas; on se contente de laisser un petit sentier entre le mur et la terre labourée. C'est sans doute par cette raison que le Code Napoléon ne parle pas de contre-mur pour le cas dont il s'agit. En conséquence, nous ne pensons pas que ce contre-mur soit maintenant d'obligation, soit à Paris, soit dans les coutumes semblables. Pour ce cas, ainsi que pour ceux non prévus, il suffit du principe général, d'après lequel un propriétaire qui fait faire un ouvrage quelconque est responsable du dommage qu'il occasionne à son voisin. Nous verrons dans la seconde partie, chapitre II, avec quelle restriction ce principe reçoit son application.

Observez aussi que, malgré les précautions dont on vient de parler, si les murs mitoyens viennent à se détériorer, le propriétaire de l'objet qui a occasionné la dégradation n'en est pas moins tenu de la réparer; car, ou bien ce qui devait prévenir l'accident n'a pas été régulièrement fait, ou bien quelque solide que fût l'ouvrage de précaution, il était insuffisant; dans l'un et l'autre cas, le voisin, qui est étranger à la cause de détérioration, n'en doit pas souffrir.

§ VIII. *Des voûtes de caves.*

On ne trouve pas dans le Code Napoléon de dispositions qui obligent à faire un contre-mur pour soutenir la voûte d'une cave ou de toute autre construction adossée à un mur mitoyen. Cependant Desgodets assure qu'encore bien que la coutume de Paris n'ait rien prescrit pour le cas dont il s'agit, l'usage est de prévenir la poussée qu'opère une voûte, dont la naissance touche au mur mitoyen. Pour cela on fait un contre-mur qui soutient l'effort de la voûte, et empêche le mur de boucler ou de déverser; ce qui arriverait par l'effet de la pression de la voûte, sans cette précaution.

Partout où le même usage se trouve établi, il n'est pas douteux qu'on ne doive s'y conformer, aussi-bien que dans les pays dont la loi locale s'explique à cet égard. En conséquence, un propriétaire peut être forcé par son voisin, en pareille circonstance, à faire un contre-mur dans les dimensions usitées dans le pays. Mais, dans les endroits où ni les règlemens particuliers, ni un usage constant ne tient lieu de loi, a-t-on le droit d'empêcher le voisin d'appuyer la voûte de sa cave sur le mur mitoyen? Ici l'*art.* 662 du Code Napoléon reçoit son application; il ne permet pas de faire une construction sur le mur commun, sans le consentement du voisin; et quand ce dernier refuse, on fait décider par experts si la construction peut être faite sans nuire à son droit. Lorsqu'il s'agit, par exemple, d'une petite voûte en plein cintre, appuyée sur un mur mitoyen d'une épaisseur et d'une solidité extraordinaire, il serait possible que les experts fussent d'avis de laisser appuyer la voûte sur le mur, ne se trouvant, comme dans l'hypothèse, gênés dans leur détermination par aucune loi ni aucun usage contraire.

Ce cas possible dont on vient de parler est rare, et il est à présumer que le plus souvent les experts ne laisseront pas une voûte porter contre un mur mitoyen. On sait que le poids d'une pareille construction agit latéralement; par conséquent, le mur serait en danger de déverser du côté du voisin, si on ne prévenait pas l'accident.

Au reste, soit qu'on ait pris la précaution d'un contre-mur, soit qu'on l'ait négligée, si le mur mitoyen se trouve détérioré par l'effort de la voûte, celui à qui elle appartient est responsable du tort arrivé par son fait à la chose commune. Cette réflexion fait sentir que la prudence doit servir de loi à ceux qui construisent des voûtes près d'un mur mitoyen; ainsi les conseils des architectes qui leur recommandent de faire des contre-murs méritent quelque attention.

Il est clair que le contre-mur doit régner dans toute la longueur de la portion du mur mitoyen qu'il s'agit de protéger. Quant à la hauteur, elle est déterminée par la nature de la voûte; la règle est que sa courbe prenne naissance sur le contre-mur. A l'égard de l'épaisseur du contre-mur, on peut dire la même chose; car il doit être assez fort pour soutenir la poussée de la voûte : on sait qu'un plein cintre pousse latéralement beaucoup moins qu'une voûte surbaissée;

et plus le surbaissement est grand, plus la poussée latérale est considérable. Desgodets conseille de donner un pied d'épaisseur au contre-mur pour les berceaux de caves, tels qu'on les fait ordinairement ; c'est donc au-delà d'un pied qu'il faut tenir l'épaisseur du contre-mur, quand il s'agit d'une voûte, soit d'un plus grand diamètre, soit d'un cintre plus surbaissé ; en un mot, l'augmentation d'épaisseur est proportionnée aux dimensions de la voûte.

Autrefois on avait soin de ne pas incorporer le contre-mur au mur mitoyen ; mais, l'expérience ayant prouvé que le contre-mur est plus solide lorsqu'il est lié au mur, on pratique toujours l'incorporation lorsque le mur et le contre-mur sont construits en même temps. Quand le contre-mur est fait postérieurement au mur mitoyen, on ne peut incorporer sans le consentement du voisin, ou, à son refus, sans l'autorisation de la justice, conformément à l'*art.* 662 du Code Napoléon.

Les voûtes dont on a parlé jusqu'à présent, sont celles qui forment un simple berceau, de manière que le cintre ne se porte que vers la droite et vers la gauche ; les deux bouts sont fermés alors par des murs qui font l'office de pignons. Mais il y a des voûtes qui sont cintrées des quatre côtés. La réunion des parties cintrées forme aux quatre angles quatre arêtes qui sont saillantes ; elles se croisent et se rencontrent dans le haut en un centre commun. Chacune de ces quatre parties cintrées se nomme lunette ; en sorte que l'ensemble de cette construction est appelé voûte d'arête en lunette.

Quand une voûte de cette dernière espèce se rencontre près d'un mur mitoyen, on n'a pas besoin de faire un contre-mur ; mais on construit le long du mur deux dosserets, c'est-à-dire, deux espèces de pilastres en saillie construits en pierre. On donne à ces dosserets une épaisseur et une largeur suffisantes pour porter les pieds des deux arêtes qui se courbent du côté du mur mitoyen. Si les quatre parties cintrées de la voûte avoisinaient plusieurs murs mitoyens, on ferait porter les quatre pieds de cette voûte sur quatre dosserets d'une force proportionnée.

Si une voûte en simple berceau est fermée à l'une de ses extrémités par un mur mitoyen, il n'est pas besoin de contre-mur; car la voûte ne porte en aucune manière sur ce mur qui lui sert de pignon.

Un mur mitoyen qui soutiendrait d'un côté la voûte de ma cave, et de l'autre la voûte de la cave voisine, n'aurait pas besoin d'être garanti par des contre-murs : la force de la voûte placée à droite soutiendrait celle de la voûte placée à gauche; en sorte qu'il n'y aurait pas à craindre que le mur déversât d'un côté ou de l'autre. Cette égalité de force n'aurait pas lieu si les deux voûtes n'étaient pas vis-à-vis l'une de l'autre; l'équilibre n'existant plus, il faudrait de part et d'autre un contre-mur, pour que le mur de séparation ne fût pas dans le cas de déverser, soit d'un côté, soit même des deux côtés à la fois.

Est-il besoin d'un contre-mur pour soutenir la voûte d'une cave, lorsque du côté du voisin il n'y a que la masse des terres? Desgodets pense qu'un contre-mur est nécessaire pour soutenir la poussée des terres. Son annotateur assure qu'il n'est pas d'usage de faire un contre-mur en pareil cas; il dit que le mur qui porte la voûte, joint à la voûte elle-même, suffit pour retenir les terres, sauf dans des cas extraordinaires, comme lorsque la terre pleine est d'une très-grande hauteur.

Nous ajouterons que la prudence doit diriger dans de semblables circonstances; quand on s'y trouve, il ne faut pas oublier que celui qui construit est tenu des dommages que ses travaux occasionnent aux bâtimens voisins, et qu'il pouvait prévoir. En conséquence, soit qu'il ait été fait un contre-mur, soit qu'on ne l'ait pas jugé nécessaire, il est certain que si la poussée des terres était plus forte que l'obstacle qui lui aurait été opposé, le propriétaire de la cave serait responsable du préjudice qu'aurait causé au voisin l'éboulement des terres; car alors celui qui construit la cave doit se reprocher, ou d'avoir négligé les précautions indiquées par les circonstances, ou d'en avoir pris d'insuffisantes.

§ IX. *Des contre-murs entre deux héritages qui ne sont pas de même niveau.*

On a vu dans le paragraphe précédent ce qui concerne les contre-murs qui soutiennent les terres du voisin quand on creuse une cave près de son héritage. Mais s'il s'agissait de construire un mur mitoyen entre deux héritages, dont l'un aurait son sol plus élevé que le sol de l'autre, faudrait-il un contre-mur? aux frais de qui devrait-il être construit?

Il n'est pas douteux qu'un contre-mur soit nécessaire dans le cas proposé, parce que les terres étant plus élevées d'un côté que de l'autre, le mur souffrirait beaucoup de cette inégalité, et finirait par déverser du côté de l'héritage inférieur.

A l'égard de la question de savoir aux dépens de qui doit être fait le contre-mur, il est facile de décider que si l'inégalité du terrain ne vient pas du fait de l'un des deux propriétaires, c'est à la situation naturelle des héritages que doit être attribué l'inconvénient. En conséquence, celui à qui appartiennent les terres élevées doit les empêcher de faire tort aux voisins; le propriétaire de l'héritage supérieur est donc tenu seul de faire le contre-mur de son côté pour garantir le mur mitoyen.

Dans le cas où l'inégalité du sol provient d'un ouvrage commandé par l'un des propriétaires, celui-ci paye la dépense du contre-mur. C'est pour cette raison que, quand on fait une cave à côté d'un mur qui ne descend pas plus bas que le rez-de-chaussée, celui qui l'a construit doit garantir ce mur par une maçonnerie capable de soutenir en même temps la poussée des terres.

Pareillement, si deux héritages, ayant leur sol au même niveau, sont rendus inégaux par des terres jectices, c'est-à-dire, qui ont été rapportées pour élever l'un des deux sols, le contre-mur est fait aux dépens du propriétaire de l'héritage devenu supérieur. Cette décision a lieu, soit que le mur de séparation appartienne exclusivement au voisin, soit qu'on le construise en commun. Dans l'un ou l'autre cas, les terres du sol élevé ne doivent pas porter préjudice au propriétaire du sol inférieur.

Un contre-mur est-il nécessaire, lorsque le mur de séparation n'appartient qu'au maître de l'héritage qui a élevé son terrain? La réponse, est qu'il doit empêcher les terres qu'il a rapportées de se jeter chez le voisin : il doit donc les retenir par une force suffisante, ce qui n'est guère praticable qu'en fortifiant son mur par un contre-mur. Sans cette utile précaution, il s'expose volontairement aux dommages-intérêts résultant de son imprudence. D'ailleurs le mur qui touche l'héritage voisin sans moyen peut d'un jour à l'autre devenir mitoyen, et, une fois la mitoyenneté acquise, on peut le forcer à construire un contre-mur. De là il suit qu'il est de l'intérêt du propriétaire des terres jectices de les retenir par des moyens efficaces.

Supposons le contraire du cas précédent. Un des héritages a été rendu plus bas que l'autre par l'enlèvement d'une quantité de terre; dès-lors le terrain resté supérieur peut s'ébouler, ce qui l'endommagerait et ferait tort également à l'héritage inférieur. On demande sur qui retomberaient les pertes du dédommagement.

Il est évident que le propriétaire qui a baissé son sol est cause de l'événement; c'était à lui à le prévenir. Ayant négligé toute précaution, il est responsable des accidens occasionnés par son manque de prévoyance. Il doit donc construire une maçonnerie pour retenir les terres devenues supérieures par son fait; et si, en pareil cas, on construisait un mur de séparation, il faudrait nécessairement le garantir par un contre-mur, tout entier à la charge du propriétaire du terrain rendu inférieur. Il serait contraint à cette dépense, sans distinguer si la séparation est mitoyenne, ou si elle n'appartient qu'à lui seul, ou bien si elle est la propriété exclusive du voisin.

On conçoit bien que l'épaisseur du contre-mur, dans tous les cas où il est nécessaire, doit être prise sur le seul terrain de celui qui est tenu de l'établir. Cette construction doit régner, en longueur et en hauteur, dans toute l'étendue des terres supérieures qu'elle est destinée à retenir. Les architectes disent qu'on ne peut pas donner de règle certaine pour fixer l'épaisseur d'un pareil contre-mur ; elle dépend de la hauteur de ces terres, de leur nature, et du temps qui s'est écoulé depuis qu'elles ont été apportées. En supposant que les terres ne soient ni trop légères, ni trop fortes, et qu'elles aient déjà pris leur affaissement, on détermine l'épaisseur en raison de la hauteur.

Desgodets ne donne que six pouces d'épaisseur au contre-mur quand les terres supérieures ne sont élevées que d'un pied. Si la hauteur est plus considérable, jusqu'à trois pieds, l'épaisseur doit être de douze pouces. On augmente ensuite l'épaisseur, en partant du bas, à raison de deux pouces par chaque pied qui excède en hauteur les trois premiers pieds, en observant de réduire insensiblement l'épaisseur à n'avoir que douze pouces dans la partie qui est au niveau des terres supérieures. Ainsi, ces terres sont-elles élevées de trois pieds, le contre-mur est d'un pied d'épaisseur dans toute sa hauteur. Si les terres ont six pieds de haut, le contre-mur aura dix-huit pouces d'épaisseur depuis le bas jusqu'à trois pieds ; son épaisseur diminuera ensuite insensiblement, de manière à n'avoir que douze pouces dans sa plus haute élévation. Par le même calcul, si le contre-mur avait neuf pieds de haut, son épaisseur, pour le tiers de son élévation, serait de deux pieds, savoir : douze pouces pour l'épaisseur nécessaire à une hauteur de trois pieds, et de plus, deux pouces d'épaisseur pour chacun des six pieds qui excèdent cette première hauteur, ce qui fait une épaisseur totale de deux pieds pour le premier tiers.

Le second tiers au-dessus aurait une épaisseur de dix-huit pouces, savoir : douze pouces pour l'épaisseur nécessaire à sa hauteur, qui est de trois pieds, et ensuite six autres pouces, formant une augmentation d'épaisseur, à raison de deux pouces pour chacun des trois pieds qui excèdent en hauteur ce second tiers.

Enfin, le tiers le plus élevé n'aurait que douze pouces d'épaisseur, parce qu'il ne supporte aucune portion de plus en hauteur, et que douze pouces sont l'épaisseur suffisante pour un contre-mur qui n'a que trois pieds de haut.

Cet exemple suffit pour faire connaître comment il faut calculer, pour donner à un contre-mur qui soutient des terres, l'épaisseur convenable en raison de sa hauteur.

Que faudrait-il faire si le sol de l'un des héritages avait été baissé, tandis que le sol de l'autre aurait été élevé par des terres rapportées?

Pour la conservation du mur de séparation, qu'il soit mitoyen ou non, le propriétaire qui a baissé son terrain doit, de son côté, un contre-mur, mais seulement jusqu'à la hauteur du niveau naturel. Pareillement, l'autre doit aussi, de son côté, un contre-mur pour soutenir les terres qui excèdent le même niveau naturel. Mais au lieu de faire deux contre-murs, dont l'un sur l'héritage le plus bas, et l'autre sur l'héritage le plus élevé, il est plus conforme aux règles de l'art, et d'un effet plus solide, de faire ces deux contre-murs l'un sur l'autre du même côté, ou, pour mieux dire, de ne faire qu'un seul contre-mur d'une hauteur convenable. Il est alors plus efficace que le contre-mur soit placé sur l'héritage où se trouve le terrain le plus élevé, sauf à creuser les fondations suffisamment; par ce moyen, il sert tout entier d'intermédiaire entre le mur de séparation et la totalité des terres qu'il soutient. Cet arrangement, qui se fait entre les deux voisins, ne peut guère avoir lieu que quand l'abaissement d'un côté s'opère en même temps que l'élévation de l'autre côté; car si un propriétaire élève son terrain, tandis que l'héritage contigu reste au niveau naturel, il est tenu de faire de son côté un contre-mur. Quelques années après, si le voisin s'avise d'abaisser son terrain, il doit faire également de son côté un autre contre-mur; et alors le mur de séparation est garanti par deux contre-murs, l'un à droite, et l'autre à gauche, l'un supérieur, et l'autre inférieur.

Lorsque les deux voisins se sont arrangés pour que l'ouvrage de précaution soit fait du côté du terrain le plus élevé, sa fondation, plus basse que le niveau de l'héritage inférieur, doit être d'une profondeur relative à la hauteur, qu'il faut porter jusqu'au niveau de l'héritage supérieur. Un pareil contre-mur appartient indivisément aux deux propriétaires, savoir : à l'un, en raison de l'abaissement qu'il a opéré, et à l'autre, en raison de l'élévation qu'il a faite. C'est donc dans cette proportion qu'ils doivent contribuer à la construction et à l'entretien du contre-mur.

Ainsi, en supposant que l'un des héritages ait été baissé de trois pieds, par exemple, et que l'autre ait été élevé pareillement de trois pieds, le contre-mur devra avoir dix-huit pouces d'épaisseur jusqu'à la moitié de sa hauteur, et douze pouces pour l'épaisseur de sa moitié supérieure; ce calcul a été démontré plus haut, d'après l'avis de Desgodets. En pareille circonstance, le propriétaire du terrain bas paiera seulement ce qu'il en aurait coûté pour ne faire qu'un contre-mur de trois pieds de haut, lequel n'aurait eu que douze pouces d'épaisseur. Le surplus de la dépense doit être supporté par l'autre propriétaire, puisqu'il est cause de ce que le contre-mur est d'une hauteur et d'une épaisseur plus considérables.

On demande si le propriétaire supérieur doit payer une indemnité pour la charge de sa portion du contre-mur sur la portion inférieure qui appartient au voisin. Le contre-mur étant sur le terrain de ce dernier, on ne doute pas qu'il ne fût dû une indemnité pour cette charge, comme dans le cas de toute espèce d'exhaussement. Mais, par l'hypothèse, c'est sur le terrain supérieur qu'est placé le contre-mur; or, d'après l'arrangement qu'on propose, le propriétaire inférieur ne paye rien pour sa portion du terrain qu'occupent les fondations du contre-mur; par une compensation qui paraît juste, le propriétaire du terrain bas ne doit rien recevoir pour l'indemniser du poids dont la portion élevée du contre-mur charge la portion inférieure.

Art. III. *Des vues sur les propriétés voisines.*

Il est question ici de faire connaître quand et comment un propriétaire peut se procurer des vues du côté de l'héritage voisin. Pour traiter cette matière avec méthode, il faut la considérer suivant diverses circonstances : 1° se présente le cas où on perce un mur mitoyen, c'est ce qu'on appelle des vues de souffrance; 2° quand le mur n'est pas mitoyen, et qu'il touche sans moyen l'héritage voisin, on ne peut

avoir que des vues légales; avant le **Code**, elles se nom-
maient vues de coutumes; 3° cette dernière espèce de vue
doit être placée et construite selon que la loi le prescrit;
4° si, entre le mur et l'héritage voisin, il y a une certaine
distance, on peut se procurer sur le voisin ce qu'on appelle
une vue droite; 5° enfin, d'après la position du mur, par
rapport à l'héritage voisin, les vues qu'on peut prendre de
son côté se nomment obliques. Ces différens objets vont être
expliqués dans les cinq paragraphes suivans.

§ Ier. *Des vues de souffrance.*

Suivant l'*art.* 660 du Code Napoléon, on ne peut faire
aucun percement ni aucun enfoncement dans un mur mitoyen sans le consentement du voisin. A son refus, des experts règlent le moyen d'exécuter l'ouvrage projeté, sans
nuire aux droits du voisin. Cette disposition a été expliquée
plus haut, en parlant de la manière de jouir d'un mur mitoyen; nous avons remarqué que la faculté d'ouvrir des jours
à travers le mur possédé en commun était nécessairement
comprise dans cette défense.

Lorsque le voisin refuse, sans motifs, de consentir qu'il
soit fait aucune ouverture au mur, peut-on avoir recours à
des experts pour indiquer comment obtenir le jour désiré,
sans nuire aux droits de ce voisin? Non; en pareil cas, s'il
était nommé des experts, ce serait seulement pour vérifier
si le mur est ou non mitoyen. S'il appartenait exclusivement
à celui qui veut ouvrir un jour, les experts décideraient si le
jour peut être droit ou oblique, et de quelle manière il faudrait l'établir pour ne pas nuire aux droits d'autrui. Lorsque
la mitoyenneté du mur est reconnue, les experts n'ont plus
d'avis à proposer sur la construction de l'ouverture, parce
qu'elle ne peut avoir lieu sans le consentement du voisin,
qui n'est pas obligé de le donner. Cette décision est textuellement écrite dans le Code Napoléon, *art.* 675; il ne permet
pas même une fenêtre à verre dormant dans un mur mitoyen, sans le consentement de tous ceux qui en ont la
jouissance en commun. Plusieurs coutumes, et notamment
celle de Paris, *art.* 199, avaient décidé de la même manière.

Ainsi lorsque le Code, *art.* 662, dit qu'en cas de refus du voisin, on fait régler par experts le mode à suivre pour que l'objet projeté soit construit sans nuire aux droits de ce voisin, cela s'entend des seules constructions que celui-ci n'a pas droit d'empêcher, et auxquelles il se refuse, dans la crainte qu'on ne les exécute pas avec les précautions convenables. Par exemple, je veux placer des poutres sur un mur mitoyen, et vous me refusez votre consentement. J'ai recours à des experts qui seront nommés ou à l'amiable, ou judiciairement; car vous ne pouvez pas m'interdire de faire porter mes bois sur le mur commun; cette faculté est comprise dans la jouissance que la loi accorde à tout copropriétaire d'un mur mitoyen : *Code Napoléon, art.* 657. Votre opposition, dans ce cas, ne peut donc avoir d'autre but que de faire régler la manière dont je construirai, pour que vous n'en receviez aucun préjudice.

Mais je veux faire percer des jours dans le mur mitoyen, et vous ne le permettez pas; inutilement je demanderai des experts, parce qu'il vous est libre de consentir à cette sorte de percement, ou de vous y opposer, d'après le même Code, *art.* 675.

De là il résulte que les vues qui se trouvent pratiquées dans des murs mitoyens sont établies ou par suite de la complaisance du voisin, ou en exécution d'un titre. S'il y a titre pour ouvrir un jour dans des murs mitoyens, c'est une servitude volontairement consentie dont le voisin ne peut point empêcher l'exercice. On parlera au chapitre suivant de ces sortes de servitudes, créées par la volonté des parties; bornons-nous ici à expliquer le cas où le copropriétaire du mur mitoyen veut bien, par complaisance, et sans y être obligé par un titre, permettre à son voisin d'ouvrir un jour dans le mur possédé en commun. Une pareille ouverture est ce qu'on nomme jour de souffrance, parce qu'elle n'est que tolérée par l'un des propriétaires qui pourrait s'opposer à l'ouverture, et qui, après avoir souffert qu'elle fût faite, a droit de la faire boucher, s'il lui plaît.

Cette tolérance est écrite ou tacite; elle est écrite lorsque le consentement du voisin a été constaté par un acte qui atteste sa complaisance, et par conséquent qui lui réserve la faculté de faire boucher les vues, même quand cette clause aurait été omise. En pareil cas, il n'est jamais possible que celui qui jouit des vues puisse les acquérir par prescription, parce que l'on ne prescrit point contre un titre. Le laps de temps nécessaire pour la prescription donne simplement lieu de présumer que la servitude a été convenue entre les parties; mais, quand est produit l'acte qui atteste l'origine de la vue établie, toute présomption de servitude est détruite par la preuve contraire résultant de l'acte de tolérance.

Dans les coutumes qui n'admettaient aucune servitude sans titre, comme dans la coutume de Paris, toute ouverture dans un mur mitoyen, quelque ancienne qu'elle fût, était toujours regardée comme un jour de souffrance, tant qu'on ne rapportait pas un titre capable de lui donner le caractère de servitude. C'était donc sans inconvénient qu'on laissait pratiquer par le voisin une fenêtre dans le mur mitoyen, puisqu'on pouvait en tout temps exiger la fermeture de ce percement, de quelque nature qu'il fût.

Il en était autrement dans les coutumes où les servitudes s'acquéraient par la prescription; on ne pouvait plus forcer le voisin à boucher les jours qu'il s'était ouverts, par tolérance, dans le mur mitoyen, dès qu'il en avait joui sans interruption, pendant le temps nécessaire à la prescription. Aussi ne voyait-on guère de jours de souffrance dans ces sortes de coutumes, à moins qu'il n'en eût été dressé un acte dans lequel celui qui donnait son consentement au percement du mur mitoyen se réservait de faire boucher les ouvertures; faculté qu'il pouvait exercer, même après l'expiration du temps nécessaire à la prescription, quand cet acte était produit.

Aujourd'hui, ce qui avait lieu dans ces dernières coutumes est général à toute la France; car, dans son *art.* 690, le Code Napoléon permet d'acquérir par la prescription de trente ans les servitudes continues et apparentes, telles que sont toutes les vues prises dans un mur mitoyen. Nous expliquerons cet article dans le chapitre suivant, en parlant des servitudes volontaires; nous ne citons ici cette disposition que pour faire sentir combien il est imprudent de laisser ouvrir des jours de souffrance sans constater par écrit la complaisance qu'on veut bien avoir pour le voisin, afin qu'il ne puisse jamais se prévaloir d'une jouissance paisible pendant trente ans. Quand on n'a pas eu la précaution de faire un acte, pour attester à toujours la complaisance dont on a bien voulu gratifier le voisin, il faut avoir l'attention de ne pas laisser écouler trente ans, sans exiger, ou que les vues de souffrance soient bouchées, ou que le voisin ait souscrit la soumission de les boucher quand il en sera requis.

Ordinairement, quand on consent pour un temps à un jour de souffrance, on stipule les dimensions qui lui seront données, la manière dont il sera construit, et la place qu'il occupera dans le mur mitoyen. On peut dans cet acte insérer telles conditions que l'on veut, et même mettre un prix au consentement que l'on donne; un pareil marché doit être exécuté. Ce n'est pas une servitude à perpétuité; elle n'est pas établie sur un fonds pour l'utilité d'un autre fonds; c'est une obligation purement personnelle, contractée entre les deux propriétaires. Cette différence est nécessaire à remarquer, afin que l'on ne s'avise pas d'appliquer à une convention de cette nature les principes consacrés aux servitudes seulement.

Quand la vue de souffrance est tolérée tacitement, on n'examine pas quelles en sont les dimensions ni le genre de construction; car le voisin est libre de la faire boucher quand il veut. On ne peut lui objecter ni la petitesse de l'ouverture, ni l'impossibilité où elle est de nuire. Le voisin, à cause de la mitoyenneté, peut s'opposer à toute espèce de vues prises à travers le mur commun, sans être obligé de déduire aucun motif de son refus.

Ce droit, accordé par *l'art.* 675 du Code Napoléon, comme l'avaient fait plusieurs coutumes, est fondé sur ce que chaque voisin est copropriétaire du mur mitoyen; il ne peut donc y être rien innové sans un consentement mutuel.

Ce principe, qui est vrai, soit qu'on veuille poser des

poutres sur le mur, soit qu'on ait dessein d'y ouvrir des vues, n'a pas, dans le premier cas, les mêmes conséquences que dans le second. En effet, si l'un des propriétaires s'opposait à ce que le mur fût percé pour des poutres, on aurait recours à la justice, qui, sur un rapport d'experts, indiquerait les moyens de faire le travail convenablement. Il n'en serait pas de même s'il s'agissait de pratiquer un jour; l'un des propriétaires pourrait s'y refuser sans qu'il fût possible de le forcer à donner son consentement; c'est ce qu'on a démontré au commencement de ce paragraphe.

Cette différence vient de ce que le placement des bois sur un mur, ne lui cause aucune détérioration notable, et ne peut pas gêner la jouissance du voisin. Au contraire, le percement d'une fenêtre altère nécessairement la solidité du mur, et cause au voisin une importunité perpétuelle. De là, il résulte qu'on ne peut pas refuser son consentement au placement des poutres et solives; on n'a que le droit accordé par l'*art.* 662, de faire régler le mode du travail. A l'égard de l'ouverture d'une vue, le voisin peut s'y opposer d'une manière absolue, en vertu de l'*art.* 675, et sans rendre compte des motifs qui déterminent son refus. On sentira facilement combien la loi est raisonnable sur ce point, en considérant que l'on ne peut pas permettre à l'un des propriétaires du mur mitoyen, d'ouvrir des vues, sans accorder la même faculté à l'autre. Or, outre l'importunité réciproque qui résulterait d'une pareille législation, que deviendrait le mur, si chacun des propriétaires le perçait à volonté pour en tirer du jour? Sa destruction ne tarderait pas à arriver. Il était donc juste d'interdire aux deux voisins des travaux qui détérioreraient leur propriété commune, et qui leur causeraient de continuelles discussions; voilà pourquoi l'un ne peut jamais avoir de fenêtres dans le mur mitoyen, si l'autre n'y consent pas, ou si ce genre de servitude n'est pas établi volontairement par titre.

Si le mur n'était mitoyen que jusqu'à hauteur de clôture, et que l'exhaussement appartînt à un seul, les ouvertures qu'il ferait dans cette portion de mur seraient-elles des jours de souffrance que le voisin pourrait faire boucher, ou des vues légales qu'il ne pourrait empêcher?

Pour le propriétaire de l'exhaussement, on dit qu'il peut user de la portion du mur qui lui appartient comme il userait du mur entier s'il était sa propriété exclusive; or, dans ce cas, il pourrait ouvrir des vues légales, comme on le dira au paragraphe suivant. Desgodets, dans son commentaire sur l'*art.* 199 de la coutume de Paris, rapporte un arrêt rendu en faveur de cette opinion, le 15 février 1635, en la grand' chambre du Parlement de Paris.

M. Daquin, ayant fait abattre un mur mitoyen qui séparait son jardin de celui de M. Mergeray, l'avait fait reconstruire, à ses dépens, plus haut et plus épais qu'il n'était précédemment. D'après ce qu'on a dit dans l'article Ier, ce nouveau mur était mitoyen jusqu'à la hauteur de l'ancien; le surplus n'appartenait qu'à M. Daquin, qui avait pris sur son terrain l'excédant de l'épaisseur. Il avait pratiqué des fenêtres dans l'exhaussement de ce mur; ce qui motiva une demande de la part de M. Mergeray. Une sentence des requêtes du Palais entérina le rapport d'experts, et condamna M. Daquin à boucher les vues donnant sur la propriété de M. Mergeray. Mais cette sentence fut infirmée par l'arrêt, attendu que les vues étaient pratiquées dans l'exhaussement du mur; il est à présumer aussi que ces vues étaient construites conformément à la coutume. Le même architecte, dans son commentaire sur l'*art.* 200 de la coutume de Paris, cite huit autres arrêts qui ont maintenu des vues légales pratiquées dans des exhaussemens faits aux dépens d'un seul propriétaire sur un mur mitoyen.

L'annotateur de Desgodets convient de l'existence de ces arrêts; néanmoins il ne trouve pas convenable de permettre des vues dans l'exhaussement d'un mur mitoyen; d'abord, parce que ce mur, étant placé pour la moitié de son épaisseur sur l'héritage voisin, l'exhaussement, au moins quant à son assiette, participe de la mitoyenneté. En second lieu, l'*art.* 200 de la coutume de Paris n'avait autorisé les vues de coutumes que dans le mur appartenant en entier à celui qui les voulait pratiquer; d'où on devait inférer que s'il n'était propriétaire que de l'exhaussement du mur, la faculté de percer même la partie exhaussée ne lui était pas accordée.

Enfin, il pense qu'il est d'autant mieux de ne pas étendre aux exhaussemens de murs mitoyens le droit de tirer des vues de coutumes, qu'elles sont peu utiles à ceux qui veulent s'en aider, et qu'elles sont au contraire fort nuisibles aux voisins qu'elles importunent. Le peu d'utilité résulte et des conditions gênantes que la loi exige pour établir de pareilles vues, et de l'incertitude de les conserver, puisque le voisin peut les faire boucher en acquérant la mitoyenneté de l'exhaussement. Elles nuisent beaucoup à ceux sur qui le jour est pris, parce qu'en montant sur une chaise on peut voir ce qui se passe chez eux, et qu'elles présentent de leur côté un aspect fort désagréable, ces sortes de vues étant percées sans aucune symétrie.

Ces raisons ne nous paraissent pas décisives. Le Code Napoléon, *art.* 676, adopte la disposition de la coutume de Paris, qui permet au maître d'un mur de séparation d'y pratiquer des jours, pourvu qu'ils soient construits de la manière prescrite par la loi, et dont on parlera dans le chapitre suivant. On ne voit pas pourquoi cette décision ne serait pas appliquée aux exhaussemens faits sur des murs aussi-bien qu'aux murs eux-mêmes; celui qui tire du jour d'un exhaussement à lui seul appartenant est absolument dans le même cas que celui qui perce un mur dont il est seul propriétaire.

Dira-t-on que l'assiette de l'exhaussement est la même que celle du mur, et que si ce mur est mitoyen, l'exhaussement est porté, au moins médiatement, sur le terrain qui est en communauté? La réponse est, que la totalité de ce terrain est nécessaire à la portion mitoyenne du mur; c'est pour cette portion qu'il a été fourni, et quand même l'exhaussement ne subsisterait pas, le terrain qui contient les fondations n'en resterait pas moins dans la mitoyenneté. C'est donc avec raison qu'on ne croit porter aucune atteinte à la mitoyenneté des fondations, en réservant l'usage exclusif de l'exhaussement à celui qui seul en a fait la dépense; au contraire, il y aurait de l'injustice à ne pas lui en laisser la jouissance, sous prétexte que le terrain qui porte le mur mitoyen appartient aux deux voisins.

Il est facile de répondre à l'objection tirée de ce que la loi ne permet de pratiquer des vues légales, autrefois appelées des vues de coutume, que quand le mur n'est pas mitoyen. Cette disposition n'ayant aucune restriction, elle s'étend naturellement à tout mur qui a été construit par un seul propriétaire, sans distinguer si ce mur pose directement sur le sol, ou sur un autre mur, en forme d'exhaussement. Ici la loi a reconnu le droit de propriété, qui s'étend au mur entier, ou se restreint à l'exhaussement, selon que le tout ou une partie appartient à une seule personne; la loi n'a voulu que régler la manière dont le maître exclusif du mur ou de l'exhaussement peut s'en servir pour être moins incommode aux voisins. Une limitation à l'exercice de ce droit sacré ne peut pas être admise, si elle n'est exprimée : celui qui a construit à ses dépens l'exhaussement d'un mur mitoyen ne peut donc pas être privé de la faculté d'user à sa volonté de cette portion qui lui appartient exclusivement; par conséquent il a droit de la percer, comme il pourrait le faire s'il avait à lui seul la propriété du mur entier. Alors ces ouvertures ne seront pas de simples jours de souffrance, mais des vues légales.

A l'égard du peu d'avantage qu'on retire d'une vue légale, et de la gêne qu'elle cause aux voisins, ce ne sont que des considérations qui ne peuvent pas détruire l'effet des principes. D'ailleurs les vues pratiquées dans un mur qui n'est pas mitoyen ont les mêmes inconvéniens ; pourquoi les craindre davantage quand il s'agit de percer un exhaussement de mur?

§ II. *Des vues légales.*

Du droit d'user de sa propriété naît la faculté de percer un mur qu'on a fait construire à ses propres dépens. Néanmoins, lorsque ce mur qui n'est pas mitoyen touche immédiatement l'héritage d'autrui, la loi règle la manière dont les fenêtres doivent y être placées et construites. Elle rend hommage au droit du propriétaire; mais elle veut que les vues qu'il se procure ne soient pas trop incommodes au voisin.

Il s'agit ici du cas où il n'existe aucun titre propre à donner au propriétaire du mur le droit d'ouvrir des jours, car ce titre établirait une servitude pour laquelle il faudrait se conformer aux conventions faites entre les parties, ainsi qu'on l'expliquera au chapitre suivant, où on parlera des servitudes volontaires.

Les vues dont il est question dans ce paragraphe sont celles que le propriétaire exclusif d'un mur qui touche sans moyen l'héritage voisin a la faculté d'ouvrir, en se conformant aux conditions que lui impose la loi. Ainsi ces vues sont légales, d'abord parce que le droit de les établir vient de la loi, et non pas d'une convention; en second lieu, parce que la loi règle la manière de placer et de fermer les ouvertures d'où on tire du jour dans un mur de cette nature.

C'est l'*art*. 676 du Code Napoléon, qui, adoptant pour toute la France la disposition de la coutume de Paris, et de plusieurs autres sur ce point, accorde au propriétaire d'un mur non mitoyen, joignant immédiatement l'héritage d'autrui, la faculté de pratiquer dans ce mur des jours ou fenêtres fermées avec fer maillé et verre dormant. Le même article donne les dimensions des mailles de fer, et de la hauteur à laquelle les vues doivent être percées; c'est ce que nous expliquerons dans le paragraphe suivant : celui-ci est consacré uniquement à connaître quand on a droit d'établir des vues légales.

On demande si un mur, dont la moitié de l'épaisseur est assise sur un héritage, et l'autre moitié sur l'héritage voisin, est susceptible d'être percé par des vues légales quand ce mur est bâti en totalité aux dépens d'un seul propriétaire. Desgodets pense pour l'affirmative, et son annotateur Goupy pour la négative.

Le premier fonde son opinion sur ce que le mur appartient à celui qui l'a fait construire à ses dépens, quoique assis comme le serait un mur mitoyen, c'est-à-dire, moitié de l'épaisseur sur un héritage, et moitié sur l'autre. Le second des architectes cités prétend que le mur dont il est question n'appartient pas entièrement à celui qui en a fait seul la dépense, et que le voisin y a une part quelconque en raison du terrain qu'il a fourni pour les fondations. Cette circonstance, dit-il, est suffisante pour que le mur dont on parle ne soit pas confondu avec un mur construit aux dépens d'un propriétaire, et assis en entier sur son propre terrain. Or, ajoute-t-il, c'est seulement dans un mur de cette dernière espèce qu'il est permis d'ouvrir des vues légales.

Nous ne croyons pas devoir adopter cette dernière opinion, surtout après avoir prouvé, dans le paragraphe précédent, qu'on peut ouvrir des vues légales dans l'exhaussement d'un mur mitoyen, quand on a la propriété exclusive de cet exhaussement.

D'ailleurs, dans quel cas peut-il arriver qu'un mur entier soit construit moitié sur un héritage et moitié sur un autre, quoique la dépense en soit supportée par un seul propriétaire? Certainement ce n'est pas lorsque le mur est établi pour la première fois; car, ou bien les voisins s'accordent pour faire un mur mitoyen, et alors il est construit en entier à frais communs; ou bien, si on est à la campagne, l'un des deux voisins refuse de contribuer à la construction du mur, et alors il est assis de toute son épaisseur sur le fonds du propriétaire qui le construit seul. Pour qu'il y ait lieu à la question proposée, il faut donc que le mur ait été originairement mitoyen, et que l'un des deux propriétaires en ait abandonné la mitoyenneté; or on a vu dans l'article 1er, § IV de ce chapitre, que tout le terrain sur lequel est assis le mur abandonné, fait nécessairement partie de l'abandon. Ainsi, celui qui est devenu maître du mur entier, l'est également de tout le terrain de la fondation, quoique primitivement il ait été pris sur les deux héritages.

Pour prouver que celui qui a abandonné la mitoyenneté du mur conserve un certain droit sur la moitié du terrain, Goupy dit que, s'il convenait à ce propriétaire de reprendre la mitoyenneté, comme il en a la faculté, il ne paierait que la moitié de la construction, et rien pour la moitié du terrain. C'est une erreur, car dans l'abandon de la mitoyenneté le terrain est compris. En conséquence, celui qui veut rentrer dans la mitoyenneté qu'il avait abandonnée, doit rembourser moitié de la valeur, tant du mur que du terrain servant à la fondation. Cette vérité a été démontrée au § IX de l'article Ier.

Tout exhaussement d'un mur mitoyen est susceptible de recevoir des vues légales, quand cet exhaussement appartient exclusivement à l'un des deux voisins; on a prouvé cette proposition dans le paragraphe précédent. Néanmoins, l'annotateur de Desgodets la conteste; il ne veut pas que l'on fasse, dans l'exhaussement dont on est le seul maître, les mêmes ouvertures qu'on a droit de pratiquer dans le mur dont on a la propriété exclusive. En discutant cette question, on a vu que les raisons sur lesquelles s'appuie cet annotateur n'ont rien de solide.

Pour avoir des vues légales, il faut être propriétaire exclusif de la séparation, ou de son exhaussement. Mais il peut arriver que le mur ou l'exhaussement qu'on possède seul soit rendu commun; ce qui a lieu quand le voisin en acquiert la mitoyenneté, selon qu'on l'a expliqué dans le § IX de l'article Ier. Dès que le mur, ou son exhaussement, est devenu mitoyen, aucune des vues légales qui s'y trouvent pratiquées ne peut plus subsister; il faut les boucher, à moins que le voisin ne consente à les laisser dans l'état où elles sont. Voilà pourquoi il arrive souvent que la mitoyenneté d'un mur ou de son exhaussement est acquise, uniquement pour avoir droit de faire disparaître des vues importunes.

Celui qui acquiert la mitoyenneté d'un mur ou d'un exhaussement est-il en droit, par ce seul fait, d'exiger la destruction des vues légales qui s'y trouvent placées; ou bien est-il forcé à les laisser subsister tant qu'il n'élève pas de construction qui les masque?

Les principes que nous avons développés sur cette matière ne permettent pas de douter que, par l'acquisition du droit de communauté à un mur de séparation ou à l'exhaussement, on a la faculté d'empêcher qu'aucunes vues n'y soient pratiquées, et qu'on peut faire boucher celles qui s'y trouvent. Nous avons eu occasion de discuter ce point dans l'article Ier, § IX. On y examine la question de savoir si, pour forcer le voisin à céder la mitoyenneté de son mur, on est tenu de justifier qu'on en a besoin. Nous avons démontré que la volonté seule de celui qui demande à acquérir la communauté au mur, suffit pour qu'on ne puisse pas la lui refuser. On n'exige pas que la mitoyenneté lui soit utile actuellement; on suppose qu'il se prépare la faculté de s'en servir quand il voudra, ce qui est un intérêt assez grand pour un propriétaire. On a parlé du cas où je réclamais la jouissance commune, dans le seul dessein de faire disparaître des vues légales; et il a été décidé que le désir d'empêcher le voisin de regarder chez moi était un motif assez raisonnable pour que l'acquisition de la mitoyenneté fût regardée pour moi comme un besoin. Ainsi, non-seulement il n'est pas nécessaire d'être dans la disposition de bâtir contre le mur pour en obtenir la mitoyenneté; mais même, quand celui qui la réclame déclarerait hautement que son but unique est de se débarrasser de l'importunité des vues légales, le propriétaire du mur ou de l'exhaussement n'en serait pas moins forcé à consentir la mitoyenneté.

Desgodets, en expliquant l'*art.* 200 de la coutume de Paris, adopte un avis contraire, qu'il appuie sur des arrêts. Suivant lui, ils ont jugé que l'exhaussement d'un mur mitoyen ayant été fait par un seul propriétaire, celui-ci a le droit d'ouvrir des vues légales dans la portion qui n'appartient qu'à lui, jusqu'à ce que le voisin veuille appuyer des bâtimens sur la maçonnerie où sont ces mêmes vues. De là, Desgodets conclut que ce voisin ne peut exiger d'autre mitoyenneté que celle de la portion de mur qui sera couverte par ses bâtimens projetés; en sorte qu'il ne pourra pas faire boucher les vues légales qui se trouveront plus élevées dans le mur commun que les constructions qu'il aura appliquées contre ce même mur.

Des huit arrêts que cet architecte cite, six ont jugé seulement qu'on est autorisé à pratiquer des vues légales dans l'exhaussement d'un mur qui est mitoyen; ces arrêts, il est vrai, disent que ces mêmes vues resteront jusqu'à ce qu'il convienne au voisin de bâtir contre le mur, après avoir remboursé le prix de la mitoyenneté de l'exhaussement. Mais il est facile de voir que la question qui se présentait à juger était uniquement de savoir si, l'exhaussement étant placé sur un mur mitoyen, le propriétaire de cet exhaussement pouvait y pratiquer des vues légales. Ce qu'ajoutent ces arrêts, en parlant de l'époque à laquelle ces vues pouvaient être bouchées, n'est qu'une manière d'indiquer au demandeur son droit de faire disparaître les vues, en acquérant la mitoyenneté de l'exhaussement. Or, comme il n'était guère d'usage de faire pareille dépense que quand on voulait se servir de la partie exhaussée, il n'est pas étonnant que les jugemens aient désigné la circonstance principale où on se déterminait à acquérir une mitoyenneté. Au reste, on doit d'autant moins argumenter de cette indication, qu'elle n'avait qu'un rapport très-éloigné avec l'objet des contestations.

Cependant, un autre arrêt, cité par Desgodets, et qui est du 15 février 1635, paraît avoir expressément décidé que le remboursement de la mitoyenneté peut être refusé, tant que le voisin qui en fait l'offre ne bâtit pas contre le mur. La question qu'avait à juger cet arrêt consistait encore à savoir seulement si les vues placées dans l'exhaussement d'un mur, qui n'était mitoyen que jusqu'à hauteur de clôture, devaient être bouchées. Après avoir décidé, comme dans les arrêts précédemment cités, qu'elles subsisteraient jusqu'à ce que le voisin voulût bâtir contre le mur, et rembourser la moitié de l'exhaussement, la Cour ajoute : « Lequel remboursement, celui qui a les vues ne sera pas contraint de recevoir, à moins que le voisin ne bâtisse contre le mur. » Il est possible que des circonstances particulières aient motivé cette particularité; car cet arrêt est le seul qui ait ainsi prononcé formellement contre les principes que nous adoptons. Ils étaient ceux de la coutume de Paris, comme ils sont aujourd'hui ceux du Code Napoléon, et par conséquent ceux à suivre dans toute la France. Pothier, en rappelant ce même arrêt dans son contrat de société, second appendice, article II, § III, atteste que la disposition n'en a point été suivie.

Au reste, on trouve d'autres arrêts qui ont prononcé conformément à notre opinion. L'un, qui est du nombre des huit que cite Desgodets, a été rendu en la première chambre des enquêtes du parlement de Paris, le 20 juillet 1651. Il rejette une demande tendante à faire boucher les vues pratiquées dans l'exhaussement d'un mur, qui n'était mitoyen que jusqu'à hauteur de clôture; l'arrêt ajoute : « Si mieux « n'aime le demandeur rembourser les charges suivant la « coutume; auquel cas le mur en question sera commun et « mitoyen entre les parties. »

D'après ce jugement, il est évident que le demandeur, pour faire boucher les vues légales, n'avait besoin que de rendre l'exhaussement mitoyen : l'obligation de bâtir ne lui a point été imposée.

Un autre arrêt non moins décisif, favorable à la même opinion, est relaté par l'annotateur de Desgodets; il est du 12 juillet 1670, et a été rendu à la grand'chambre du parlement de Paris, sur les conclusions de M. l'avocat général Talon. Il porte que les vues légales pratiquées dans l'exhaussement d'un mur qui n'était mitoyen qu'à hauteur de clôture, et qui fermait le jardin du président Perot, seraient bouchées, en remboursant par celui-ci au voisin la somme de deux mille livres, pour l'estimation de la moitié de ce qui n'était pas mitoyen; il était pourtant avoué que le président n'avait pas dessein de bâtir contre le mur.

Rien n'est plus positif que cette décision; et comme elle est postérieure à celles qui sont citées pour l'opinion contraire, on est fondé à soutenir que tel est le dernier état de la jurisprudence; elle est au surplus complètement conforme aux dispositions du Code, sur la mitoyenneté des murs et sur la faculté d'ouvrir des vues légales. Ainsi, on peut faire boucher ces vues dès qu'on rembourse la moitié de la valeur du mur, ou de la portion de mur où elles sont placées, sans qu'on soit tenu, pour exercer ce droit, d'élever un bâtiment capable de couvrir les ouvertures qu'il s'agit de faire disparaître.

§ III. *De la manière d'établir les vues légales.*

Il est bien démontré dans le paragraphe précédent, qu'en vertu de l'*art.* 676 du Code Napoléon, tout propriétaire d'un mur non mitoyen, ou de l'exhaussement d'un mur qui n'est mitoyen que jusqu'à une certaine hauteur, peut percer des vues légales dans la portion qui lui appartient. On a prouvé pareillement que ces vues légales ne sont que précaires ; c'est-à-dire, qu'elles ne subsistent que jusqu'à ce qu'il plaise au voisin d'acquérir la mitoyenneté du mur, ou de la portion de mur dans laquelle ces vues se trouvent établies. Enfin, on a fait voir que l'acquisition de cette mitoyenneté était un titre suffisant pour faire boucher les vues légales du voisin, sans que, pour user de ce droit, on fût tenu de faire une construction aussi élevée que ces mêmes vues. On en a conclu que le voisin ne pouvait pas refuser de recevoir le prix de la moitié du mur, en prétextant que l'acquéreur n'a pas intention de bâtir.

Ce qui nous reste à dire maintenant sur les vues légales concerne la manière dont ces sortes d'ouvertures doivent être fermées, et la hauteur à laquelle elles doivent être placées. Le même *art.* 676 s'explique à cet égard avec beaucoup de précision.

D'abord les fenêtres, formant vues légales, doivent être garnies d'un treillis de fer, dont les mailles aient au plus un décimètre d'ouverture, c'est-à-dire environ trois pouces huit lignes.

En second lieu, il faut en outre que chaque fenêtre soit fermée d'un châssis à verre dormant ; ce qui veut dire que le châssis qui soutient le verre n'est point destiné à s'ouvrir ni à se fermer. A cet effet, le châssis est scellé avec du plâtre ou mortier, ou bien retenu avec des pattes de fer, qui elles-mêmes sont scellées dans le mur.

Troisièmement, si la chambre que l'on veut éclairer est au rez-de-chaussée, le propriétaire du mur ne peut le percer pour obtenir du jour, qu'à la hauteur au moins de vingt-six décimètres, qui valent huit pieds, à partir du sol ou plancher sur lequel on marche. Quand la chambre qu'il s'agit d'éclairer est à un des étages supérieurs au rez-de-chaussée, la hauteur qu'on doit observer est de dix-neuf décimètres, équivalant à six pieds ; cette hauteur se mesure en partant du plancher sur lequel on marche dans chaque étage.

Ces dispositions sont conformes à celles de la coutume

de Paris, et de beaucoup d'autres. Le Code en a fait des lois générales qu'il faut exécuter dans toute la France, sans avoir égard aux différentes législations locales qui existaient sur ce point. En conséquence, les explications que donnent sur la manière de construire les vues légales dans la coutume de Paris, les architectes qui ont parlé sur cette matière, peuvent être utiles aujourd'hui pour toute la France.

Ils disent d'abord que par fer maillé, il faut entendre une grille en fer carillon de six lignes d'épaisseur. Cette grille, composée de montans et de traverses, forme des vides carrés qu'on nomme *mailles*; or, ce sont ces mailles dont chacune doit offrir une ouverture d'un décimètre au plus en hauteur, sur une pareille largeur. Un treillis de fil de fer n'est pas regardé comme suffisant, parce qu'il faut que le voisin, sur qui on a la vue, soit suffisamment assuré qu'on ne forcera pas la fermeture grillée.

Les grilles de fer maillé doivent être scellées dans l'épaisseur du mur, de manière qu'elles ne fassent pas saillie au-delà de son parement du côté du voisin. Il faut qu'il y ait un scellement aux deux extrémités de chaque montant et de chaque traverse, dont la grille est composée, afin qu'elle tienne solidement et qu'on ne puisse pas l'ouvrir.

Les feuillures propres à recevoir le châssis qui porte le verre, sont faites aussi près qu'on veut de la grille, mais du côté de celui à qui le mur appartient; et le châssis placé dans ces feuillures, doit y être scellé, ou attaché avec des pattes qui sont scellées dans le mur.

Les verres que porte ce châssis y sont fixés à demeure, sans qu'on puisse se permettre d'en ajuster un seul qui puisse s'ouvrir ou se fermer à volonté. Dès que les mailles de la grille n'ont que l'ouverture prescrite, les verres attachés au châssis peuvent avoir les dimensions qu'on veut leur donner: on exige seulement qu'ils ne puissent pas s'ouvrir. La raison en est que la grille peut bien assurer qu'on ne passera pas par la fenêtre, et que ceux qui sont dans la chambre ne pourront avancer ni la tête ni le bras du côté du voisin; mais il est encore nécessaire qu'on ne puisse rien jeter sur l'héritage de ce dernier.

Dans la fixation de la distance en hauteur qu'il faut laisser depuis le sol de chaque étage jusqu'à l'ouverture d'une vue légale, le Code est moins rigoureux que n'était la coutume de Paris : elle exigeait neuf pieds pour les chambres du rez-de-chaussée, et sept pieds pour celles des étages supérieurs. Suivant le Code, les vues peuvent être établies au rez-de-chaussée, à une hauteur de vingt-six décimètres, formant huit pieds; dans les autres étages il n'est besoin que d'une hauteur de dix-neuf décimètres, ou six pieds. Comme la loi ne détermine que l'espace en hauteur qui doit exister depuis le plancher sur lequel on marche jusqu'à l'endroit où l'ouverture peut commencer, il s'ensuit que l'appui de la fenêtre qu'on ouvre pour se procurer une vue légale, doit être placé à la distance prescrite, à partir du carreau ou parquet de la chambre qu'on veut éclairer; à l'égard des dimensions qu'il faut donner à la baie de cette fenêtre, elles sont laissées à la volonté de celui qui la construit. En conséquence, entre l'appui de la fenêtre et son linteau, comme entre ses deux pieds droits, on peut laisser tel vide que l'on veut; sa hauteur et sa largeur ne sont fixées par aucune loi. Il suffit donc que l'ouverture d'une vue légale commence à la distance prescrite, à partir du carreau ou parquet de la chambre éclairée, et qu'elle soit fermée tant par un châssis à verre dormant, que par une grille de fer; on est maître de faire ce châssis et cette grille aussi élevés et aussi larges qu'on en a besoin.

Il est facile de reconnaître la hauteur à laquelle il faut placer l'appui d'une croisée d'où on veut tirer une vue légale, quand le sol de l'un des héritages a le même niveau que le sol de l'héritage contigu. Il y a plus de difficulté lorsque le sol de la maison qui a besoin de jour, est plus élevé ou plus bas que le sol de l'autre héritage. En effet, si le sol du rez-de-chaussée qu'on veut éclairer est plus élevé, par exemple de quatre pieds, que celui de l'héritage contigu, et qu'on mesure les huit pieds de distance prescrite à partir du carreau ou parquet de ce rez-de-chaussée, l'appui de la croisée se trouvera, du côté du voisin, à une hauteur de douze pieds; ce qui est plus que ne veut la loi. Si au contraire les huit pieds exigés sont mesurés à partir du sol voisin, l'appui de la fenêtre ne sera qu'à la hauteur de quatre pieds, dans la chambre éclairée; ce qui est une distance moindre qu'il n'est ordonné.

Suppose-t-on que c'est le sol de la maison où se fait l'ouverture qui se trouve plus bas de quatre pieds que celui du voisin? En mesurant les huit pieds nécessaires à partir du carreau ou parquet du rez-de-chaussée qu'il faut éclairer, on ne trouve l'appui de la croisée, du côté du voisin, qu'à hauteur de quatre pieds; ce qui est moins qu'il n'est prescrit. Si au contraire on prenait les huit pieds à partir du sol extérieur, l'appui de la croisée se trouverait à douze pieds du carreau ou parquet de la chambre éclairée; ce qui excéderait la distance exigée. Comme il arrive rarement que cette hauteur existe, même dans les rez-de-chaussée des maisons, l'ouverture d'une vue légale serait le plus souvent impraticable dans ce dernier cas.

En un mot, ce qu'on vient de dire se réduit à la question de savoir de quel côté il faut mesurer la hauteur à laquelle doit être placé l'appui d'une croisée légale lorsque les sols des deux héritages contigus n'ont pas le même niveau.

. Desgodets pensait qu'on satisfaisait à la loi en laissant du côté du voisin sur lequel on tirait le jour, une hauteur égale à celle prescrite pour le rez-de-chaussée, et en observant dans l'intérieur éclairé, au moins la distance prescrite pour les étages supérieurs. Cet arrangement proposé comme une règle générale, au lieu de remédier aux inconvéniens prévus, augmentait la difficulté, et rendait plus fréquente l'impossibilité d'ouvrir des vues légales.

Au surplus, cette difficulté pouvait occuper les commentateurs de la coutume de Paris, qui ne s'était pas expliquée assez clairement; mais aujourd'hui, l'*art.* 677 du Code Napoléon s'exprime d'une manière si précise, qu'il ne donne lieu à aucune interprétation. Celui qui ouvre une vue légale ne considère que le sol du rez-de-chaussée ou de l'étage qu'il veut éclairer; c'est à partir du plancher sur lequel il marche que doit être mesurée la distance à laisser depuis ce plancher jusqu'à l'appui de la fenêtre; on n'examine pas à quelle élévation sur le sol voisin se trouve l'ouverture. Il semble en effet qu'en observant littéralement ce que prescrit la loi, on obtient le résultat qu'elle desire, puisqu'alors une personne qui marche dans la chambre où se trouve la fenêtre ne peut pas voir chez le voisin. Cette vérité est évidente dans tous les cas où le sol de l'héritage contigu est plus bas que celui de la chambre qu'on éclaire ; car, en laissant dans cette chambre la hauteur exigée, cette hauteur sera plus grande du côté du voisin, qui n'en sera que plus rassuré contre l'incommodité de la vue légale ouverte sur lui.

Dans le cas, au contraire, où c'est le sol voisin qui est le plus élevé, qu'arriverait-il si la différence était fort considérable, par exemple, si elle se portait à six pieds ? Le jour ouvert à huit pieds de haut dans l'intérieur de la chambre, ne se trouverait élevé que de deux pieds au-dessus du sol contigu ; alors il suffirait aux habitans de la chambre d'élever les yeux pour voir chez le voisin. Cet inconvénient est réel ; mais, d'une part, il n'est pas grave, si on considère que dans le cas dont il s'agit les habitans de la chambre voient sur l'héritage voisin seulement ce qui est à la proximité de la fenêtre, et que pour cela même ils sont obligés de lever les yeux à la hauteur de huit pieds. D'ailleurs l'inconvénient qu'on redoute en cette occasion, et qui déjà est fort peu considérable d'après cette première réflexion, n'existe que dans les cas fort rares, où le sol de l'héritage contigu se trouve beaucoup plus élevé que celui qu'on veut éclairer ; car, lorsque la différence de niveau n'est pas excessive, lorsqu'elle n'est, par exemple, que de deux ou trois pieds, on ne peut rien voir chez le voisin, par la fenêtre tenue à la hauteur légale dans l'intérieur.

On dira peut-être que, dans le cas prévu, le voisin verra facilement dans la chambre ; mais c'est à celui qui veut ouvrir un jour dans son mur à combiner s'il n'aime pas mieux risquer d'être vu que de rester sans fenêtre du côté du voisin. Ce qui est certain, c'est que ce voisin ne peut être tenu à rien concernant un fait qui lui est étranger ; il a au contraire le droit d'empêcher que ce fait ne l'incommode. Quant à l'importunité que peut en recevoir celui à qui le jour est utile, celui-ci est maître, entre deux inconvéniens, de choisir le moindre.

De cette discussion on conclut qu'il n'est pas étonnant que les législateurs, pour résoudre toutes les difficultés résultant de l'inégalité des niveaux, aient exigé que la hauteur à observer pour percer des vues légales soit mesurée à partir du carreau ou parquet sur lequel on marche dans la chambre qu'on veut éclairer. Cette règle est si positive, qu'on ne peut pas se permettre de l'interpréter. De plus, les cas où elle cause des incommodités au voisin sont si rares, et ces incommodités sont si peu considérables, qu'il vaut mieux les supporter que de s'écarter de la règle prescrite; les interprétations que chacun voudrait adopter donneraient lieu à des contestations plus fâcheuses que l'inconvénient qu'on chercherait à éviter.

Un mur de séparation a été rendu mitoyen jusqu'à une certaine hauteur, par exemple, jusqu'à quinze pieds; le surplus est un exhaussement appartenant exclusivement à celui dont les bâtimens s'élèvent le plus. Ce dernier veut ouvrir une vue légale dans cet exhaussement qui est sa propriété. Il est embarrassé de savoir où il placera l'appui de la croisée, parce que la mitoyenneté ne se termine qu'entre les deux planchers de la chambre qu'il veut éclairer. Comme il lui est défendu de pratiquer aucune ouverture dans la partie mitoyenne du mur, il sait que la vue légale ne pourra être prise qu'à travers l'exhaussement qui n'appartient qu'à lui, et qu'il faudra la placer à la hauteur prescrite. Dans une pareille circonstance, on demande si la hauteur pour placer l'appui de la croisée doit être mesurée à partir seulement de la ligne où finit la mitoyenneté; ou bien s'il suffit qu'entre le carreau ou parquet de la chambre éclairée, et l'appui de la croisée, il y ait la distance ordonnée. Dans le premier cas, l'ouverture ne serait presque jamais praticable, parce que l'espace qu'il y a ordinairement entre les deux planchers d'un étage n'est pas assez grand pour qu'on puisse observer ce qui serait alors exigé. Au second cas, il arriverait que la vue pourrait être prise immédiatement au-dessus de la ligne qui termine la mitoyenneté, sans laisser la hauteur requise entre cette ligne et l'appui de la fenêtre.

Les commentateurs qui, comme l'annotateur de Desgodets, se sont déclarés ennemis des vues légales, ont adopté toutes les opinions qui multiplient les cas où ces sortes de vues sont impraticables; en sorte qu'il leur paraîtrait que la fenêtre ne devrait être ouverte qu'à la hauteur prescrite, à partir de la ligne où se termine la portion mitoyenne du mur.

Ce n'est point ainsi qu'il faut interpréter le Code Napoléon : bien loin de restreindre la faculté d'ouvrir des jours dans un mur, ou dans une portion de mur dont on est le seul maître, il a reconnu expressément et d'une manière générale ce droit, qui est une conséquence naturelle de la propriété; cette loi a voulu seulement en régler l'exercice, afin qu'il ne fût pas incommode aux voisins. Il faut donc décider, dans l'espèce proposée, que celui qui veut ouvrir une vue légale n'a autre chose à faire que de suivre littéralement ce que dit le Code; c'est-à-dire qu'il doit mesurer la hauteur prescrite, à partir du plancher inférieur de l'étage qu'il veut éclairer; il suffit qu'à cette hauteur ce propriétaire rencontre l'exhaussement qui n'appartient qu'à lui; alors rien ne peut l'empêcher d'y établir une fenêtre fermée avec fer maillé et verre dormant. Les personnes qui marcheront dans cet étage ne verront rien chez le voisin; ce qui remplit l'intention que la loi s'est proposée.

Souvent on a besoin de vues légales pour éclairer un escalier; si les fenêtres se placent sur le palier de chaque étage, on sent bien que pour chacune des fenêtres la hauteur se prend à partir du sol de l'étage qu'elle éclaire. Mais il arrive quelquefois que le mur ne peut être percé que dans les intervalles d'un palier à l'autre; c'est-à-dire dans ses portions qui correspondent aux parties rampantes de l'escalier. Les uns veulent dans ce cas, comme dans tout autre, que l'on ne s'écarte pas du texte du Code, et que la hauteur soit mesurée à partir du plancher bas de l'étage où on se trouve. L'endroit où on perce le mur, même dans la partie rampante d'un escalier, est nécessairement placé entre un plancher haut et un plancher bas, et dépend ainsi d'un étage; c'est donc, suivant cette opinion, à partir du plancher inférieur de cet étage, que la hauteur doit être mesurée.

D'autres disent que, par suite de cette décision, il pourrait arriver que, placé sur une des marches de l'escalier, on vît chez le voisin; ce qui manquerait le but de la loi. Suivant eux, le jour sera établi régulièrement, si, à partir de l'appui de la fenêtre jusqu'à la marche qu'elle approche de plus près, il se trouve la hauteur légale. Cette opinion paraît préférable; car c'est alors seulement qu'il y aura certitude qu'en montant ou en descendant par l'escalier, on ne rencontrera pas la fenêtre à une hauteur moindre que celle fixée par le Code.

Si au mur qui me sépare de vous sans moyen j'ai appliqué une galerie, ou une terrasse, ou un balcon, à une hauteur assez élevée pour qu'en m'y promenant je voie chez vous, ai-je le droit de conserver cette vue? ne faut-il pas distinguer si le mur est mitoyen, ou s'il m'appartient exclusivement?

Qu'il y ait ou non mitoyenneté, cette vue ne peut subsister, à moins qu'elle ne soit établie par titre. La défense d'avoir certaines vues à travers un mur de séparation s'étend évidemment au cas où ces vues seraient prises par-dessus le mur. Ainsi, dans l'espèce proposée, vous pouvez me forcer ou à détruire ma galerie, ma terrasse, mon balcon, ou bien à élever le mur jusqu'à hauteur de clôture, à partir du plancher sur lequel on marche dans ma galerie, sur ma terrasse ou mon balcon. Alors je pourrai ouvrir dans cet exhaussement, tant qu'il sera à moi seul, une vue légale qui sera fermée avec fer maillé et verre dormant; et comme on peut considérer ma construction comme un étage supérieur au rez-de-chaussée, l'appui de l'ouverture légale devra être au moins à la hauteur de six pieds, à partir du plancher sur lequel je me promène dans ma galerie, ou sur ma terrasse, ou sur mon balcon.

Par cette explication, on voit qu'il importe peu que le mur par-dessus lequel j'ai la vue, soit mitoyen, ou n'appartienne qu'à moi. On voit également que s'il vous convient d'acquérir la mitoyenneté, soit du mur et de son exhaussement, soit de son exhaussement seul, si déjà le mur était mitoyen, vous pourrez faire boucher les vues légales que j'aurai ouvertes pour l'agrément de ma construction élevée.

La manière d'établir les vues légales variait selon les coutumes, les règlemens particuliers, et les usages locaux; mais le Code Napoléon ayant prononcé sur ce point pour la France entière, toutes ces différences doivent disparaître. Ainsi, toutes les vues qui ont été établies depuis la publication du titre où le Code traite des servitudes, et celles qui le seront à l'avenir dans tout l'Empire, doivent être construites conformément à ce qu'il prescrit. Comme il n'a pas d'effet rétroactif, on doit laisser subsister en l'état où elles sont les vues légales dont l'établissement est antérieur à l'époque où cette loi a été promulguée. De là naît la question de savoir si, en réparant les anciennes vues, il faut les arranger conformément aux dispositions du Code : pour rendre la question plus claire, donnons un exemple.

Une vue légale a été établie, avant le Code, dans une coutume qui n'exigeait pour fermeture que verre dormant sans fer maillé; elle fixait la hauteur de l'ouverture à neuf pieds au rez-de-chaussée, et à sept pieds pour les autres étages. Aujourd'hui, on fait des réparations au mur dans lequel cette vue est percée. Le propriétaire de cette vue prétend la baisser d'un pied, puisque le Code ne prescrit que huit pieds au rez-de-chaussée, et six dans les autres étages. Le même propriétaire offre aussi de fermer l'ouverture de sa fenêtre, non-seulement avec verre dormant, mais encore avec fer maillé, puisque c'est une disposition de la loi nouvelle à laquelle il entend se soumettre.

Le voisin s'oppose à ce qu'aucun changement soit opéré dans l'établissement de cette vue; il soutient qu'ayant été construite sous l'empire de la coutume, elle doit rester soumise à cette loi particulière, attendu que le Code n'a pas d'effet rétroactif. En conséquence, ce voisin n'exige pas qu'outre le verre dormant, qui seul ferme l'ouverture, il soit mis une grille; mais aussi il ne consent pas à ce que l'appui de la fenêtre soit baissé.

Avant de prononcer sur une contestation semblable, il faut savoir si la réparation exige la reconstruction du mur dans la partie où la vue se trouve percée; ou bien s'il s'agit seulement de quelque ouvrage d'entretien, pour lequel on ne dérange rien à l'état où se trouve la vue légale. Dans ce dernier cas, il ne serait pas raisonnable d'exiger une démolition et une reconstruction qui n'est pas nécessaire, et qu'on ne peut pas demander en vertu d'une loi qui n'a pas d'effet rétroactif. La question n'offre donc de difficulté que quand, par cas fortuit, ou par vétusté, on se trouve forcé de reconstruire en entier, soit le mur, soit la portion de mur où est placée la vue légale.

Plusieurs jurisconsultes pensent que cette vue doit être rétablie comme elle était antérieurement, parce que c'est la même servitude qui, ayant pris naissance sous l'ancienne loi, doit continuer à exister sous la forme ancienne; autrement ce serait donner un effet rétroactif à la loi nouvelle. Ils citent d'ailleurs l'*art.* 704 du Code, par lequel il est dit que les servitudes anciennes revivent quand ce qui en est l'objet est rétabli.

D'autres, avec plus de raison, conviennent qu'une servitude qui a cessé d'exister par la destruction des choses qui en étaient l'objet, reprend de nouveau l'existence, comme le dit l'*art.* 704; mais c'est pour qu'il en soit usé dans la forme prescrite par la loi nouvelle. En effet, s'il s'agissait d'une servitude volontaire, le rétablissement des choses qui en sont l'objet la ferait revivre, conformément aux titres qui auraient encore leur force, et non pas suivant des titres qui auraient été modifiés ou annulés. Par la même raison, toute servitude qui ne tient son existence que de la loi, reprend son activité dès que ce qui la constitue est rétabli; elle est alors exercée, non pas suivant une loi abrogée, mais dans la seule forme autorisée par la loi nouvelle.

Cette vérité est mieux sentie encore, quand on considère que les servitudes légales sont établies par l'autorité pour le maintien de la tranquillité, de la sûreté, de la salubrité et de la prospérité de tous les citoyens. C'est par des lois de police générale qu'elles sont obligatoires ; il serait donc contraire à l'ordre public de rétablir suivant des formes proscrites les servitudes qui ont cessé d'exister. La seule chose raisonnable est de respecter l'effet des anciennes, tant que les servitudes restent en activité ; mais, dès qu'on se trouve dans la nécessité de reconstruire ce qui en fait l'objet, il est indispensable de se soumettre à la loi nouvelle.

§ IV. *Des vues droites.*

Personne n'ayant le droit de percer le mur mitoyen, le voisin, qui ne s'est pas opposé à l'ouverture des vues prises dans un pareil mur, est fondé à les faire boucher quand il veut ; c'est ce qui les fait nommer jours de souffrance : on en a parlé dans le premier paragraphe. Dans les deux paragraphes suivans on a expliqué quand et comment on peut ouvrir une vue au travers d'un mur qui sépare sans moyen deux héritages, et qui n'appartient qu'à l'un des propriétaires. Le droit de faire de sa chose ce qu'on veut est reconnu par la loi, et n'en reçoit de limitation que pour la manière de construire les fenêtres dans un mur de cette nature, afin que le voisin n'en soit pas trop incommodé. Celui-ci est donc tenu de souffrir ces sortes de vues, quand elles sont faites conformément à ce qui est prescrit, à moins qu'il ne veuille rendre le mur mitoyen, en remboursant la valeur de la moitié de ce mur. Alors ces vues deviennent des jours de souffrance, qu'il a droit de faire boucher quand il veut.

Le paragraphe qui nous occupe maintenant est consacré aux vues droites. On appelle ainsi les ouvertures faites dans un mur placé en face de l'héritage voisin, et à une certaine distance. En perçant une fenêtre, le propriétaire de ce mur voit directement chez le voisin sans avoir besoin de tourner les yeux d'un côté ou de l'autre ; voilà pourquoi une ouverture de cette espèce est appelée *vue droite, ou d'aspect.* Si cette vue s'étend fort au loin, les architectes la nomment *vue de prospect.* La vue d'aspect ou de prospect est nécessairement une vue droite. Cette dénomination est en opposition avec celle de *vue de côté*, dont il sera parlé au paragraphe suivant, et qui consiste en une fenêtre d'où on ne peut voir chez le voisin qu'en tournant la tête d'un côté ou de l'autre.

Pour qu'il y ait vue droite, il faut que le mur où elle se trouve ne soit pas mitoyen, ni dans le cas de le devenir à la seule volonté du voisin, c'est-à-dire, que ce mur, non-seulement doit appartenir exclusivement au propriétaire de l'héritage sur lequel il est assis, mais encore il ne doit pas joindre immédiatement l'héritage voisin. Tantôt c'est une rue, ou un chemin, ou une place publique qui l'en sépare; d'autres fois, c'est un terrain appartenant au maître du mur.

On conçoit que le droit de propriété, qui permet de percer un pareil mur, ne peut plus être limité comme dans le cas où le mur joint sans moyen l'héritage voisin. Cependant, toujours attentive à ce que le voisinage ne soit pas trop incommodé, la loi veut que le mur soit placé à une certaine distance du fonds voisin, pour qu'on puisse établir dans ce mur des fenêtres qui s'ouvrent à volonté, et qui soient à telle hauteur qu'il convient au propriétaire de les construire.

Les coutumes et les règlemens locaux avaient diversement réglé cette distance; mais les dispositions du Code Napoléon sur cette matière sont les seules qu'il faille suivre aujourd'hui dans toute la France. Il est dit, *art. 678*, qu'on ne peut avoir des vues droites ou fenêtres d'aspect, ni des balcons ou autres semblables saillies en face de l'héritage clos ou non clos du voisin, si le mur où sont pratiquées ces constructions n'est éloigné de cet héritage au moins de dix-neuf décimètres, qui valent six pieds.

Cette distance qui doit être laissée entre le fonds voisin et le mur où on ouvre des fenêtres d'aspect se compte depuis le parement extérieur du mur, en sorte que si les vitres sont placées dans l'épaisseur du mur, il ne faudra pas mesurer depuis le châssis qui les contient, mais toujours à partir de la face extérieure du mur, sans que rien de son épaisseur puisse être compris dans la distance prescrite. *Ibid. art.* 680.

Lorsque la vue droite consiste en un balcon, en une galerie, ou en toute autre saillie, la distance à observer ne se mesure plus à partir du parement du mur, mais depuis la ligne extérieure qui termine la construction saillante; si, par exemple, il s'agit d'un balcon, on mesure à partir du dehors de l'appui qui est fait, soit en fer, soit en balustres de pierre ou de bois.

Cette distance légale de six pieds doit être comprise entre la ligne extérieure du mur, ou de la saillie, et la ligne de séparation des deux propriétés : *ibid.* En ce point, le Code a consacré en loi générale ce qui était réglé par la coutume de Paris; en sorte que l'on peut s'aider, dans toute la France, des avis donnés sur cette matière par les commentateurs de cette coutume.

Quand l'espace laissé au-delà du mur où est la fenêtre d'aspect appartient au maître de ce mur, il peut arriver que la ligne qui sépare son fonds de celui du voisin soit marquée par un autre mur; alors la distance prescrite doit se trouver entre le mur où est la fenêtre et celui qui clôt l'héritage. Observez que si cette clôture appartient entièrement au propriétaire de la fenêtre, l'épaisseur de ce mur de séparation pourra être comprise dans la distance. Mais si la clôture est mitoyenne, il ne sera permis de compter, dans les six pieds, que la moitié de l'épaisseur du mur de séparation. Pareillement, si ce mur était plus épais que ne doit être une clôture, et que l'excédant d'épaisseur appartînt au voisin, on ne ferait entrer dans la distance que la moitié de l'épaisseur de la portion mitoyenne.

Desgodets cite plusieurs jugemens qui ont décidé conformément à cette opinion. Il indique, entre autres, une sentence des requêtes du Palais, à Paris, confirmée par arrêt rendu le 27 août 1661, entre la veuve Duval et Jacques Lebreton. Celui-ci avait fait construire un escalier dont le mur n'était pas tout-à-fait à six pieds de distance, à partir du parement extérieur de ce mur jusqu'à la moitié de l'épaisseur de la séparation mitoyenne. Il fut condamné à fermer les vues droites qu'il avait ouvertes pour éclairer l'escalier, ou à les garnir de fer maillé avec verre dormant.

L'alternative laissée par cet arrêt à la partie condamnée fait sentir que, quand on est obligé de tirer du jour au travers d'un mur dont on est le seul maître, et qui est en face d'un héritage voisin, on doit examiner si ce mur en est éloigné de six pieds au moins; c'est seulement quand il existe cette distance prescrite, qu'on peut construire à volonté des fenêtres d'aspect. Lorsque la distance, calculée comme on vient de l'expliquer, n'est pas de six pieds au moins, on ne peut se permettre que des vues légales, c'est-à-dire des ouvertures placées à la hauteur fixée par la loi, et fermées d'un treillis de fer, ainsi que d'un verre dormant. On se trouve alors comme dans le cas où le mur, quoique non mitoyen, joint sans moyen l'héritage voisin. La seule différence est que jamais le voisin ne peut faire boucher ces vues légales en acquérant la mitoyenneté, parce que la distance quelconque qui se trouve au-delà du mur où sont percées les vues suffit pour que le propriétaire ne soit forcé à vendre aucun droit à la communauté de son mur.

Un propriétaire a établi des vues droites dans un mur qui ne se trouve à la distance prescrite qu'en y comprenant toute l'épaisseur d'une clôture dont il est le maître exclusivement. Par la suite, le voisin acquiert la mitoyenneté de cette séparation; alors les fenêtres d'aspect ne sont plus à six pieds de l'héritage voisin, qui se termine actuellement au milieu de l'épaisseur du mur devenu mitoyen. On demande si l'acquéreur de la mitoyenneté peut faire réduire les vues droites à l'état de vues légales.

Ceux qui s'en tiennent à la rigueur des principes disent que l'acquisition de la mitoyenneté doit opérer tout l'effet dont elle est susceptible. Dans l'espèce proposée, on a dû prévoir que le voisin avait la faculté de rendre la séparation mitoyenne; on a dû savoir qu'un jour les vues droites seraient réductibles à des vues légales.

D'autres qui se laissent toucher par de simples considérations, pensent que celui qui a construit des fenêtres d'aspect, en observant rigoureusement la distance prescrite, ne doit pas souffrir de la résolution postérieure que prend le voisin, d'acquérir la communauté au mur de clôture. Suivant cette opinion, les choses doivent rester dans l'état où elles sont; mais, quand arrivera la reconstruction du bâtiment où se trouvent les fenêtres d'aspect, il sera nécessaire d'observer la distance exigée par la loi.

Les partisans de cette même opinion ajoutent, néanmoins, que celui qui vend la mitoyenneté du mur de séparation ne doit pas négliger de faire constater que les vues droites existaient à la distance prescrite, avant que le voisin eût aucun droit à la communauté du mur. Sans cette précaution, le voisin pourrait soutenir, par la suite, que les vues ont été construites postérieurement à l'acquisition de la mitoyenneté. Or, faute de prouver le contraire, il est certain qu'on serait forcé de réduire les fenêtres d'aspect à l'état de vues légales, c'est-à-dire de les fermer avec grille et verre dormant, et de les tenir à la hauteur prescrite.

Le rez-de-chaussée d'un bâtiment est situé en face d'un mur servant de séparation à deux héritages; mais la distance entre l'un et l'autre n'est pas de six pieds. Peut-on ouvrir des vues droites vis-à-vis de cette clôture, qui est telle, par la supposition, que les yeux ne peuvent apercevoir autre chose que ce mur, et rien par dessus?

Oui, parce que la loi qui fixe la distance des vues d'aspect se restreint aux seuls cas où est nécessaire cette limitation du droit de propriété; elle est fondée sur l'incommodité que de pareilles fenêtres occasionneraient au voisin, si elles étaient trop près de lui. Or, dans l'espèce proposée, la vue droite bornée par le mur de clôture ne se porte pas chez le voisin, qui, par conséquent, ne pourrait se plaindre que par mauvaise humeur et sans motif raisonnable : *Malitiis non est indulgendum.*

Cette décision nous paraît juste, soit que le mur de clôture appartienne exclusivement à l'un ou à l'autre propriétaire, soit qu'il se trouve possédé en commun. Il est pourtant à remarquer que si la clôture dépendait du seul voisin, et qu'il la fît abattre, les fenêtres d'aspect de l'héritage qui est en face deviendraient importunes, et ne pourraient plus subsister; le voisin aurait droit d'exiger qu'elles fussent fermées avec grille et verre dormant. Si, au lieu d'abattre sa

clôture, le voisin y pratiquait des ouvertures, elles gêne-
raient les habitans du rez-de-chaussée en face; en conséquence, il serait tenu de fermer ses jours, comme des vues
légales. Observez aussi qu'après les ouvertures faites dans le
mur de clôture, les habitans du rez-de-chaussée qui est en
face ne peuvent pas non plus conserver leurs vues droites ;
ils doivent également les fermer avec grilles et verres
dormans.

Au reste, ce qu'on vient de dire d'un rez-de-chaussée est
applicable aux étages supérieurs, dont les fenêtres se trouvent en face d'un mur élevé à leur hauteur : rien n'empêche
de tirer des vues droites par ces ouvertures, quoiqu'elles ne
soient pas à la distance prescrite du mur voisin. Mais, si
le mur venait à être détruit ou baissé plus bas que les fenêtres, il faudrait que celles-ci fussent fermées comme des vues
légales.

Puisqu'un propriétaire, selon notre principe, n'est fondé
à réclamer contre des vues droites que quand il en est incommodé, on peut donc avoir des fenêtres d'aspect sur un
champ appartenant à autrui, quoiqu'elles n'en soient pas
éloignées de six pieds. En effet, un champ est ouvert à tous
les passans, à tous les regards; et certainement la vue droite
qu'on en tire pour l'utilité d'un bâtiment voisin ne peut pas
occasionner la moindre gêne au propriétaire de ce champ.
Desgodets, qui admet cette opinion, cite à l'appui un arrêt du
24 mars 1668, confirmé par un autre arrêt du 20 août suivant, l'un et l'autre rendus au parlement de Paris.

Il est bon de savoir que la coutume de Paris, dans son
art. 202, défendait de construire des vues droites, si ce n'est
seulement à la distance de six pieds de l'héritage voisin ; elle
ne distinguait pas le cas où cet héritage était clos, et celui où
il ne l'était pas. Ce silence avait donné lieu à l'interprétation
qu'attestent les arrêts cités, et qui jugent qu'on ne doit ap-
porter de limitation à l'exercice du droit de propriété que
quand il incommode les voisins. Mais, disent ceux qui sont
d'un avis contraire, le Code n'a pas laissé la question indé-
cise; il a prononcé que la distance de six pieds doit être
observée, tant lorsque l'héritage voisin est clos, que quand

il ne l'est pas. Dès que la loi s'explique aussi clairement, il n'est pas possible d'admettre aucune interprétation. En conséquence, le propriétaire d'un champ ouvert de toute part peut exiger que les vues droites d'un bâtiment soient à la distance de six pieds de son héritage; sinon il les fera réduire à l'état de vues légales.

Il est impossible d'un côté de ne pas reconnaître la disposition précise du Code, qui entend garantir de toutes vues droites les héritages voisins clos ou non clos; d'un autre côté, la raison ne permet pas de gêner son voisin dans sa jouissance, pour le seul plaisir de lui nuire. Dans cette alternative, nous pensons que les circonstances doivent servir à déterminer ce qui convient pour chaque espèce où la question se présente; on doit concilier le respect dû à la propriété, avec l'obligation de ne pas incommoder ses voisins.

On ne peut pas avoir une terrasse, un balcon, une galerie, d'où on puisse voir par-dessus le mur de séparation, s'ils n'en sont à distance légale; autrement, on suivrait ce qui a été dit à ce sujet dans le paragraphe précédent. Il en est de même de toute autre construction, tel qu'un belvédère, un pavillon, un kiosque, d'où la vue s'étend sur l'héritage voisin : si ces objets n'en sont pas éloignés au moins de six pieds, ils ne peuvent comporter des fenêtres d'aspect; celles qu'on y fait doivent être garnies de fer maillé, avec châssis de verre fixé à demeure.

Dans tout ce qu'on a dit jusqu'ici, on a supposé des héritages contigus; mais, qu'arriverait-il si deux propriétés étaient séparées par un chemin, ou un ruisseau, ou une rue, dont la largeur n'aurait pas six pieds?

Les uns disent que la loi ayant exigé une certaine distance entre deux héritages, sans en excepter le cas où ils sont séparés par la voie publique, on ne peut pas se permettre de distinction. Ils s'appuient sur ce que des vues droites qui sont à une trop grande proximité du voisin, lui sont aussi incommodes dans un cas que dans l'autre.

Desgodets pense avec raison que la loi ne prescrit la distance de six pieds que quand les deux héritages se touchent immédiatement. La manière dont est rédigé l'*art.* 68o du Code Napoléon confirme cette opinion : il dit que la distance fixée se compte depuis le parement extérieur du mur où sont pratiqués les jours, ou depuis la ligne extérieure la plus saillante des balcons *jusqu'à la ligne de séparation des deux propriétés.* Ces dernières expressions ne conviennent évidemment qu'au seul cas où les deux propriétés sont contiguës; car, s'il s'agissait du cas où elles sont séparées par une rue ou un chemin, il n'y aurait entre elles plus qu'une simple ligne de séparation; il faudrait alors mesurer jusqu'à l'endroit où commence l'héritage voisin; et le Code ne l'a pas dit.

Au surplus, cette décision est fondée sur ce qu'il est permis à tout propriétaire d'ouvrir des vues droites sur la voie publique, sans examiner si elle a plus ou moins de six pieds de large. Pourquoi en effet empêcher quelqu'un d'établir une vue libre, même quand elle s'étendrait chez le voisin, puisque tous ceux qui passent dans le chemin servant de séparation entre les deux héritages, jouissent de cette même vue? Cette situation d'un fonds placé sur le bord de la voie publique avertit assez des inconvéniens qui en résultent; on peut les prévoir. D'ailleurs, on a la faculté d'ouvrir des jours semblables, sans craindre aucun empêchement de la part du voisin placé de l'autre côté du chemin.

Peut-on ouvrir des vues droites dans un mur qui touche immédiatement un cimetière?

Desgodets cite deux arrêts : l'un, du 3o juin 1622, a été rendu à l'occasion du cimetière de Saint-Eustache à Paris, conformément aux conclusions de M. l'avocat-général Talon. Ce magistrat disait que les vues dont il s'agissait n'étaient pas susceptibles d'être réduites à la hauteur fixée par la coutume, les trépassés n'ayant pas les mêmes passions et affections que les vivans, qui n'aiment pas que leurs occupations ordinaires soient connues. Il voulait cependant que ces sortes de vues fussent grillées et fermées par verres dormans, afin qu'on ne pût ni jeter des immondices dans le cimetière, ni interrompre les prières qui s'y font. L'autre arrêt, cité par le même auteur, est du 7 janvier 1709, et prononce de même sur une contestation concernant des fenêtres qui ouvraient sur le cimetière des Saints Innocens à Paris.

Ces décisions nous confirment dans l'opinion que les circonstances en cette matière doivent entrer en considération, afin de ne limiter l'exercice de la propriété que quand l'exigent impérieusement les égards dus au voisinage.

§ V. *Des vues de côté ou obliques.*

Quand on est à une fenêtre, et que, pour regarder sur l'héritage d'un voisin, il faut tourner la tête à droite ou à gauche, cette fenêtre est appelée *vue de côté, ou oblique,* par rapport à cet héritage. Le cas où il y a lieu à cette sorte de vue arrive, lorsque deux propriétés sont situées de manière que la ligne qui termine l'une, fait un angle avec celle qui termine l'autre. Ainsi, de la même croisée on peut avoir une vue droite sur l'héritage qui est en face, et des vues obliques sur les héritages qui sont à droite et à gauche.

Suivant l'*art.* 679 du Code Napoléon, on ne peut pas jouir d'une vue oblique sur un héritage voisin, clos ou non clos, si depuis la croisée d'où on tire cette vue, jusqu'à cet héritage, il n'y a une distance au moins de six décimètres ou deux pieds. Une vue de côté plus rapprochée, importunerait trop le propriétaire sur le fonds duquel elle s'étendrait; le propriétaire de ce fonds pourrait donc la faire fermer comme une simple vue légale, à moins qu'elle ne fût l'objet d'une servitude consentie volontairement.

Remarquez que, quand les deux lignes qui limitent deux héritages voisins forment un angle très-aigu, on n'a pas besoin de tourner les yeux de côté pour voir de l'un sur l'autre. Ce n'est plus alors une vue oblique, mais une vue droite, puisqu'on est dans le même cas que si les deux héritages étaient en face l'un de l'autre. En conséquence, il faut se régler comme on l'a dit au paragraphe précédent; on ne jouira donc de cette vue librement que quand on sera éloigné de l'héritage voisin au moins de six pieds. La distance se mesure en suivant une ligne qui forme équerre ou angle droit avec le mur dans lequel on veut ouvrir la fenêtre. Dans les parties de ce mur où la distance, mesurée de cette manière, n'est pas de six pieds au moins, il n'est pas possible d'avoir d'autres vues que celles qui sont fermées avec grilles et verres dormans.

Nous ne parlerons donc ici que des vues véritablement obliques; c'est-à-dire de celles que procure une fenêtre par laquelle on ne peut voir sur l'héritage qui est à côté, qu'en tournant la tête à droite ou à gauche. Si la distance de deux pieds au moins n'existe pas entre une pareille croisée et l'héritage qu'on voit obliquement, le propriétaire de cet héritage a droit d'exiger que l'ouverture soit fermée, comme celles des vues légales, avec grilles et châssis à demeure; mais s'il y a la distance prescrite, il ne peut pas empêcher qu'on use librement de la fenêtre, et qu'on la tienne ouverte ou fermée à volonté.

Cette distance de deux pieds, fixée par la loi, se mesure en suivant l'alignement du mur où est la fenêtre, et à partir depuis l'arête extérieure du pied droit formant le tableau de cette fenêtre jusqu'à la séparation des deux héritages. Quand la vue oblique est prise d'un balcon ou de toute autre saillie, elle se mesure depuis la ligne extérieure la plus saillante de cette construction.

Si la séparation des deux héritages est un mur mitoyen, les deux pieds peuvent comprendre la moitié de l'épaisseur du mur. Quand cette épaisseur est plus forte qu'il n'est d'usage pour les clôtures, et que l'excédant appartient au voisin, on ne peut pas compter dans la distance nécessaire plus que la moitié de l'épaisseur ordinaire d'un mur de clôture.

Suppose-t-on que le maître des vues obliques soit aussi le seul maître du mur de séparation; les deux pieds de distance peuvent comprendre l'épaisseur entière de ce mur. Ces décisions sont les mêmes que pour les vues droites; elles sont expliquées dans le paragraphe précédent, en parlant du cas où un mur sépare deux héritages qui sont en face l'un de l'autre; nous n'en répéterons pas ici les motifs.

Dans le cas où le mur qui n'était pas mitoyen lors de la construction des vues obliques, le devient par le remboursement des charges de la part du voisin, la distance ne se trouve plus de deux pieds; car la limite de l'héritage voisin est rapprochée de la moitié de l'épaisseur du mur. Est-on forcé alors d'éloigner les fenêtres à la distance prescrite? Cette même question a été traitée dans le paragraphe précédent, en parlant d'un cas semblable pour les vues droites ; on y voit que les opinions sont partagées. Les uns décident pour l'affirmative, et d'autres veulent que l'acquisition de la mitoyenneté ne change rien à l'état des choses, tant qu'elles subsistent; mais, que s'il y a lieu à là reconstruction du mur dans lequel sont percées les vues, on doit compléter la distance exigée par la loi.

La question de savoir si on est tenu d'observer la distance prescrite quand la vue oblique est bornée par un mur de clôture, a été pareillement examinée à l'occasion des fenêtres d'aspect; nous y renvoyons, parce que les mêmes motifs doivent déterminer dans l'un et l'autre cas. L'impossibilité de voir chez le voisin, quand la vue droite ou oblique est masquée par un mur, où il ne se trouve aucune ouverture, ne permettrait pas d'écouter ce voisin, s'il se plaignait de la proximité des fenêtres, il serait sans intérêt quant à présent.

Une troisième question concerne les vues qui s'étendent sur des champs ouverts de toutes parts; ce qu'on en a dit en parlant des vues droites convient aux vues obliques. D'un côté la loi veut, pour les unes comme pour les autres, que la distance prescrite soit observée, même quand l'héritage voisin n'est pas clos; d'un autre côté, il n'y aurait que de la méchanceté, sans aucun intérêt, à se plaindre de l'importunité d'une vue qui ne porterait que sur un champ ouvert de tous les côtés. On a conclu de là, que les circonstances devaient seules déterminer, et qu'il fallait chercher à concilier le respect dû à la propriété avec les égards que nécessite le voisinage.

Quand le propriétaire d'un bâtiment a besoin d'ouvrir des vues de côté plus près de l'héritage voisin que les deux pieds prescrits, il peut suivre le conseil que donne Desgodets. Il fait un mur en aile de deux pieds de saillie, formant angle droit avec la face du mur où il s'agit de percer les fenêtres. Ce mur en aile s'élève jusqu'aux étages dans lesquels les vues obliques sont nécessaires. Si le mur de séparation formant angle droit ne monte qu'à hauteur de clôture, et qu'il soit mitoyen, ou appartienne à celui qui construit, on exhausse ce mur dans une longueur de deux pieds, jusqu'aux étages supérieurs où on a besoin de vues obliques très-rapprochées, les fenêtres alors, quoique touchant presque ce mur en aile, ne peuvent pas nuire au voisin, sur l'héritage duquel il est impossible alors de voir obliquement, si ce n'est au-delà de ce même mur en aile qui s'étend à deux pieds.

Il est bon d'observer ici qu'une construction saillante, telle qu'une terrasse, un grand balcon, un perron, procure une vue droite non-seulement sur l'héritage qui est en face, mais encore sur les héritages qui sont à droite et à gauche. En effet, on sort du bâtiment pour se promener sur la saillie; on s'y tourne dans tous les sens, et par conséquent on a pour aspect direct, tant les héritages qui sont vis-à-vis que ceux qui sont à droite et à gauche, selon le côté où on se porte pour regarder. De là il suit qu'une construction saillante de la nature de celle dont il s'agit doit être éloignée de tous les héritages voisins, comme la loi le prescrit pour les vues droites, c'est-à-dire de six pieds. Alors la distance se mesure par rapport à chacun des fonds voisins, depuis la ligne la plus extérieure de la saillie, en la considérant par la face qu'elle lui présente.

Supposons, par exemple, qu'il s'agisse d'un de ces grands balcons, sur lesquels on peut se promener. La saillie qu'il fait au-delà du mur auquel il est attaché ne doit pas s'approcher plus près que six pieds de l'héritage qui est en face. Pareillement la longueur du balcon ne peut en aucune manière être prolongée que jusqu'aux endroits où, à droite et à gauche, il se trouve à six pieds des héritages qui sont de chaque côté. Par ce moyen, la personne qui, en se promenant sur le balcon, s'avance vers l'une des extrémités, ne peut pas approcher plus près que six pieds de l'héritage voisin qu'elle voit alors en face comme un objet de vue droite.

Quelque près que l'on soit de l'héritage voisin, si on en est séparé par une ruelle, on n'est pas tenu d'observer la distance de deux pieds pour des vues obliques, parce que chacun est libre d'ouvrir comme il lui plaît sur la voie publique. Cette remarque, plus convenable pour les vues droites, n'est rappelée ici que dans l'intérêt des principes; car il n'arrive guère qu'un terrain public, qui sépare deux propriétés particulières n'ait pas au moins deux pieds de largeur.

Ce qu'on a dit des vues droites qu'on peut ouvrir sur un cimetière sans observer la distance prescrite, parce que c'est un lieu public, doit s'appliquer aux vues obliques. Mais, pour empêcher de jeter des immondices dans ce lieu consacré, et afin que rien ne puisse interrompre les cérémonies qui y sont pratiquées, les vues obliques non suffisamment éloignées doivent être grillées et fermées de verres dormans, comme les vues légales.

Art. IV. *De l'égout des toits.*

La pluie que reçoivent les toits tombe autour des bâtimens, quand elle n'est pas recueillie par des gouttières. Lors même qu'elle n'est pas ainsi abandonnée, cette eau est dirigée, soit par des godets, d'où elle se précipite par terre, soit par des tuyaux qui la conduisent jusqu'en bas.

De quelque manière que les eaux d'un toit se répandent, il est de principe général qu'elles ne doivent jamais tomber sur les héritages voisins, à moins que, par titre consenti volontairement, on n'ait la faculté de leur donner une pareille direction. Cette règle ne présente aucune difficulté à observer, lorsqu'un bâtiment isolé de toutes parts est à une certaine distance des héritages environnans. Mais, dans les villes, et dans tous les lieux où plusieurs maisons tiennent les unes aux autres, il serait impossible que les eaux des toits, abandonnées à elles-mêmes, ne suivissent pas la pente des constructions diverses, et que des toits les plus hauts, elles ne se portassent pas sur les autres, pour ensuite se rendre à terre par les égouts des maisons les moins élevées. Il est donc indispensable que chaque propriétaire s'arrange, de manière que les eaux de ses toits ne passent pas sur ceux des maisons voisines. Pareillement, lorsqu'un bâtiment est appuyé sur un mur mitoyen, ou sur un mur non commun, mais qui touche l'héritage voisin immédiatement, le propriétaire de ce bâtiment doit empêcher que les eaux du toit ne s'égouttent sur le terrain limitrophe.

On ne peut pas ici faire l'application de l'*art.* 640 du Code Napoléon, qui assujettit les fonds inférieurs à recevoir les eaux des fonds plus élevés. Une semblable disposition est établie seulement pour les cas où la supériorité d'un héritage sur l'autre vient de la situation naturelle des lieux. Le même article dit précisément qu'il ne s'étend pas aux objets qui, par la main de l'homme, ont été mis dans la dépendance les uns des autres. Or les bâtimens ne sont rien moins que l'effet de la nature, puisqu'ils sont l'ouvrage de l'art. Ainsi, quoique par les divers arrangemens des constructions, les eaux de pluie, en suivant la pente qu'elles trouvent, dussent tomber sur les toits ou sur les terrains voisins, il n'est pas permis de leur laisser cette liberté. Chacun a pu faire usage de son droit de propriété, en construisant de la la manière qui lui a convenu; mais c'était avec la restriction qu'il ne causerait aucune incommodité à ses voisins.

Chaque propriétaire doit donc faire en sorte que les eaux pluviales qui arrosent ses toits ne retombent ni sur ceux de son voisin, ni sur aucune portion de l'héritage de ce dernier; c'est le précepte que consacre l'*art.* 681 du Code Napoléon. Il ordonne à tout propriétaire d'établir des toits de manière que les eaux pluviales s'écoulent sur son propre terrain, ou sur la voie publique; le même texte défend expressément de les diriger sur les fonds voisins.

On peut exiger du maître d'un bâtiment qu'il s'arrange pour retenir chez lui les eaux pluviales de ses toits. Nous n'entreprendrons pas de décrire les différentes manières de construire des toits propres à produire l'effet ordonné par le Code. Il nous suffit de dire que la méthode la plus ordinaire, est de border les toits avec des gouttières qui, par la pente qu'on leur donne, portent les eaux qu'elles reçoivent vers l'endroit où elles peuvent s'échapper. Par cette précaution, on est assuré que les eaux des toits ne tomberont qu'à la place qui leur aura été destinée, soit sur le terrain du propriétaire du bâtiment, soit sur la voie publique.

Dans les villes, où les règlemens de police défendent de verser les eaux de pluie par des godets sur le pavé des rues, on est tenu, quand on construit une maison, ou quand on rétablit à neuf une ouverture, de conduire les eaux par un tuyau qui les amène depuis les gouttières jusque sur le sol. Il serait bien à desirer que des mesures plus promptes fussent prises pour faire disparaître ces godets d'ancienne construction, qui s'allongent de trois ou quatre pieds en avant des toits, et jettent sur les passans des torrens d'eau, long-temps même après que la pluie a cessé.

Il est à remarquer que l'article cité ne désigne que l'égout des toits, parce que les eaux qui coulent sur la surface de la terre sont comprises parmi celles dont on s'est occupé en la section première de ce chapitre : il y a été parlé, dans un premier article, de l'écoulement des eaux; dans un second, des sources d'eau; et dans un troisième, des eaux courantes. On y a vu que ces différentes eaux, lorsqu'elles passent d'un héritage à l'autre, par l'effet de la situation naturelle des lieux, sont des servitudes nécessaires, qui existent en vertu des lois du voisinage, sans qu'il soit besoin de titre.

Il n'en est pas de même de l'eau de pluie que reçoivent les toits : chaque propriétaire doit les faire tomber sur son terrain, même dans le cas où ses bâtimens sont plus élevés que ceux qui l'entourent, à moins qu'il n'ait acquis le droit d'égout sur l'héritage voisin. Cependant, dès que les eaux de pluie sont arrivées par terre, elles peuvent suivre la pente indiquée par les niveaux naturels des terrains. Aussi doit-on remarquer que le Code, dans l'*art.* 681 qui nous occupe en ce moment, n'étend sa disposition que sur la manière dont les eaux pluviales sont conduites depuis les toits jusqu'en bas; il défend de les faire tomber chez le voisin, si on n'en a pas le droit par une servitude légitimement établie. Mais, dès que les eaux des toits sont descendues sur le sol, on suit les règles qui concernent l'écoulement des eaux, et qui sont expliquées dans l'article premier de la section première.

Supposons qu'un bâtiment soit éloigné de quelques pieds de l'héritage voisin, et que les toits ne soient pas garnis de gouttières, l'eau de pluie dégouttera de toutes les parties du toit sur le terrain qui dépend du bâtiment ; elle pourra de là s'écouler chez le voisin sans qu'il puisse s'en plaindre, si la pente naturelle du sol est dirigée de son côté.

Mais si le toit du même bâtiment est entouré de gouttières qui ne laissent échapper les eaux que par un godet ou un tuyau, le voisin est-il tenu de les recevoir ainsi réunies en ruisseau, sous prétexte que la pente naturelle du sol les dirige de son côté ?

Les principes que nous avons développés au commencement de la première section, en parlant de l'écoulement des eaux d'un héritage sur l'autre, servent à décider cette question. Le propriétaire d'un fonds inférieur est assujetti à recevoir les eaux d'un fonds plus élevé, lorsqu'elles en découlent naturellement, sans que la main de l'homme y ait contribué. Le Code Napoléon, dans son *art.* 640, ajoute à cette disposition, que le propriétaire du sol supérieur ne peut, par aucun ouvrage, aggraver la servitude naturelle imposée au sol inférieur. Or, dans l'espèce proposée, la réunion des eaux du toit en un ruisseau est opérée par la main des hommes et rend la servitude plus onéreuse ; le voisin peut donc s'opposer à ce que le propriétaire du bâtiment lui envoie ainsi des eaux réunies dans des gouttières.

Un bâtiment est appuyé sur un mur qui touche immédiatement l'héritage contigu, sans qu'il y ait mitoyenneté ; si les eaux des toits étaient abandonnées à elles-mêmes, il en dégoutterait une partie sur le terrain voisin. Il est donc évident en pareil cas que, soit par des gouttières, soit par d'autres moyens, les eaux du toit qui incline du côté du voisin doivent être dirigées sur la propriété de celui à qui appartient l'édifice.

Si le mur de séparation était mitoyen, en serait-il de même ? Il n'y a pas de doute ; chacun des deux propriétaires du mur en doit jouir de manière à ne pas gêner l'autre. D'ailleurs les eaux qui viennent d'un toit que supporte un mur mitoyen ne sont pas recueillies par ce mur, et par conséquent ne sont pas une charge commune ; elles doivent donc être retenues chez celui à qui le toit appartient.

A l'égard des eaux de pluie que reçoit sur son épaisseur

un mur de séparation qui n'est couvert par aucune cons‑
truction, tel, par exemple, qu'un simple mur de clôture,
elles doivent être dirigées selon que ce mur est mitoyen, ou
qu'il appartient exclusivement à l'un des deux propriétaires.
Dans ce dernier cas, le chaperon du mur forme un seul
égout tourné du côté du fonds sur lequel il est assis. Quand
le mur est mitoyen, le chaperon forme deux égouts qui se
joignent par le haut, en s'élevant comme une crète sur le
milieu de l'épaisseur du mur. De cette manière, la pluie est
dirigée par les deux pentes égales autant sur un héritage que
sur l'autre.

Art. V. *Des fossés mitoyens.*

Toute espèce de fossés qui sépare deux propriétés est ré‑
putée mitoyen, s'il n'y a titre ou marque du contraire. Cette
disposition de l'*art.* 666 du Code Napoléon est conforme à
celle de l'*art.* 653 concernant les murs de séparation : ils
sont présumés appartenir également aux deux voisins, si le
contraire n'est pas prouvé.

Peu importe que les fossés contiennent de l'eau courante
ou stagnante, ou même qu'ils soient perpétuellement à sec;
la loi parle indistinctement des fossés qui touchent sans
moyen deux héritages, et qui leur servent de séparation. Si
donc au‑delà d'un fossé il avait été laissé une portion quel‑
conque de terrain appartenant au même propriétaire, le
principe dont il s'agit ne pourrait pas s'appliquer. Un pareil
fossé ne touchant pas immédiatement l'héritage voisin n'est
pas une séparation des deux propriétés, par conséquent, la
présomption de mitoyenneté ne peut pas subsister.

Il en est de même si le fossé se trouve border un chemin
public : on sent bien alors que ce fossé fait nécessairement
partie de la propriété à laquelle il sert de clôture; car il ne
touche pas sans moyen l'héritage situé de l'autre côté du
chemin.

De quelque manière que soit fait un fossé qui touche deux
propriétés contiguës sans autres objets intermédiaires, il ap‑
partient toujours au maître indiqué par les titres. Mais à dé‑
faut de titres, le Code Napoléon, *art.* 667 *et* 668, décide

que le fossé est censé appartenir exclusivement au propriétaire sur le fonds duquel se trouve tout le rejet des terres.

Pour entendre cette disposition, il faut se rappeler que
quand des ouvriers creusent un fossé, ils jettent sur les bords
la terre qu'ils en retirent. Or, si cette terre est totalement sur
un des bords du fossé, on en conclut qu'il a été tracé entièrement sur l'héritage où les terres ont été jetées; par conséquent, on regarde le fossé comme appartenant uniquement
au maitre de cet héritage. Cette présomption est une preuve
suffisante, à moins que le contraire ne soit démontré par
écrit. En effet, si un titre attestait que le fossé est une dépendance de l'autre héritage, la présomption résultant du
rejet des terres s'évanouirait devant la preuve écrite.

Si en creusant le fossé les terres ont été jetées en partie
sur un bord, et en partie sur l'autre, c'est une présomption
que ce fossé est mitoyen; car alors le rejet des terres n'est pas
d'un côté seulement, et cette présomption de droit est une
preuve tant qu'elle n'est pas démentie par des titres. Lorsqu'on ne trouve aucune trace du rejet des terres, on doit décider pareillement que le fossé est mitoyen. La mitoyenneté
est en effet l'état présumé, tant que le contraire n'est pas
prouvé; or, à défaut de titre, la seule marque légale de la
propriété exclusive d'un fossé est le rejet des terres d'un seul
côté : donc si le rejet a été fait des deux côtés, ou s'il ne parait
aucune trace de rejet ni d'un côté ni de l'autre, on doit prononcer que le fossé appartient en commun.

Pour la bonne construction d'un fossé, il faut que son ta-
lus soit proportionné à la profondeur et à la nature du terrain. Il faut aussi que le propriétaire du fossé laisse un pied
de large de son propre terrain du côté du voisin, pour la
conservation de la ligne de séparation.

Ainsi, lorsqu'un fossé n'est pas mitoyen, non-seulement
toute sa largeur mesurée par le haut d'un bord à l'autre appartient au propriétaire du côté duquel les terres ont été jetées, mais encore il peut réclamer un pied au-delà du côté
du voisin. A l'égard du fossé mitoyen, chaque propriétaire
est censé avoir fourni le terrain nécessaire pour la moitié de
la largeur, en la mesurant d'un bord à l'autre par le haut. Il

n'y a rien de réglé pour la profondeur de cette clôture, parce que la mitoyenneté d'un fossé ne peut jamais avoir lieu sans un accord entre les deux propriétaires. En ce point la législation pour les fossés de séparation diffère de celle des murs placés entre deux héritages : on peut toujours être forcé de céder le droit de communauté à un mur qu'on a élevé, et qui touche sans moyen l'héritage voisin; et même, dans les villes et faubourgs, on est tenu de contribuer au mur de séparation quand le voisin l'exige. Il n'en est pas ainsi des fossés : le propriétaire qui veut avoir une pareille clôture ne peut pas obliger son voisin à y contribuer; et quand il l'a faite à ses frais, il n'est pas forcé d'en céder la mitoyenneté, quoiqu'elle touche immédiatement l'héritage contigu. Il n'y a donc pas de fossés possédés en commun sans qu'il y ait eu accord entre les deux voisins.

Ainsi, lorsqu'à défaut de titres ou de marques un fossé est considéré comme mitoyen, on présume que les parties l'ont fait creuser à frais communs, ou que, par une convention quelconque, elles en ont établi la mitoyenneté.

Le propriétaire à qui appartient exclusivement un fossé, quoique joignant sans moyen l'héritage voisin, est libre de le combler; pareillement il est seul tenu de l'entretenir. Quand il le fait curer, les immondices doivent être jetées de son côté. Il ne peut rien planter sur le pied de bord qui lui appartient du côté opposé, parce qu'il n'est pas permis de faire des plantations à si peu de distance d'un autre héritage, comme on le verra par la suite. Le voisin n'en doit pas moins respecter ce pied de bord, puisque c'est un terrain qui ne fait pas portion de sa propriété. Celui à qui appartient le fossé doit avoir grand soin de prévenir les éboulis du côté du voisin, afin que le terrain de celui-ci n'éprouve aucune détérioration.

La mitoyenneté d'un fossé étant l'objet d'une véritable société, les deux propriétaires doivent en jouir en commun, et veiller à ce qu'il ne soit pas endommagé. Si ce fossé produit quelques fruits, par exemple, s'il y a du poisson, chacun a droit d'en avoir sa part. Alors la manière dont chacun peut y pêcher est réglée par le titre ou par l'usage des lieux; et il n'est pas permis à l'un, sans le consentement de l'autre, d'employer pour la pêche des moyens capables de détruire le poisson.

De quelque nature que soit un fossé mitoyen, les réparations doivent en être faites en commun; si l'un des voisins s'y refuse, il peut y être forcé par l'autre. Quand la réparation a été occasionnée par le fait d'un des deux voisins, il est seul obligé d'en supporter les dépenses. En cas de contestation, des experts sont nommés, ou à l'amiable, ou par la justice. Lors du curage d'un pareil fossé, les immondices qui en sortent sont jetées moitié sur une berge et moitié sur l'autre.

On demande si, pour s'affranchir de l'obligation de réparer un fossé commun, le propriétaire peut abandonner à l'autre sa mitoyenneté, comme quand il s'agit d'un mur de séparation.

Les uns disent que le Code Napoléon n'ayant permis l'abandon de la mitoyenneté qu'à l'égard des murs de séparation, on ne peut pas étendre sa disposition aux fossés qui séparent deux propriétés.

D'autres soutiennent que, quand l'objet de la communauté n'est pas une obligation personnelle, et qu'il s'agit de la possession d'une chose, il est libre à l'un des copropriétaires de renoncer à cette société, en abandonnant la portion qu'il a dans cette chose. Ainsi on n'est pas toujours le maître d'abandonner une association établie pour faire quelque opération en commun; autrement, dès qu'on verrait qu'il y a de la perte, on en serait quitte pour abandonner son droit dans la société; mais dans le cas d'une association qui résulte d'une propriété indivise, on peut cesser à volonté d'avoir intérêt dans la société, en abandonnant la chose qui en fait l'objet. En appliquant ce principe à la mitoyenneté d'un fossé, on voit que l'un des voisins peut y renoncer en délaissant, tant son droit de jouir de cette sorte de clôture que le terrain qu'il a fourni pour l'établir.

Nous adoptons cette opinion de Desgodets, ainsi que la restriction qu'il propose. Suivant lui, si le fossé mitoyen servait à recevoir un ruisseau, ou à écouler les eaux pluviales d'une commune, ou à en dessécher les terres, il ne serait pas permis aux deux propriétaires de le supprimer; car il serait à leur égard une des servitudes naturelles dont il est parlé dans l'*art.* 640 du Code Napoléon. De là il résulte qu'il n'y a plus possibilité d'éviter les frais d'entretien et de réparation d'un pareil fossé, en offrant d'abandonner la mitoyenneté. Celui à qui est fait l'abandon d'un mur de séparation reste le maître ou de le garder ou de l'abattre. On peut en dire autant d'un simple fossé, qui n'intéresse d'autres propriétaires que les deux voisins; celui qui en reste seul maître par l'effet de l'abandon, peut le combler s'il veut. Mais quand le fossé est de telle nature qu'on n'a pas la faculté de le détruire, l'un des propriétaires ne peut pas forcer l'autre à s'en charger seul, même en lui abandonnant la mitoyenneté.

L'annotateur de Desgodets pense que, même dans le cas où le fossé contient de l'eau dormante, l'un des propriétaires ne peut pas forcer l'autre à accepter l'abandon, lorsqu'il est impossible de le supprimer sans faire un tort notable aux terres adjacentes; car celui à qui l'abandon serait fait ne serait pas libre de combler ce fossé.

Au lieu d'abandonner la mitoyenneté d'un fossé pour éviter de contribuer aux réparations qu'il exige, l'un des propriétaires pourrait-il faire combler la moitié de la largeur de son côté? Desgodets ne doute pas que la communauté d'un fossé, qui n'est pas nécessaire à des tiers, ne puisse cesser de cette manière. En reprenant la portion de terrain que l'on a fournie, et qui ne peut jamais être confondue avec d'autres, on ne fait pas un véritable tort au voisin, qui, s'il veut être clos par un fossé, peut l'ouvrir tout entier sur son propre héritage. La justice de cette décision est sentie plus particulièrement encore, quand la portion de terrain consacrée à la moitié du fossé n'est reprise par le propriétaire que dans l'intention d'y placer un mur. En effet, étant libre de placer sa maçonnerie sur la dernière ligne de son héritage, il ne pourrait pas user de cette faculté, s'il n'avait pas aussi celle de reprendre sa moitié du terrain sur lequel est ouvert le fossé. De cet exemple, il ne faut pas conclure que le copropriétaire d'un fossé n'en peut reprendre sa moitié que pour y construire un mur; il est libre de faire de cette moitié ce qui lui convient, et même de la laisser sans clôture.

On voit, par ce qui vient d'être dit, qu'il est presque sans intérêt d'agiter la question de savoir si on est reçu à faire l'abandon de la mitoyenneté d'un fossé, pour éviter de contribuer aux réparations; car si le fossé est utile à des tiers, il ne peut pas être supprimé, et par conséquent l'abandon n'est pas proposable. Le fossé est-il entièrement à la disposition des deux voisins; celui qui ne veut plus de communauté reprend sa portion de terrain, plutôt que de l'abandonner. Cependant il peut arriver des circonstances dans lesquelles l'abandon de la mitoyenneté du fossé serait préférable; c'en est assez pour qu'on ait dû traiter cette matière.

En conséquence, il n'est pas inutile de demander si, après avoir abandonné la mitoyenneté d'un fossé de séparation, on peut rentrer dans le droit de communauté à ce même fossé, en remboursant la moitié de sa valeur.

Pour la négative, on dit que par suite de l'abandon, l'objet qui était possédé en commun appartient en totalité et irrévocablement au propriétaire par qui l'abandon a été accepté. Celui-ci est absolument dans le même cas que si le fossé avait originairement été fait sur son propre fonds. Or, comme nous l'avons observé plus haut, le propriétaire exclusif d'un fossé n'est point tenu d'en céder la mitoyenneté, quoique ce fossé touche sans moyen l'héritage voisin. L'obligation de céder la moitié d'une clôture n'est imposée que quand la séparation est un mur; un pareil droit, qui gêne l'exercice de la propriété, doit être restreint aux seuls cas prévus, et ne peut pas s'étendre par conséquent aux fossés de séparation.

D'ailleurs il n'y a pas le même intérêt; on a souvent un besoin urgent d'acquérir la mitoyenneté d'un mur, afin d'y appuyer, soit des espaliers, soit des constructions; tandis qu'on ne voit pas les motifs d'une utilité assez importante, pour forcer un propriétaire à céder la moitié d'un fossé qui lui appartient. Si donc on ne peut pas exiger la mitoyenneté d'un fossé, il faut décider que quand elle a été convenue, et qu'ensuite elle a cessé par l'abandon, on n'a pas le droit de rentrer dans la communauté du fossé, si le voisin qui en reste le seul propriétaire ne veut pas y consentir.

L'opinion contraire est embrassée par Desgodets. Il ne prétend pas qu'un fossé de séparation, appartenant à un seul propriétaire, puisse devenir mitoyen, si ce dernier s'y refuse. Mais si ce fossé, d'abord mitoyen, avait cessé de l'être par abandon, il croit que celui qui avait renoncé à la mitoyenneté pourrait y rentrer en remboursant la moitié de la valeur du fossé. Cet architecte pense que le fossé mitoyen, qui, par l'abandon, a été traité entre les parties comme un mur, doit continuer, après l'abandon, d'être soumis aux principes concernant les murs dont la mitoyenneté a été abandonnée. Il conclut de là, que le propriétaire qui avait fait l'abandon de sa part dans un fossé de séparation peut par la suite la réclamer en payant la moitié de la valeur actuelle du fossé.

L'erreur d'une pareille opinion paraît évidente : en effet, pour que la mitoyenneté d'un fossé pût être réclamée après avoir été abandonnée, il faudrait qu'on eût aussi la faculté de l'acquérir, quand elle n'a pas encore existé. Or, on a vu plus haut que nul propriétaire n'est forcé à céder le droit de jouir en commun du fossé qui lui sert de clôture. Donc il ne peut pas être tenu de rendre la mitoyenneté quand elle a cessé par suite d'un abandon qu'il a accepté ; c'est un objet qu'il a acquis irrévocablement, et qu'aucune loi ne l'oblige à revendre, pas même au voisin.

Il est certain que les principes consacrés spécialement aux murs mitoyens ne peuvent s'appliquer aux clôtures d'un autre genre, tels que les fossés ; il faut donc pour ces derniers objets suivre les principes généraux. Ils permettent, ainsi que nous l'avons déjà observé, de renoncer à une association en abandonnant le droit qu'on a dans la chose possédée en commun ; et quand l'abandon est opéré, les mêmes principes refusent à celui qui s'est retiré, la faculté de rentrer dans la société, même en remboursant la valeur de la portion qu'il a délaissée.

Ce qu'ajoute Desgodets paraîtrait plus raisonnable. Il suppose qu'un fossé dont la mitoyenneté a été abandonnée se trouve comblé, ou qu'on l'a tellement négligé qu'il cesse de servir comme fossé. Il pense que, dans ce cas, le propriétaire qui a fait l'abandon pourrait reprendre la moitié du terrain qu'il avait fourni pour ce même fossé. La raison plausible qu'on en donne, est que l'abandon de la mitoyenneté n'a eu lieu que pour s'exempter des frais d'entretien et de réparations; si ces travaux ne sont pas faits, ou s'il n'existe plus de fossé, le terrain qui n'avait été cédé qu'en considération de cette clôture ne peut plus être retenu par celui des propriétaires qui n'exécute pas les conditions de l'abandon.

Art. VI. *Des haies mitoyennes.*

On est assez souvent dans l'usage d'enclore des biens ruraux par des haies, soit vives, soit sèches. Les haies vives sont formées par des plantations d'arbustes qui ont pris racine, et qui ont besoin d'être cultivés et taillés. Une haie sèche est faite avec des bois coupés, comme sont des échalas, des branches d'arbres, des planches.

Quand une haie vive ou sèche n'est pas placée sur la ligne de séparation de deux héritages, elle appartient exclusivement au propriétaire du fonds sur lequel elle se trouve. Mais une haie qui touche sans moyen l'héritage voisin est réputée mitoyenne, à moins que le contraire ne soit prouvé par titre, ou par la nature des deux héritages. En établissant ce principe, le Code Napoléon, *art.* 670, dit que si l'un des deux fonds est seul en état de clôture, la haie est présumée appartenir uniquement au propriétaire de ce fonds. Ainsi, on suppose qu'une vigne est enclose au levant, au couchant et au midi, d'une manière quelconque; du côté du nord, est une haie qui la sépare d'un champ labouré. S'il s'élève une contestation pour savoir à qui appartient la haie, on se décidera, faute de titres, par l'état de clôture où se trouve la vigne. La présomption de droit est que la haie a été plantée pour enclore la vigne, et non pas pour commencer la clôture d'une terre labourable. Suivant les circonstances, l'état de clôture pourrait être présumé en faveur de la vigne, même quand elle ne serait pas enfermée précisément de tous côtés.

Une haie plantée sur le bord d'un fossé est présumée appartenir au maître de l'héritage que cette haie sépare du fossé. Cette décision est évidente, si le rejet des terres se trouve entièrement du côté de la haie; car alors on voit que la même personne a formé sur son propre terrain la double séparation d'une haie défendue par un fossé. Il en est de même lorsque le fossé est mitoyen; il est évident, en pareil cas que l'un des propriétaires a voulu séparer son héritage, non-seulement par le fossé commun, mais encore par une haie plantée de son côté sur le bord de ce fossé. Enfin, dans le cas où le fossé dépend en totalité de l'héritage auquel il touche sans moyen, la haie placée en dehors est censée faire partie de l'autre héritage; on présume que le voisin a voulu aussi de son côté une clôture. On ne peut pas supposer que le propriétaire du fossé ait planté la haie; car lorsqu'on forme une séparation avec un fossé et une haie, celle-ci est placée en-deçà du fossé, et jamais au-delà; en sorte que la haie forme la clôture intérieure, et le fossé, la clôture extérieure. Il est donc certain qu'une haie placée sur le bord d'un fossé est toujours censée faire partie de l'héritage qu'elle sépare du fossé.

L'entretien et les réparations d'une haie sèche ou vive sont à la charge de celui à qui elle appartient. Il la soigne comme il veut; il dispose arbitrairement du bois qu'il en retire, soit quand il en fait la tonte, soit quand il l'arrache. On n'a pas plus le droit d'exiger qu'il replante une haie à la place de celle qu'il lui a plu d'enlever, que de le forcer à former une haie dans une place où il n'y en a jamais eu.

Si la haie se trouve mitoyenne, l'entretien et les réparations se font à frais communs; et si l'un des propriétaires s'y refusait, l'autre aurait une action pour le forcer à contribuer aux dépenses nécessaires. Leur contestation à ce sujet serait réglée sur rapport d'experts nommés à l'amiable ou par la justice.

On parlera dans l'article suivant, des arbres qui se

trouvent dans une haie mitoyenne; on verra qu'ils sont mitoyens, et que chacun des propriétaires jouit en commun des fruits et du bois que ces arbres produisent. On verra en même temps qu'une haie ne doit être formée que d'arbustes, et qu'il ne doit y être placé des arbres que quand les deux voisins y consentent. Par conséquent, si l'un d'eux ne veut plus souffrir d'arbres dans la haie, il peut exiger qu'on les abatte. Le Code, dans son *art.* 673, le décide ainsi, parce qu'un arbre, dans une haie mitoyenne, étend ses racines et ses branches trop avant sur les héritages contigus.

Un des voisins, pour éviter de contribuer aux réparations et à l'entretien d'une haie, peut-il en abandonner la mitoyenneté?

Il est de principe que quand on est obligé seulement à cause d'une chose qu'on possède, on peut se décharger de l'obligation en abandonnant cette chose. Ce principe, consacré spécialement pour les murs mitoyens, reçoit son application aux haies possédées en commun.

Celui qui renonce à la mitoyenneté d'une haie, abandonne nécessairement la part du terrain sur lequel cette haie se trouve plantée; de là naît une question assez importante. Pour la comprendre, il faut savoir que toute haie vive doit être plantée à une certaine distance du terrain voisin, comme on le verra dans la suite. Or, si en renonçant à la mitoyenneté d'une pareille haie on abandonne nécessairement le terrain qu'elle occupe, faut-il abandonner de plus l'espace qu'il est ordonné de laisser entre une haie vive non mitoyenne, et l'héritage voisin?

Pour la négative, on dit que la distance légale est prescrite, dans le cas seulement où un propriétaire entreprend de faire une haie de séparation; les racines et les branches de cette haie devant prendre de l'accroissement, il ne serait pas juste qu'elles s'étendissent sur le terrain de celui qui n'a aucun droit à cette haie. Mais, lorsqu'un des copropriétaires renonce à la mitoyenneté, il sait bien que les racines et les branches excèdent la ligne sur laquelle est faite la plantation; sa renonciation est donc un titre par lequel il se soumet à laisser venir les branches et les racines sur son terrain, jusqu'à la distance légale. En conséquence, il n'est point nécessaire que la renonciation à la mitoyenneté comprenne aucune portion de terrain au-delà de celui sur lequel est plantée la haie.

L'affirmative s'appuie précisément sur la nécessité qu'il y a de laisser aux racines et aux branches la liberté de s'étendre convenablement. S'il est avoué qu'en renonçant à la mitoyenneté de la haie il faut se soumettre à lui voir occuper, par ses branches et ses racines un terrain suffisant, c'est convenir implicitement qu'on doit abandonner ce même terrain avec la mitoyenneté. En effet, tant qu'il y aura une haie dans la même place, le terrain nécessaire à son accroissement au-delà de la ligne de plantation demeurera libre, et ne pourra être obstrué par le propriétaire qui en a fait l'abandon. Le droit sur cette portion de terrain utile à la nourriture de la haie sera nommé comme on voudra ; il n'en est pas moins une conséquence de la propriété de cette haie.

Il est vrai qu'on ne peut donner à ce terrain une autre destination que celle de recevoir les racines et les branches de la haie, et que l'abandon n'en a été fait que sous la seule condition d'entretenir cette clôture. Si donc celui qui en est devenu seul propriétaire l'arrachait, sans la remplacer, on ne doute pas que le voisin ne fût autorisé à reprendre sa portion de terrain ; il ne l'avait abandonnée que pour assurer le maintien de cette séparation.

En parlant de la mitoyenneté d'un fossé, dans le paragraphe précédent, nous avons remarqué qu'on pouvait la faire cesser sans qu'il fût nécessaire de rien abandonner. Celui qui ne veut plus du fossé possédé en commun, peut reprendre la portion de terrain qu'il a fournie pour cette clôture, et en disposer comme il lui convient. Cette manière de sortir de l'indivision n'est point praticable, quand l'objet en communauté est une haie. En effet, en comblant la moitié du fossé mitoyen, on reprend identiquement la même portion d'héritage qu'on avait mise en communauté, et qui n'a jamais été confondue avec d'autres terrains. De plus, on ne cause aucun préjudice notable au voisin, qui peut facilement, dès le lendemain, se faire un fossé semblable, et entièrement placé sur son fonds.

Il n'en est pas ainsi d'une haie, parce que cette plantation ne peut pas se diviser dans le sens de sa largeur. D'un autre côté, on ne pourrait pas en détruire une partie sans priver le voisin d'une clôture, qui ne prend son accroissement et une force suffisante qu'avec beaucoup de temps et des soins continuels. Ainsi, quand on veut faire cesser la mitoyenneté d'une haie vive, le seul moyen est d'en offrir l'abandon. Cependant, si l'un des propriétaires de la haie voulait faire un mur de clôture sur la dernière extrémité de son terrain, il faudrait bien que la haie mitoyenne fût détruite; car la loi autorise ce genre de séparation, qui d'ailleurs ne nuit pas au voisin, et vaut mieux pour lui qu'une haie.

Le propriétaire qui veut planter une haie de séparation ne peut pas exiger que son voisin y contribue. On a établi, dans les villes seulement et dans leurs faubourgs, la faculté de forcer un voisin à construire un mur de clôture à frais communs; mais les considérations qui ont porté à faire cette exception à la liberté qu'on a de jouir de sa propriété ne se rencontrent pas quand il s'agit, soit d'une haie, soit d'un fossé de séparation, soit de toute autre clôture qui n'est pas un mur. Ainsi, quoique des terrains en culture, tels que des jardins, des marais, se trouvent situés dans une ville ou dans un de ses faubourgs, leur séparation, soit par haie vive ou sèche, soit par fossé, ne se fait à frais communs que quand les deux voisins en conviennent de gré à gré. Ceci est fondé sur ce que la modification apportée à l'exercice de la propriété, quand il s'agit d'un mur de séparation, ne s'étend pas au cas où les héritages sont limités par des haies ou des fossés. De là il résulte que celui à qui une haie appartient exclusivement, n'est pas tenu d'en céder la mitoyenneté; car la loi qui a autorisé cette cession forcée à l'égard des murs de séparation, ne doit pas s'appliquer aux autres espèces de clôture.

On décidera, d'après ces principes, la question de savoir si le propriétaire qui a renoncé à la mitoyenneté d'une haie peut y rentrer en remboursant la moitié de ce qu'elle vaut.

Celui à qui l'abandon a été consenti, est seul maître de la
haie, comme s'il l'avait fait planter sur son propre fonds. Or,
dans ce cas, il ne serait pas obligé d'en céder la mitoyenneté;
par conséquent, il en est de même quand la haie lui appartient exclusivement par l'effet de l'abandon. On peut voir
sur cette question ce que nous avons dit dans l'article précédent, en parlant des fossés qui ont cessé d'être mitoyens, par
la renonciation d'un des propriétaires.

Art. VII. *Des plantations près d'un héritage voisin.*

Chacun est libre de cultiver sa terre comme il lui plaît;
mais l'équité ne permet pas qu'en usant de son droit on
nuise à autrui. De ce principe, qui fait la base des lois du voisinage, il est résulté des règles qui prescrivent les distances
qu'on doit mettre entre les plantations qu'on veut faire, et
les héritages voisins. Ceux qui ne voient rien de mieux,
que l'uniformité des lois dans tous les pays qui composent la
France, auraient voulu que le Code Napoléon eût fixé les
distances, de manière à faire disparaître la diversité des coutumes, des règlemens particuliers et des usages locaux. Mais
nos législateurs ont pensé qu'en ce point l'uniformité s'éloi-
gnerait trop de la justice, qui est le but principal des lois.
En effet, si la différence des climats doit influer sur des
règles à établir, c'est évidemment quand il s'agit de culture;
ce qui conviendrait aux pays méridionaux, ne peut pas être
adopté dans les départemens du nord. Le Code, dans son
art. 671, a donc sagement fait en laissant subsister sur cette
matière les dispositions des coutumes, les règlemens et les
usages. Mais, pour les lieux où il n'est rien réglé à ce sujet,
pas même par un usage constant, l'article cité décide que
les arbres à haute tige ne peuvent être plantés qu'à la distance de deux mètres, ou environ six pieds, de la ligne qui
sépare les deux héritages. A l'égard de tous autres arbres et
des haies vives, la distance doit être d'un demi-mètre, qui
vaut à peu près dix-huit pouces. On ne parle ici que de haies
vives; car il est évident qu'une haie sèche, n'ayant ni
branches ni racines, ne peut pas s'étendre, et qu'ainsi on la
place sans inconvénient sur la ligne de séparation des deux

héritages. Elle est entièrement sur le fonds du propriétaire qui l'a construite, si elle n'appartient qu'à lui ; elle est placée moitié sur un fonds, et moitié sur le fonds voisin, quand elle est mitoyenne.

Ce qui est établi par le Code pour la distance des plantations n'est applicable, comme on vient de le dire, qu'à défaut de règlemens et d'usages locaux qu'il est indispensable de suivre par préférence. Mais il y a des coutumes qui fixent une distance pour les plantations en général, sans distinguer les arbres à haute tige, ni les plants de petite espèce, tels que ceux qu'on emploie pour les haies vives. D'autres coutumes ne parlent que de haies vives et de quelques grands arbres, comme si dans le pays on ne connaissait d'autres arbres à haute tige que ceux désignés. On demande si le silence de ces coutumes doit être suppléé par la disposition du Code.

Dans les coutumes qui fixent une distance pour les plantations en général, il semble que l'on ne considère que les plantations de grands arbres, parce qu'on ne s'y sert presque pas de haies pour clôture. De là il suit que, si un propriétaire voulait innover et y essayer la plantation d'une haie vive pour enclore son héritage, il serait vrai de dire qu'il n'y a sur cet objet ni règlement ni usage. En conséquence il faudrait suivre le Code, et tenir la haie à dix-huit pouces de la ligne qui commence l'héritage voisin. On peut citer pour exemple l'ancien statut qui, dans le ressort du parlement d'Aix, fixe la distance des plantations à cinq pieds et demi. On voit clairement qu'il ne s'agit ici que des arbres à haute tige, et qu'on n'a point songé alors à des arbustes, parce qu'en Provence on ne connaissait pas la méthode de s'enclore avec des haies vives. Celui qui voudrait y essayer cette clôture serait donc tenu de se conformer à ce qui est prescrit par le Code.

A l'égard des coutumes qui se contentent de spécifier une distance pour certaines espèces de grands arbres, on peut citer pour exemple celle d'Orléans, *art.* 259. Elle ne permet pas d'approcher plus près que quatre toises de l'héritage voisin la plantation des chênes, des noyers et des ormes ; faut-il en conclure que les autres grands arbres se plantent aussi près que l'on veut du fonds voisin? Les commentateurs, l'usage et la jurisprudence font connaître que, pour les autres grands arbres non désignés dans ces coutumes, le droit commun est suivi. Les dispositions qui concernent quelques espèces d'arbres ont uniquement pour but d'établir une exception à leur égard; les rédacteurs de ces lois locales ont pensé que ces sortes d'arbres seraient trop près, s'ils étaient à la simple distance exigée par le droit commun.

Qu'entendait-on par le droit commun dans ces coutumes, et dans les pays où il n'existe à cet égard aucun règlement? On suivait le droit romain; la loi *ult.* ff. *finium regundorum* fixe, pour les oliviers et les figuiers, une distance de neuf pieds, et pour toutes les autres espèces d'arbres, une distance de cinq pieds. Nous pensons que le Code Napoléon doit faire aujourd'hui, sur cette matière, le droit commun de toute la France; c'est l'intention de cette loi même, puisqu'elle dit, *art.* 671, qu'à défaut de règlemens et usages locaux, on observera pour les plantations les distances qu'elle détermine, c'est-à-dire qu'on s'éloignera de l'héritage voisin de deux mètres, ou six pieds environ, pour planter des arbres à haute tige, et d'un demi-mètre, ou environ dix-huit pouces, s'il ne s'agit que d'arbustes propres à former une haie vive.

Faut-il conclure de là que, dans les pays qui étaient régis par le droit écrit, il faille abandonner ce qui y est prescrit concernant les distances à observer dans les plantations? Nous croyons qu'en cette occasion la loi romaine est précisément pour ces pays le statut local auquel, suivant le Code Napoléon, il faut se conformer sur cette matière.

Cette décision ne doit cependant avoir lieu que pour les pays où, en suivant le droit écrit, on était dans l'usage constant de ne s'en pas écarter pour ce qui concerne les plantations. Si donc on suppose un pays qui, quoique régi par le droit écrit, n'admettait pas invariablement ce que la loi romaine ordonne pour les plantations, il faudra s'y conformer aux règlemens particuliers, ou aux usages bien reconnus qui règlent cette matière; s'il n'existe ni règlement ni usage constant, les dispositions du Code Napoléon seront les seules qui devront y être adoptées. On peut citer pour exemple le ressort du Parlement de Paris, dans lequel il y avait des coutumes qui s'expliquaient sur les distances à observer dans les plantations, des coutumes qui n'en parlaient point, et des pays de droit écrit. On sait que ce Parlement n'avait pas de jurisprudence constante, soit pour les coutumes qui ne règlent pas d'une manière précise les distances des plantations, soit pour les pays de droit écrit; il n'appliquait la loi *ult.* ff. *finium regundorum* que quand les circonstances semblaient le permettre. La règle invariable de cette Cour souveraine était qu'une plantation ne doit pas nuire au voisin. En conséquence, elle se décidait dans la fixation des distances, en matière de plantation, selon que les arbres lui paraissaient plus ou moins susceptibles de causer du tort aux héritages limitrophes.

Dans ces mêmes pays où, par l'hypothèse, la loi romaine concernant les plantations n'était pas pratiquée constamment, on doit donc suivre sur cet objet le nouveau droit commun, c'est-à-dire, les dispositions du Code Napoléon.

Au reste, malgré la distance légale à laquelle un propriétaire tient ses plantations, il arrive assez souvent que les racines et les branches des arbres ou arbustes s'étendent sur le terrain voisin. Alors, en vertu du principe qui ne permet pas de nuire à autrui, celui qui souffre de cet accroissement peut y porter remède. Dans le droit romain, on ne pouvait qu'exercer une action pour forcer le propriétaire des arbres ou de la haie vive à couper les branches et les racines trop longues. On suivait cette forme à cause du principe d'ordre social, qui défend à chacun de se faire justice à soi-même : *Nemo sibi jus potest dicere, ne occasio sit tumultús.* L. 176, ff. *de re judicatá.*

Cette défense est nécessairement adoptée en France, ainsi que dans tous les pays civilisés; cependant, par une exception textuellement exprimée, *l'art.* 672, § 3 du Code Napoléon, autorise celui qui trouve dans son héritage les racines d'une plantation faite par le voisin, à les couper lui-même. En faveur de cette faculté, on invoque d'abord la liberté qu'on a de faire sur son terrain ce qu'on veut; or, tout pro-

priétaire peut ouvrir sur son fonds une tranchée aussi profonde que bon lui semble, et aussi près qu'il veut de la ligne
qui le sépare d'un autre fonds. Si cette opération tranche les
trop longues racines des plantations du voisin, celui-ci ne
peut pas s'en plaindre, parce que sa culture ne doit pas anticiper sur les terres contiguës. En second lieu, il est évident
que cette manière de supprimer les racines nuisibles ne peut
pas troubler l'ordre qui doit régner entre des propriétaires;
la jouissance de celui à qui les plantations appartiennent
n'en est altérée en aucune manière. Cet acte de justice se
passe chez celui à qui il est nécessaire, et ne cause aucune
privation sensible au maître des plantations.

Il n'en est pas de même des branches, soit d'un arbre, soit
d'une haie, qui s'étendent sur la propriété du voisin : celui-ci
n'a pas le droit de couper ce qui le gêne; il ne le pourrait pas
sans troubler la jouissance du propriétaire des plantations.
En effet, ce dernier met un prix réel à l'agrément produit
par les branches, à la méthode qu'il emploie pour les tailler,
et à la forme qu'il donne à ses arbres ou à sa haie. Celui sur
l'héritage duquel les branches s'avancent n'a donc qu'une
action pour demander qu'elles soient coupées; alors le voisin
à qui elles appartiennent fait exécuter l'opération de la manière qui lui paraît la plus convenable au but qu'il s'est proposé dans sa plantation. *Ibid.* § 2.

Il est vrai que si, dans le délai qui lui est prescrit par le
jugement, le propriétaire des arbres ou de la haie ne fait pas
disparaître les branches qui nuisent au demandeur, le même
jugement autorise celui-ci à les faire couper aux frais du défendeur. Observez que le bois qui provient de ce travail appartient
au propriétaire de la plantation, même lorsque, sur son refus, l'opération a été faite par son voisin. Plusieurs auteurs
disent qu'en pareil cas le bois des branches reste à la disposition de celui qui a été autorisé à les couper. Ils se fondent
sur la loi 7, ff. *arbori. furtim cæs.*, et ils citent un ancien arrêt du 3 mai 1578. Sans discuter ici ni le texte romain, ni
les circonstances dans lesquelles a été rendu cet ancien arrêt,
nous ne pensons pas que l'on ait droit de s'approprier les
branches d'un arbre qui appartient à autrui, quoiqu'on ait

été autorisé à les couper. Il est de principe que la suppression des branches nuisibles doit se faire par le propriétaire de l'arbre; et à son refus, l'opération est faite malgré lui à ses frais. En conséquence, il n'est tenu qu'à payer les ouvriers; le Code ne le condamne pas à perdre les branches qu'ils ont coupées et qui lui appartiennent. Le jugement peut, à la vérité, autoriser à faire vendre ces mêmes branches, et à prendre, par privilége, sur le prix de la vente, ce qui est nécessaire pour payer les ouvriers, d'après leurs quittances. Mais il faut, pour en agir ainsi, que les juges l'aient formellement ordonné; autrement, celui qui a fait couper les branches nuisibles n'aurait que les voies ordinaires pour se faire payer du prix de l'ouvrage sans pouvoir disposer du bois abattu. S'il était obligé de prendre ce bois en paiement, il éprouverait une injustice lorsque les frais de l'opération se trouveraient excéder la valeur des branches coupées; l'injustice se ferait sentir au préjudice du propriétaire des plantations, si le bois provenant de l'ébranchement était d'une valeur plus considérable que le salaire des ouvriers.

Ce qu'on dit dans cet article des distances auxquelles il faut tenir les plantations qu'on fait près de l'héritage d'autrui, ne reçoit aucune application lorsqu'il y a servitude légitimement acquise, et qui permet de ne pas observer les distances légales; elles n'ont été déterminées que pour les cas où il n'y a aucune convention entre deux propriétaires voisins.

En conséquence, si j'ai un titre qui m'autorise à planter des arbres, ou une haie vive, plus près de votre héritage que ne le prescrit, soit la coutume ou l'usage du pays, soit le Code Napoléon à défaut de règlemens locaux, vous ne pourrez pas m'empêcher d'user de mon droit. Pareillement si le titre qui fait notre règle ne me permet de planter arbres ou haies vives qu'à une distance plus grande que celle fixée par les lois, je ne pourrai pas rapprocher mes plantations à la distance légale, au mépris du titre qui constate la servitude à laquelle mon héritage est soumis pour l'utilité du vôtre.

Les haies vives peuvent se faire avec toutes sortes d'arbustes; voilà le droit commun, puisque le Code n'exclut aucune espèce de plant de cette sorte de clôture. Mais comme cette loi a confirmé les règlemens et usages locaux concernant cette matière, il en résulte qu'il faut se conformer aux coutumes qui ont à ce sujet des dispositions particulières. Dans le nombre, on peut citer la coutume d'Orléans : l'*art.* 259 défend de faire des haies vives avec de l'épine noire, qui étend ses racines beaucoup plus que l'épine blanche. Il ne serait donc pas permis aujourd'hui, dans le ressort de cette coutume, de planter une haie en épine noire.

Il paraît, d'après Desgodets et son annotateur, que pour planter les arbres fruitiers le long des espaliers on n'observe, dans la coutume de Paris, que la distance prescrite pour les haies; on ne classe pas ces arbres parmi ceux qui sont en plein vent. On en peut dire autant des palissades, quoique formées d'arbres qui peuvent être employés à haute tige, tels que le charme, l'érable, l'if. Mais si ces arbres étaient plantés isolément, il faudrait les tenir à la distance prescrite pour les hautes tiges.

Puisqu'il n'est pas permis de faire des plantations près de l'héritage d'autrui, si ce n'est en observant les distances légales, il s'ensuit que tout propriétaire a le droit d'exiger qu'on arrache tous les arbres, toutes les haies qui se trouvent moins éloignées de son terrain qu'il n'est prescrit par les lois. Le Code, *art.* 672, § 1, le décide formellement. On aurait la même faculté de faire arracher une plantation, si elle était plus rapprochée que ne le permettent les titres des deux héritages contigus.

Il arrive quelquefois qu'on plante des arbres à haute tige dans une haie; il est évident qu'ils n'y peuvent pas rester, à moins que la haie ne soit à la distance fixée pour les grands arbres. Si donc cette haie n'est éloignée de l'héritage du voisin que de l'espace convenable aux arbustes, le propriétaire de la haie peut être forcé d'en faire disparaître les arbres à haute tige.

Que doit-on décider, si la haie se trouve mitoyenne? On ne doute pas que les grands arbres qui en font partie ne soient également mitoyens. En conséquence, les deux propriétaires doivent en jouir en commun; ils supportent chacun leur part des frais de culture, d'ébranchement et de récolte, et ils partagent le bois et les fruits qui en proviennent. Mais si les grands arbres de la haie déplaisaient à l'un des propriétaires, pourrait-il les faire abattre sans le consentement de son voisin?

Cette question pourrait être controversée, si le Code ne l'avait pas décidée dans son *art.* 673 : on y lit que les arbres qui se trouvent dans une haie mitoyenne appartiennent indivisément aux deux voisins, et que néanmoins l'un peut requérir que ces arbres qui le gênent soient abattus. Alors l'opération se fait à frais communs, et le bois que produisent les arbres est partagé entre les deux propriétaires. Cette décision est fondée sur ce que la jouissance d'une haie mitoyenne, bien loin de procurer de l'avantage, finirait par être nuisible à l'un ou à l'autre propriétaire, si chacun était obligé de souffrir des arbres à haute tige trop près de la partie la plus utile de son terrain.

Quelquefois des arbres sont plantés le long de la ligne qui sépare deux héritages pour leur servir de bornes; alors cette plantation est constatée par un procès-verbal de bornage, et les arbres sont mitoyens. On demande si l'un des voisins peut, en vertu de l'*art.* 673 du Code Napoléon, exiger que ces arbres dont la jouissance lui est commune soient arrachés.

La raison de douter, est qu'ils indiquent les limites des deux héritages, et qu'on n'a pas le droit de faire disparaître les objets qui servent de bornes. Au contraire, quand la séparation n'est pas reconnaissable, ou que les marques n'en sont pas assez durables, l'un des propriétaires est fondé à faire procéder au bornage. On ajoute que le procès-verbal qui établit les arbres comme limites est le titre d'une sorte de servitude, qui oblige chaque propriétaire à maintenir les signes convenus pour indiquer la séparation de leurs héritages.

Néanmoins, nous pensons qu'un propriétaire n'est pas plus forcé à souffrir du voisinage des grands arbres quand ils servent de bornes, que quand ils se trouvent dans une haie mitoyenne. Dès que le Code a permis de faire abattre tout arbre qui nuit par sa trop grande proximité, il ne faut pas restreindre cette décision rendue en faveur de la culture des terres. A l'égard de l'objection tirée de ce qu'on n'a pas le droit de détruire des bornes, on y répond en disant que le propriétaire réclamant la suppression des arbres doit demander en même temps qu'ils soient remplacés par des bornes de pierre. Sans doute qu'on s'est obligé, par l'acte de bornage, à reconnaître les limites qui y sont désignées ; mais on ne contrevient pas à cette obligation en requérant que des bornes nuisibles soient remplacées par des bornes qui ne sont pas malfaisantes. Dans ce cas, le placement des nouvelles bornes ne doit-il pas se faire aux frais du demandeur ? Non : cette nouvelle opération est pour l'avantage des deux voisins ; un seul réclame en ce moment, et peut-être que plus tard l'autre aurait senti le besoin de supprimer les bornes faites avec des arbres. D'ailleurs, des arbres nécessitent des frais de culture et d'entretien ; ils sont sujets à périr. On évite ces inconvéniens en y substituant des pierres. Enfin, le bois qui provient des arbres abattus profite aux deux voisins ; il est juste que la dépense des bornes qui remplacent les arbres soit supportée en commun.

Lorsqu'un propriétaire laisse les branches et les racines des arbres du voisinage s'étendre sur son terrain, Desgodets décide qu'il peut prendre les fruits venus sur ces branches. L'annotateur Goupy relève avec raison cette erreur ; la complaisance qu'on a de souffrir les branches et les racines d'un arbre planté sur le fonds d'autrui ne donne aucun droit de propriété sur cet arbre ni sur ses fruits. La loi autorise celui que les branches ou les racines gênent, à exiger qu'elles soient coupées. S'il n'use pas de cette action, il ne peut s'en prendre qu'à lui-même ; elle n'est pas remplacée par une autre.

On demande si au moins les fruits tombés des branches qui se prolongent sur l'héritage du voisin appartiennent à ce dernier. Les auteurs sont partagés sur cette question ; les uns accordent au propriétaire du fonds sur lequel tombent les fruits d'un arbre dépendant de l'héritage voisin la moitié de ces mêmes fruits. On ne voit pas sur quoi une pareille opinion est établie ; si la chute du fruit en attribuait la propriété, ce droit s'étendrait à la totalité, et ne se bornerait pas à la moitié; si, par sa chute, le fruit n'appartient pas au maître de l'héritage sur lequel il tombe, le total, et non pas seulement la moitié, doit être rendu au vrai propriétaire. Il y a pourtant des coutumes qui adoptent cette règle; de ce nombre est la coutume de Bergh-Saint-Vinox, et celle de Bassigny. Le Code ne s'étant pas expliqué à ce sujet, il faut suivre dans ces coutumes ce que la loi locale prescrit. Il est d'autant plus convenable, dans le cas dont nous parlons, de se régler par le statut local, que, sur cette matière, nos législateurs ont eu l'intention de conserver les dispositions coutumières.

Dans d'autres pays, les règlemens locaux attribuent au voisin sur le fonds duquel tombent les fruits la totalité de ce qu'il trouve chez lui. Cette disposition est également à suivre dans les lieux où les règlemens particuliers ont force de loi.

Mais, lorsqu'il n'y a ni règlemens ni usages locaux, que doit-on décider? Dans le silence du Code Napoléon, nous croyons que la loi romaine est plus conforme aux égards que se doivent de bons voisins. Elle permet de s'approprier les fruits tombés chez soi, si celui à qui ils appartiennent ne vient pas les enlever pendant les trois jours qui suivent leur chute. L. 9. ff. 1. *ad exhibendum.*

En conséquence, pour se conformer à l'esprit d'équité qui a dicté ce texte, la faculté de venir enlever le fruit tombé chez le voisin ne doit pas être refusée au propriétaire de l'arbre, lorsqu'il se présente peu de temps après la chute des fruits. Mais s'il laisse écouler plus de trois jours, le voisin, sans être obligé de le prévenir, est autorisé à faire enlever le fruit tombé, non pas comme une chose qui lui appartient, mais parce que le fruit, qui se serait gâté par un plus long séjour à terre, est censé abandonné; d'ailleurs ces fruits salissent la place où ils sont épars, et nuisent à celui qui jouit du terrain sur lequel ils se trouvent délaissés.

Quand il s'agit de planter un arbre à distance légale, la mesure se prend par une ligne droite qui part du centre de la tige de l'arbre, et va joindre, par le chemin le plus court, la ligne qui sépare les deux héritages. Si donc il s'agissait de vérifier si un arbre devenu fort est à une distance convenable, il serait juste de comprendre dans cette distance la moitié de la grosseur de l'arbre; car la loi a ordonné d'observer cette distance, seulement lors de la plantation. Par conséquent il peut librement prendre de la grosseur, sans qu'elle puisse le constituer en contravention.

Lorsqu'un mur sert de séparation à deux héritages, et qu'il appartient à un des propriétaires exclusivement, son voisin non-seulement ne peut pas s'en servir pour y appuyer des espaliers, mais encore il doit tenir ses plantations à la distance légale; car les racines des arbres ou arbustes qui seraient trop près pourraient endommager le mur. La plantation du voisin ayant été placée à la distance prescrite, le propriétaire du mur ne peut pas sans doute réclamer contre les arbres ou la haie; cependant, si par la suite les racines prennent un tel accroissement, qu'elles portent atteinte à la fondation, le propriétaire du mur est en droit d'exiger la réparation du dommage, et la destruction des racines qui en sont la cause. Pareillement, si ce sont les branches qui s'approchent trop près du mur du voisin, celui-ci a le droit de demander la suppression des branches qui le gênent. L'obligation de ne planter qu'à la distance prescrite entraîne celle d'empêcher les racines et les branches de s'étendre au-delà de la ligne de séparation.

On demande à quelle hauteur doivent être élaguées les branches nuisibles, ou qui s'avancent sur l'héritage d'autrui. Ce qui donne lieu à cette question, c'est que le droit romain fixe cette hauteur à quinze pieds. Mais nous ne pouvons pas adopter cette disposition dans notre droit, surtout depuis que le Code Napoléon a décidé pour toute la France, *art.* 552, que la propriété du sol donne la propriété du dessus et du dessous, à moins qu'il n'y ait titre contraire. Ainsi, toute la place qui s'élève dans l'air perpendiculairement au-dessus d'un terrain ou d'un bâtiment, appartient au propriétaire de ce terrain ou de ce bâtiment. Donc il a droit de faire couper les branches qui viennent de chez le voisin sur son héritage, à quelque hauteur qu'elles s'y portent.

Celui à qui appartient le mur peut-il planter des arbres de son côté, sans observer les distances? Les uns disent que le danger de voir périr le mur par l'effort des racines n'est que pour ce propriétaire, qui est libre d'exposer son mur à une durée moins longue.

D'autres soutiennent que le mur n'est pas un obstacle suffisant pour empêcher les racines d'un arbre de pénétrer chez le voisin; si elles ne parviennent pas à traverser la maçonnerie, du moins passent-elles par-dessous. De là ils concluent que la distance légale peut être exigée. Supposons donc qu'un parc soit entouré de murs non mitoyens, le propriétaire des terres voisines de cette clôture est autorisé à demander que les plantations de ce parc soient éloignées de manière que, depuis son terrain jusques aux plantations, il y ait la distance prescrite par la loi; dans cette distance l'épaisseur du mur est comprise.

Dans le cas où le mur est mitoyen, on doit également observer les distances; mais elles se mesurent à partir du centre de l'arbre ou de l'arbuste planté, et se terminent à la moitié de l'épaisseur du mur; car, encore bien que le mur soit possédé indivisément, le terrain sur lequel il est assis appartient pour moitié de son épaisseur à l'un, et pour moitié à l'autre. Ainsi chacun de son côté peut placer des espaliers contre le mur mitoyen; alors les arbres fruitiers qu'on y veut employer se placent à la distance convenable, à partir du milieu du mur. Par exemple, à Paris, cette distance est de dix-huit pouces, parce qu'on y traite les arbres en espaliers comme les haies vives.

Il peut arriver que le mur mitoyen soit d'une épaisseur si considérable, que la moitié de son épaisseur prenne les dix-huit pouces, et même plus; dans ce cas, la règle est de planter la tige de l'arbre à la distance de six pouces, à partir du parement du mur. Ce conseil est donné par les architectes pour la conservation du mur, et par les cultivateurs pour la conservation des arbres.

Art. VIII. *Du droit de passage légal.*

Cet article est divisé en trois paragraphes qui expliqueront, 1° en quoi consiste le droit de passage légal; 2° à quelle indemnité il donne lieu; 2° par qui il est dû.

§ Ier. *En quoi consiste le droit de passage légal.*

Il n'est pas question ici d'un droit qu'on a en vertu d'un titre; car alors c'est une servitude volontaire dont on jouit conformément au titre qui l'a établie, ainsi qu'on le verra dans le chapitre suivant. On ne s'occupe maintenant que des servitudes nécessaires : les unes, qui ont pour cause la situation naturelle des lieux, ont fait la matière de la première section du présent chapitre; les autres, prescrites par la loi, sont traitées dans la seconde section, et le droit de passage en est un des articles. Il s'agit donc ici du passage qu'on peut exiger pour aller à un héritage et en revenir, quand on n'a pas d'autres titres que la nécessité. Comme en pareil cas, c'est de la loi qu'on tient la faculté de passer, nous l'appelons droit de passage légal ou nécessaire, pour le distinguer du droit de passage fondé sur un titre consenti volontairement.

Le Code Napoléon, *art.* 682, s'exprime à ce sujet très-clairement : il dit que le propriétaire dont les fonds sont enclavés, et par conséquent n'ont sur la voie publique aucune issue, peut réclamer un passage sur l'un des fonds voisins, afin de rendre possible l'exploitation de son héritage.

Pour avoir un droit de passage légal sur les terres de ses voisins, il faut qu'on n'ait aucun moyen pour communiquer de la voie publique à l'héritage qu'on possède. La loi n'accorde ici qu'un secours pour le cas de nécessité; elle ne veut pas qu'une pièce de terre soit inutile à son propriétaire, comme cela arriverait s'il ne pouvait pas y aborder.

Le but est de pourvoir à l'exploitation de l'héritage enclavé. En conséquence, s'il s'agit d'un terrain en culture, il faut que le passage soit suffisant pour y conduire les hommes et les animaux avec les instrumens aratoires, selon l'usage du pays. Si l'immeuble est un bâtiment, le passage doit être proportionné à l'usage auquel sert ce bâtiment. Cependant, s'il est environné de tous côtés par des constructions, le passage sera tel que la localité le permettra. Par la même raison que cette sorte de passage nécessaire n'est autorisée que pour l'exploitation de l'héritage enclavé, celui qui le réclame ne peut pas exiger qu'on lui en donne un d'une largeur plus grande qu'il n'est besoin strictement; ainsi il n'a pas le droit de demander un chemin de charrette, quand celui d'une bête de somme est suffisant.

Comment peut-il arriver qu'un héritage soit enclavé, de manière à n'aboutir à aucun chemin? Toutes les terres se trouvent tellement divisées, du moins dans un pays depuis long-temps civilisé, qu'il paraît impossible de rencontrer une portion de terre quelconque qui n'ait pas son issue.

Premier exemple. Le propriétaire d'un fonds lègue la portion de terre qui, à l'époque de son décès, se trouvera semée en luzerne. L'événement veut que la pièce de terre qui est en luzerne lors de la mort du testateur soit précisément placée au milieu de toutes celles qui lui appartenaient. Le légataire ne pourra pas aller à la portion d'héritage qui lui est donnée par le testateur, s'il n'est livré passage sur les autres terres de la succession qui se trouvent assujetties à cette servitude légale.

Second exemple. Le légataire à qui, comme dans l'exemple précédent, est échu un terrain enclavé, a acquis une pièce de terre contiguë qui aboutit à un chemin, en sorte qu'il n'a plus besoin d'un passage légal sur les fonds voisins. Il a payé son acquisition avec des deniers appartenant à son épouse, et dont il était tenu de faire l'emploi. Cette femme étant morte sans laisser d'enfans, ses héritiers ont pris possession de l'objet acquis avec ses deniers, et il reste au mari une pièce de terre enclavée, pour l'exploitation de laquelle il lui est dû le passage nécessaire.

Troisième exemple. J'avais une pièce de terre que bordait un chemin; l'autorité publique, pour donner à ce chemin une direction plus droite, en a supprimé précisément la portion qui touchait mon héritage, et a donné cette portion, en forme d'indemnité, à un particulier à qui le nouveau chemin prend du terrain. Cet événement enclave ma propriété, et me donne droit à réclamer un passage légal sur les terres voisines.

On peut citer encore le cas où un chemin se trouve rompu, soit par inondation, soit par tout autre événement qui le rend absolument impraticable; il faut bien que l'on puisse arriver aux héritages qui avaient ce chemin pour issue. Il est vrai qu'en pareille circonstance le passage n'est livré que pour un temps, et seulement jusqu'à ce que le chemin ordinaire soit rétabli; mais ce n'est pas moins d'après les mêmes règles qu'il faut agir : d'un côté le passage nécessaire est exigible, et de l'autre l'indemnité est due.

D'après ces exemples, qu'il serait facile de multiplier, on voit qu'ici le Code a prévu un sujet assez fréquent de contestations, pour lesquelles il était d'autant plus utile de poser des principes, que dans aucune loi précédente on ne les trouve aussi-bien appropriés aux différentes circonstances, dans lesquelles le passage est dû comme servitude nécessaire.

§ II. *De l'indemnité due pour le passage légal.*

Forcé par l'intérêt de la société, d'accorder un passage pour l'exploitation d'un héritage enclavé, le Code Napoléon n'oblige à cette servitude qu'avec les restrictions qui en rendent le service moins pénible. Il dit positivement, *art.* 682, que le propriétaire à qui le passage est accordé doit payer le dommage qui en résulte. Le propriétaire du fonds servant n'est pas tenu de lui vendre le terrain, sur lequel est établi le passage ; car la servitude n'attribue pas la propriété de l'objet qui y est consacré; elle donne seulement la faculté de s'en servir : *Loci corpus non est dominii ipsius cui servitus debetur, sed jus eundi habet. L. 4. ff. si serv. præd. rust.*

Le dommage consiste donc dans l'impossibilité de tirer un produit du terrain destiné au passage; par conséquent, c'est ce produit perdu qu'il faut évaluer et faire payer par le propriétaire du fonds enclavé.

On avait douté si l'action en indemnité pouvait se prescrire, tant que le passage était en activité. Il répugnait à quelques jurisconsultes, que le propriétaire qui jouit pour son héritage enclavé, d'une faculté fondée uniquement sur le voisinage, pût se dispenser d'en acquitter l'indemnité, en invoquant la prescription. Mais la difficulté a été levée par le Code, qui, *art.* 685, dit positivement que l'action en indemnité dont il s'agit ici est prescriptible. Il ajoute qu'encore bien que la demande en paiement du dommage ne soit plus recevable, le passage n'en doit pas moins être continué; il pourrait donc être exigé par celui même qui refuserait d'acquitter l'indemnité en opposant la prescription. Cette décision est motivée sur ce que la prescription est une présomption de paiement; celui qui use de ce moyen soutient qu'il a payé, et qu'il est dispensé d'en rapporter la preuve, à cause du laps de temps.

L'indemnité doit-elle être nécessairement une somme une fois payée; est-on fondé à n'offrir qu'une prestation annuelle? Il nous semble qu'on peut comparer l'indemnité dont il s'agit à un loyer qu'on ne doit qu'en raison du temps pendant lequel on jouit de ce qui en fait l'objet. On ne pourrait donc pas forcer le propriétaire de l'héritage enclavé à payer un capital pour acquérir le droit passage à perpétuité. S'il en était autrement, il pourrait arriver que le propriétaire d'un terrain ou d'un bâtiment enclavé fût dans l'impossibilité de jouir de sa propriété, faute de moyens pour acquitter le prix de l'indemnité.

D'ailleurs, pour qu'on pût exiger le capital, il faudrait que celui à qui l'on ne peut pas refuser le passage nécessaire pût réciproquement forcer son voisin de le lui vendre à perpétuité; or cette faculté serait contraire à la nature des servitudes prédiales.

En effet, comme on l'a prouvé plus haut, par un texte de loi romaine, la servitude n'attribue pas droit de propriété sur le terrain qui y est assujetti. L'obligation de fournir un passage légal, n'est fondée que sur l'impossibilité d'aller sans ce secours à l'héritage enclavé; or celui qui est tenu de cette servitude nécessaire peut espérer que l'impossibilité cessera un jour, soit parce qu'un chemin se formera le long de l'héritage enclavé, soit parce que cet héritage sera réuni à un de ceux qu'il touche, et qui aboutissent à un chemin. Alors, la servitude légale n'existera plus, et le fonds sur lequel est pris le passage deviendra libre. Pareillement, celui qui est obligé de payer une indemnité pour avoir un passage, peut espérer, par les mêmes motifs, qu'il sera un jour soulagé de cette charge. On ne peut donc pas plus forcer l'un à vendre le terrain propre au passage que l'autre à l'acquérir. Ainsi l'indemnité n'est exigible qu'en redevance annuelle, qui cesse d'être due quand on n'a plus besoin du passage; et réciproquement le passage peut être refusé dès qu'il n'est plus d'une nécessité indispensable.

De là il résulte que le prix de l'indemnité annuelle peut varier selon l'augmentation du prix des productions. En conséquence, si celui qui livre le passage trouve que l'évaluation de l'indemnité est trop ancienne pour être actuellement en proportion avec le produit qu'il tirerait de son terrain, il peut demander une augmentation. De même, si celui à qui le passage est accordé croit que ce qu'il paye pour chaque année est devenu trop considérable, eu égard à la diminution du produit de l'héritage sur lequel est établi le passage, il peut réclamer une diminution : la demande de l'un ou de l'autre sera réglée à dire d'experts.

§ III. *Par qui est dû le passage légal.*

On a vu dans quel cas un passage légal est accordé, en quoi il consiste, et à quelle condition on l'obtient; il reste à savoir contre qui la demande en doit être dirigée. Entouré de tous les côtés par des terrains appartenant à autant de propriétaires différens, auquel faut-il s'adresser de préférence, pour obtenir l'issue nécessaire à l'héritage enclavé; ou bien, si c'est la même propriété qui enclave, de quel côté pourra-t-on réclamer le passage nécessaire? La raison dit assez que le chemin sera livré du côté où le trajet est le plus court pour arriver à la voie publique : voilà aussi ce que décide le Code Napoléon, *art.* 683.

En déterminant en général, le côté où sera le passage, la loi veut pourtant que cette règle cède à l'intérêt du propriétaire par qui le passage est dû, et que la servitude soit exercée dans l'endroit qui lui cause le moins de dommage : *art.* 684.

Supposons qu'autour de mon héritage enclavé soient six propriétés différentes. On détermine d'abord laquelle de ces pièces de terres il faut traverser pour aller plus directement au chemin le plus voisin. Ensuite on prend la portion de cette pièce qu'il est moins fâcheux de sacrifier pour le passage. Les deux parties y trouvent leur compte; le propriétaire du terrain assujetti y perd moins, et celui à qui le passage est livré paye une indemnité moins forte.

De ce même texte il résulte que, si par la suite le propriétaire du fonds assujetti au passage trouvait cette servitude trop gênante dans l'endroit où d'abord elle avait été fixée, il pourrait proposer de l'établir sur une autre partie de sa pièce de terre, pourvu que le passage conduisît à la même voie publique.

Si le chemin où aboutit le passage venait à être supprimé, le fonds assujetti recouvrerait sa liberté; et le maître du terrain enclavé obtiendrait un passage du côté où il pourrait le plus promptement atteindre à un autre chemin public.

Contre qui le propriétaire de l'héritage enclavé peut-il diriger sa demande? Il n'y a pas de difficulté lorsque les terres où les bâtimens qui entourent sa propriété appartiennent à la même personne; car alors il est évident qu'il n'a pas à choisir. Mais, quand un héritage est enclavé par plusieurs propriétés différentes, comment celui qui a besoin d'un passage doit-il s'y prendre pour l'obtenir? Il pourrait former sa demande contre tous, à l'effet de faire régler avec eux par experts le côté et le terrain où il prendra son issue. Cependant, en considérant que la loi indique le passage du côté qui conduit par le trajet le plus court à la voie publique la plus voisine, le réclamant agit plus simplement en s'adressant au maître du terrain placé de manière à remplir cette condition. Sur cette demande, si le défendeur reconnaît qu'effectivement il doit le passage, il indiquera l'endroit qu'il consent de sacrifier à cet usage. S'il pense, au contraire, qu'une autre propriété est située plus près du chemin public, il pourra mettre en cause le maître de ce terrain. Par ce moyen on complique moins la contestation.

Au reste, il est assez rare qu'il s'élève des difficultés sur la question de savoir de quel côté sera ouvert le passage légal; le plus souvent quand on conteste, c'est sur la nature de ce passage, sur sa longueur, sur la manière d'en jouir sans causer trop d'importunités. Ces discussions arrivent, surtout quand il s'agit d'un bâtiment enclavé parmi d'autres bâtimens. Par exemple, on ne peut pas exiger que celui qui est tenu de livrer passage par sa maison la laisse ouverte jour et nuit. Desgodets cite un arrèt rendu à l'audience de la grand'-chambre du parlement, le 19 février 1618, et par lequel les heures d'ouvrir et de fermer un passage par une maison sise à Paris furent réglées : de Pâques à la Saint-Remi, c'est-à-dire en été, le passage devait être libre depuis quatre heures du matin jusqu'à dix heures du soir; et depuis la Saint-Remi jusqu'à Pâques, c'est-à-dire en hiver, le passage ne pouvait être exigé que depuis six heures du matin jusqu'à neuf heures du soir.

Il s'agissait à la vérité d'un passage établi par titre; mais le temps de l'ouvrir et de le fermer n'avait pas été spécifié; ainsi c'était le même cas que s'il eût été question d'un passage dû en vertu de la loi, et pour lequel il aurait fallu déterminer les heures auxquelles il devait être ouvert et fermé.

Quelquefois, pour procurer une issue à l'héritage enclavé, il faut traverser plus d'une propriété. Alors tous ceux qui ont du terrain dans la direction conduisant par le trajet le plus court à la voie publique la plus voisine sont assignés à la fois par le réclamant, afin de faire régler en leur présence, et par le même jugement, tout ce qui concerne le passage dont il a besoin. On nomme ordinairement des experts qui dressent le plan du terrain assujetti au passage, et le joignent à leur rapport.

L'opération se fait aussi à l'amiable quand les parties y consentent; elle est alors constatée par un acte.

Le possesseur de la terre enclavée peut aussi s'adresser à celui de qui il la tient pour se faire livrer un passage. Si donc un objet enclavé me vient d'un partage dans lequel il n'a rien été prévu pour procurer une issue nécessaire, je peux réclamer contre mes copartageans, afin qu'ils me mettent dans la possibilité de prendre possession de mon lot. Si c'est par testament que l'objet enclavé m'a été légué, l'héritier est tenu de me procurer le passage, en le demandant lui-même à celui dont le fonds doit cette servitude légale. Pareillement si j'ai acheté l'objet enclavé, et que dans le contrat d'acquisition je ne sois pas chargé formellement de réclamer un passage, mon vendeur est forcé à faire les diligences nécessaires pour me l'obtenir; car il est obligé de me mettre en possession de ce qu'il me vend.

Chez les Romains, qui tenaient jusqu'au scrupule à la forme donnée à chaque action, le possesseur d'un héritage enclavé n'eût pu se pourvoir que contre celui de qui il l'avait reçu. Dans notre droit, au contraire, on adopte tout ce qui tend à éviter un circuit d'actions. Si le demandeur est fondé à réclamer, et si le défendeur est le vrai débiteur, c'en est assez pour légitimer une poursuite; l'équité naturelle l'emporte toujours sur les subtilités. En conséquence, dans les cas dont on vient de parler, le copartageant, le légataire, l'acquéreur peuvent réclamer un passage en s'adressant, soit à celui de qui ils tiennent l'objet enclavé, soit au propriétaire du fonds sur lequel doit être établie la servitude.

Art. IX. *Du tour d'échelle.*

Nous avons parlé en plusieurs endroits du tour d'échelle d'une manière suffisante pour faire comprendre ce que c'est; néanmoins, comme il est diversement considéré suivant certaines circonstances, il devient nécessaire d'en faire la matière d'un article particulier. Nous le plaçons parmi ceux qui traitent des servitudes légales, parce que, dans plusieurs coutumes, le tour d'échelle tenait à cette sorte d'assujettissement, et qu'il est convenable, avant d'aller plus loin, de connaître les changemens que le Code Napoléon peut avoir apportés à ces anciennes dispositions coutumières.

Après avoir, dans un premier paragraphe, traité du tour d'échelle considéré comme servitude, il sera utile d'en consacrer un second à expliquer ce que c'est que le tour d'échelle considéré comme propriété, et qui, pour le distinguer, est appelé *échellage*. Dans certaines circonstances, il prend le nom de *ceinture ;* nous en parlerons dans un troisième paragraphe.

§ Ier. *Du tour d'échelle considéré comme servitude.*

La servitude du tour d'échelle est le droit de placer des échelles sur l'héritage voisin, afin de faciliter les réparations à faire au mur de séparation, ou aux bâtimens que porte ce mur.

D'après cette définition, on demande s'il y a une différence entre le cas où le mur qui sépare deux héritages appartient à un seul propriétaire, et le cas où il est mitoyen. Comme il est très-important de ne pas confondre ces deux circonstances, nous allons en parler successivement.

Premier cas. Lorsque deux héritages sont séparés par un mur placé à l'extrémité du terrain d'une de ces propriétés, le voisin n'y a aucun droit. Il lui est permis d'en acquérir la mitoyenneté ; mais jusqu'à ce qu'il ait usé de cette faculté, il ne peut en aucune manière se servir du mur de séparation, pas même pour appuyer des choses légères et mobiles sur la face que ce mur lui présente. De ces principes, qui ont été expliqués dans l'article premier, il suit que, de son côté, le propriétaire exclusif du mur de séparation n'a pas le droit d'importuner ni de gêner en quoi que ce soit son voisin pour raison d'une construction à laquelle ce dernier est entièrement étranger. Par conséquent, s'il y a besoin de réparations au mur de séparation ou au bâtiment qu'il supporte, le service des ouvrages doit être fait du côté de la personne qui en est seule propriétaire, à moins qu'elle n'ait un titre portant autorisation de placer ses ouvriers sur l'héritage voisin. Alors il y aurait une servitude consentie volontairement, et qu'il faudrait soumettre aux principes qui seront établis dans le chapitre suivant. Ainsi, quand la séparation n'est pas mitoyenne, il n'y a point de tour d'échelle sans titre.

En effet, la règle générale est qu'une servitude qui n'est pas à la fois continue et apparente ne peut s'établir sans

titre, même quand elle serait fondée sur une possession immémoriale. *Code Napol. art.* 691. Or le droit de jouir d'un
tour d'échelle sur l'héritage de mon voisin, quand j'ai besoin
de réparer mon mur ou les toits de mon bâtiment, est évidemment une servitude discontinue; ce qui est assez pour
qu'on ne puisse l'établir sans titre. De plus, le tour d'échelle
tel qu'on vient de le considérer est un droit qui ne laisse aucune trace apparente, et dont l'existence ne peut être constatée que par des actes; seconde raison pour qu'il ne soit pas
permis de le réclamer, si on n'est pas fondé en titre.

On voit dans plusieurs coutumes, comme celles du Dunois, de Melun, d'Orléans, d'Etampes, que tout propriétaire
a le droit de poser des échelles sur l'héritage voisin pour les
travaux nécessaires aux siens; c'est une servitude légale
qu'elles établissent, et qui, par conséquent, n'exige pas de
titre. On demande si ces dispositions doivent être suivies
aujourd'hui.

La raison de douter, est que le Code Napoléon n'ayant
point parlé du tour d'échelle, semble avoir laissé subsister
toutes les lois qui l'établissent, et n'avoir pas voulu abolir ce
que les coutumes ont réglé sur cette matière.

Ce qui doit déterminer est l'*art.* 691 de ce Code, qui défend d'une manière générale, et sans aucune exception, d'établir sans titre une servitude qui n'est pas à la fois continue
et apparente, fût-elle appuyée d'une possession immémoriale. Devant une disposition aussi précise, toutes celles des
coutumes disparaissent; on ne doit plus, dans aucune partie
de l'Empire français, reconnaître de servitude légale concernant le tour d'échelle.

Quand il est bien constaté par des titres qu'un héritage
est assujetti au tour d'échelle pour l'utilité de l'héritage voisin, ce n'est plus alors une servitude légale; elle doit donc
être exercée conformément à la convention et aux règles
qu'on expliquera au chapitre suivant, consacré aux servitudes volontaires. Dans l'acte qui établit par consentement
mutuel des parties le droit de tour d'échelle, il arrive quelquefois qu'elles n'ont pas fixé la quantité de terrain qui sera
fournie pour l'exercice de cette servitude. On demande com-

ment suppléer à ce silence du titre, et si, faute d'explication suffisante, il restera sans force.

Un titre dont le témoignage n'est pas contesté est toujours susceptible d'exécution. Souvent, pour y parvenir, il est besoin de l'interpréter; alors il faut suivre des principes que la science du droit enseigne, et qui varient selon les circonstances. On pense donc que, dans le cas proposé, on doit admettre l'existence de la servitude attestée par les titres.

Mais, dira-t-on, quel moyen prendre pour prononcer dans la contestation qui s'élève entre les deux voisins, relativement au terrain qui doit être consacré à l'exercice du tour d'échelle, puisque le Code ne s'explique pas sur cette matière?

Il résulte du silence du nouveau Code, qu'il laisse subsister l'ancienne jurisprudence; or, lorsqu'il s'élevait des discussions sur l'étendue qu'il fallait donner au tour d'échelle, considéré comme servitude, on la fixait comme l'indiquaient les coutumes, ou des règlemens particuliers, ou l'usage des lieux.

D'abord, quand le titre ne s'explique pas sur la longueur du terrain assujetti au tour d'échelle, il ne peut pas y avoir de difficulté; car ce droit ayant pour objet de faciliter les réparations du mur de séparation, il est évident que les ouvriers doivent pouvoir circuler sur le terrain qui borde le mur dans toute sa longueur, à moins que le titre ne contienne une restriction.

C'est donc pour fixer la largeur seulement du tour d'échelle qu'il peut s'élever des discussions entre le propriétaire de l'héritage dominant et le maître de l'héritage servant : elles sont jugées conformément aux dispositions de la coutume, ou aux règlemens particuliers, ou à l'usage du pays.

Quand on manque de l'un de ces secours, nous pensons que l'on peut prendre pour droit commun l'usage de Paris, comme étant fort raisonnable. La coutume de Paris n'ayant point prescrit les dimensions du tour d'échelle, il a fallu s'assurer de l'usage en cette matière. Pour y parvenir, deux particuliers s'adressèrent au lieutenant civil du Châtelet, qui fit constater, par acte de notoriété du 23 août 1701, que l'usage, dans le ressort de la coutume de Paris, était de donner au tour d'échelle une largeur de trois pieds, à partir du parement extérieur du mur au rez-de-chaussée. Cette largeur de trois pieds équivaut à peu près à un mètre de nos nouvelles mesures; elle doit être prise par une ligne appuyée dans toute sa longueur sur la surface du sol, et qui fasse angle droit avec le mur d'où elle part.

Il est dit dans quelques auteurs, que s'il s'agit de la clôture d'un grand enclos, tel qu'un parc, le tour d'échelle se nomme *ceinture*, et que l'usage est de lui donner une largeur de six pieds, équivalant à deux mètres environ de nos nouvelles mesures. Ce qui concerne la ceinture d'un grand enclos ne peut être qu'une propriété; nous n'en parlerons que dans le paragraphe suivant, où nous expliquerons ce qu'est le tour d'échelle considéré comme propriété corporelle. Nous ne pensons pas, en effet, que l'usage de donner une largeur de six pieds à la ceinture d'un enclos puisse convenir au cas où elle serait l'objet d'une servitude; car alors elle consisterait dans la faculté de laisser circuler les ouvriers pour les réparations ou la reconstruction de la clôture. Or, si le titre de cet assujettissement ne s'expliquait pas sur la dimension dont il s'agit, on ne voit pas pourquoi elle serait plus considérable que celle d'un simple tour d'échelle, puisqu'il n'est besoin que de faciliter les réparations ou la reconstruction d'un mur ordinaire; pour travailler au mur d'un parc, il ne faut pas plus de place en largeur que pour réparer la clôture d'un petit terrain.

Disons donc que, sans distinguer si le mur de séparation sert à fermer un grand ou un petit enclos, le droit qu'on a, pour le réparer, de faire circuler des ouvriers en dehors sur l'héritage voisin, ne peut être qu'un simple tour d'échelle, dont la largeur, quand le titre n'en parle pas, est fixée par la coutume, ou les règlemens particuliers, ou l'usage du pays. Ajoutons que, dans le droit commun, on peut prendre l'usage de Paris, qui accorde trois pieds pour la largeur du terrain consacré à cette espèce de servitude. En conséquence, la dénomination de *ceinture* ne convient pas à l'objet d'un pareil droit; il faut la réserver pour exprimer le terrain qu'on possède en pleine propriété au-delà des murs d'un grand enclos, et dont on parlera dans le paragraphe suivant.

Second cas. Si c'est un mur mitoyen qui sépare deux héritages, faut-il un titre à l'un des propriétaires pour obtenir la faculté de faire circuler sur l'héritage voisin les ouvriers chargés de travailler à ce mur?

Pour l'affirmative, on dit que la mitoyenneté du mur n'empêche pas la faculté dont il s'agit d'être un service foncier, pour lequel il faut suivre les règles ordinaires; et comme cette servitude est nécessairement discontinue et non apparente, elle ne peut avoir lieu sans titre, d'après l'*art.* 691 du Code Napoléon.

La négative est soutenue avec plus de fondement. Du droit de propriété d'un mur appartenant par indivis à chacun des voisins, résulte essentiellement la faculté de veiller à sa conservation. En conséquence, l'un des propriétaires, toutes les fois qu'il est autorisé à faire travailler au mur mitoyen, peut placer ses ouvriers sur l'héritage voisin sans qu'il y ait besoin d'un titre particulier pour user de cette faculté. Elle n'est pas en effet une servitude, puisqu'elle n'est pas, à proprement parler, un assujettissement d'un héritage pour l'utilité de l'autre; chacun des héritages est également assujetti à la conservation du mur commun. La faculté dont il s'agit n'est donc qu'une conséquence de la mitoyaneté; et si on s'obstinait à la regarder comme un service foncier, ce serait alors une servitude légale, établie comme suite nécessaire du droit de mitoyenneté, qui lui-même est établi par le Code. Ainsi, soit comme servitude légale, soit comme une émanation du droit de communauté au mur mitoyen, la faculté réciproque de circuler autour pour le réparer peut être exercée sans autre titre particulier.

Cette décision, conforme aux principes, se trouve consignée dans l'acte de notoriété du 23 août 1701, dont on a parlé plus haut. Il y est dit que s'il convient de faire quelques rétablissemens à un mur non mitoyen, celui à qui il appartient doit faire le service et les ouvrages de son côté;

tandis que si le mur est mitoyen, le service et les ouvrages se font des deux côtés.

Quelle largeur de son terrain est-on obligé de mettre à la disposition des ouvriers, lorsqu'ils travaillent au mur mitoyen de la part du voisin? Comme il ne s'agit pas d'une servitude proprement dite, mais de l'exercice du droit de propriété sur une chose indivise, on ne peut pas appliquer ici ce qu'on a dit plus haut, en parlant du cas où le tour d'échelle est dû, pour faciliter les réparations d'un mur qui n'est pas en communauté; d'autres considérations doivent donc servir à décider la question proposée.

Le Code, par son *art.* 662, a indiqué un moyen fort sage de résoudre toutes les difficultés qui peuvent naître entre les copropriétaires d'un mur mitoyen. Il défend à chacun de toucher au mur sans le consentement des intéressés, ou, à leur refus, sans autorisation de la justice; c'est ce qui a été expliqué dans l'article premier de cette section. Par l'effet de cette précaution, soit que les parties s'arrangent à l'amiable, soit qu'elles aient besoin de l'autorité judiciaire, l'ouvrage projeté est connu de chacune d'elles, toutes les circonstances en ont été prévues; en conséquence, le mode de travailler est autorisé, sous la condition qu'il ne sera causé au voisin que l'embarras indispensable. Comme, d'un côté, la nature des réparations peut exiger plus ou moins de terrain pour la circulation des ouvriers, et que, de l'autre, la localité peut bien ne pas permettre une aussi grande facilité qu'il serait à désirer, les détails qui intéressent à cet égard les deux voisins, sont réglés par l'acte ou par le jugement qui, sur un rapport d'experts, permet le travail projeté.

Ce qu'on vient de dire concernant la faculté de placer des ouvriers sur les deux héritages limitrophes, quand il s'agit de réparer ou de reconstruire un mur mitoyen, s'entend fort bien pour le cas où le travail se fait à frais communs; mais que déciderait-on, si le mur mitoyen étant en bon état, l'un des voisins voulait le reconstruire à ses dépens sur des dimensions plus fortes? Il n'agit plus alors pour l'intérêt de la communauté; n'est-il donc pas considéré comme celui qui répare un mur non mitoyen, et aux ouvriers duquel le voisin n'est pas tenu de livrer passage?

La loi autorise l'un des copropriétaires du mur mitoyen à le reconstruire à ses dépens, s'il ne le trouve pas capable de supporter l'édifice projeté; cette faculté respective peut être exercée l'année prochaine par celui qui est obligé de la souffrir aujourd'hui. De là il résulte que celui qui reconstruit le mur à ses dépens use de son droit de copropriétaire, absolument comme quand il s'agit de réparer le même mur à frais communs. On ne peut donc pas lui refuser la faculté de faire circuler ses ouvriers sur le terrain voisin, sauf aux parties à convenir entre elles préalablement du mode à suivre pour conduire le travail, ou à le faire régler par jugement. Remarquez que celui qui reconstruit le mur, doit payer au voisin l'indemnité dans les cas où elle est due, ainsi qu'on l'a expliqué dans l'article premier, en parlant de la reconstruction du mur mitoyen, faite aux frais d'un seul propriétaire.

Si l'un des voisins voulait faire réparer ses bâtimens supportés par le mur mitoyen, pourrait-il placer les échelles de ses ouvriers sur l'héritage voisin?

Nous opinons pour la négative, d'abord parce qu'il est possible de faire le service et les ouvrages du côté de la personne à qui les bâtimens appartiennent; en second lieu, parce qu'il ne s'agit pas alors d'une propriété commune aux deux voisins. Si on est fondé à veiller à la conservation du mur mitoyen dont on est propriétaire par indivis, et d'y faire travailler d'un côté et de l'autre, c'est qu'on s'occupe alors d'un objet appartenant également à celui dont on exige le passage pour les ouvriers. Mais, si les réparations ne regardent que le bâtiment porté par le mur mitoyen, il ne paraît pas juste de forcer le voisin à laisser circuler les ouvriers sur son héritage pour des travaux qui ne l'intéressent point.

Un mur de séparation n'est mitoyen que jusqu'à une certaine hauteur; il s'agit de réparer l'exhaussement appartenant exclusivement à un seul de ses voisins. On demande si celui-ci pourra placer des échelles sur l'héritage contigu, pour la facilité des réparations.

Pour réparer la portion mitoyenne du mur, on peut placer les ouvriers d'un côté et de l'autre; or, dit-on, il serait difficile de penser que l'on ne fût pas autorisé à agir de même pour travailler à la partie supérieure du même mur. Il semble qu'en autorisant un des propriétaires à exhausser le mur mitoyen à ses dépens, la loi a reconnu suffisamment l'obligation où est l'autre voisin de souffrir cet excédant de construction, et par conséquent de faciliter les réparations qui y sont nécessaires.

Le propriétaire de l'exhaussement d'un mur mitoyen se trouve dans la même position que si le mur de séparation était à lui seul, et touchait sans moyen l'héritage contigu. Dans l'un et l'autre cas il est tenu de céder la mitoyenneté de la séparation qui lui appartient, si le voisin la demande; mais il ne peut forcer celui-ci à en faire l'acquisition. Il y a donc similitude entre un mur non mitoyen placé à l'extrémité de l'héritage dont il dépend, et l'exhaussement fait par un seul voisin sur un mur mitoyen. Or on a vu que le propriétaire du mur non mitoyen doit faire de son côté les ouvrages de réparations, ainsi que l'atteste l'acte de notoriété du 23 août 1701; il doit en être de même de l'élévation donnée au mur mitoyen : le service et les ouvrages de réparations doivent s'effectuer du côté de celui à qui cet exhaussement appartient. On ne voit pas pourquoi le voisin, qui n'est pas obligé à fournir le passage pour réparer la clôture non mitoyenne, serait forcé à souffrir les ouvriers sur son terrain, lorsqu'il s'agit de réparer un exhaussement sur lequel il n'a aucun droit, et dont il ne profite pas.

§ II. *De l'échellage.*

On appelle communément tour d'échelle non-seulement un service foncier sur l'héritage voisin, ainsi qu'on l'a vu dans le paragraphe précédent, mais encore l'espace qu'un propriétaire laisse hors du mur dont est clos son héritage, afin de circuler autour de ce mur sans entrer sur le terrain voisin. Dans ce sens le tour d'échelle n'est pas un droit, mais une véritable propriété corporelle, appartenant au maître du mur de séparation.

On sent l'inconvénient de confondre par la même dénomination deux choses aussi différentes; c'est pourquoi dans certains pays, pour ne pas se tromper, on ne donne le nom de tour d'échelle qu'au droit de servitude dont on a parlé au paragraphe précédent, et on appelle *échellage*, quelquefois *évertizon*, la portion de propriété qu'on a laissée hors du mur de séparation, pour avoir la faculté d'aller et de venir le long de ce mur sans marcher sur l'héritage voisin. Nous adoptons la dénomination d'échellage, pour éviter toute confusion entre deux choses tout-à-fait différentes.

L'espace de terrain laissé en dehors d'un mur de séparation étant un véritable immeuble, on ne peut en établir la propriété que par titre ou par prescription; ainsi, quand on réclame sans l'un ou l'autre secours une pareille portion de terrain, on ne peut pas espérer de réussir, même dans les pays où le tour d'échelle était présumé exister de plein droit. La raison en est, que la présomption s'y appliquait seulement au tour d'échelle, considéré comme servitude; à l'égard de celui que nous nommons *échellage*, c'est une propriété immobilière, qui de tout temps n'a pu être acquise que par titre ou par prescription. D'ailleurs, cette présomption relative à la servitude du tour d'échelle ne subsiste plus, même dans les coutumes qui l'avaient admise; car on a vu dans le paragraphe précédent, que cette servitude étant discontinue et non apparente, elle est du nombre de celles qui, suivant le Code, ne peuvent s'établir que par titre.

Nous avons dit que l'échellage est susceptible de s'acquérir par la prescription, comme tout autre objet immobilier corporel; ainsi, pour l'obtenir, un simple titre de possession suffit. S'agit-il d'abord du possessoire, on y réussira, si on jouit depuis au moins un an; sur le pétitoire on sera maintenu également, si la possession invoquée se trouve avoir le temps et les qualités nécessaires pour prescrire les immeubles.

Il est possible de trouver dans des titres les preuves de la propriété de l'échellage, sans y voir la désignation de la largeur du terrain qu'on réclame; on demande comment cette largeur sera déterminée. Il est des cas où le bornage des propriétés limitrophes pourrait donner les éclaircissemens que l'on cherche; mais il est beaucoup de circonstances où ce moyen de découvrir la vérité serait ou impraticable ou insuffisant.

Le Code n'ayant rien statué sur ce point, il laisse en vigueur les dispositions des coutumes et des règlemens locaux; à défaut de ces lois particulières, on suit l'usage du pays où la contestation s'élève.

Dans le paragraphe précédent, on a vu que, dans le ressort de la coutume de Paris, le tour d'échelle considéré comme servitude est de trois pieds, équivalant à un mètre de la nouvelle mesure. Par un traité entre la dame Desfontaine et Nicolas Denau, il avait été convenu que celui-ci ferait à ses dépens le mur de séparation de leurs héritages contigus; la dame Desfontaine s'était réservé le droit de jouir du tour d'échelle si elle venait à bâtir sur le mur de séparation. Le cas prévu n'arrivant pas, cette dame n'avait rien à prétendre sur le terrain qui était au-delà de la clôture du côté de son voisin Denau. Mais par la suite la dame Desfontaine a voulu appuyer des bâtimens sur le mur et profiter du tour d'échelle qui lui était réservé. Il fallait connaître de quelle largeur de terrain elle avait la jouissance sur l'héritage contigu. Pour cela on eut recours à un acte de notoriété, qui fut donné par M. le lieutenant civil du Châtelet, le 23 août 1701. Il ne se borne pas à décider que, dans le ressort de la coutume de Paris, le tour d'échelle est de trois pieds; cet acte explique la doctrine reçue au Châtelet concernant cette matière. Quoiqu'il ait été provoqué à l'occasion d'une contestation où il s'agissait du tour d'échelle considéré comme servitude, néanmoins cet acte parle également du tour d'échelle considéré comme propriété, et que nous nommons échellage; en conséquence, il doit servir de règle pour fixer ce qu'on doit entendre par le tour d'échelle dans la coutume de Paris, soit qu'il désigne une servitude, soit qu'il indique une propriété corporelle.

D'abord on y voit que le tour d'échelle, considéré comme servitude, n'était point admis sans titre; ce qui est conforme aux principes du nouveau Code. Le motif que donne l'acte de notoriété pour décider que le tour d'échelle ne peut s'obtenir par la simple possession, est que chacun peut ou bâtir jusqu'à l'extrémité de son héritage, ou faire un mur mitoyen; dans l'un et l'autre cas, il ne peut pas y avoir au-delà de la séparation un terrain destiné au tour d'échelle. Alors, est-il ajouté, s'il convient de faire quelques rétablissemens au mur non mitoyen placé sur la ligne qui sépare les deux héritages, celui à qui il appartient doit faire le service et les ouvrages de son côté. Le mur est-il mitoyen, le service et les ouvrages se font des deux côtés; c'est ce que nous avons remarqué dans le paragraphe précédent.

Le même acte de notoriété dit encore que si une personne, en bâtissant un mur, l'a retiré de trois pieds sur son propre terrain, l'espace du tour d'échelle lui appartient; ce n'est pas une servitude, mais une propriété de terrain laissé au-delà de sa clôture.

La distinction entre le tour d'échelle qui est servitude, et celui qui est propriété corporelle, ou l'échellage, se trouve, comme on voit, très-bien marquée dans l'acte de notoriété du Châtelet; or, pour l'un et l'autre cas, il atteste que l'usage est de donner trois pieds de largeur à un tour d'échelle, dont la dimension n'est pas spécifiée dans le titre.

Puisqu'on ne peut pas réclamer la propriété de l'échellage sans un titre, il est donc bien important, pour celui qui en bâtissant laisse un espace au-delà de son mur, d'appeler son voisin et de prendre l'alignement contradictoirement avec lui. Il ne doit pas manquer de faire constater, dans le procès-verbal qui en est dressé, soit à l'amiable, soit par experts nommés en justice, qu'un échellage dépend de l'héritage sur lequel est placé le mur; en même temps il a soin d'en faire mentionner la largeur.

Quand un propriétaire s'est enclos en laissant derrière ses murs un espace qui lui appartient, comment doit faire le voisin qui se veut enclore également? Il arrive, ou qu'il se retire aussi sur son propre terrain, ou qu'il place sa clôture sur l'extrémité de son héritage, de manière qu'elle touche sans moyen l'autre propriété. Dans le premier cas, il y aura entre les deux murs une ruelle, dont la largeur sera formée par les deux espaces laissés de part et d'autre. Alors cette ruelle appartiendra pour une portion de sa largeur à celui qui s'est enclos le premier, et pour l'autre portion, à celui qui a bâti plus tard.

Si ce dernier a construit son mur sur l'extrémité de son héritage, la ruelle placée entre les deux clôtures est formée par le seul espace qu'a laissé le propriétaire qui s'est enclos le premier : cet échellage appartient à lui seul ; le voisin n'y a aucun droit, et n'en peut pas faire usage.

En conséquence, celui-ci ne peut pas chaperonner son mur à double pente, parce qu'il ne lui est pas permis de jeter dans la ruelle, qui ne lui appartient pas, une portion des eaux qui tombent sur son mur ; il faut donc que ce mur soit terminé par une seule pente, dirigée vers l'héritage sur lequel il est fondé. A plus forte raison, si ce voisin élevait un bâtiment sur ce même mur, ne lui serait-il pas loisible de faire égoutter les eaux du toit dans la ruelle. Ce droit appartient au seul propriétaire de cet espace.

Remarquez aussi que le propriétaire de l'échellage est tenu de le paver et de lui donner une pente suffisante pour écouler les eaux qui tombent de son toit : car autrement, la construction que le voisin a eu le droit d'approcher jusqu'à la dernière extrémité de son terrain, pourrait être attaquée dans ses fondemens par le séjour des eaux de l'héritage contigu. Cette opinion, que Desgodets adopte sans la motiver, est fondée sur un principe d'équité, qui fait une des bases des lois du voisinage, et qui ne permet à personne, sous prétexte de jouir de sa propriété, de nuire à autrui quand il est possible de l'éviter. Il est d'autant plus raisonnable d'appliquer ce principe à l'espèce proposée, qu'en donnant de l'écoulement aux eaux de la ruelle, celui qui en est le propriétaire conserve ses constructions aussi-bien que celles de son voisin.

Il n'est pas permis, disons-nous, de faire tomber l'égout de ses toits sur l'héritage limitrophe ; il résulte de là que celui qui fait un édifice dont le toit présente sa pente du côté du voisin, ne peut pas se dispenser de placer son mur de séparation de manière qu'il y ait en dehors un espace qui recevra ses eaux. Cette perte de terrain devient inutile lorsque le toit est d'une telle forme que les eaux de pluie sont contenues entre le mur et la couverture, et sont conduites par des chesneaux dans une gouttière dirigée sur le terrain de celui à qui appartient le bâtiment.

Au surplus, lorsque celui qui construit se croit forcé de retirer son mur de séparation sur sa propriété, est-il tenu de laisser en dehors un espace déterminé, tel que trois pieds, par exemple, dans les pays où il est d'usage de donner une pareille largeur à l'échellage?

Les uns disent que la fixation de la largeur de trois pieds n'est utile que dans les cas où il y a lieu d'interpréter des titres qui annoncent seulement l'existence d'un échellage sans en fixer la dimension; il faut alors une règle, et on s'en rapporte ou aux dispositions coutumières, ou à l'usage. Mais quand il s'agit de bâtir et de constater ce qui est laissé de terrain au-delà du mur de séparation, rien n'oblige celui qui construit à donner à son échellage telle étendue plutôt que telle autre. C'est sa propriété : il est libre d'en disposer à sa volonté, de la comprendre dans sa clôture, ou de la laisser en dehors; et dans ce dernier cas, il donne à ce terrain telle largeur qu'il lui plaît.

D'autres conviennent qu'en effet celui qui bâtit est maître, ou de porter son mur sur l'extrémité de son terrain, ou de retirer ce mur, en laissant un espace au-delà. Mais, selon qu'il prend ou l'un ou l'autre parti, ses obligations sont différentes. Place-t-il le mur de son édifice sur l'extrémité de son terrain ; dès-lors il s'engage à ne pas tourner la pente de son toit du côté du voisin. Préfère-t-il se retirer sur sa propriété pour n'être pas gêné relativement à la pente du toit; il est tenu, dans ce cas, de laisser au-delà de son mur un espace convenable pour que la chute des eaux ne nuise pas au voisin. On ne peut pas le laisser maître de fixer la largeur de cet échellage; autrement il serait dans le cas de le rendre si étroit, que cet espace ne produirait pas l'effet qu'on en attend. N'est-il pas plus raisonnable de décider que, si les deux voisins ne conviennent pas par écrit de la largeur de l'échellage, elle sera déterminée par la loi locale, ou par l'usage du pays? A Paris, on regarde qu'il faut au moins trois pieds pour tirer d'un pareil espace l'avantage qui en doit résulter en faveur des deux voisins. C'est donc à cette mesure qu'on est tenu de se conformer dans le ressort de la coutume de Paris. On peut même regarder cette règle comme formant sur ce point le droit commun, et comme pouvant être suivie partout où, soit la coutume, soit des règlemens particuliers, soit l'usage, n'y sont pas contraires.

Nous avons dit plus haut qu'il est de l'intérêt de celui qui laisse un espace au-delà de sa clôture, de le faire constater avec son voisin; ce qu'on vient d'expliquer prouve qu'il n'est pas moins important pour ce voisin d'exiger que l'autre ne fasse pas une clôture, ou une reconstruction de clôture, sans en avoir pris avec lui l'alignement : peu importe que la clôture se place sur l'extrémité de l'héritage dont elle dépend, ou qu'elle soit retirée en dedans de cet héritage.

Une personne s'est enclos en laissant un échellage au-delà de son mur; le voisin qui a construit le second, a porté sa clôture sur l'extrémité de son terrain : en sorte que la ruelle appartient au premier qui s'est enclos. Celui-ci par la suite fait abattre son mur, et trouve pour séparation le mur du voisin : afin d'avoir droit d'en faire usage, il offre d'en acquérir la mitoyenneté. On demande si le propriétaire de ce mur, formant seul clôture, peut s'y refuser? Non, parce que le propriétaire qui le premier s'est enclos, et qui par la suite a fait abattre son mur, a usé d'un droit légitime. Or, dans l'état où il se trouve après la destruction de sa clôture, il voit un mur qui joint sans moyen son héritage : il a donc la faculté d'en acquérir la mitoyenneté.

Mais dans le cas proposé, ne doit-on pas refuser cette faculté à ce propriétaire, puisque la réciprocité ne peut pas avoir lieu en faveur de l'autre? En effet, celui qui construit la seconde clôture n'a pas le droit avant de l'établir, ni après l'avoir détruite, de forcer son voisin à lui céder la communauté au mur au-delà duquel est un échellage.

Tome I. 17

Ce défaut de réciprocité n'est d'aucune considération ; car la position de celui qui a un échellage n'est pas la même que celle du propriétaire qui place son mur sur la dernière extrémité de son héritage. Il n'est donc pas bien étonnant que les droits de l'un ne soient pas les mêmes que ceux de l'autre. On a vu plus haut quels sont les motifs pour lesquels il a été permis à un propriétaire d'acquérir la mitoyenneté d'un mur qui touche immédiatement son héritage ; il est évident que les mêmes raisons ne militent pas pour forcer celui dont le mur est retiré sur sa propriété au moins de trois pieds, à céder un droit de communauté à ce même mur.

Le propriétaire qui veut s'enclore le dernier, et qui trouve entre son terrain et le mur du voisin un espace appartenant à celui-ci, fera bien, sans doute, d'offrir de payer d'abord la totalité de cet espace, et ensuite la moitié de la valeur du mur ; mais, si sa proposition n'est pas acceptée, il n'y a aucun moyen de forcer la volonté de celui qui, en se retirant sur son propre domaine, n'a voulu avoir rien de commun avec le voisin. En un mot, la loi n'oblige pas de céder la mitoyenneté d'un mur, lorsqu'il ne touche pas immédiatement l'héritage contigu.

Que faut-il décider si le cas proposé arrive entre les propriétaires de deux maisons faisant partie d'une ville ou d'un faubourg ? Le voisin de celui qui s'est enclos le premier, venant ensuite à bâtir, peut placer l'épaisseur de son mur moitié sur son terrain, moitié sur l'échellage, et forcer le propriétaire de cet espace à contribuer pour sa part à la séparation, jusqu'à la hauteur de clôture. C'est une conséquence de l'*art.* 663 du Code, qui dit expressément que chacun a le droit, dans les villes et les faubourgs, de contraindre son voisin à séparer, à frais communs, leurs héritages contigus.

Ainsi, il faut bien observer que si quelqu'un veut, dans une ville ou dans un faubourg, séparer sa maison de celle du voisin par un échellage, il n'est pas pour cela dispensé de contribuer à la clôture que ce voisin voudra établir sur la ligne qui sépare les propriétés limitrophes. On doit aussi considérer que, si on n'a pas des raisons particulières pour laisser un espace au-delà de son mur, il est plus simple, plus commode, plus économique, plus sain, plus propre, et d'une sûreté plus grande, de l'établir sur la ligne de séparation des héritages. Voilà pourquoi on peut forcer le voisin à y contribuer pour moitié : cette faculté, qui n'a lieu que dans les villes et faubourgs, a été expliquée dans le § XI.

§ III. *De la ceinture.*

Quand on laisse un espace au-delà du mur de clôture d'un parc, ou de tout autre grand enclos, on ne nomme plus échellage ce terrain du dehors; on l'appelle *ceinture,* parce que, le plus ordinairement, le terrain dont elle est composée fait le tour de la propriété : d'ailleurs, il arrive souvent que la ceinture est plus large que l'échellage, et il est bon alors qu'on puisse les distinguer par des noms différens.

Au reste, la ceinture est de même nature que l'échellage ; elle est également une propriété immobilière : on ne doit donc pas envisager la ceinture comme le tour d'échelle, qui n'est qu'une servitude.

Ainsi, s'agit-il du droit de passer chez le voisin, pour les réparations des murs d'un parc; ce n'est pas le nom de ceinture qu'il convient d'employer, puisqu'alors existe simplement la servitude du tour d'échelle : on y appliquera donc tout ce que nous avons dit au paragraphe précédent sur cette matière.

Veut-on désigner la portion de terrain qu'un propriétaire a laissée en dehors de son parc; on la nomme ceinture. Ce n'est pas alors un droit de servitude, mais une véritable propriété corporelle. Il en est de la ceinture comme de l'é-chellage; il faut des titres pour la réclamer et la posséder, ainsi que tout autre objet immobilier : la prescription propre aux fonds de terres peut aussi faire perdre et acquérir, soit la totalité, soit partie de ce terrain. Nous ne répéterons pas ici ce que nous venons de dire à l'égard de l'échellage; l'application doit s'en faire à ce qu'on appelle ceinture. S'il y a de la différence entre deux choses aussi semblables d'ailleurs, c'est dans la largeur : elle est à Paris de trois pieds, ou un mètre environ, pour l'échellage, comme l'atteste l'acte de notoriété du 23 août 1701; tandis que, suivant divers auteurs, la ceinture a une largeur de six pieds, ou deux mètres environ, de la nouvelle mesure.

Quand les titres s'expliquent sur la quantité de terrain laissé en dehors d'un parc, il ne peut y avoir de difficulté; mais, lorsque les titres annoncent seulement que le propriétaire du parc possède une ceinture en dehors, sans en fixer la largeur, la coutume ou les règlemens particuliers suppléent à ce silence. Si les statuts locaux sont muets sur ce point, on suit l'usage commun qui, d'après ce que disent les auteurs, paraît être de donner à la ceinture six pieds de largeur.

Il est vrai que les auteurs qui parlent du terrain laissé au-delà des murs d'un grand enclos, ne s'appuient d'aucune autorité pour attester l'usage qu'ils invoquent; c'est pourquoi on leur objecte que rien d'authentique ne faisant une différence entre la ceinture d'un parc et l'échellage d'une autre clôture, il n'y a pas de raison pour donner à l'une une largeur de six pieds, quand il est constant que l'autre n'est que de trois pieds.

La réponse est tirée de la nature même d'un parc ou autre grand enclos, destiné à de fortes plantations. De tout temps, par le droit commun, il a été défendu de planter des arbres à haute tige plus près que six pieds du terrain voisin : le propriétaire d'un parc, lorsqu'il veut s'enclore de manière à n'avoir aucune contestation avec ses voisins, ne peut donc pas raisonnablement laisser en dehors un espace moindre que six pieds, afin d'être libre de planter chez lui les plus grands arbres, et de les placer si près de son mur qu'il lui plaît.

Un autre sujet de querelle, à l'occasion des terres qui bordent un parc, arrive lorsque le voisin laboure trop près du mur : celui qui entoure son parc d'une ceinture, pour se mettre à l'abri de ce genre de discussion, doit donc prudemment laisser un espace de six pieds au moins, afin que le voisin puisse conduire sa charrue à l'extrémité de son champ, et y trouver encore un espace suffisant pour tourner.

Ces deux circonstances font une présomption, qui a dû déterminer l'usage de fixer six pieds pour la largeur de ceinture, quand les lois locales ne s'expliquent pas sur cette dimension. On le répète, cet usage, fondé sur une juste présomption, ne doit être consulté, à défaut des coutumes, que lorsque les titres établissent formellement la propriété de la ceinture, et ne sont muets que sur sa largeur.

Le Code n'a rien changé au droit ancien concernant les distances des plantations : il ordonne par son *art.* 671, que l'on suive dans chaque pays les règlemens particuliers et les usages constans qui y existent. A défaut de règlemens et d'usage, il fixe à deux mètres, ou six pieds environ, la distance à laquelle il faut éloigner les arbres à haute tige des héritages voisins. Ainsi, dans les cas où on sera embarrassé pour déterminer la largeur d'une ceinture de parc dont l'existence se trouvera attestée par titres, on se décidera, comme avant cette loi, d'après les coutumes du pays, sinon d'après le droit commun, qui donne six pieds, ou deux mètres de largeur à la ceinture, parce que c'est la distance prescrite pour faire les grandes plantations.

Art. X. *Du droit de fouiller des mines.*

Cet article est divisé en trois paragraphes qui parleront successivement; 1º des mines en général; 2º des mines dont le gouvernement a la disposition; 3º des mines de fer en particulier.

§ Iᵉʳ. *Des mines en général.*

En parlant du cas où les divers étages d'une maison appartiennent à différentes personnes, nous avons remarqué que celui qui est propriétaire du sol d'un héritage, est réputé maître du dessus, et par conséquent, des constructions et des plantations qui s'y trouvent. Pareillement il est censé le maître du dessous, et par conséquent de tout ce qui s'y trouve, comme les caves, les puits, les égouts, les carrières, les sources d'eau, les sablonnières, les mines et autres objets souterrains. On observera cependant que cette décision du Code Napoléon, *art.* 552, reçoit exception pour les cas où des servitudes naturelles, légales ou volontaires, établissent un droit contraire : c'est ce que dit le même texte qui, à l'égard des mines, ajoute qu'il faut suivre les règlemens qui y sont relatifs. En effet, des lois dictées par l'intérêt public donnent au Gouvernement la faculté de permettre, et même de diriger l'exploitation selon la nature des substances renfermées dans le sein de la terre. Le propriétaire d'une mine comprise parmi celles qui ne peuvent s'ouvrir sans le concours de l'autorité souveraine, est donc assujetti à une sorte de servitude légale : voilà pourquoi nous croyons utile de placer ici quelques notions générales sur ce qui concerne les mines.

La dernière loi rendue sur cette matière a été décrétée par l'assemblée nationale les 27 mars, 15 juin et 12 juillet 1791 : on la trouve dans les recueils à la date de sa sanction, qui est du 28 juillet de la même année.

Au premier titre de cette loi il est parlé des mines en général. Il y est dit que toutes les mines et minières, tant métalliques que non métalliques, et même celles de bitumes, celles de charbon de terre ou de pierres, celles de pyrites, sont mises à la disposition du Gouvernement. Ainsi, aucune des substances qu'on vient d'indiquer ne peut être exploitée qu'avec la permission de l'autorité publique, et sous sa surveillance. Cependant, comme il n'existe aucun danger à exploiter une mine avec tranchée ouverte, ou avec fosse et lumière, jusqu'à cent pieds de profondeur, tout propriétaire a le droit de profiter des mines qu'il trouve dans son fonds, lorsqu'elles sont susceptibles de ce genre d'exploitation, pour lequel il n'a pas besoin d'obtenir de concession du Gouvernement : il n'est tenu alors qu'à se conformer aux règlemens de police. *Ibid.*

Suivant le second article, au nombre des mines dont on ne peut disposer sans l'autorisation du Gouvernement, ne sont pas comprises celles de sable, de craie, d'argile, de pierre à bâtir, de marbre, d'ardoise, de pierre à chaux ou à plâtre, de tourbe, de terres vitrioliques, de cendres; en un mot, toutes celles qui ne sont pas désignées dans le premier article restent libres.

En conséquence, celui qui a dans son fonds une de ces mines pour lesquelles il n'est rien innové, peut en faire ce que bon lui semble sans permission : il lui suffit de se conformer aux règlemens de police. Par exemple, si une carrière ne peut être ouverte qu'à une certaine distance d'une grande route, s'il faut laisser des murs et des piliers pour soutenir les voûtes des carrières de pierre; si les carrières de plâtre ne doivent être exploitées qu'à tranchées ouvertes; si, en général, avant de mettre les ouvriers à une carrière quelconque, il faut en prévenir le magistrat chargé de veiller à la sûreté publique, c'est par suite des règlemens de police : ils ne portent aucune atteinte au droit du propriétaire, qui n'en reste pas moins libre, ou d'exploiter les substances dont il s'agit, ou de n'en faire aucun usage. Néanmoins, lorsque les substances dont le Gouvernement n'a pas le droit de disposer ne sont pas exploitées par le propriétaire, et qu'il y a nécessité de les faire servir à des travaux publics ou d'une utilité générale, les entrepreneurs de ces travaux peuvent obtenir de l'autorité administrative la faculté d'exploiter les objets dont il s'agit. Dans ce cas, il faut indemniser le propriétaire, non-seulement de la superficie du terrain, mais encore de la valeur des matières extraites de son fonds. Cette indemnité est fixée de gré à gré, ou à dire d'experts. *Ibid.*

§ II. *Des mines dont la disposition est réservée au Gouvernement.*

Aucune des mines qui, suivant l'*art.* 1er de la loi du 28 juillet 1791, sont mises à la disposition du Gouvernement, ne peut être exploitée, même par le propriétaire du fonds où elle se trouve, sans la permission de l'autorité souveraine. Il est vrai que le propriétaire du terrain obtient cette permission préférablement à tout autre, quand il la demande : s'il ne la demande pas, non-seulement il lui est défendu d'ouvrir la mine, mais la concession en peut être accordée à d'autres personnes. *Ibid. art.* 3.

Pour qu'une concession ne soit pas surprise à l'insu du propriétaire, l'*art.* 10 veut qu'il n'en soit accordé aucune, à moins que ce propriétaire n'ait été préalablement requis de déclarer, dans le délai de six mois, s'il entend ou non faire l'exploitation, aux mêmes clauses et conditions que celles imposées à ceux qui veulent devenir concessionnaires.

Cette réquisition se fait à la diligence du préfet du département où se trouve la mine à exploiter : il ne serait pas assez certain que cette réquisition fût signifiée fidèlement, si elle était confiée aux personnes qui demandent la concession.

En cas d'acceptation de la part du propriétaire, la concession lui est accordée préférablement ; pourvu que sa propriété, ou seule ou réunie à celles de ses associés, soit d'une étendue propre à former une exploitation. *Ibid.*

L'étendue de chaque concession est réglée par l'autorité administrative du lieu, selon la nature des mines : mais jamais cette étendue ne peut excéder six lieues carrées, en prenant pour mesure la lieue de deux mille deux cent quatre-vingt-deux toises : *art.* 5. Suivant les nouvelles mesures, la longueur d'une lieue est de quatre mille quatre cent quarante-quatre mètres quatre cent cinquante-cinq millimètres.

Puisque le propriétaire obtient la préférence, non-seulement quand son terrain seul suffit à une exploitation, mais encore quand il parvient à former une étendue assez grande, en réunissant au sien le terrain de ses voisins, il s'ensuit que la demande présentée pour avoir l'exploitation, doit être notifiée à tous ceux dont les propriétés sont comprises dans la concession projetée. Par ce moyen, pendant le délai de six mois, ils ont le temps de s'associer, comme la loi le leur permet, afin, par leur réunion, d'obtenir la préférence. Il n'est pas nécessaire que la totalité des propriétaires consente à faire l'entreprise ; il suffit que ceux qui se réunissent possèdent une étendue de terrain capable de former une exploitation.

Faute par les propriétaires d'accepter la concession, elle est accordée aux personnes qui l'ont demandée, à la charge de payer les indemnités dues pour les terrains qui doivent servir aux travaux. Ces indemnités s'étendent, non pas à la valeur des substances contenues dans les mines, mais seulement à la non-jouissance du terrain, et aux dégâts occasionnés dans les propriétés par les fouilles, les chemins, les lavoirs, la fuite des eaux, et tout autre établissement dépendant de l'exploitation, de quelque nature qu'il soit. *Ibid. art.* 21.

En parlant du cas où, pour des travaux publics, l'administration autorise l'entrepreneur à prendre, dans un terrain voisin, des matières dont le Gouvernement n'a pas la disposition, nous avons dit que l'indemnité due au propriétaire était proportionnée, tant au dommage fait à la surface, qu'à la valeur des substances extraites. Il n'en est pas de même, comme on voit, quand il s'agit des mines dont le Gouvernement a le droit de disposer. Si le propriétaire d'une mine de cette espèce ne s'en rend pas le concessionnaire, ceux à qui l'exploitation est accordée ne doivent l'indemniser que pour la jouissance de la superficie du terrain, et pour les dommages qu'éprouve cette superficie par les travaux; car les matières extraites ne lui appartiennent pas. Voilà pourquoi l'*art.* 22 fixe l'indemnité au double de la valeur de la surface du sol : on en fait l'estimation de gré à gré, ou à dire d'experts.

Quand le terrain d'un particulier n'excède pas dix arpens, c'est-à-dire, en mesures nouvelles, à peu près cinq hectares, et que la concession de la mine ne s'étend que sur une portion de ce terrain, celui à qui il appartient peut exiger que le concessionnaire lui achète la totalité sur estimation faite à l'amiable, ou par experts.

Il est à observer que personne n'est tenu, dans aucun cas, de donner son terrain pour ouvrir les fouilles de quelque espèce de mine que ce puisse être, quand ce terrain est enclos de murs : il en est de même s'il consiste, soit en cour, soit en jardin, soit en prés, soit en vergers, soit en vignes, lorsque ces objets dépendent d'une habitation située dans la distance de deux cents toises, c'est-à-dire, de quatre cents mètres environ. *Ibid. art.* 23.

Le surplus du premier titre de la loi relative aux mines contient des dispositions réglémentaires qui ne concernent plus les droits du propriétaire : ils sont suffisamment déterminés par les articles qu'on vient d'expliquer.

§ III. *Des mines de fer.*

Le second et dernier titre de la loi du 28 juillet 1791 s'occupe particulièrement des mines de fer : elles sont du nombre de celles dont la disposition est réservée au Gouvernement, comme le dit textuellement l'*art.* 1 de cette loi.

On a vu que le propriétaire qui possède une de ces sortes de mines réservées au Gouvernement, peut l'exploiter jusqu'à cent pieds de profondeur, sans avoir besoin d'en demander la concession, pourvu qu'il fasse le travail à tranchée ouverte, ou avec fosse et lumière. Comme l'exercice de ce droit du propriétaire doit être subordonné à l'utilité générale, il est soumis, pour les mines de fer particulièrement, à certaines modifications. *Ibid. art.* 1.

Ainsi, pour ouvrir une mine de fer, même à tranchée ouverte, ou avec fosse et lumière, jusqu'à la profondeur de cent pieds, le propriétaire dans l'héritage duquel elle se trouve doit y être autorisé par l'autorité souveraine. *Ibid. art.* 2.

Toute personne peut demander à établir des fourneaux ou usines pour l'exploitation des mines de fer; mais la préférence est due aux propriétaires ayant dans leurs héritages des minerais et des combustibles propres à la fabrication du fer. *Ibid. art.* 5.

La permission d'établir une usine pour la fonte du minerai emporte avec elle le droit d'en faire la recherche, soit avec des sondes, soit par tout autre moyen praticable, dans les lieux compris en la concession. Néanmoins les recherches ne peuvent pas se faire sans le consentement des propriétaires, dans les champs et héritages ensemencés, ou couverts de fruits. Il est donc permis aux concessionnaires de faire la recherche du minerai en toute saison, dans les terres incultes ou en jachères; mais dans les terres cultivées, ils ne peuvent sonder qu'avant ou après la récolte. Ils doivent aussi respecter en tout temps les terrains clos de murs, ainsi que les cours, les jardins, les prés, les vergers et les vignes, quand ces sortes de propriétés tiennent à des habitations situées dans la distance de deux cents toises, c'est-à-dire, de quatre cents mètres environ.

Les maîtres de forges, avant de sonder aucun des terrains où il leur est permis de fouiller, sont tenus d'en avertir un mois d'avance les propriétaires, et de leur payer de gré à gré, ou à dire d'experts, l'indemnité due pour le dommage que pourra occasionner l'opération. *Ibid. art.* 7.

Quand il est reconnu que le terrain sondé contient du minerai, le maître d'usine en doit donner avis légalement au propriétaire. *Ibid art.* 8.

Outre ce premier avertissement, qui a pour objet de faire connaître au propriétaire l'existence du minerai dans son fonds, et par conséquent de le prévenir qu'un jour on sera dans le cas d'en faire l'extraction, le maître de forge, quand il croit nécessaire de se procurer ce minerai, doit l'annoncer au propriétaire par une seconde signification. Celui-ci, dans le délai d'un mois, est tenu de commencer lui-même l'extraction du minerai, si cette opération lui convient. Ce délai court du jour de la notification pour les terres incultes ou en jachères, et du jour où la récolte est achevée, s'il s'agit de terres ensemencées, ou disposées à l'être dans l'année. *Ibid. art.* 9.

Si, après l'expiration du délai d'un mois, ce propriétaire ne s'occupe pas de l'extraction du minerai; ou bien si, après avoir été commencé, le travail est interrompu, ou n'est pas suivi avec l'activité nécessaire, le maître de forge peut obtenir l'autorisation de faire l'extraction : à cet effet, il s'adresse aux juges des lieux où est situé le terrain à exploiter. *Ibid. art.* 10.

Lorsque le propriétaire se détermine à tirer lui-même le minerai, il est tenu de le vendre au maître de forge qui en a fait la découverte : le prix en est réglé de gré à gré, ou par des experts nommés, soit par les parties, soit par la justice. Dans l'évaluation du minerai, on doit avoir égard aux localités, aux frais d'extraction, ainsi qu'aux dégâts que les travaux ont occasionnés. *Ibid. art.* 11.

Si c'est le maître de forge qui fait l'exploitation, après le refus du propriétaire, celui-ci doit être payé de la valeur du minerai : le prix est réglé comme on vient de le dire, de gré à gré, ou par des experts, qui considèrent les localités et les dégâts que cause l'extraction; ils ont égard en même temps aux dépenses auxquelles le maître de forge est obligé, le propriétaire n'ayant pas voulu se charger des frais d'extraction. *Ibid. art.* 12.

De là il suit que, dans tous les cas, le propriétaire vend son minerai au maître de forge ; ce qu'il y a seulement à observer, c'est que le prix, lorsque le propriétaire fait lui-même l'extraction, est plus considérable que quand il laisse faire le travail par le maître de forge.

Le prix du minerai payé par le concessionnaire, soit qu'il l'ait extrait lui-même, soit que l'opération ait été faite par le propriétaire, n'exclut pas l'indemnité qui est due à ce dernier pour la superficie de son terrain, soit à raison de la non-jouissance, soit pour les dégâts qui s'y trouvent faits par les fouilles et autres travaux. Cette indemnité est fixée de gré à gré, ou par experts. *Ibid. art.* 13.

Dans la fixation de cette indemnité, il faut observer que le maître de forge est tenu, à la fin de sa concession, de remettre les terres en état d'être labourées avec la charrue. Si l'extraction s'est faite dans des vignes ou des prés, il doit rendre le terrain en état de produire du vin ou du fourrage de même espèce. *Ibid. art.* 14.

On doit agir de même à l'égard des bois et forêts où le maître de forge fait des exploitations de minerais : l'indemnité en est fixée, non-seulement en considérant la valeur superficielle, qui est plus ou moins précieuse en raison de la qualité et de la quantité des bois qu'il faut abattre, mais encore eu égard au retard que les fouilles occasionnent dans la reproduction des bois. *Ibid. art.* 15.

De plus, les maîtres de forges sont tenus de laisser, par chaque arpent, au moins vingt arbres de la meilleure venue, et de ne causer aucun dommage, ni aucune dégradation à ces baliveaux, sous les peines portées par les lois relatives aux forêts. *Ibid.*

Au surplus, chaque concessionnaire ne peut pas étendre ses fouilles dans les bois ou forêts au-delà d'un arpent pour chaque année. L'exploitation étant achevée, le terrain doit être nivelé autant qu'il est possible; et dans les places endommagées par l'extraction de la mine, il faut y repiquer ou y semer du gland. *Ibid.*

Il peut arriver que les fouilles aient été faites de manière que, dans certaines places, il soit impossible de rétablir la culture; lorsque cette impossibilité est reconnue par les experts, il est évident que le concessionnaire doit dédommager le propriétaire à proportion de ce que le terrain a perdu de sa valeur. *Ibid. art.* 16.

Les autres dispositions du second titre de la loi sur les mines contiennent quelques détails qui sortent de notre sujet : on y voit, par exemple, que les maîtres de forges doivent indemniser tous ceux à qui leurs établissemens causent du dégât. Une loi du 9 septembre 1807, sur le desséchement des marais, modifie aussi l'exercice du droit de propriété pour l'utilité publique; mais il suffit de l'indiquer ici, parce qu'elle s'éloigne trop de notre plan.

Art. XI. *Du trésor.*

Un premier paragraphe dira ce qu'on appelle trésor, et à qui il doit appartenir; dans un second paragraphe, on fera l'application des principes expliqués dans le précédent.

§ Ier. *Ce qu'on entend par un trésor, et à qui il appartient.*

Celui qui a le sol étant censé le maître du dessus et du dessous, à moins que des lois ou des conventions particulières n'établissent le contraire, on demande à qui appartient ce qui a été caché dans la terre, ou dans un mur, ou dans toute autre partie d'un héritage. Cette question tient à la matière qui nous occupe, non pas précisément comme objet de servitude, mais parce qu'il est utile, dans les lois des bâtimens, d'expliquer à qui doit appartenir ce qui est trouvé dans un héritage, soit par celui qui en est le propriétaire, soit par un locataire, un fermier, un séquestre, ou autre possesseur à titre précaire, soit par des ouvriers qu'on y fait travailler, soit par tout autre étranger à l'immeuble.

Il faut d'abord dire ce qu'on entend par trésor : le Code

Napoléon, *art.* 716, donne cette dénomination à toute chose cachée ou enfouie, sur laquelle personne ne peut justifier sa propriété, et qui est découverte par le pur effet du hasard. Cette définition est semblable à celle du droit romain, qui porte : *Thesaurus est vetus quædam depositio pecuniæ, cujus non extat memoria, ut jam dominum non habeat. L. 3, § 1, ff. de acquir. rer. domin.* Il y a pourtant une différence : la loi romaine semble ne regarder comme trésor que des sommes d'or ou d'argent, *pecuniæ;* tandis que le Code Napoléon comprend sous la dénomination de trésor toute chose qui se trouve dans le cas prévu. Ainsi les principes que nous allons expliquer s'adaptent à tous les objets quelconques qui sont trouvés dans un héritage où ils ont été, soit cachés, soit enfouis, sans qu'on puisse reconnaître à qui en appartient la propriété.

Le même article de notre Code attribue la pleine possession d'un trésor à celui qui le trouve dans son propre fonds : mais si le trésor est trouvé par une autre personne, il appartient pour moitié à celui qui l'a découvert, et pour l'autre moitié au propriétaire du fonds dans lequel était caché l'objet. Cette décision est entièrement conforme au droit romain, § 39. *Inst. de rer. divis.* D'après cette règle, quand un trésor était trouvé dans un fonds appartenant au fisc, ou consacré au public, soit pour un usage civil, soit pour des cérémonies religieuses, il était partagé entre le fisc et la personne qui en avait fait la découverte. Il faut décider de même dans notre droit; car la loi n'attribue la propriété entière d'un trésor à la personne qui le trouve que quand elle est propriétaire du fonds où il était caché. Or un trésor trouvé, soit dans un héritage dépendant du domaine national, soit dans un monument ou dans un lieu public, offre nécessairement le cas d'un trésor trouvé par un particulier dans l'héritage d'autrui. Par conséquent, il faut le partager entre le propriétaire, c'est-à-dire, entre le fisc et la personne qui a fait la découverte.

Quand le trésor est trouvé dans un bien dépendant du domaine particulier de l'Empereur, ou d'une commune, ou d'un hospice, ou de tout autre établissement, la moitié du produit en doit être versée, suivant la même règle, non pas au fisc, mais entre les mains de l'intendant général de la liste civile, ou à la caisse, soit de la commune, soit de l'hospice, soit de l'établissement, selon le lieu où la découverte a été faite.

Comme les droits féodaux sont abolis par nos constitutions, il ne faut plus considérer le droit coutumier, en ce qu'il attribuait au seigneur haut-justicier une portion du trésor trouvé. Quand la découverte était faite par le propriétaire du fonds, il partageait par moitié avec son seigneur. Le partage se faisait par tiers, lorsque le trésor était trouvé dans le fonds d'autrui : une portion était due au seigneur haut-justicier, une autre portion au propriétaire du fonds, et le dernier tiers à la personne qui avait fait la découverte. Le droit de justice n'est plus une propriété depuis l'abolition de la féodalité; le monarque est le seul en France au nom duquel la justice est administrée : ce qui a lieu à cause de la souveraineté des pouvoirs dont il est investi, et non pas pour raison d'aucun droit de propriété sur les biens des particuliers. Voilà pourquoi nulle portion des trésors trouvés dans les patrimoines des citoyens ne lui est due : la loi veut que la chose trouvée soit partagée également entre celui qui est le maître du fonds et celui qui a fait la découverte.

Quelques anciens auteurs, tels que Loisel et Chopin, disent que les officiers du domaine public réclamaient au nom du roi les trésors qui consistaient en or. Mais aujourd'hui une pareille prétention serait mal fondée; la disposition du Code est générale pour toutes les espèces de trésors, quel qu'en soit l'objet. C'est seulement sur les métaux, considérés comme productions de la terre, que le Gouvernement a des droits, ainsi que nous l'avons dit dans l'article précédent : les substances extraites par le travail des mines ne sont pas ce qu'on entend par trésor. L'objet auquel on peut donner cette dénomination doit avoir été caché ou enfoui à dessein de le conserver : cette circonstance n'est pas applicable à la découverte d'une mine, puisqu'elle n'a encore appartenu à personne.

§ II. *Application des principes concernant le trésor.*

De la définition du trésor, et de la disposition légale qui en attribue la propriété, nous avons établi, dans le paragraphe précédent, des principes dont il est utile de montrer l'application par divers exemples.

Quelqu'un achète une maison, et reste un an sans ouvrir une des armoires qui y sont placées : lorsqu'enfin il veut s'en servir, il y trouve un vase très-précieux. Ce n'est pas là un trésor, un ancien dépôt, *vetus depositio;* ce n'est pas une chose cachée ou enfouie, découverte par hasard, et dont on ne peut pas connaître le propriétaire. Il est évident que ce vase n'est qu'un objet oublié : on est donc tenu de le rendre à celui qui occupait la maison lorsqu'elle a été vendue; et celui-ci serait en droit de réclamer ce même vase.

Si l'armoire est pratiquée dans le mur, et recouverte d'un enduit de maçonnerie, le vase trouvé, même dès le lendemain de la livraison de la maison, peut être considéré comme un trésor; c'est une chose cachée et découverte par hasard. Comme on suppose ici une incertitude sur l'époque où ce vase a été mis dans l'armoire, on n'est pas tenu de le rendre à la personne qui a demeuré la dernière dans la maison. Cette personne ne serait pas fondée à réclamer le vase, si ce n'est pourtant en justifiant que l'armoire a été construite dans le mur par ses ordres ou par les soins de quelqu'un dont elle est héritière : il serait prouvé alors qu'il ne s'agit pas d'un dépôt ancien, dont on n'a aucun moyen de connaître le propriétaire. Quand même l'armoire serait d'une construction immémoriale, le réclamant obtiendrait encore la restitution du vase, en prouvant qu'il lui appartient, et que lui, ou son auteur, a caché cet objet.

Supposons que, plusieurs années après la vente de la maison, celui qui l'a occupée le dernier revendique le vase précieux, en indiquant la place où il l'a déposé, et en le désignant de manière à ne laisser aucun doute qu'il le connaît; si cette réclamation fait trouver le vase, elle sera écoutée, parce qu'il ne s'agit plus d'une chose découverte par l'effet du hasard.

Je sais que mon aïeul était possesseur d'une montre très-curieuse, dont j'ai entre les mains la description ; je sais également qu'il avait eu des raisons pour soustraire cet objet à certaines perquisitions vexatoires ; mais je ne connais pas le lieu où il l'a déposé. Long-temps après, j'entends dire que par hasard il a été trouvé une montre en démolissant un mur dans une maison que ce même aïeul a occupée : je revendique cette montre, en donnant les indices qui la font reconnaître pour être celle que mon aïeul a possédée ; elle doit m'être rendue si je suis l'héritier de la personne à qui elle a appartenu. Ce n'est plus ici une chose dont personne ne peut justifier la propriété.

De tout ce qu'on vient de dire, il résulte qu'on ne doit considérer comme trésor que les objets dont on ne peut pas connaître le propriétaire : c'est la condition essentielle sous laquelle la chose trouvée est attribuée pour moitié au maître du fonds où elle était cachée, et pour moitié à celui qui en a fait la découverte. Puisque le maître du sol est également propriétaire du dessus et du dessous, il est naturel de lui laisser la jouissance du trésor qui s'est trouvé dans son fonds, lorsqu'il y a impossibilité de connaître à qui ce même objet appartient : on en laisse néanmoins la moitié à la personne qui en a fait la découverte ; parce qu'il semble que la Providence ait voulu lui donner droit à une chose qu'elle met pour ainsi dire dans ses mains. Voilà pourquoi la loi romaine appelle un pareil événement, *Dei beneficium,* un bienfait de Dieu : L. *unic. Cod. de thesauris.*

Il suit de là que, si le propriétaire du fonds fait lui-même la découverte du trésor, il a droit à la totalité, puisqu'il est à la fois la personne chez qui était caché l'objet, et celle qui l'a trouvé. Ce sont là les principes sur lesquels est fondée la décision du Code Napoléon, *art.* 716.

Un entrepreneur de maçonnerie, pour faire creuser les fondations d'un mur qu'il s'est obligé de construire, a mis à l'ouvrage trois journaliers qui travaillent sous ses ordres : l'un deux, en fouillant la terre, y fait la découverte d'une boîte renfermant des médailles d'or, ou autres choses précieuses dont on ne peut pas reconnaître le propriétaire. On demande si la moitié du trésor appartiendra au journalier, ou à l'entrepreneur pour le compte duquel il travaille.

La raison qui milite en faveur de l'entrepreneur se tire de ce qu'il est tenu des faits de ses ouvriers ; il est même responsable civilement des délits qu'ils commettent en exécutant les ouvrages qu'il leur commande : il paraît donc naturel que tous les profits qui résultent du travail des ouvriers, et par conséquent le droit à la moitié d'un trésor trouvé par eux, appartiennent à l'entrepreneur à qui ils ont loué leurs bras.

Pour les ouvriers, on dit que la découverte d'un trésor n'a pas été prévue, lorsqu'ils ont été placés pour travailler à la journée. Il est bien certain que le profit qui résulte directement de l'emploi de ces journaliers, est pour le maître qui les a loués, et non pas pour ces derniers. C'est pour cette raison, par exemple, que les rognures de bois, et les copeaux faits par les compagnons menuisiers ou charpentiers, sont la propriété du maître qui les a mis à l'ouvrage. A l'égard des profits indirects qui ne sont pas une suite nécessaire du travail, et qui sont l'effet du hasard, comme lorsqu'il s'agit d'un trésor trouvé, le maître des journaliers n'a pas pu y compter : il faut donc les attribuer à ceux-ci, comme étant les véritables auteurs de la découverte. En conséquence, la moitié du trésor par eux trouvé leur appartient, et celui à qui ils ont loué leur temps n'y aucun droit.

Si plusieurs ouvriers étaient occupés à la démolition d'une armoire secrète, le trésor serait considéré comme trouvé par eux ensemble : ainsi la moitié, que la loi attribue à l'auteur de la découverte, serait partagée par portions égales entre tous ceux qui ont coopéré à trouver l'objet précieux.

D'après cette décision, conforme à la loi, qu'arriverait-il dans le cas suivant ? Vingt ouvriers sont employés à démolir un mur, et sont placés à quatre mètres de distance les uns des autres : le trésor se trouve dans la partie qu'un seul d'entre eux démolit, et cependant tous les autres prétendent avoir part à la découverte, soutenant qu'ils travaillaient également à abattre le mur où le trésor était renfermé.

Il est évident, en cette occasion, que le hasard n'a mis le

trésor que sous la main d'un seul; il peut seul invoquer le droit que lui donne la Providence, *Dei beneficium :* il doit donc avoir seul la moitié de l'objet par lui trouvé. On déciderait autrement, si plusieurs ouvriers étaient occupés à la même portion de mur. Par exemple, deux ouvriers sont placés en face l'un de l'autre, de manière que l'un démolit la partie extérieure du mur, tandis que l'autre en démolit au même endroit la partie intérieure : si le trésor se trouve précisément dans l'épaisseur du mur, entre les deux journaliers placés en face l'un de l'autre, tous deux partageront par égales portions la moitié de l'objet trouvé, comme en ayant fait tous deux la découverte.

On ne peut pas être embarrassé lorsqu'un trésor est découvert en labourant un champ avec la charrue. Si celui qui mène les chevaux est le propriétaire du champ, l'objet trouvé lui appartient tout entier : si c'est un garçon de charrue qui fait le labour au moment de la découverte, celui-ci partage par moitié avec le propriétaire du champ.

Un trésor est-il trouvé dans un terrain où travaillent plusieurs terrassiers ; la moitié attribuée pour la découverte appartient à celui sous la main duquel l'objet s'est rencontré; et s'ils étaient plusieurs à fouiller le même endroit, comme serait le trou destiné à planter un arbre, la moitié due pour la découverte est partagée, par égales portions, entre tous ceux qui fouillaient ce même trou le jour où le trésor s'est montré.

Ces exemples suffisent pour diriger dans la décision des différentes questions qui peuvent s'élever concernant le partage d'un trésor que le hasard fait découvrir.

CHAPITRE IV.

DES SERVITUDES VOLONTAIRES.

Nous avons averti dans le premier chapitre, que, par servitudes simplement dites, on entend seulement les servitudes réelles ou prédiales, c'est-à-dire, celles qui sont imposées sur un héritage pour l'utilité d'un autre héritage. Le chapitre second a été consacré à faire connaître la nature de ces servitudes, qui sont urbaines ou rurales, continues ou discontinues, apparentes ou non apparentes. On y a vu que, de quelque espèce qu'elles soient, elles se trouvent établies ou par la nécessité, ou par le consentement des parties. Dans le troisième chapitre ont été traitées les servitudes nécessaires : celles qui naissent de la situation naturelle des lieux ont fait l'objet d'une première section; et celles exigées par la loi ont été expliquées dans une seconde section. Il reste à parler des servitudes volontaires, c'est-à-dire de celles qui sont établies par le consentement tant de celui à qui appartient l'héritage dominant, que de celui qui est maître de l'héritage servant.

Ce chapitre sera divisé en cinq articles, qui diront, 1° quelles servitudes peuvent être établies volontairement; 2° à qui appartient le droit d'établir des servitudes volontaires; 3° comment elles s'établissent; 4° quels sont les droits et les obligations qui en résultent; 5° comment ces sortes de servitudes s'éteignent.

Art. Ier. *Quelles servitudes peuvent être établies volontairement.*

Une servitude quelconque, c'est-à-dire urbaine ou rurale, continue ou discontinue, apparente ou non apparente, et pour tel objet que ce soit, peut être établie par le consentement des propriétaires de l'héritage dominant et de l'héritage servant : c'est la disposition du Code Napoléon, *art.* 686. Il exige pour condition, que les services convenus ne soient

pas imposés à une personne, ni en faveur d'une personne :
il faut que l'héritage seul soit assujetti à un autre héritage.
Ici le Code ne fait autre chose que rappeler ce qui constitue
essentiellement une servitude réelle, d'après la définition
qu'il en donne dans son *art.* 637.

En effet, quoique le propriétaire de l'héritage dominant
jouisse nécessairement de la servitude, et que le propriétaire
de l'héritage servant soit tenu de la souffrir, elle n'est pas
cependant une obligation personnelle : son essence est d'être
purement réelle. C'est uniquement le fonds imposé qui la
doit pour l'utilité d'un autre fonds, abstraction faite des
personnes à qui ces héritages appartiennent : *Ideò autem hæ
servitutes prædiorum appellantur, quoniam sine prædiis
constitui non possunt.* L. 1, § 1, ff. *comm. præd.* En conséquence, quelque changement qui arrive du côté des personnes, la servitude n'en éprouve aucun ; et réciproquement, comme on le verra par la suite, certains événemens
auxquels sont sujets les héritages, tels que l'incendie, l'inondation, peuvent éteindre la servitude, quoique les propriétaires qui l'ont établie soient restés les mêmes.

Nous ne conclurons pas de là, avec un auteur moderne,
que si un service était imposé à une personne seulement, ou
en faveur d'une personne, la convention serait nulle. Il n'est
pas douteux qu'alors l'obligation étant personnelle, ne parti-
ciperait en rien de la nature des servitudes ; mais il n'en résulterait pas de nullité. Cette convention aurait son nom
parmi les autres contrats : par exemple, ce pourrait être un
louage, si une personne s'était obligée à fournir de l'eau de
son puits, ou à y laisser puiser pour l'usage d'une autre personne désignée, moyennant un prix quelconque. Une pareille
stipulation n'aurait rien de blâmable, et engagerait réciproquement les deux contractans, quoiqu'il n'en résultât point
une servitude.

Au reste, ces principes ont été suffisamment développés
dans le chapitre second, où on parle des caractères des servitudes réelles.

Une seconde condition imposée par le même *art.* 686 du
Code à l'établissement des servitudes volontaires, est qu'elles

n'aient pour objet rien de contraire à l'ordre public. Cette disposition eût été suffisamment suppléée, quand même elle n'aurait pas été exprimée, parce qu'il est toujours entendu que, quand les lois accordent certaines facultés, c'est pour en user de manière à ne blesser ni l'ordre public, ni les bonnes mœurs : *Pacta quæ contra leges, constitutionesque, vel contra bonos mores fiunt, nullam vim habere indubitati juris est. L. 6, C. de pact.*

Il paraît que nos législateurs ont voulu rappeler ici ce principe incontestable, pour faire sentir plus particulièrement qu'aucun droit féodal ne pourrait être créé sous prétexte de servitude : c'est ce qu'ils ont formellement dit dans l'*art*. 638, qui déclare que la servitude n'établit aucune prééminence d'un héritage sur l'autre.

Faut-il, pour l'établissement d'une servitude, que les deux héritages soient nécessairement contigus?

Non; car une servitude peut être due à un héritage pour un autre fonds qui ne le touche pas immédiatement : *Interpositis quoque alienis ædibus imponi potest, veluti ut altiùs tollere, vel non tollere, liceat. Vel etiamsi iter debeatur, ut ita convalescat, si mediis ædibus servitus posteà imposita fuerit. L. 7, § 1, ff. communia prædiorum.* Cette loi cite pour exemple la défense d'élever un bâtiment : en effet, tant que sur les divers héritages qui séparent le dominant et le servant il ne se trouve rien qui obstacle la vue, l'obligation de ne point élever les bâtimens du fonds servant doit être remplie. S'il arrive un temps où les propriétés intermédiaires rendent la servitude inutile par des constructions ou des plantations, l'héritage servant usera de sa liberté; car il est de principe qu'on ne peut pas exiger un service foncier qui, comme dans le cas proposé, serait sans utilité. Mais si les obstacles intermédiaires venaient un jour à disparaître, la servitude reprendrait son activité, puisqu'alors elle deviendrait utile à l'héritage dominant. Pour second exemple, la loi romaine propose le cas où un droit de passage est acquis au profit d'un fonds qui n'est pas contigu; en sorte qu'on ne peut user de ce droit qu'après avoir acquis légalement la possibilité de passer sur les héritages intermédiaires. Tant que n'est pas arrivé le moment d'utiliser le passage, l'exercice de la servitude ne peut pas avoir lieu : mais. aussi, dès qu'on aura la faculté de passer sur le terrain qui tient le milieu, l'héritage servant ne pourra plus être fermé. Ces explications sont écrites dans différens textes romains. L. 4, § 8; L. 5 et 6, ff. *si servitus vindicetur*.

A ces exemples ajoutons le cas où j'ai le droit, soit de puiser à la fontaine d'un héritage éloigné du mien, soit d'y abreuver mes bestiaux : peu importe, pour l'exercice de pareilles servitudes, qu'il se trouve des propriétés intermédiaires entre l'héritage dominant et l'héritage servant.

Par ce qu'on vient de dire, on voit d'abord qu'il peut exister une servitude entre deux héritages qui ne sont pas contigus; on voit en outre que l'objet de la servitude peut être futur : ainsi, je puis assujettir votre héritage non contigu au mien à un droit de vue, pour l'utilité d'un bâtiment qui n'est pas encore commencé. Pareillement il est permis de convenir que je pourrai faire passer les eaux de mon toit par-dessus le toit d'une maison qu'il vous plairait par la suite de construire près de la mienne. Ces sortes de conventions n'ont rien d'illicite : ce sont de véritables servitudes, parce qu'elles consistent en un service exigé d'un fonds pour l'utilité d'un autre fonds.

Dans tous les cas où se trouvent établis des droits de servitude que les circonstances empêchent d'exercer présentement, il est bon de ne pas laisser écouler trente ans sans faire un acte capable d'empêcher l'effet de la prescription; autrement on risquerait de perdre son droit, puisque, comme on le verra par la suite, les servitudes s'éteignent par le non-usage pendant trente années consécutives.

Peut-on établir une servitude volontaire qui soit contraire à ce qui est prescrit pour les servitudes nécessaires, soit naturelles, soit légales?

La raison de douter, est qu'on n'a pas la faculté de déroger par des conventions particulières à ce qui est ordonné pour l'intérêt public : *privatorum pactis juri publico derogari non potest*. Or, toute servitude naturelle, par exemple, l'obligation où est un héritage inférieur de recevoir les eaux de l'héritage supérieur, est imposée pour maintenir l'ordre entre les propriétés. C'est un motif semblable qui a fait établir les servitudes légales : on conçoit en effet que ce qui concerne les murs mitoyens, les contre-murs, les égouts, le droit de passage pour un fonds enclavé, tient à l'ordre public.

Il faut distinguer dans les servitudes nécessaires le point qui importe à l'ordre public, et ce qui ne peut le troubler. Sans doute que les effets qu'une servitude nécessaire doit produire au-delà de ce qui intéresse les deux voisins, ne peuvent être détruits par aucune convention entre eux; mais les effets qui ne doivent influer que sur les contractans, sont entièrement à leur disposition, et peuvent servir d'objet à des servitudes volontaires : donnons quelques exemples.

Les eaux qui tombent naturellement du sol supérieur doivent être reçues par le sol inférieur, sans qu'il soit besoin de convention entre les deux propriétaires, parce que c'est là une servitude nécessaire. S'il s'agit d'une eau utile aux autres propriétés inférieures, il est évident qu'aucun de ceux sur les fonds de qui passe cette même eau ne peut, par des conventions particulières, empêcher l'effet de cette servitude naturelle.

Mais deux voisins peuvent s'engager de manière que l'héritage supérieur ait la charge de l'écoulement des eaux; car cette circonstance n'intéresse qu'eux deux. Il suffit à l'ordre public qu'ils n'apportent aucun obstacle au cours de l'eau dont tous les propriétaires inférieurs pourraient avoir besoin.

Ce qui règle la mitoyenneté d'un mur, ou les vues qu'on peut y percer, ne concerne évidemment que les deux voisins dont les propriétés sont séparées par ce mur : les servitudes légales établies sur cette matière seraient donc modifiées par des servitudes volontaires sans inconvénient pour l'ordre public. Ainsi, quoiqu'il soit défendu de percer aucune vue dans un mur mitoyen, on peut, par le titre d'une servitude volontaire, acquérir le droit d'y avoir une fenêtre; car ce que la loi prescrit à cet égard, est pour le seul cas où les deux voisins n'ont fait entre eux aucune convention particulière.

A l'égard des contre-murs nécessaires aux cheminées, aux

fours, aux forges, ils sont exigés comme précautions contre l'incendie; en conséquence, l'ordre public y est essentiellement intéressé. Cependant, toutes les circonstances qui n'auraient pas pour objet d'empêcher la construction des contre-murs ordonnés, pourraient être modifiées par le titre d'une servitude volontaire. C'est ainsi, par exemple, que deux voisins peuvent convenir qu'il ne pourra être adossé par l'un d'eux aucune cheminée au mur mitoyen, qu'en faisant un contre-mur plus épais que la loi ne le prescrit. On peut même, par une convention particulière, assujettir un héritage à n'avoir jamais de cheminée appuyée contre le mur mitoyen.

Ces exemples suffisent pour faire sentir en quoi les servitudes volontaires peuvent modifier et changer l'état des servitudes nécessaires, soit naturelles, soit légales.

Art. II. *Par qui les servitudes volontaires sont établies.*

Deux paragraphes divisent cet article : on verra dans le premier par qui un héritage peut être grevé de servitudes ; et dans le second, par qui un héritage peut être avantagé d'une servitude.

§ Ier. *Par qui un héritage peut être grevé de servitude.*

Toute personne capable de disposer de ses droits peut établir au désavantage de l'immeuble qui lui appartient, telle servitude que bon lui semble. De là il suit qu'un mineur, même émancipé, ne peut pas assujettir son fonds à un autre fonds; car une servitude est un droit réel, faisant partie de l'immeuble dont ce mineur ne peut pas disposer. Pour parvenir à établir une servitude sur les biens d'un mineur, il faut donc qu'elle ait été autorisée par avis de parens, dûment homologué. Cette décision convient également aux interdits, puisque par nos lois ils sont assimilés aux mineurs.

Pareillement les biens des communes, des administrations, des corporations, ne peuvent être grevés de servitude qu'en vertu des autorisations nécessaires pour la vente de ces mêmes biens, parce que l'établissement d'une servitude passive est une véritable aliénation.

De là il résulte que le vrai propriétaire d'un immeuble est

le seul qui ait droit de lui imposer une servitude. Le mari ne peut donc pas grever de cette manière les fonds de sa femme, si elle n'y consent pas; car il ne peut pas les vendre sans la participation de celle qui en est propriétaire.

Lorsqu'un héritage appartient indivisément à plusieurs personnes, il ne peut être assujetti à aucune servitude sans le concours de la volonté de tous les propriétaires. *Unus ex dominis communium ædium servitutem imponere non potest.* L. 2, ff. *de serv.*

Le consentement de ceux des copropriétaires qui n'étaient pas présens à l'acte par lequel la servitude a été convenue, peut intervenir postérieurement par forme de ratification : mais, tant que tous n'ont pas adhéré, l'exercice de la servitude n'est pas exigible; car un pareil droit est indivisible, et ne peut pas être dû pour partie. Il répugne, par exemple, de dire que de deux propriétaires d'un héritage, l'un m'ayant vendu le droit de passage sans le consentement de l'autre, je pourrai exercer ce passage pour moitié. Néanmoins, celui avec qui j'ai traité ne serait pas recevable à me refuser la jouissance du passage; sa réclamation serait un acte de mauvaise foi, eu égard à la concession qu'il m'a consentie : l'opposition que je peux craindre ne peut donc venir que du propriétaire qui n'a pas encore donné son adhésion.

Si celui qui seul m'a cédé le droit de passage aliénait ensuite sa portion indivise de l'immeuble, serait-il comme son vendeur non recevable à me refuser l'exercice de la servitude?

L'affirmative n'est pas douteuse, si l'acte de vente charge l'acquéreur de l'exécution du traité qui concerne le droit de passage : sinon, cet acquéreur ne peut pas être accusé de mauvaise foi, puisqu'il n'est point engagé envers moi. En conséquence, il pourra soutenir avec fondement que la servitude n'existe pas, puisqu'elle n'a pas été consentie par les deux propriétaires de l'immeuble que je prétends asservir. Bien plus, si, postérieurement à la vente de la moitié indivise de cet immeuble, le propriétaire de l'autre moitié voulait adhérer à la concession de la servitude, il ne le pourrait plus sans le consentement de son nouvel associé.

Une servitude a été imposée sur un héritage par un possesseur qui a été évincé : rentré dans son bien, le véritable propriétaire sera-t-il tenu de souffrir le service foncier? Non, parce que celui qui a consenti à l'assujettissement n'a pas pu disposer d'un héritage qui ne lui appartenait pas. La servitude a pu être exigée de lui, tant qu'il est resté en possession de l'objet asservi; mais son titre venant à se résoudre, tout ce qui en est la suite est également nul. C'est le cas de la maxime : *soluto jure dantis, solvitur jus accipientis.*

Celui qui n'a que la nue propriété d'un immeuble ne peut pas l'assujettir à une servitude, au détriment de la jouissance de l'usufruitier : la convention ne peut être faite que pour avoir son exécution lorsque l'usufruit sera réuni à la nue propriété. Semblablement, on ne peut jamais imposer une servitude à l'héritage dont on jouit à titre d'usufruitier : l'accord qu'on ferait avec le voisin pour une vue, un passage ou autre objet, ne serait pas une servitude; mais ce serait une obligation purement personnelle qui ne durerait que pendant le temps de l'usufruit.

Ce qu'on vient de dire de l'usufruitier s'applique aux fermiers, aux locataires, aux séquestres, et généralement à tous ceux qui possèdent à titre précaire; car il faut avoir la propriété pleine et entière d'un héritage pour pouvoir se soumettre à un service foncier.

Le maître d'une propriété hypothéquée peut-il l'assujettir à une servitude, sans le consentement des créanciers inscrits?

En considérant l'établissement d'une servitude sur un fonds comme une sorte d'aliénation, la question se réduit à savoir si le propriétaire d'un immeuble peut en vendre une portion sans le consentement de ses créanciers hypothécaires. Certainement une vente pareille est valable; mais le prix doit en être distribué aux créanciers qui ont le droit de surenchérir, s'ils croient la vente faite à un prix trop modique. Or, cette faculté de surenchérir, qui fait la sûreté des créanciers, ne peut pas s'exercer à l'égard d'une servitude, puisqu'elle n'est pas un objet qu'on puisse acheter séparément. Les créanciers n'auraient donc aucun moyen d'empêcher que leur gage fût grevé de servitude à leur détriment, si la faculté d'en établir était laissée au débiteur. On conclut de là qu'un immeuble hypothéqué ne peut pas être assujetti à un fonds au détriment des créanciers inscrits; car cet objet hypothéqué est leur gage, qu'on ne peut pas diminuer sans leur faire tort. Mais, s'il était prouvé qu'une servitude passive ne cause aucune diminution dans la valeur de l'immeuble, les créanciers ne pourraient pas attaquer la servitude comme établie à leur détriment. Le cas peut arriver, par exemple, lorsque l'assujettissement de l'immeuble a été consenti pour lui procurer un avantage qu'il n'avait pas.

§ II. *Par qui un héritage peut être avantagé d'une servitude.*

Il n'est pas douteux que le droit d'acquérir une servitude, pour l'utilité d'un héritage, n'appartient qu'au seul propriétaire de cet immeuble. En effet, si l'établissement d'une servitude est en quelque sorte l'aliénation d'une partie de l'héritage servant, elle est par conséquent une sorte d'acquisition qui augmente l'héritage dominant : or, le seul propriétaire d'un immeuble peut en opérer l'accroissement. Ainsi, toute personne capable d'acquérir peut imposer une servitude sur d'autres fonds, pour l'utilité de ceux qui lui appartiennent.

Un mineur non émancipé ne pouvant faire aucun acte valable sans son tuteur, c'est à celui-ci qu'il appartient d'acquérir les servitudes, en faveur des immeubles dont il est administrateur.

On demande si, afin d'acquérir une servitude pour son mineur, le tuteur a besoin de l'autorisation du conseil de famille. Cela dépend de ce qu'il cède pour l'établissement de la servitude : si elle est consentie par transaction, il lui faut une autorisation dans la forme prescrite par l'*art.* 467 du Code Napoléon : si elle est acquise moyennant une portion de l'héritage qu'il abandonne, il est nécessaire d'avoir une autorisation, parce qu'un pareil arrangement contient une aliénation immobilière : enfin, si la servitude est payée en argent, le tuteur n'a pas besoin d'autorisation, parce que l'emploi des deniers du mineur est un acte de simple administration.

On voit par-là qu'un mineur émancipé ayant l'administration de ses revenus, peut, sans autorisation, les employer à acquérir une servitude : mais, s'il fallait la payer par l'abandon d'une portion quelconque de l'immeuble, il aurait besoin d'y être autorisé par avis de parens, dûment homologué.

A l'égard des communes, des administrations, des corporations, elles ne peuvent imposer de servitudes au profit de leurs immeubles, qu'en prenant les autorisations dont elles ont besoin pour acquérir des droits réels.

Un des copropriétaires d'un immeuble peut-il seul acquérir une servitude pour l'utilité du fonds commun? Non : la servitude n'est pas due, si tous les propriétaires de l'héritage dominant n'ont pas donné leur consentement. L. 11. ff. *de servit.* Pour sentir le motif de cette décision, il faut se rappeler qu'une servitude est indivisible : on ne peut pas la devoir pour moitié, pour un tiers, pour un quart. Cependant, celui qui n'est propriétaire que d'une partie de l'héritage ne peut pas stipuler pour les autres portions; car, en acceptant une servitude active, on s'oblige, au moins, à ne pas l'aggraver; ce qui ne peut être promis que par les propriétaires eux-mêmes. De plus, la servitude est pour l'utilité de l'immeuble dominant : on ne peut donc pas convenir que l'un des propriétaires jouira seul du droit foncier. Ainsi il est démontré qu'une servitude ne peut être établie au profit d'un immeuble sans le consentement de tous ceux à qui il appartient.

Le possesseur d'un héritage a été évincé, après avoir acquis pour cet immeuble une servitude, par exemple, un droit de vue d'aspect : ne semble-t-il pas que le maître de l'héritage servant n'est pas engagé, puisqu'il a traité avec une personne qui n'avait aucun droit dans l'héritage dominant?

Pour décider, on considère que celui qui a possédé à titre de propriétaire, quoiqu'évincé ensuite, avait la faculté de rendre meilleur le sort de l'immeuble dont il a joui; tandis, au contraire, qu'il n'avait pas le droit de le détériorer. En conséquence, la servitude par lui acquise pour l'avantage du fonds qu'il a administré, comme s'en prétendant propriétaire, se trouve valablement établie : c'est ce qu'on lit dans la L. 11. ff. *quemadmod. servit. amit.*

Cette décision, comme on le sent bien, ne peut avoir lieu que quand la servitude n'a pas coûté un prix trop onéreux à l'héritage dominant; car alors il n'est plus vrai que le sort de cet immeuble soit amélioré. En rentrant dans son bien, le véritable propriétaire serait donc fondé à demander la nullité d'une servitude qui, à son gré, lui serait plus à charge qu'avantageuse. Au reste, dans aucun cas, le maître de l'héritage servant ne pourrait se refuser à l'exercice de la servitude, parce que le propriétaire, rentré dans son patrimoine, est le seul qui ait droit de se plaindre s'il trouve que cette servitude lui est nuisible.

ART. III. *Comment s'établissent les servitudes volontaires.*

On a vu dans le chapitre troisième, que les servitudes nécessaires tirent leur existence, soit de la situation des lieux, ce qui les fait appeler servitudes naturelles, soit de l'autorité de la loi, d'où leur vient la dénomination de sertudes légales. Ces deux espèces de servitudes nécessaires existent donc indépendamment de la volonté du propriétaire du fonds servant.

Ici, nous nous occupons des servitudes volontaires, c'est-à-dire qui ne subsistent que quand le maître de l'héritage assujetti y a consenti. Or, il y a trois manières de prouver le consentement du propriétaire : nous en parlerons dans les trois paragraphes suivans. Le premier expliquera comment les servitudes s'établissent par titres; le second, quelles servitudes peuvent s'acquérir par prescription; et le troisième, quelles servitudes peuvent être imposées par destination du père de famille.

§ 1er. *Comment les servitudes s'établissent par titres.*

Toute espèce de servitude continue ou discontinue, apparente ou non apparente, peut s'établir par titre, c'est-à-dire, par une convention écrite entre le propriétaire du fonds servant et le maître du fonds dominant.

Quelle que soit la convention écrite, fût-elle pour modifier une servitude naturelle ou légale, c'est le titre seul qu'il faut suivre. En vain opposerait-on que l'usage, ou la loi, a réglé cette sorte de servitude d'une manière différente : la réponse serait que la loi, ou l'usage, commande seulement pour les cas où il n'y a pas de convention. Ainsi, quoique je puisse ouvrir une vue droite sur votre héritage, à la distance de six pieds, néanmoins je peux avoir un titre qui me donne le droit d'établir une fenêtre ouvrant et fermant à une distance moins grande. Les parties ne pourraient pas cependant modifier une servitude naturelle ou légale qui préjudicierait à des tiers, ou qui toucherait à l'intérêt public. Ce point de droit a été expliqué plus haut, article Ier.

La convention qui constitue la servitude ne peut être suppléée que par un titre récognitif émané du propriétaire du fonds asservi : c'est la décision du Code Napoléon, *art.* 695. Par conséquent, on ne pourrait pas tirer argument d'une déclaration faite dans un inventaire, dans un bail, dans une quittance, où le propriétaire de l'héritage dominant, ainsi que le propriétaire de l'héritage servant, ne seraient pas également parties. En un mot, il faut un acte consenti au profit du propriétaire de l'héritage dominant, et par lequel le propriétaire de l'héritage servant reconnaît que la servitude est due. Ce principe s'applique toutes les fois que l'on veut prouver l'existence d'une servitude par titre : mais, comme il y en a qui s'acquièrent par prescription, ainsi qu'on le verra dans le paragraphe suivant, la possession qu'on invoque alors, s'établit par toutes les preuves que la loi permet.

Dans quelle espèce d'acte faut-il consigner le titre constitutif d'une servitude? Puisque l'établissement d'une pareille charge sur un immeuble est une sorte d'aliénation, tous les actes par lesquels on peut aliéner son héritage sont susceptibles de contenir la constitution d'une servitude. Ainsi, le titre qui en démontre l'existence peut être une vente, un échange, un partage, et généralement toute transmission de propriété à titre onéreux. Il en est de même d'une donation entre-vifs, d'un testament, et de toute disposition à titre gratuit : *duorum prædiorum dominus si alterum eâ lege tibi dederit ut id prædium quod datur, serviat ei quod ipse retinet, vel contrà, jure imposita servitus intelligitur.* L. 3, ff. *communia prædiorum.*

Qu'arriverait-il, si le propriétaire de l'héritage dominant ne rapportait qu'un jugement de condamnation contre l'héritage asservi, n'ayant ni le titre primordial, ni une reconnaissance capable d'en tenir lieu? Le jugement serait exécuté, parce qu'il est un véritable titre récognitif : il n'est pas, à la vérité, émané volontairement du propriétaire du fonds servant; mais la reconnaissance, quoique prononcée par la justice contre le gré du propriétaire condamné, n'en a pas moins la même force que si elle était volontaire.

Lors de la vente d'un immeuble, la servitude qui lui est due n'ayant pas été déclarée, l'acquéreur peut-il exiger ce service foncier? Les uns disent que l'acquéreur n'est devenu propriétaire que des objets énoncés dans son contrat; que si la servitude imposée sur le fonds voisin n'y est pas indiquée, il en résulte qu'elle n'a pas été comprise dans la vente. Il est vrai que le vendeur ne peut pas s'être réservé la faculté de jouir de la servitude, parce qu'elle est un droit réel qui ne subsiste pas séparé de l'immeuble; mais on pense dans cette opinion, que le vendeur a été libre d'éteindre la servitude en ne la comprenant pas dans l'aliénation.

On répond avec avantage qu'un droit de servitude active est un accessoire de l'immeuble dominant, et que celui qui vend le principal vend nécessairement l'accessoire, à moins qu'il n'en ait fait une réserve expresse. S'il ne s'explique pas, il est réputé avoir compris dans la vente tout ce qui constitue l'immeuble, tant les parties corporelles que celles qui sont incorporelles. Ainsi, dans l'espèce proposée, l'acquéreur peut exiger les services fonciers, quoiqu'ils n'aient pas été déclarés dans l'acte de vente : il lui suffit de prouver qu'ils sont dus à l'immeuble qu'il a acquis avec toutes ses dépendances.

Si c'est l'héritage assujetti qui est vendu, sans que les servitudes qu'il doit aient été déclarées, elles n'en sont pas moins exigibles; car il ne dépend pas du vendeur de libérer son immeuble : à la vue des preuves de l'existence d'une servitude, l'acquéreur ne peut donc pas se dispenser de laisser faire le service foncier; sauf son recours contre son vendeur, soit en dédommagement, soit même en nullité de la vente, lorsque la servitude est de telle nature que l'acquéreur n'aurait pas contracté, si elle lui eût été connue.

On prétend, dans la première opinion, qu'il faut au moins distinguer les servitudes apparentes, de celles qui ne sont pas apparentes. On convient que si un héritage dominant est aliéné, le nouveau propriétaire peut exercer le service foncier, quoique son titre n'en fasse pas mention : par exemple, si une vue droite est ouverte dans un mur mitoyen, on accorde que le droit de vue, quoique non exprimé dans l'acte de vente, ne cesse pas pour cela d'être exigible. Il en serait de même, dit-on, si le changement s'opérait du côté de l'héritage servant : le nouveau propriétaire ne pourrait pas soutenir que l'on a omis de désigner la servitude; car l'existence de la fenêtre, ou de telle autre marque apparente, atteste l'état actuel de la servitude aussi expressément que si elle était mentionnée dans l'acte. Mais, ajoute-t-on, le cas où la servitude n'est pas apparente, ne doit pas se décider de même : par exemple, si elle consistait dans la prohibition d'élever les bâtimens d'une maison à une hauteur plus grande que celle déterminée; il est clair que n'étant pas exprimée dans l'acte de transmission de propriété de l'immeuble dominant, la servitude peut être ignorée par celui qui entre en possession de cet immeuble.

Cette objection ne doit pas arrêter, parce que, comme on l'a observé plus haut, dès que le nouveau propriétaire connaît la servitude active par les titres, il peut la faire valoir. Ce service foncier est un accessoire du fonds qui lui appartient; et cet accessoire a nécessairement été compris dans l'acte d'aliénation, par la seule raison qu'il n'en a pas été excepté.

Supposons maintenant que c'est le fonds servant qui ait changé de propriétaire, et que l'acte de transmission n'ait pas parlé de la servitude; il est bien vrai que le nouveau propriétaire ne peut pas la connaître; mais il ne faut pas en conclure qu'il puisse la refuser, parce qu'il ne dépend pas, ainsi qu'on l'a dit plus haut, d'un propriétaire qui aliène son immeuble, d'en éteindre les servitudes passives en ne les exprimant pas dans l'acte d'aliénation. Quand même il aurait déclaré que l'immeuble n'est asservi à aucune servitude, ou que telle servitude en particulier n'est pas due, cet immeuble ne s'en trouverait pas pour cela déchargé : le nouveau propriétaire n'en serait pas moins forcé à laisser la servitude en activité. Il pourrait seulement, s'il avait acquis l'héritage à titre onéreux, avoir son recours contre son prédécesseur.

C'est pour décider si le recours est permis dans le cas dont on vient de parler, qu'il est besoin de distinguer si la servitude est ou non apparente. Quand elle est apparente, l'acquéreur ne peut pas se plaindre de ce qu'elle ne lui a pas été déclarée, puisqu'il a pu la voir. Si elle n'est pas apparente, l'acquéreur à qui elle n'a pas été annoncée, a été induit en erreur sur l'objet du contrat de vente : il peut donc en demander la nullité, si toutefois il est vraisemblable qu'il n'aurait pas fait l'acquisition, dans le cas où il aurait connu cette charge de l'immeuble. Quand la vente n'est pas déclarée nulle, le vendeur est tenu d'indemniser l'acquéreur de ce que l'immeuble se trouve diminué de valeur, par l'existence de la servitude non déclarée : cette évaluation se fait par experts, si les parties ne sont pas d'accord.

On demande si une servitude peut être établie par une adjudication faite en justice, dans une procédure d'expropriation forcée. Par exemple, dans le cahier des charges, il est déclaré qu'un immeuble voisin doit un droit de passage, dont les circonstances sont détaillées : les publications, les annonces, les placards, les adjudications préparatoires et définitives s'effectuent, sans qu'il y ait eu de réclamation de la part du propriétaire de l'héritage désigné comme assujetti; l'adjudicataire est-il fondé à jouir de la servitude?

Suivant Desgodets, si l'adjudication était signifiée au voisin, et qu'il restât un an sans protestations, la servitude se trouverait bien établie. Nous ne devons pas admettre cette opinion : on ne connaît de titre propre à établir une servitude, que celui auquel le propriétaire de l'héritage servant et le maître de l'héritage dominant ont été parties. Toute déclaration insérée dans le cahier des charges de la vente judiciaire ne peut donc pas acquérir une servitude pour l'utilité de l'immeuble adjugé : il faut le consentement du propriétaire de l'immeuble asservi, à moins que la servitude déclarée au cahier des charges ne soit continue et apparente, et ne se trouve déjà acquise par la prescription.

Au reste, quelque apparence de solidité qu'ait pût avoir l'opinion de Desgodets lorsqu'il écrivait, il n'est plus possible de la présenter, même comme un point susceptible de discussion, depuis la décision portée dans l'*art.* 731 du Code de procédure civile : il y est dit que l'adjudication définitive ne transmet à l'adjudicataire d'autres droits à la propriété de l'immeuble que ceux qu'avait le saisi. Par conséquent, aucun des actes de procédure propres à arriver à une adjudication judiciaire, le cahier des charges, par exemple, ne peut pas devenir un titre capable de modifier la propriété de l'immeuble vendu en justice. Il passe essentiellement à l'adjudicataire avec les mêmes droits qui existaient pendant la possession du précédent propriétaire. Il ne peut donc pas être établi de servitudes, ni actives ni passives, par l'adjudication faite en justice.

C'est ici le cas d'avertir ceux qui achètent des immeubles à l'audience des criées, qu'ils n'ont plus la même sécurité qu'avant le Code de procédure civile. L'adjudication judiciaire assurait à l'adjudicataire la propriété de l'immeuble telle qu'elle se trouvait énoncée dans le cahier des charges : aujourd'hui, l'adjudication définitive ne garantit autre chose que la régularité de la procédure tenue pour y parvenir; à l'égard de la propriété, elle n'est pas plus assurée dans la main de l'adjudicataire qu'elle ne l'était dans celle du précédent propriétaire, dont il est successeur. De là il suit qu'avant de mettre une enchère sur un bien vendu en justice, il faut examiner les titres de propriété avec le même soin que s'il s'agissait d'une acquisition faite par un contrat volontaire passé devant notaire.

En prouvant que, par une déclaration faite au cahier des charges, une servitude ne peut pas être acquise au profit de l'immeuble vendu judiciairement, on démontre également que, par la même voie, aucun service foncier ne peut être imposé à cet immeuble; car le principe est que l'objet adjugé ne passe au nouveau propriétaire qu'avec les seuls droits actifs et passifs qu'avait le précédent possesseur.

§ II. *Des servitudes qui s'établissent par prescription.*

Il n'est personne qui ne sache que dans beaucoup de coutumes, du nombre desquelles est celle de Paris, aucune servitude n'était admise sans titre, quelque longue que fût la possession; celle de cent ans, et même l'immémoriale, étaient de nulle considération. Néanmoins la liberté de l'héritage servant pouvait s'acquérir par trente ans.

D'autres coutumes, comme celle de Nivernais, de Berri, de Bourbonnais, autorisaient les servitudes acquises par trente ans de jouissance, lorsqu'elles avaient éprouvé de la contradiction.

On trouve d'autres coutumes, telles que celles de Châlons, d'Auvergne, de la Marche, qui permettaient d'établir les servitudes par le laps de trente ans, même sans qu'il y eût eu contradiction.

On en voit qui n'autorisaient la prescription afin d'acquérir les servitudes, que dans la campagne, et point dans les villes : de ce nombre sont les coutumes de Mantes et d'Anjou.

Enfin, dans la Lorraine, les servitudes apparentes pouvaient s'établir par trente ans de jouissance ; à l'égard des servitudes non apparentes, il fallait absolument un titre.

Cette diversité des coutumes disparaît devant les dispositions du Code Napoléon, qui étend son empire sur tous les pays de la France : il décide, *art.* 690, que les servitudes apparentes, lorsqu'en même temps elles sont continues, peuvent s'établir par la prescription de trente ans, sans exiger qu'il y ait eu contradiction. En conséquence, quelque apparente que soit une servitude, si elle n'est pas continue, il faut nécessairement un titre pour l'exercer, même quand on alléguerait une jouissance immémoriale : réciproquement, quoiqu'une servitude soit continue, si elle n'est pas apparente, elle ne peut pas être établie par la prescription même la plus longue.

Une fenêtre est ouverte dans un mur mitoyen, ou bien vous avez une vue droite dans un mur qui vous appartient exclusivement, mais qui n'est pas à six pieds de distance de mon héritage placé en face; cette servitude est évidemment apparente et continue. Si donc cette fenêtre existe depuis trente ans, vous n'avez pas besoin d'autre titre : la prescription le suppose; et je suis considéré comme ayant volontairement consenti à cette servitude.

Vous prétendez avoir le droit de puiser de l'eau dans une fontaine qui est sur mon héritage; voilà une servitude bien apparente : l'action que vous faites en vous présentant à la fontaine est très-visible à tous ceux qui en sont témoins journellement. Cependant cette action donne lieu à des intervalles, et il n'en reste aucun signe qui puisse la faire connaître pendant le temps que vous n'employez pas à puiser de l'eau : la servitude, quoique apparente, n'est donc pas continue. Ainsi elle vous sera interdite, si vous n'avez pas un titre, quelque ancienne que soit votre possession : c'est ce que décide formellement le Code par son *art.* 691, qui déclare que les servitudes discontinues, apparentes ou non apparentes, ne peuvent jamais s'établir par prescription.

Les eaux dont vous jouissez vous viennent d'une source par des conduits qui traversent plusieurs héritages, au nombre desquels se trouve le mien. Cette servitude, qui consiste à recevoir les conduits de vos eaux, est bien certainement continue : à chaque instant et sans intervalle, ces conduits existent dans mon héritage. Mais ils sont enfoncés dans la terre, de manière qu'on ne les voit pas; on ne soupçonne même pas l'endroit où ils entrent sur mon terrain, ni le point où ils en sortent : la servitude, quoique continue, n'est donc pas apparente. C'en est assez pour que vous n'ayez pas droit de la conserver, si vous n'avez pour titre qu'une longue jouissance, parce que la prescription ne sert que quand les servitudes sont en même temps continues et apparentes.

Ainsi les servitudes continues, mais non apparentes, comme toutes les servitudes discontinues, soit apparentes, soit non apparentes, ne peuvent être établies que sur un titre : la possession même immémoriale ne suffit pas pour les laisser subsister. *Ibid.*

Néanmoins, le Code ne devant pas avoir d'effet rétroactif, cette disposition ne s'étend pas aux servitudes qui, à l'époque de sa promulgation, se trouvaient acquises par prescription, en vertu des lois locales, *ibid.* Par exemple, votre héritage et le mien sont situés dans la coutume d'Auvergne, où toutes les servitudes s'acquéraient par trente ans de jouissance : vous prétendez avoir le droit de faire pâturer vos bestiaux dans mes prés, et vous ne rapportez aucun titre, mais seulement la preuve d'une longue possession. Si elle remonte à une époque assez ancienne pour qu'elle ait duré au moins trente ans avant l'époque où a été promulgué le Code, vous serez maintenu dans l'exercice de votre droit de pacage, parce qu'il vous était acquis avant cette nouvelle loi. Il n'en serait pas de même, si les trente ans n'étaient pas encore accomplis lors de la promulgation du Code ; ayant défendu d'établir à l'avenir ce genre de servitude par prescription, il vous a empêché de compléter utilement votre jouissance. Cette conséquence, qui résulte de l'*art.* 690, prouve qu'on ne doit pas appliquer à l'établissement des services fonciers la disposition de l'*art.* 2281, qui veut que les prescriptions commencées avant le Code soient réglées suivant les lois antérieures.

Votre voisin, qui prétend avoir droit de passage sur votre héritage, y fait un chemin qu'il entretient continuellement par des ouvrages très-apparens : on demande si ce droit de passage n'est pas une servitude continue et apparente, susceptible par conséquent d'être acquise par une jouissance de trente ans. On fait la même question à l'égard du droit de puiser de l'eau à votre fontaine, quand il ne peut pas s'exercer sans la jouissance d'un sentier qu'on a soin d'en-

tretenir par des travaux qui laissent des marques très-appa-
rentes.

Un commentateur du Code soutient que, dans les cas
proposés, la servitude doit être regardée comme continue et
apparente, parce que les ouvrages faits au chemin attestent
à chaque instant l'existence du service foncier. Il distingue
le droit de passage qui s'exerce de manière à ne laisser aucune trace après lui, et celui qui est marqué par des signes
apparens. Par exemple, le droit de passage dans une cour,
ou à travers un jardin, n'est attesté par aucune circonstance
qui puisse le faire soupçonner, hors des momens où il est
exercé; en conséquence, la servitude n'est ni continue ni
apparente. Mais, ajoute cet auteur, le droit que j'ai de
passer sur votre pré ou votre champ ne peut pas être douteux, lorsque j'ai fait paver ou sabler le chemin qui m'est
destiné : il y a preuve continuelle et très-apparente de la
servitude. C'est le même cas que celui d'une porte qui existe
dans le mur mitoyen, et dont la fermeture est de mon côté :
je passe rarement par cette porte, et pourtant elle atteste
sans discontinuité le droit que j'ai de m'en servir. Pareillement, dit-il, quoique je ne sois pas continuellement sur le
chemin qui traverse votre fonds, ce chemin sablé atteste à
chaque instant le droit que j'ai d'en faire usage.

Nous ne pouvons pas adopter cette opinion : quelque visible que soit le chemin qui traverse votre héritage, quelque durables que soient les ouvrages qui y ont été faits, il
n'en résulte pas nécessairement qu'il existe pour un service
foncier. Il est impossible, au contraire, qu'une porte soit
pratiquée dans un mur mitoyen, si la faculté d'y passer n'en
a pas été accordée au voisin du côté duquel se trouve la
fermeture. Le chemin atteste donc seulement sa propre existence, sans faire connaître ce qui en est la cause, ni pour
l'utilité de qui il a été formé; tandis qu'une porte ou une fenêtre dans un mur mitoyen présente nécessairement l'idée
d'une servitude qui en est inséparable.

Ainsi un droit de passage constitue essentiellement une
servitude non apparente : c'est-à-dire, une servitude qui a
besoin d'être indiquée pour qu'on la connaisse : encore bien

qu'un chemin pavé soit visible, il n'est pas le signe nécessaire d'une servitude; le propriétaire de l'héritage sur lequel
il se trouve, l'a peut-être fait pour son plaisir, ou par caprice, ou par tout autre motif qui est étranger à un service
foncier. De là il nous paraît évident qu'un droit de passage
ne peut jamais être acquis par prescription, quelque apparens que soient les faits qui constatent la jouissance de celui
qui use de ce passage.

Le mur de clôture d'un jardin a été construit sur le bord
d'une rue; il est resté pendant plus de trente ans à une hauteur assez petite pour ne pas gêner la vue dont jouissait, sur
ce jardin, le propriétaire de la maison située de l'autre côté
de la rue. Il a plu, par la suite, au maître du jardin d'élever
sa clôture au point d'empêcher le voisin demeurant en face
de voir par-dessus ce mur. On demande si ce voisin, privé
par cette nouvelle œuvre d'une vue qui lui était précieuse, a
le droit de faire réduire la clôture du jardin à la hauteur
qu'elle avait depuis longues années.

Pour l'affirmative, on dit que le droit de vue sur l'héritage d'un voisin est une servitude continue et apparente,
puisque rien n'est plus visible qu'un mur, et que le fait de
son existence n'est jamais interrompu tant qu'il n'est pas
détruit. Or, comme il est de principe qu'une servitude de
cette nature s'acquiert par prescription, il en résulte que la
clôture du jardin dont il s'agit ne peut pas être élevée au-
delà de la hauteur qu'elle a conservée depuis plus de trente
ans; car la vue qu'elle procure au voisin lui est acquise par
une légitime prescription.

La négative est soutenue avec plus de raison, parce que
la servitude, dans le cas proposé, est continue, mais n'est
pas apparente : or, sans cette seconde qualité, une servitude
continue ne peut être acquise sans titre.

Rien n'est plus apparent, dira-t-on, que la hauteur d'un
mur de clôture : la servitude, dans ce cas, est véritablement
annoncée par un ouvrage extérieur et visible, ainsi que le
prescrit le Code Napoléon, *art.* 689. Si donc la hauteur de
la clôture reste la même pendant trente ans, sans que le
propriétaire ait interrompu la prescription, il perd néces-

sairement la faculté de donner à son mur un exhaussement capable de gêner la vue dont le voisin a eu le temps de prescrire la jouissance.

La réponse est que le mur atteste seulement le droit de propriété, qui consiste à maintenir la clôture, ou à la détruire, ou à l'exhausser, selon qu'il plaît à celui à qui elle appartient. Le Code, *art.* 552, le décide ainsi, en déclarant que le propriétaire du sol est maître de faire dessus telle plantation ou construction qu'il juge à propos. Pour que ce droit fût restreint par une servitude, il faudrait qu'un signe extérieur, tout particulier, annonçât l'existence de l'asservissement ; après trente ans, ce signe vaudrait un titre. Donc, tant qu'une servitude capable de limiter l'exercice de la propriété et d'empêcher l'exhaussement d'un mur n'est annoncée par aucune marque visible qui lui soit propre, elle ne peut être acquise que par un acte en bonne forme, et jamais par prescription.

Ainsi, de ce qu'un mur est resté à la même hauteur pendant plus de trente ans, il n'en faut pas conclure qu'il ne peut être exhaussé ; car il s'agit alors d'une servitude non apparente, puisqu'il n'existe aucun signe extérieur qui caractérise particulièrement la défense d'élever ce mur. Or, toute servitude qui n'est pas à la fois continue et apparente, n'est point susceptible d'être acquise par le laps de temps.

Il en est autrement lorsque dans un mur mitoyen il y a une fenêtre qui depuis trente ans sert à la jouissance du voisin : on en peut conclure qu'il y a servitude, quoique le titre ne soit pas représenté ; car alors le service foncier est continu et apparent. En effet, puisqu'il n'est jamais permis d'ouvrir un jour à travers un mur mitoyen, la fenêtre que l'un des voisins y a pratiquée est nécessairement un signe visible qui a la propriété d'annoncer spécialement une dérogation au droit ordinaire. La servitude qui en résulte est évidemment continue ; de plus, elle est apparente, puisqu'une pareille fenêtre ne peut attester autre chose que l'asservissement du mur mitoyen au droit de vue en faveur du voisin ; si donc cette marque évidente d'un service foncier subsiste pendant trente ans, sans réclamation, elle suffit pour maintenir la servitude, sans qu'il soit besoin de représenter aucun titre.

Ces divers exemples nous ont paru nécessaires pour apprendre à bien distinguer ce qui caractérise une servitude apparente : il ne suffit pas que l'objet auquel est imposée la servitude soit visible; il est encore nécessaire que l'asservissement de ce même objet soit annoncé par une marque visible qui lui soit propre, et qui ne puisse exister qu'à cause du service foncier qu'elle désigne.

Nous ne parlons pas ici des principes relatifs à la prescription de trente ans : ceux que le Code a établis pour cette manière d'acquérir sont applicables aux servitudes comme à tous les autres cas pour lesquels il est permis de prescrire par ce même laps de temps. Ainsi, par exemple, la jouissance qu'on a eue par ses locataires est comptée comme celle qu'on aurait eue par soi-même : car les locataires de l'héritage dominant font usage de la servitude au nom du propriétaire; et les locataires de l'héritage servant sont tenus de la souffrir au nom de celui dont ils tiennent leur bail.

§ III. *Des servitudes établies par destination du père de famille.*

Pour qu'il y ait servitude, il est essentiel que l'héritage dominant et l'héritage servant n'appartiennent pas au même maître; c'est ce que nous avons observé au chapitre II, en parlant de la nature des servitudes, d'après ce que dit expressément le Code Napoléon, *art.* 637. Cependant celui qui possède deux héritages peut s'en servir de manière que l'un soit assujetti à l'autre : bien plus, un pareil arrangement peut être établi entre deux portions du même héritage, puisque chacun est maître de disposer de sa propriété comme il lui plaît. Mais le service que le maître tire ainsi d'un côté, pour jouir de l'autre, n'est pas une servitude; c'est ce que la loi entend par *destination du père de famille.*

Cette disposition que fait un propriétaire peut devenir servitude lorsque les deux héritages, ou les deux portions du même héritage, cessent d'appartenir à la même personne. Le cas arrive d'abord quand le propriétaire aliène l'un des deux héritages, ou l'une des deux portions du même héritage, et que l'autre reste en sa possession; en second lieu, il se peut que le propriétaire aliène les deux objets à deux personnes différentes; enfin, par l'événement du partage de la succession de ce propriétaire, il peut se faire que ces deux objets fassent partie de deux lots différens.

Les dispositions que le propriétaire a faites pour assujettir une partie de son fonds à l'autre, constituent, il est vrai, une servitude, aussitôt que l'objet dominant cesse d'appartenir au même maître que l'objet servant; mais c'est seulement lorsque la servitude qui en résulte est continue et apparente. Par cette décision, portée en son *art.* 692, le Code rend uniformes dans toute la France les effets de la destination du père de famille, et met fin à toutes les difficultés qui naissaient des différentes dispositions coutumières : les unes, pour maintenir la destination du père de famille, voulaient une indication précise et par écrit de l'espèce de servitude, tandis que les autres n'exigeaient pas de preuve écrite pour attester l'intention du propriétaire.

Depuis le Code, aucune contestation n'a lieu de s'élever, sur l'espèce de droit foncier qu'on établit par destination du père de famille; il doit être apparent et continu, deux circonstances qui le caractérisent de manière à ne jamais causer la moindre méprise. La seule chose qu'il s'agisse d'examiner, consiste à savoir si les deux fonds actuellement divisés ont appartenu au même propriétaire, et si c'est par lui que les objets ont été mis dans l'état d'où résulte la servitude. Le Code, *art.* 693, décide que la destination du père de famille n'est reconnue que quand ce point de fait est prouvé : il n'ajoute pas de quelle nature doit être cette preuve, si on la peut faire par témoins, ou si elle a lieu nécessairement par écrit. Le silence de la loi indique assez que la preuve dont on parle ici est soumise aux principes généraux : ils ne permettent pas la preuve testimoniale pour une valeur qui excède cent cinquante francs, ni contre le contenu aux actes. Or, des droits de servitude étant d'une valeur indéterminée, sont nécessairement classés parmi les objets excédant cent cinquante francs; d'où il suit que la preuve écrite est la seule qui convienne dans le cas proposé. Par suite des mêmes principes, s'il y avait commencement de preuve par écrit, elle pourrait être achevée par la voie de l'enquête.

Puisque le Code ne reconnaît la destination du père de famille que pour les servitudes continues et apparentes, telles qu'une vue dans un mur mitoyen, ou une conduite d'eau par un aqueduc, il s'ensuit que tout service foncier qui ne réunit pas ces deux qualités, et qui est, soit continu et non apparent, soit discontinu avec ou sans apparence, a besoin d'être justifié par titre.

Ainsi, par un acte d'aliénation quelconque, deux portions d'un fonds cessent d'appartenir à la même personne, qui avait percé une vue droite dans un mur placé sur la ligne de séparation des deux portions divisées; le seul état de choses établit cette servitude, parce qu'elle est continue et apparente. Pour résister à la demande que voudrait former le voisin, afin de faire boucher cette vue, comme n'étant pas à la distance légale, il suffirait de prouver que la fenêtre existait à l'époque où les deux héritages ont cessé d'appartenir au même propriétaire, et que, par conséquent, la servitude est établie par destination du père de famille.

Mais s'il s'agissait d'un droit de passage ou de puiser de l'eau, ou de tout autre qui n'est pas continu; ou bien si c'était la prohibition, soit de planter des arbres dans une certaine place, soit d'y élever des bâtimens, soit, en un mot, de faire quelque chose; comme ce serait une servitude non apparente, en vain argumenterait-on de l'état des lieux, en vain on prouverait qu'il était le même à l'époque où les deux fonds ont cessé d'appartenir au même maître; la servitude ne serait pas maintenue, si elle n'était pas fondée sur un titre.

De ces principes il résulte que, quand un propriétaire asservit une portion de son héritage à une autre portion, et qu'il aliène l'une des deux, il n'a pas besoin de s'expliquer sur la servitude, lorsqu'elle est à la fois continue et apparente : le seul état dans lequel les deux objets se trouvent au moment de leur division, suffit pour que l'acquéreur puisse exercer le service foncier, comme en usait le vendeur dans le temps où l'objet dominant et l'objet servant lui appartenaient. Cette décision est écrite au Code, *art.* 694.

Une seconde conséquence des mêmes principes, est que le propriétaire qui veut, en divisant ses deux fonds, ne pas laisser subsister la servitude continue et apparente qu'il a établie, doit l'exprimer dans l'acte d'aliénation; autrement elle conserve son existence, par la force que la loi donne à la destination du père de famille. Si donc ce sont des héritiers qui se divisent la succession, il faut, pour que cette servitude continue et apparente cesse de subsister, que son extinction soit exprimée par l'acte de partage; sinon la destination du père de famille aura son effet.

On doit également conclure de la disposition du Code, que, si un propriétaire a établi entre ses deux fonds une servitude discontinue, ou continue non apparente, il suffit, pour la faire cesser, de ne pas parler d'elle en vendant l'un des deux fonds. Si ce sont des héritiers qui desirent l'éteindre, ils ne feront aucune mention de cette servitude dans leur acte de partage, et elle n'existera plus. Mais, si l'intention était que le service foncier fût continué après la division des deux objets, il serait indispensable qu'il y en eût une condition expresse dans l'acte d'aliénation ou de partage; parce que ces sortes de servitudes ne peuvent s'établir que par titre, et jamais par prescription, ni par la simple destination du père de famille.

Un propriétaire fait juger que le voisin n'a pas droit de percer une vue dans le mur mitoyen; quelque temps après, ce propriétaire acquiert l'héritage au profit duquel on avait injustement prétendu le droit de vue; et il laisse subsister dans l'état où elle était, lors du procès, la fenêtre qui en avait été l'objet. A sa mort, on voit qu'il a légué le fonds sur lequel ouvre cette fenêtre : mais il ne dit point dans son testament si elle restera ou si elle sera bouchée. On demande si le légataire peut contester la servitude.

La raison de douter, est que ce n'est pas le testateur qui a fait ouvrir la fenêtre : bien plus, il a si peu voulu qu'elle fût l'objet d'une servitude, qu'il a fait juger qu'elle serait bouchée. Loin donc de dire qu'il y a destination du père de famille, l'intention contraire s'est manifestée authentiquement.

Ce qui décide, c'est que le testateur a contesté la servitude dans un temps où il n'était le maître que de l'héritage servant : aussitôt qu'il a eu réuni dans sa main le fonds servant et le fonds dominant, la servitude a cessé d'exister ; c'est ce qu'on verra par la suite, et ce que décide le Code, *art.* 7o5. Depuis ce temps cette vue n'a donc subsisté que par l'effet de la volonté de ce propriétaire : ainsi, lorsque celui-ci aliène l'un ou l'autre fonds, sans expliquer si la fenêtre restera ou non dans l'état où elle est au moment de la division, il y a destination du père de famille ; ce qui sert de titre valable pour l'établissement de la servitude, puisqu'elle est continue et apparente.

CHAPITRE V.

DES DROITS RÉSULTANS DES SERVITUDES.

Les principes que nous allons expliquer dans ce chapitre s'étendent à toutes les sortes de servitudes, tant les nécessaires que les volontaires ; tant les continues et les discontinues, que les apparentes et les non apparentes. Dans cinq articles on verra, 1° comment se règle l'usage des servitudes ; 2° quels sont les droits du propriétaire de l'héritage dominant ; 3° quelles sont ses obligations ; 4° quels sont les droits du propriétaire de l'héritage servant ; 5° quelles sont ses obligations.

Art. Ier. *Comment se règle l'usage des servitudes.*

On a vu comment les servitudes sont établies ou par la nature des lieux, ou par la loi, ou par la volonté des parties : mais, quand l'existence d'un service foncier est reconnue, il peut arriver des discussions sur la manière d'en faire usage. Cet article est destiné à expliquer les règles à suivre pour résoudre les difficultés de ce genre, ce qui fera la matière de quatre paragraphes. Dans le premier, seront indiqués les moyens généraux pour éviter les contestations relatives à la manière d'user des servitudes; le second dira quels principes il faut suivre pour régler l'usage des servitudes; on verra, dans le troisième, le cas où les héritages qui sont l'objet de la servitude viennent à être divisés; enfin, le quatrième parlera des servitudes réciproques.

§ Ier. *Moyens généraux d'éviter les contestations relatives à l'usage des servitudes.*

Les servitudes nécessaires sont des limitations à la propriété : elles sont établies pour maintenir la tranquillité entre les voisins. Il faut donc respecter d'une part le droit qu'on a de jouir de son bien, et de l'autre ne pas oublier les égards dus au voisinage. Dans cette alternative difficile, il n'y a rien de mieux à faire que d'observer strictement ce qui est prescrit par la loi pour ces sortes de services fonciers.

A l'égard de ceux qui prennent naissance par la volonté des parties, c'est au titre qu'il faut s'en rapporter, pour déterminer de quelle manière il faut user du droit qui y est mentionné. Il s'agit alors d'un véritable contrat synallagmatique, dont le lien est tel que les parties ont eu l'intention de le former : cette intention marquée dans le titre est la seule règle qu'on doit consulter.

Pour éviter toutes contestations dans une matière qui n'en est que trop susceptible, on voit qu'il est nécessaire de s'exprimer clairement et avec les plus grands détails sur la manière d'user des servitudes que l'on établit volontairement, ou dont on passe titre récognitif. Pareillement les jugemens qui maintiennent des servitudes contestées, ou qui en règlent l'usage entre des parties qui ne sont pas d'accord sur la manière de les exercer doivent être tellement clairs et précis dans leurs décisions, qu'il ne reste plus d'occasions de procès sur les mêmes objets. On sent combien il est utile de circonstancier les titres et jugemens qui concernent les servitudes, afin que, d'un côté, l'héritage dominant puisse jouir de tout le service qui lui est dû, et que, de l'autre, l'héritage servant ne soit pas chargé au-delà de ce qu'il doit.

Le conseil que nous nous permettons de donner ici ne peut pas toujours servir pour les servitudes qui s'acquièrent par la prescription. Cependant, lorsqu'enfin la possession trentenaire a établi une servitude, ou bien c'est un jugement qui intervient, et alors il en exprime tous les détails ; ou bien c'est par un acte volontaire que l'existence de la servitude est fixée, et dans ce cas on doit s'appliquer à en décrire toutes les circonstances.

Quand on est forcé de faire des changemens à l'un des héritages, soit pour des réparations, soit pour des augmentations de bâtimens, soit pour tout autre motif, il est une précaution propre à éviter les contestations ; elle consiste à constater préalablement, et en présence des parties intéressées, l'état dans lequel se trouvent les objets qui sont affectés activement et passivement à la servitude. Par ce moyen, quand les ouvrages sont faits, on peut reconnaître si le service foncier s'effectue comme avant les changemens, et s'il n'a été porté atteinte ni aux droits de l'héritage dominant, ni à ceux de l'héritage servant. Si le propriétaire de l'un des héritages se refusait à cette opération, l'autre propriétaire pourrait être autorisé en justice à y faire procéder.

Nous n'avons pas besoin d'avertir que les fermiers et les locataires des fonds dominans, et ceux des fonds servans représentent les propriétaires : ainsi les uns ont droit de faire usage des servitudes établies pour l'utilité des héritages qu'ils possèdent, à moins que, par leurs baux, elles n'aient été formellement exceptées de leur jouissance ; et les autres, par conséquent, sont tenus de souffrir l'exercice des mêmes services fonciers. Le locataire ou fermier d'un héritage servant ne peut pas s'opposer à l'exercice de la servitude, sous prétexte qu'il n'en est pas fait mention dans son bail ; car cet acte est étranger au propriétaire de l'héritage dominant, et il n'est pas permis au maître du fonds servant de s'affranchir de la servitude, en omettant de la mentionner dans le bail qu'il souscrit au profit d'un tiers. Lors donc qu'une omission de cette nature a fait naître une contestation, le propriétaire de l'héritage servant est mis en cause, et il est condamné à indemniser le locataire ou fermier; celui-ci peut même demander la résiliation du bail avec dommages-intérêts, s'il prouve qu'il n'aurait pas loué ou affermé dans le cas où il aurait connu la servitude. On ne parle pas ici des servitudes continues et apparentes, les locataires et fermiers ne peuvent pas les ignorer : il faut donc qu'ils les laissent exercer sans aucun recours contre celui dont ils tiennent leur jouissance, quoiqu'elles n'aient pas été mentionnées dans les baux.

§ II. *Principes à suivre pour régler l'usage des servitudes.*

Quoique la loi se soit expliquée sur la manière d'user des servitudes nécessaires, et quelque soin que l'on prenne pour spécifier les servitudes volontaires dans les titres, tous les cas ne sont pas possibles à prévoir : il échappe à la rédaction la mieux réfléchie des détails qui donnent lieu à des contestations. Il est donc des principes en cette matière auxquels il faut s'attacher pour prononcer sur les prétentions respectives.

On distingue si l'objet en litige est un point de fait, ou s'il consiste en une question de droit : dans le cas où le propriétaire de l'héritage dominant est en discussion avec le maître de l'héritage servant sur un point de fait, on le soumet à l'examen d'experts. Par exemple, il est dit dans un titre qu'un passage sera établi sur mon fonds, et aura une largeur convenable pour l'utilité du vôtre; vous prétendez faire passer des voitures, et je crois n'être tenu qu'à laisser un passage de bêtes de somme : il faut examiner ce qui est utile à l'exploitation de votre héritage; c'est un point qui sera facilement déterminé par des experts nommés à l'amiable, ou dans les formes judiciaires. *Latitudo actús itinerisque ea est quæ demonstrata est. Quòd si nihil dictum est, hoc ab arbitro statuendum est.* L. 13, § 2, ff. *de servit. præd. rustic.*

Un autre cas où on doit recourir à des experts, est celui d'une servitude consentie par le titre d'aliénation, sans qu'il y soit parlé des accessoires, dont la privation rendrait impossible l'exercice du droit concédé. S'agit-il, par exemple, de la faculté de puiser de l'eau à une fontaine, à un puits, à une citerne ; elle comprend également le droit de passer pour aller jusqu'à l'endroit où est l'eau, puisque sans cela l'exercice en serait impossible : *qui habet haustum, iter quoque habere videtur ad hauriendum.* L. 3, § 3, ff. *de servit. præd. rust.* Cette vérité, que la raison seule indique, a été également consignée dans le Code Napoléon, *art.* 696 : il dit expressément que quand on établit une servitude, on est censé accorder tout ce qui est nécessaire pour en user, et il cite le même exemple que la loi romaine. Si donc il y avait contestation pour savoir si certains accessoires sont d'une nécessité indispensable à l'usage d'une servitude, ce serait un point de fait qu'il faudrait soumettre à des experts.

Quand une servitude continue et apparente est acquise par prescription, la manière d'en faire usage n'a pas été consignée par écrit. Il n'est pas rare alors que des difficultés s'élèvent sur le mode d'exercer le service foncier ; il ne s'agit, en pareilles circonstances, que de régler des détails qui se décident par la connaissance des lieux : on ne peut donc pas se dispenser de choisir des experts, et lorsque l'un des voisins s'y refuse, l'autre les fait nommer par un jugement.

Il arrive souvent que les titres d'établissement, ou de simple possession, donnent lieu à des incertitudes qu'il ne suffirait pas de soumettre à un examen d'experts. Par exemple, s'il est stipulé qu'on a sur un héritage un droit de passage propre à des gens de pied, sans désigner la place où la servitude sera exercée, la contestation ne porte plus uniquement, comme dans l'exemple précédent, sur la vérification d'un point de fait : il s'agit de savoir par quelle règle on fixera le lieu où le passage sera ouvert. Les servitudes gênent la liberté naturelle qu'on a de disposer de sa propriété : on doit donc user à leur égard d'interprétation restrictive et favorable au fonds assujetti. Ainsi, dans le cas proposé, le passage sera indiqué par l'endroit que le propriétaire du fonds servant déclarera lui être le moins incommode : *si via, iter, actus, aquæ ductus legetur simpliciter perfundum, facultas hæredi per quam partem fundi velit constituere servitutem.* L. 26, ff. *de serv. præd. rust.*

Néanmoins la restriction qu'on emploie dans l'interprétation des titres qui offrent des circonstances douteuses ne doit pas aller jusqu'à diminuer le droit clairement concédé. Ainsi, sous prétexte que le passage légué simplement, sans autre détermination, doit être réglé à l'avantage du fonds servant, on ne pourrait pas restreindre l'exercice de la servitude à certains temps de l'année, ni à certaines heures du jour. Le droit de passage étant positivement spécifié, il n'y a pas de doute qu'il ne soit dû dans tous les temps et à toutes les heures : aucune restriction de ce genre ne peut y être apportée, si elle n'est exprimée dans les titres. On n'opposera pas sans doute à cette décision l'arrêt rendu à l'audience de la grand'chambre du parlement, le 19 février 1618, et que nous avons eu occasion de citer précédemment. Il juge que le passage dû par une maison dans Paris, quoique convenu par les titres en termes généraux, est exigible pendant les six mois de grands jours, depuis seulement quatre heures du matin jusqu'à dix heures du soir; et pendant les six mois de jours courts, depuis seulement six heures du matin jusqu'à neuf heures du soir. Ce règlement n'est motivé que sur des mesures de sûreté qu'exige la police à l'égard des habitations; car s'il s'agissait d'un passage dans les champs, il n'y aurait aucune restriction pour les heures de la nuit.

Si, par exemple, il est dit indéfiniment par les titres que les eaux d'une maison s'écouleront par l'héritage voisin, on ne peut pas obliger le propriétaire du fonds dominant à ne laisser couler que les eaux de ses toits : le service foncier est clairement exprimé pour toutes les eaux sans restrictions, tant celles des toits que celles qui viennent sur la superficie du terrain, soit naturellement, soit par suite d'un établissement qu'y a fait le propriétaire.

De même, si la faculté d'écouler les eaux était limitée aux eaux des toits, il faudrait comprendre celles de tous les toits du bâtiment, et non pas se borner à celles d'un seul corps de logis. Mais s'il n'était pas indiqué par quel endroit les eaux s'écouleront, le choix en serait laissé au propriétaire de l'héritage servant. Pareillement les moyens d'écoulement n'étant pas déterminés, il pourrait exiger que les eaux descendissent par un tuyau jusqu'à terre, plutôt que de tomber du haut du toit par un godet en saillie : cette dernière manière de verser les eaux étant bien incommode, on ne la doit pratiquer que quand les titres autorisent nommément ce moyen de verser les eaux.

Semblable raisonnement se fera à l'égard du droit de vue : ce qui ne laissera matière à aucun doute sur son établissement devra recevoir une exécution étendue, tandis que ce qui n'aura pas été expliqué sera interprété d'une manière très-restreinte. Si donc le droit de percer des jours dans un mur mitoyen est désigné en termes généraux, le propriétaire pourra prendre dans le mur autant de vues qu'il voudra : mais comme il s'agit d'une servitude légale, les ouvertures seront pratiquées à la hauteur prescrite, et fermées avec fer maillé et verre dormant. En construisant des fenêtres ouvrant et fermant à hauteur d'appui, on contreviendrait à la loi, qui ne permet les vues droites que quand on est à une distance de six pieds de l'héritage voisin. Ainsi la faculté d'ouvrir des vues à travers un mur mitoyen, quand elle est exprimée en termes généraux, devant s'interpréter à l'avantage de l'héritage servant, ces vues ne peuvent être que légales, et non pas droites : pour exercer d'une manière plus ample le droit de vue dont on parle, il faudrait y être autorisé par une clause formelle, écrite dans les titres de la servitude.

Ces exemples suffisent pour faire sentir comment l'usage des servitudes doit être dirigé par les lois et règlemens, quand les servitudes sont nécessaires, ou bien par les titres, quand elles sont volontaires. En même temps on y voit comment, dans le silence des lois et des règlemens, on s'adresse à des experts, s'il s'agit de vérifier des points de fait, et comment on se décide par la faveur due à la liberté du fonds servant, lorsque l'objet contesté présente une question de droit.

§ III. *Du cas où l'un des héritages est divisé.*

Deux héritages, objets d'un service foncier quelconque, étaient chacun possédés par une seule personne; par la suite, l'héritage dominant, ou l'héritage servant, s'est trouvé divisé entre plusieurs particuliers : tantôt c'est le propriétaire qui a vendu, ou donné, ou légué, soit une, soit plusieurs portions de son immeuble; d'autres fois, ce sont des héritiers qui, après le décès de leur auteur, ont partagé entre eux le fonds qu'ils ont trouvé dans sa succession. Examinons d'abord ce qui arrive quand l'héritage dominant est divisé; nous parlerons ensuite du cas où la division de l'héritage servant est opérée.

Une circonstance fort importante pour l'usage des servitudes, est celle où l'héritage dominant vient à être divisé : le service foncier qui n'était dû qu'à un seul propriétaire sera-t-il exercé par chacun de ceux qui ont une portion de l'héritage? Si, d'une part, on remonte au principe qui veut que dans l'établissement d'une servitude on ne considère que l'héritage auquel elle est utile, et non pas la personne à qui cet héritage appartient, il est clair que la servitude, qui est de sa nature indivisible, comme on l'a dit au chapitre second, a été créée pour l'héritage entier; elle est due par conséquent, à chacune de ses portions. D'un autre côté l'usage de la servitude par les différens propriétaires des portions divisées peut devenir plus à charge au fonds servant, ce qui n'est pas juste. Pour accorder les principes avec l'équité, le Code Napoléon, *art.* 700, décide qu'après la division de l'héritage dominant, la servitude reste due à chaque portion, sans néanmoins que la condition du fonds assujetti en puisse être aggravée : par exemple, ajoute le même article, s'il s'agit d'un droit de passage, tous les copropriétaires seront obligés de l'exercer par le même endroit.

Un autre exemple peut se rencontrer dans le droit de passage accordé aux animaux servant à la culture de l'héritage dominant. Si cet héritage est divisé entre trois héritiers, chacun pourra faire paître les animaux servant à la culture de la portion qui lui est échue : mais aucun ne pourra faire usage de cette faculté pour les animaux servant à la culture d'un autre terrain, quand même il l'aurait réuni avec la portion du premier héritage pour n'en faire qu'une seule exploitation. Ce dernier cas donnerait lieu à fixer le nombre des animaux que ce propriétaire pourrait envoyer paître sur l'héritage servant; ce qui serait réglé selon que sa portion de l'héritage divisé se trouverait plus ou moins considérable.

Peu importe, au surplus, par quel moyen l'héritage dominant se trouve divisé; soit que le propriétaire en ait vendu ou donné successivement des portions; soit qu'il les ait léguées par testament; soit que l'héritage, s'étant trouvé dans sa succession, ait été partagé entre les héritiers; soit enfin que cet héritage, ayant été acquis en commun par plusieurs personnes, ait fini dans la suite par être divisé entre elles: dans tous ces cas, les portions séparées ont droit chacune à la servitude, pourvu que son exercice par plusieurs personnes n'aggrave pas la condition de l'héritage servant. S'il arrivait une circonstance où il fût trop difficile aux différens propriétaires des diverses portions d'user de la servitude autant l'un que l'autre, sans craindre qu'elle ne fût trop onéreuse, ils feraient un accord entre eux et le propriétaire du fonds servant pour régler convenablement l'usage du service foncier : faute de s'entendre, on s'adresserait à la justice, qui prononcerait après avoir été éclairée par un rapport d'experts.

Par exemple, Paul a le droit de tirer de l'eau dans mon puits pour l'usage habituel de sa maison; à son décès, ses quatre enfans, qui ont chacun leur ménage, se partagent la maison, et chacun vient habiter la portion qui lui est échue. Mon puits suffisait à mes besoins et à ceux de Paul; mais il ne contient pas assez d'eau pour les quatre ménages des héritiers de Paul, et pour le mien : il faut donc faire régler à l'amiable ou en justice la quantité d'eau que chacun des héritiers pourra prendre à mon puits. Il pourrait intervenir un arrangement, par l'effet duquel un seul des héritiers exercerait le droit de puiser de l'eau, et récompenserait les autres, en raison de l'avantage dont ils se trouveraient privés. De cette manière, l'héritage servant ne serait pas plus grevé qu'il ne l'était avant la division du fonds dominant.

Il n'y aurait pas plus de difficulté, si c'était l'héritage servant qui fût divisé; chacun des différens propriétaires serait tenu de souffrir l'exercice de la servitude entière. C'est ce qui résulte nécessairement de l'indivisibilité, qui est un des caractères essentiels des services fonciers : il n'y a pas plus de possibilité d'y satisfaire par portions que d'en faire usage par portions.

Observez pourtant que, par cette obligation solidaire des propriétaires de l'héritage divisé, chacun n'est tenu du service foncier que comme d'un droit réel, c'est-à-dire jusqu'à concurrence seulement de sa portion dans l'objet asservi; car chacun est libre d'abandonner cette portion pour se libérer. *Cod. Nap. art.* 699.

Au surplus, chaque portion reste asservie de la même manière qu'elle l'était auparavant le partage, en sorte qu'elles continuent toutes d'être diversement affectées, selon la nature de la servitude, qui peut frapper sur quelques-unes également, sur d'autres plus grièvement, et sur d'autres beaucoup moins. Ainsi s'agit-il, par exemple, d'un droit de passage; en continuant d'être exercé comme avant la division de l'héritage servant, ses différentes portions souffriront la servitude, les unes sur d'égales quantités de terrain, d'autres sur des quantités plus considérables, et d'autres sur des quantités moins grandes, selon le résultat du partage.

Quand la servitude est de nature à n'affecter qu'une certaine portion de l'héritage, comme, par exemple, le droit de prendre de l'eau dans une fontaine, il est évident que le seul endroit où est située la fontaine se trouve assujetti : on demande si les autres portions ne sont pas affectées, au moins hypothécairement, au service foncier.

Suivant les uns, l'affirmative n'est pas douteuse, s'il a été pris inscription sur l'immeuble avant qu'il ait été divisé. Le partage n'empêche pas que chaque copartageant ne soit tenu, jusqu'à concurrence de sa part, au service foncier que son auteur a consenti, et pour sûreté duquel une inscription hypothécaire a été valablement prise.

Cette opinion est une erreur : l'obligation de celui qui soumet son héritage à une servitude n'étant pas personnelle, elle ne passe pas à tous ses successeurs solidairement. Une servitude n'est affectée qu'au sol, et même uniquement à la partie du sol qui suffit au service foncier : ainsi cette seule portion de l'héritage est assujettie ; et lorsque le partage a lieu, le seul propriétaire de la portion sur laquelle s'exerce la servitude en est débiteur. Tous les copartageans sont tenus de la servitude, lorsqu'elle consiste en un droit qui affecte toutes les portions ; et si elle ne s'exerce que sur quelques-unes, les seuls propriétaires de ces portions asservies doivent le service foncier. C'est ce qui peut arriver quand il s'agit d'un droit de vue d'aspect sur une grande étendue de terrain ; s'il est par la suite divisé, chacun de ceux à qui il échoit une portion de ce terrain doit souffrir la vue d'acpect toute entière.

Ce qui achève de démontrer que la seule portion sur laquelle s'exerce la servitude en est le gage, c'est qu'en abandonnant cette portion au maître du fonds dominant, il n'a plus rien à réclamer ; en sorte qu'après l'abandon effectué la servitude est éteinte. Cette décision, conforme à tous les principes, est écrite dans l'*art.* 699 du Code : il en résulte évidemment que le propriétaire de la portion sur laquelle s'exerce la servitude est le seul qui soit hypothécairement obligé de la souffrir, et que les autres portions n'y sont aucunement affectées.

§ IV. *Des cas où la servitude est réciproque.*

Jusqu'ici nous avons considéré la servitude comme simple, c'est-à-dire que l'héritage dominant, dans toutes nos hypothèses, ne devait rien à l'héritage servant. Mais il peut arriver que, quand on établit une servitude sur un héritage, elle ait pour condition une autre servitude due à ce même héritage : alors la servitude est appelée *double* ou *réciproque*, comme on l'a observé dans le chapitre II. Vous avez la faculté de puiser de l'eau dans mon puits, à condition que vous n'éleverez pas votre bâtiment plus haut qu'il n'est maintenant : voilà une servitude réciproque, dont l'une est la condition de l'autre. On demande s'il vous est permis de renoncer à prendre de l'eau à mon puits, afin de recouvrer la liberté d'élever votre bâtiment aussi haut qu'il vous plaira.

La réponse dépend de l'intention qu'ont eue les parties en établissant la servitude; or, cette intention se trouve dans les titres. S'il y est dit que vous aurez la faculté d'élever votre construction en abandonnant le droit de puiser, cette clause devra s'exécuter; mais si le titre ne vous laisse pas positivement le maître de renoncer d'un côté, pour vous libérer de l'autre, vous ne pourrez pas le faire sans mon consentement. Alors les deux servitudes seront regardées comme établies pour l'utilité réciproque des deux héritages : le vôtre sera donc asservi irrévocablement au mien, comme le mien le sera irrévocablement au vôtre; et l'un de nous, sans le consentement de l'autre, ne pourra pas abandonner le droit qui lui est dû, pour se rédimer de la servitude qu'il doit.

En conséquence, si vous élevez votre mur au-delà de la hauteur prescrite par le titre, je suis autorisé ou à vous refuser l'eau de mon puits, ou à vous forcer à baisser votre construction, en vous déclarant que je n'entends pas que nous soyons respectivement libérés : en pareil cas, j'ai le choix de conclure contre vous de l'une ou de l'autre manière. Pendant le procès, je peux m'opposer à ce que vous exerciez le droit de puiser; car nos servitudes étant conditions l'une de l'autre, il est juste que je vous refuse un droit qui est le prix de la jouissance dont vous me privez. Au reste, l'obstacle de ma part cessera lorsque votre mur aura été baissé. Je peux aussi, pendant la contestation, vous laisser jouir de la faculté de prendre de l'eau à mon puits; sauf à réclamer contre vous des dommages-intérêts pour le tort que j'aurai éprouvé tant qu'aura duré l'exhaussement de votre mur.

Au surplus, l'usage d'une servitude réciproque se règle comme si les deux services fonciers, au lieu d'être établis par un même titre entre les mêmes héritages, faisaient chacun l'objet de deux titres concernant des héritages différens.

En effet, une servitude réciproque est essentiellement formée par deux servitudes : pour chacune d'elles il y a l'héritage dominant et l'héritage servant. Peu importe que le fonds à qui est due l'une des servitudes soit assujetti à l'autre fonds pour ce qui concerne la seconde servitude : l'un, considéré comme dominant, doit avoir tous ses droits sur l'autre considéré comme servant, et réciproquement; en sorte que, si on envisage chacune de ces deux servitudes séparément, leur usage se trouvera soumis aux mêmes principes qui leur seraient applicables si elles n'étaient pas constituées dans le même titre.

Art. II. *Droits du propriétaire de l'héritage dominant.*

Dans un premier paragraphe, nous parlerons des ouvrages nécessaires à la servitude, et que le propriétaire de l'héritage dominant a droit de faire sur l'héritage servant. Un second paragraphe expliquera en quoi consiste l'action qu'on a pour exercer une servitude.

§ Ier. *Des ouvrages nécessaires pour user d'une servitude.*

Quand la servitude est reconnue, quand les circonstances qui la constituent et les accessoires qui en sont une suite nécessaire se trouvent réglés, il faut que le propriétaire de l'héritage dominant exerce son droit convenablement.

On tient pour principe qu'il a la faculté de faire d'abord tous les ouvrages sans lesquels on ne pourrait pas user de la servitude, et ensuite ceux qui sont propres à la conserver. Le Code Napoléon en a une disposition formelle dans son *art. 697.*

Quelques personnes doutaient si ces ouvrages devaient être faits aux dépens du maître de l'héritage dominant, attendu que de pareils travaux ne paraissent permis qu'à celui qui peut disposer du terrain où ils sont exécutés : or, comme on l'a dit plus haut, le sol sur lequel s'exerce la servitude ne cesse pas d'appartenir au propriétaire du fonds servant : *loci corpus non est dominii ipsius cui servitus debetur, sed jus eundi habet. L. 4, ff. si servit. vind.*

La raison de décider, est que les ouvrages dont il s'agit

n'ont rapport qu'à un droit foncier, et nullement au fonds sur lequel il s'exerce. Celui à qui la servitude est utile doit donc seul supporter les dépenses qu'elle occasionne: car les charges sont pour le compte de la personne qui a les profits. Il faut en excepter le cas où les titres exigent expressément que le propriétaire du fonds servant fasse les travaux nécessaires à l'usage de la servitude. *Code Napol. art.* 698.

Ainsi, nous convenons que j'aurai droit de passage par votre parc sur un emplacement désigné, et actuellement rempli de ronces, d'épines et de pierres : j'aurai donc le droit de faire approprier le terrain dans les dimensions indiquées ; mais la dépense sera supportée par moi seul, puisqu'elle n'est utile qu'à mon héritage. Pareillement, si j'ai le droit de puiser dans votre fontaine, j'ai celui d'en faire réparer les bords, sans lesquels l'eau ne resterait pas dans le réservoir où elle arrive.

On demande si le maître de l'héritage servant n'est pas obligé de maintenir son puits ou sa fontaine en bon état.

Pour l'affirmative, on dit que ce puits et cette fontaine servent également au propriétaire du fonds asservi. Si ce propriétaire n'était pas tenu de l'entretien de ces objets qui lui appartiennent, ce serait véritablement le propriétaire de l'héritage dominant qui procurerait de l'eau à l'héritage servant, tandis que, suivant l'établissement de la servitude, il faut au contraire que ce soit l'héritage servant qui fournisse l'eau.

Les *art.* 697 *et* 698 du Code, il est vrai, déclarent à la charge du propriétaire de l'héritage dominant les ouvrages nécessaires, soit pour user d'une servitude, soit pour la conserver ; mais, dit-on, cette disposition s'applique seulement au cas où l'objet de la servitude ne sert qu'à celui à l'héritage duquel elle est due. On donne pour exemple le droit de passer à l'extrémité d'un parc, précisément dans un endroit où il est évident qu'un passage est inutile au propriétaire du terrain sur lequel s'exerce ce service foncier.

D'autres soutiennent avec raison que, dans tous les cas, les réparations de l'objet asservi ne peuvent pas être exigées du propriétaire de l'héritage servant. En effet, quoiqu'il s'agisse d'un objet qui sert également aux deux voisins, tel qu'un puits, une fontaine, il n'en est pas moins vrai qu'ils en usent à des titres différens; l'un c'est en qualité de propriétaire, et l'autre, ce n'est qu'à titre de servitude. Cette différence est essentielle à remarquer : s'ils étaient tous deux propriétaires du puits, chacun en particulier aurait le droit de forcer l'autre à faire les réparations en commun, comme on l'a vu à l'égard d'un mur mitoyen. Cette règle, qui convient aux associations, ne s'applique nullement aux servitudes : un de leurs caractères essentiels, que nous avons signalé dans le chapitre II, est qu'elles n'obligent pas le propriétaire de l'héritage servant à faire quelque chose, mais seulement à souffrir qu'il soit fait quelque chose sur son terrain, ou à s'abstenir d'y faire quelque chose : *servitutum non ea natura est, ut aliquid faciat quis; sed ut aliquid patiatur, aut non faciat. L. 15, § 1, ff. de servit.*

Ainsi, le propriétaire de la chose asservie trouve-t-il qu'il ne peut en user si elle n'est réparée; elle lui appartient, et par conséquent il a droit de la faire mettre en état si bon lui semble : mais s'il juge à propos de n'y pas faire de réparations, et même de renoncer à s'en servir, personne ne peut le forcer à rétablir l'objet de la servitude, fût-il détérioré au point qu'il y aurait impossibilité d'en faire usage. Le propriétaire de l'héritage dominant n'a droit de réclamer que la faculté d'exercer le service foncier; c'est la seule chose qui lui soit due : il faut donc qu'il fasse à ses dépens ce qui est nécessaire pour l'utiliser. Voilà pourquoi le Code a décidé sans restriction, que tous les ouvrages à faire pour user d'une servitude, ou pour la conserver, étaient à la charge de celui à qui elle est utile.

Bouvot, au mot *servitude,* question 3, cite un arrêt du Parlement de Dijon, rendu au mois de juin 1567; il y est jugé qu'un propriétaire ne pouvait pas être contraint à faire réparer la mardelle de son puits, sous prétexte que le voisin avait le droit d'y venir prendre de l'eau. Cet arrêt, ainsi que la disposition du Code, sont conformes au droit romain : *in omnibus servitutibus, refectio ad eum pertinet qui sibi ser-*

vitutem asserit, non ad eum cujus res servit. L. 6, § 2, ff. si servit. vindic.

Observez pourtant que, si le propriétaire de l'héritage dominant ne peut pas exiger que les réparations de l'objet de la servitude soient faites par son voisin, celui-ci ne serait pas mieux fondé à forcer le premier à tenir les lieux en bon état : le droit foncier est la propriété du maître de l'héritage dominant, qui en fait tel usage qu'il lui convient. Si donc la négligence où il laisse les objets de la servitude déplaît au voisin, celui-ci, en qualité de propriétaire de ces objets, est libre de les faire réparer s'il en a la volonté.

Au reste, ces principes n'ont leur application que quand les titres de la servitude n'y sont pas contraires et n'obligent pas le propriétaire de l'héritage servant à tenir l'objet du service foncier en bon état. La convention faite entre les parties doit toujours être exécutée ponctuellement : c'est à défaut d'explication sur le point difficultueux qu'on suit ce que prescrit le droit.

Pareillement, des règles générales qu'on vient d'expliquer, on doit excepter le cas où, par le fait de l'un des deux voisins, soit à dessein de nuire, soit involontairement, il aurait été causé quelque dommage à l'objet de la servitude. Par exemple, si le propriétaire de la fontaine avait volontairement, ou par accident, détaché des pierres du bassin de manière qu'on ne puisse plus prendre de l'eau, il serait valablement actionné, non pas comme obligé à tenir la fontaine en bon état à cause de sa qualité de propriétaire du fonds servant, mais comme tenu de réparer le tort qu'il a causé à son voisin, en l'empêchant d'exercer son droit. On verra en effet, dans le paragraphe suivant, qu'il est défendu au débiteur de la servitude de rien faire qui puisse en empêcher la jouissance, ou la rendre plus incommode.

Si c'était celui auquel est due la servitude qui, par son fait volontaire ou involontaire, eût occasionné le dommage, il ne serait pas libre de dire qu'il trouve la servitude suffisamment commode dans l'état où sont les choses : il serait forcé de rétablir ce qu'il aurait détruit, non pas en qualité de propriétaire de l'héritage auquel est due la servitude, mais comme auteur d'un dommage qu'il n'avait pas le droit de causer à son voisin, propriétaire de la chose détériorée.

Quand c'est à la vétusté, ou à une force majeure, qu'est attribuée la détérioration de l'objet de la servitude, celui à qui il appartient ne peut rien réclamer contre son voisin à qui est dû le service foncier : alors chacun a la faculté de faire réparer le dommage si bon lui semble; l'un parce que la chose détériorée lui appartient, l'autre parce que le bon état de cette chose est nécessaire à l'exercice de son droit.

§ II. *De l'action du propriétaire dominant contre le propriétaire servant.*

L'action que le propriétaire de l'héritage dominant dirige pour faire déclarer que l'autre héritage lui est assujetti, se nommait, chez les Romains, *actio confessoria*, parce qu'elle tend à faire avouer par l'adversaire que son héritage doit la servitude : s'il s'y refuse, le jugement qui intervient tient le droit pour reconnu, et condamne la partie qui succombe à souffrir le service foncier.

Par opposition à l'action confessoire, on appelait *actio negatoria* la demande formée par celui qui prétend que son héritage n'est pas asservi au droit réclamé; car alors il dénie que le service foncier soit dû à celui qui veut l'exercer.

Dans notre droit, nous ne donnons pas de dénominations aux différentes actions, parce que nous n'admettons d'autres règles, pour invoquer l'autorité judiciaire, que l'intérêt de chaque réclamant : c'est ce qui fait dire que l'intérêt est la mesure des actions. Néanmoins les jurisconsultes se servent avantageusement aujourd'hui des noms que les Romains donnaient aux différentes actions : ce n'est pas qu'il y ait nécessité de les qualifier pour qu'elles soient valables; mais leurs noms indiquent facilement ce qui en est l'objet. Ainsi, quand on dit que l'action confessoire appartient au maître de l'héritage dominant, tandis que l'action négatoire est employée par le propriétaire de l'héritage servant, on fait entendre d'un seul mot que le premier, par sa demande, conclut à ce que le droit foncier qui lui est dû soit reconnu, et

que le second dénie l'existence de la servitude. On conçoit
bien que ce dernier n'a point de preuve à fournir : sa déné-
gation est sa seule défense, soit qu'il ait commencé l'attaque,
soit qu'il n'ait paru en justice que comme défendeur. Au
contraire, celui qui prétend que la servitude est due doit le
prouver, suivant l'axiome : *onus probandi incumbit ei qui
dicit.*

Quand le propriétaire de l'héritage servant fait un ouvrage
pour nuire à l'exercice du droit foncier, ou quand le maître
du fonds dominant cherche à rendre la charge plus onéreuse, il n'est plus question de savoir si la servitude existe
ou non, puisque, dans l'hypothèse, elle n'est pas niée. Dans
ce cas, chez les Romains, on ne pouvait pas recourir à l'action confessoire : il fallait se servir d'une autre action qui
était nommée *nunciatio novi operis*, parce qu'elle consistait à dénoncer au voisin une opposition à son nouvel œuvre.
Il est inutile de faire connaître ici les différentes circonstances qui devaient se rencontrer chez les Romains, pour
que l'on pût faire usage de la dénonciation de nouvel œuvre :
il suffit de dire que nous employons cette dénomination,
non pas parce que l'action qu'elle désigne se trouve soumise
à des formes particulières, mais seulement pour indiquer le
genre de conclusions que doit prendre le propriétaire qui
veut efficacement s'opposer à des travaux entrepris sur l'héritage voisin, et qui lui paraissent des atteintes portées à ses
droits. Par l'action confessoire, on demande que la servitude
soit reconnue et déclarée due par l'héritage servant; l'action
négatoire tend à faire décider que le service foncier n'existe
pas; et au moyen de la dénonciation de nouvel œuvre, on
demande la destruction d'ouvrages qui nuisent au droit de
l'un ou de l'autre propriétaire.

Les Romains disaient que, si l'ouvrage préjudiciable à
l'exercice de la servitude était achevé, ce n'était plus la dénonciation de nouvel œuvre qu'il fallait employer : ils admettaient alors une autre action. Nous ne connaissons pas
ces distinctions subtiles : dès qu'un propriétaire intéressé à
un service foncier s'aperçoit de travaux entrepris contre son
droit, il forme sa demande, sans distinguer si l'ouvrage n'est

encore que commencé, ou s'il est achevé. Dans le premier cas, il conclut à ce que le travail dénoncé ne soit pas continué, et même à ce que la portion qui est déjà faite soit détruite, si elle nuit à la jouissance légitime; au second cas, les conclusions du demandeur tendent à ce que les choses soient remises dans l'état où elles étaient avant le nouvel œuvre. Nous ne pouvons pas apercevoir, entre ces deux manières de se pourvoir, la différence que des auteurs modernes ont voulu établir : ils décident que la dénonciation de nouvel œuvre n'a pas lieu lorsque le travail est terminé, et qu'alors naît une autre action; ce n'est là qu'une subtilité.

Ils disent encore qu'il n'y a pas lieu à la dénonciation du nouvel œuvre, lorsqu'il consiste en un travail qui intéresse la salubrité publique, ou la police, tel que serait le curage d'un cloaque. Il est certain que, malgré la demande formée par celui qui se plaint d'un pareil travail, les juges pourront bien en ordonner provisoirement la continuation, s'il y a urgence : mais il ne faut pas croire que la dénonciation de l'ouvrage ne puisse pas se faire; car nous pouvons toujours nous adresser à l'autorité judiciaire, toutes les fois que des travaux sont entrepris contre notre droit, sauf au défendeur à obtenir la permission de les continuer provisoirement, s'il y a nécessité de ne pas les suspendre.

Nous ne conduirons pas plus loin l'examen de la dénonciation de nouvel œuvre : c'était, dans le droit romain, une action particulière, ayant des règles et des conséquences qui ne convenaient pas à toute autre. Comme nous n'avons admis pour principe général des actions que l'intérêt qu'on a de les intenter, ces différens caractères donnés par le droit romain à l'action qui naît d'un ouvrage nuisible aux droits relatifs à une servitude, ne sont d'aucune considération en France : la doctrine peut s'en aider, comme nous l'avons observé plus haut; mais la pratique n'en fait aucun usage. Il suffit que l'ouvrage dénoncé soit contraire à l'intérêt qu'on a dans la servitude, pour qu'on ait le droit de former une demande dont l'objet est de faire cesser tout ce qui peut nuire à l'exercice de la servitude.

Art. III. *Obligations du propriétaire de l'héritage dominant.*

Nous venons de voir en quoi consistent les droits du propriétaire de l'héritage dominant : il s'agit maintenant de ses obligations.

Le propriétaire de l'héritage dominant ne peut rien faire qui aggrave l'exercice de la servitude : c'est ce que nous verrons dans un premier paragraphe. Dans le second, on examinera si ce même propriétaire peut faire chez le voisin des travaux qui diminuent la servitude. Le troisième dira si des ouvrages peuvent être faits sur l'héritage dominant lorsqu'ils ne changent pas l'état de la servitude. Enfin un quatrième parlera du cas où ces mêmes ouvrages allègent la servitude.

§ Ier. *Aucun ouvrage capable d'aggraver la servitude ne peut être fait par le maître de l'héritage dominant.*

Les obligations du maître de l'héritage dominant sont écrites dans le Code Napoléon, *art.* 702 : il ne permet d'user de la servitude que conformément au titre si elle est volontaire, ou selon qu'il le prescrit si elle est nécessaire. Dans aucun cas on n'est autorisé à aggraver d'une manière quelconque la condition de l'héritage servant.

Ainsi, quoique celui à qui est dû le service foncier ait la faculté, comme on l'a dit dans l'article précédent, de faire chez le voisin les réparations et autres ouvrages nécessaires à l'exercice de la servitude, il ne peut pas, sous ce prétexte, opérer le moindre changement dans l'état actuel des lieux, à moins que l'innovation ne fût d'une nécessité indispensable pour l'usage du droit établi. *Ibid.*

Quel que soit le travail à faire sur le terrain de l'héritage servant, et quoique l'ouvrage se fasse aux dépens du maître de l'héritage dominant, celui-ci est tenu de prendre le consentement du voisin chez lequel il faut introduire des ouvriers. Si ce dernier ne veut pas permettre le travail, quel parti faut-il prendre? Il est indiqué par l'*art.* 662 du Code : on y voit que pour toucher au mur mitoyen, l'un des deux voisins doit obtenir le consentement de l'autre, parce qu'étant

Tome I.

tous deux copropriétaires de ce mur, il n'y a qu'avec le concours des parties intéressées qu'on puisse travailler à la chose qui leur est commune. Le cas où l'un des deux voisins refuserait de consentir est prévu par le même article : il veut qu'alors les ouvrages projetés soient réglés par des experts.

Ce qui est ordonné pour préparer des travaux à faire à un mur mitoyen, est à plus forte raison applicable aux ouvrages nécessaires pour l'exercice d'une servitude. En effet, le fonds asservi n'est pas une propriété commune : il appartient entièrement au maître de cet héritage, avec charge d'un service foncier pour l'utilité d'un autre héritage. Celui à qui est dû la servitude, loin d'avoir sur l'objet asservi un droit plus fort, n'en a pas même un qui soit égal au droit d'un des voisins sur le mur mitoyen. Or, puisque, pour travailler à un pareil mur, il faut nécessairement avoir l'aveu des deux propriétaires, on peut dire, à bien plus forte raison, que celui à qui est due la servitude ne peut exécuter sur l'héritage servant aucun ouvrage, quoique nécessaire à l'exercice de son droit, sans en avoir obtenu le consentement formel de son voisin : *ubi eadem ratio decidendi, jus idem dicendum est.*

Par une suite de ce raisonnement, si le maître de l'héritage servant se refuse aux travaux proposés, on a recours à des experts. Ils examinent d'abord si les ouvrages dont il s'agit sont nécessaires à l'usage du service foncier; en second lieu, dans le cas où la nécessité est reconnue, ils règlent la manière de faire le travail sans nuire aux droits du sol asservi.

Cette règle générale, d'après laquelle il n'est jamais permis au propriétaire du fonds dominant de rien faire qui aggrave la charge que son voisin est tenu de supporter, s'applique à toutes les espèces de servitudes, soit naturelles, soit légales, soit volontaires. Voilà pourquoi, en parlant de la nécessité où est l'héritage inférieur de recevoir les eaux naturelles du supérieur, nous avons dit que le propriétaire de ce dernier héritage ne peut rien entreprendre pour augmenter la masse d'eau qui est renvoyée chez son voisin, ni même pour changer, soit la manière dont elle s'échappe, soit l'endroit par où elle coule. Ailleurs on a aussi démontré, par suite du même principe, que celui qui a une vue légale sur l'héritage contigu ne peut pas la placer plus bas qu'il n'est prescrit par les règlemens locaux, et, à leur défaut, par le Code. Pareillement celui qui, pour l'exploitation de son héritage enclavé, obtient un droit de passage en vertu de la loi, ne peut pas en changer la direction, ni le rendre plus large, ni planter des haies ou des arbres le long de ce chemin dont le sol ne lui appartient pas, et dont il ne peut faire usage que pour passer.

§ II. *Si le propriétaire du fonds dominant peut faire, sur le fonds servant, des travaux qui rendent la servitude plus agréable, ou moins onéreuse.*

Le propriétaire du fonds dominant est autorisé à faire, sur le terrain asservi, les ouvrages nécessaires à l'usage et à la conservation de la servitude, ainsi qu'on l'a vu dans le paragraphe précédent. Si donc il voulait y faire des travaux qui n'auraient d'autre but que de lui rendre l'exercice de la servitude plus agréable, sans qu'elle devînt plus incommode à celui qui la doit, pourrait-il en être empêché?

Les uns disent que l'opposition qu'il éprouverait ne serait inspirée que par l'envie de nuire, et non par l'intérêt; qu'ainsi le propriétaire du fonds servant ne serait pas écouté dans sa réclamation.

D'autres, plus attachés aux principes, soutiennent que des travaux tels que ceux dont il s'agit n'étant pas d'une nécessité indispensable, ne sont autorisés qu'avec le consentement du propriétaire de l'héritage servant. Par exemple, celui-ci est tenu de donner par son jardin un passage qui, dans les temps de pluie, est fort boueux; pour se le rendre plus commode, le propriétaire à qui le passage est dû voudrait le paver. Cet ouvrage n'aggraverait pas la servitude; cependant le propriétaire du jardin peut s'y opposer, parce que l'objet du service foncier n'ayant pas été désigné comme un chemin pavé, mais comme un passage au travers d'un jardin, l'opération du pavage n'est pas indispensable pour exercer le droit consenti.

Il serait difficile néanmoins de refuser au propriétaire

de l'héritage dominant la faculté de faire sabler le terrain destiné à son passage; car si le sable n'est pas indispensable pour user du service foncier, il est au moins fort utile : d'un autre côté on ne voit pas quels motifs alléguerait le propriétaire du jardin, pour qu'on ne regardât pas sa résistance comme l'effet de la mauvaise humeur. On sent qu'un chemin pavé dépare un jardin; mais on sait qu'une allée sablée en est l'ornement.

Il faudrait raisonner de même dans le cas où le maître de l'héritage dominant voudrait faire sur le terrain qui lui est assujetti des travaux qui tendraient à diminuer la charge de la servitude. Ce terrain asservi n'appartient pas au propriétaire de l'héritage dominant; il n'a que la faculté d'y exercer son droit. Or, tous les travaux qui changeraient l'état des lieux, pour le seul agrément de celui qui fait usage de la servitude, ne peuvent être autorisés, même quand il serait prouvé que, loin de nuire à l'héritage servant, ils allégeraient la charge qui lui est imposée. Citons, pour exemple, le cas où j'ai le droit de passer avec une voiture par votre parc; n'ayant pas de voiture, je préfère me restreindre à un passage suffisant pour des gens de pied, pourvu qu'il soit pavé. Quoique cet arrangement rendît la servitude moins onéreuse, je ne serai pas en droit de faire paver, sans votre consentement, le passage plus étroit dont je veux bien me contenter : vous pouvez avoir de bonnes raisons pour ne pas vouloir que, dans votre parc, il y ait un chemin pavé.

§ III. *Quels changemens peuvent être faits sur l'héritage dominant.*

Puisque le propriétaire de l'héritage dominant est autorisé à faire, sur l'héritage servant, les ouvrages nécessaires à l'exercice de la servitude, à plus forte raison lui est-il permis d'exécuter, chez lui, des travaux qui concernent le même service foncier. Néanmoins, nonobstant la liberté qu'on a de disposer à sa volonté de sa propre chose, il est défendu au propriétaire de l'héritage dominant de faire, même chez lui, aucun ouvrage qui puisse rendre la condition du voisin plus onéreuse que ne le prescrit la loi, s'il s'agit d'une servitude nécessaire, ni plus onéreuse qu'il n'est stipulé par le titre, si la servitude est volontaire. *Cod. Nap. art.* 702.

Celui qui a la faculté de faire passer toutes les eaux de son héritage sur le fonds voisin ne peut donc pas changer l'endroit par où elles y arrivent; par exemple, des eaux de pluie tombent par un godet, on ne peut ni l'allonger, ni le placer dans une autre partie du toit sans le consentement du propriétaire de l'héritage servant; et lorsque ce dernier s'y refuse, il n'est pas de moyens d'opérer le moindre changement capable d'aggraver l'exercice de la servitude.

Il est convenu que les eaux de ma maison, composée d'un seul corps de logis, auront leur écoulement sur votre héritage; si je juge convenable de changer la disposition de ma maison et de l'agrandir, il ne m'est pas permis de faire passer sur votre propriété une plus grande quantité d'eau que celle pour laquelle vous avez consenti la servitude : il faudra donc que, pour le surplus des eaux, je trouve une autre issue.

La faculté de faire passer les eaux pluviales ne s'étend point à des eaux d'une autre espèce. De même, si le droit est établi pour faire écouler les eaux d'une maison, tant qu'elles n'excéderont pas celles qui s'emploient pour l'usage habituel, on peut refuser le service foncier pour les eaux qui surpassent la quantité convenue, telles que sont les eaux qu'exige le métier de teinturier ou de brasseur.

Par le titre d'une servitude, un droit de passage est accordé pour l'utilité d'une maison; le propriétaire de cette maison la dispose de manière à la louer à plusieurs locataires : ceux-ci auront-ils tous le droit d'user du passage? L'affirmative n'est pas douteuse, si rien, dans le titre, ne fait connaître que l'intention a été de restreindre la servitude au seul cas où la maison ne serait habitée que par une seule famille.

Mais si le propriétaire de la maison à qui le passage est dû la réunissait à une autre maison qu'il aurait acquise postérieurement, les locataires de cette nouvelle maison auraient-ils la faculté de se servir du passage? Desgodets assure que non, dans tous les cas : à l'égard de Goupy, son annotateur, il fait une distinction. Si le passage est commun et à l'héritage dominant et à l'héritage servant, le propriétaire de celui-ci pourrait être incommodé de la multitude des personnes étrangères qui passeraient sans cesse; ce qui aggraverait la servitude : par conséquent, les habitans de la nouvelle maison ne doivent pas se servir du passage. Il pense autrement, si ce passage est consacré uniquement au service de l'héritage dominant; alors il n'y a plus d'importunité à craindre pour le maître de l'héritage asservi. D'un autre côté, il ne peut pas se plaindre que les réparations deviendront plus fréquentes; car il n'est pas tenu de les faire : c'est le propriétaire de l'héritage dominant qui en supportera la dépense, s'il veut jouir du passage. La question, ajoute Goupy, souffrirait encore moins de difficulté, si le passage était uniquement pour des gens de pied.

Nous avons de la peine à croire que cette dernière opinion fût adoptée; car il est certain que plus un passage est fréquenté, plus il devient incommode, même quand il ne servirait pas au propriétaire qui le doit. D'ailleurs il est incontestable que celui qui jouit d'une servitude ne peut pas l'étendre à d'autres fonds que celui pour lequel elle a été établie. En posant ce principe, fondé sur la loi romaine et adopté par notre Code, Domat cite l'exemple suivant, qui a de l'analogie avec celui que discute l'annotateur Goupy. Le propriétaire qui a une prise d'eau pour un héritage ne peut en user pour ses autres héritages; et si la prise d'eau n'est que pour une partie d'un fonds, il ne peut s'en servir que pour celle là : *ex meo aquæductu, Labeo scribit, cuilibet posse me vicino commodare : Proculus, contrà, ut ne in meam partem fundi aliam, quàm ad quam servitus acquisita sit, uti eâ possit. Proculi sententia verior est.* L. 24, ff. *de servit. præd. rust.*

§. IV. *Des changemens faits sur l'héritage dominant, quand ils diminuent la servitude.*

Si les changemens qu'on veut faire à l'héritage dominant n'aggravent pas la servitude, celui par qui elle est due ne peut pas les empêcher : c'est ce qu'on a vu plus haut. Si donc il s'agit de faire un toit en mansarde au lieu du toit simple qui existait, il est évident que la masse des eaux pluviales n'en peut pas être augmentée; et si, en outre, l'endroit par où elles s'écoulent ne se trouve pas changé, le voisin qui est tenu de recevoir les eaux ne peut pas s'opposer à la nouvelle forme du toit.

A plus forte raison serait-il mal fondé à se plaindre, si les changemens opérés sur l'héritage dominant tendaient à lui rendre la servitude moins à charge. En effet il agirait alors contre ses propres intérêts; ce qui supposerait une envie de nuire sans utilité pour lui-même, et ce qui le rendrait non recevable. Ainsi le propriétaire de l'héritage dominant fait détruire la moitié de ses bâtimens, dont les toits versent leurs eaux chez le voisin en vertu d'un titre; ce voisin ne peut pas s'opposer à un pareil changement, puisque le poids de la servitude s'en trouve diminué. En général, il est toujours permis d'alléger une servitude : *leniùs facere poterimus, acriùs non.* L. 20, § 5, ff. *de servitut. prædior. urban.*

On objecte à cette décision, que celui qui est tenu de recevoir les eaux des toits voisins peut les avoir mises à profit, soit pour la culture, soit pour d'autres travaux : or la diminution des bâtimens, en le privant de la moitié des eaux sur lesquelles il avait compté, lui cause une véritable perte. Dans ce cas, en s'opposant à la démolition des constructions, il n'est pas animé par l'envie de nuire, mais bien évidemment par ses propres intérêts : il peut donc demander que les toits de l'héritage servant ne soient pas diminués, afin qu'il puisse continuer à jouir de la même quantité d'eau pour laquelle peut-être l'assujettissement a été consenti.

Pour décider dans cette circonstance, il faut examiner si la servitude a été établie pour l'utilité de celui chez qui les eaux tombent, ou pour l'utilité de l'héritage d'où viennent les eaux. Dans le premier cas, il n'est pas douteux que c'est à l'héritage qui reçoit les eaux qu'est due la servitude, il est le fonds dominant : le propriétaire a donc le droit, comme on l'a dit au paragraphe précédent, d'empêcher que sur l'héritage servant il soit fait quelque chose qui diminue l'avantage produit par le service foncier. Au second cas, l'héritage dominant est celui d'où les eaux pluviales tombent chez le voisin. Or le maître du fonds dominant, étant libre de faire usage ou non de son droit, ne peut pas y être forcé par le débiteur de la servitude : c'est celui-ci qui a soumis son héritage, et aucune faculté ne lui a été accordée sur le fonds dominant. Il doit donc souffrir la charge qu'il s'est imposée, s'il convient à son voisin de la lui faire supporter : il serait contraire à la nature même des servitudes que le maître du fonds servant pût exiger qu'on fît usage du droit auquel il est assujetti. Ainsi il ne lui est pas permis, dans l'espèce proposée, d'empêcher la réduction des toits de l'héritage dominant.

Le seul point difficile, dans une pareille position, pourrait être de reconnaître au profit duquel des deux fonds la servitude a été établie : si les titres ne s'expliquaient pas assez, il faudrait, comme dans la plupart des contestations concernant les servitudes, considérer les circonstances, la nature des lieux, la qualité du terrain et des héritages. Si, par exemple, il paraissait que le propriétaire des bâtimens d'où viennent les eaux n'avait pas un véritable intérêt à leur donner une issue chez le voisin, pouvant, sans aucune gêne, les faire écouler sur son propre terrain ; si, en outre, le pays était naturellement aride, en sorte qu'il fût très-avantageux au voisin de recevoir des eaux étrangères, la vraisemblance, suppléant au silence des titres, déposerait en faveur de celui sur le terrain duquel les eaux s'écoulent, et la servitude pourrait être regardée comme établie pour l'utilité de son héritage.

Remarquez, à l'égard des changemens à faire sur l'héritage dominant et qui peuvent occasionner quelques modifications dans l'exercice de la servitude, qu'ils ne doivent pas être commencés sans le consentement du voisin ; autrement, celui-ci pourrait avoir recours à la dénonciation du nouvel œuvre. De cette action il résulterait une visite des lieux par experts, afin de constater si les ouvrages dénoncés intéressent la servitude, et afin de régler comment ils doivent être faits pour ne pas la rendre plus onéreuse. Cette dénonciation a toujours pour effet de suspendre les travaux commencés ; et quand il y a des raisons suffisantes pour ne pas les interrompre, c'est aux juges à en ordonner provisoirement la continuation, s'il y a lieu. Par exemple, ayant le droit d'ouvrir dans un mur mitoyen une seule fenêtre d'aspect, vous en construisez deux ; si je dénonce le nouvel œuvre aussitôt que l'échafaudage est placé, ou que quelques pierres du mur sont détachées, la suspension provisoire de vos travaux est une suite nécessaire de ma dénonciation. Mais si je ne formais ma demande que quand la baie de la fenêtre est achevée, et qu'il ne s'agît plus que de poser les croisées, le provisoire serait sans objet : l'état des choses ne peut pas empirer pour moi, puisque l'ouverture est terminée, et qu'il m'importe peu qu'elle soit fermée ou non par des vitres.

Outre des motifs tirés des circonstances particulières, il y en a qui sont fondés sur la sûreté ou la salubrité publique, et qui suffisent pour autoriser provisoirement la continuation des travaux. Dans l'article précédent, § II, en parlant de la dénonciation de nouvel œuvre, nous avons cité le curage d'un cloaque, d'une fosse d'aisance, comme un cas où on pourrait obtenir l'autorisation de continuer provisoirement les travaux : ils sont d'une telle nature, que leur interruption pourrait être fort dangereuse pour la santé des citoyens.

Art. IV. *Droits du propriétaire de l'héritage servant.*

En général, les droits du propriétaire de l'héritage servant consistent à exiger que le propriétaire de l'héritage dominant remplisse ses obligations, c'est-à-dire qu'il se renferme dans l'usage convenable de la servitude, et qu'il ne fasse aucune entreprise pour l'étendre, ni pour en rendre l'exercice plus onéreux.

Ainsi celui dont on veut assujettir l'héritage sans y être fondé, ou dont on exige un service plus considérable que ne le comportent les titres, peut intenter l'action négatoire : elle consiste à nier simplement que la servitude existe, ou à nier qu'elle n'a pas l'étendue que veut lui donner le demandeur. C'est au propriétaire de l'héritage dominant à prouver que le droit qu'il exige lui est dû ; car celui qui élève une prétention doit la justifier : *onus probandi incumbit ei qui dicit.*

Quand le propriétaire de l'héritage dominant fait des travaux qui tendent à assujettir injustement un immeuble, ou qui peuvent rendre plus onéreux un service foncier dû légitimement, le voisin se pourvoit par dénonciation de nouvel œuvre. Cette action, que les Romains appelaient *nunciatio novi operis*, a pour but d'empêcher que les travaux entrepris ne soient faits de manière à nuire aux droits du réclamant, et par conséquent à contraindre l'auteur de ces travaux à en détruire la portion déjà exécutée, si elle porte préjudice au voisin.

Dans le § II de l'article Iᵉʳ, en parlant des droits du propriétaire de l'héritage dominant, on a expliqué ce que c'est que l'action négatoire dont fait usage le propriétaire du fonds servant ; et on a fait sentir comment elle est opposée à l'action confessoire qui convient au propriétaire de l'héritage dominant. On a vu aussi en quoi consiste la dénonciation de nouvel œuvre, action que les propriétaires de deux héritages voisins peuvent intenter réciproquement l'un contre l'autre. Pour éviter ici des répétitions, nous renvoyons à ce qui a été dit à ce sujet.

On ne croit pas devoir s'étendre davantage pour indiquer les droits du propriétaire de l'héritage servant : ils sont suffisamment connus par les détails donnés en l'article précédent, sur les obligations du propriétaire de l'héritage dominant ; car il est évident que les obligations d'une partie sont la mesure la plus certaine des droits qui peuvent être exercés contre elle par l'autre partie.

Ce qu'il convient de traiter ici, est la question de savoir si le propriétaire du fonds asservi peut l'abandonner pour s'exempter du service foncier. Quand on se rappelle que *l'art.* 656 du Code Napoléon permet à tout propriétaire d'un mur mitoyen d'en faire l'abandon, pour se dispenser de contribuer aux réparations, on ne doute pas que la même faculté ne soit accordée pour toutes les servitudes. En effet, *l'art.* 699 dit positivement qu'on peut toujours s'affranchir de la charge, en abandonnant au propriétaire de l'héritage dominant le fonds assujetti. Cette faculté de se libérer par l'abandon est si étendue, que, suivant le même article, elle a lieu même lorsque le maître du fonds assujetti est chargé, par les titres, de faire à ses frais les ouvrages nécessaires, soit pour l'usage, soit pour la conservation de la servitude.

Cette décision est une conséquence de ce que la servitude ne peut pas être une obligation personnelle : l'assujettissement qui en résulte étant essentiellement réel, celui à qui appartient le fonds servant n'est tenu à rien de sa personne. La charge qu'il doit souffrir n'est imposée qu'à sa propriété : or, dès qu'il l'abandonne, on ne peut avoir aucun recours personnel contre lui. D'ailleurs de quoi peut se plaindre le propriétaire de l'héritage dominant, puisqu'au lieu d'un simple droit dans l'objet asservi on lui en abandonne l'entière propriété?

Ainsi quelqu'un doit un passage pavé et bien entretenu sur son héritage; depuis long-temps la servitude n'a pas été mise en activité; en sorte que le terrain sur lequel doit s'exercer le passage est dans un état si défectueux, que la dépense nécessaire pour rétablir le chemin excéderait la valeur du sol. Il peut arriver alors que le propriétaire du fonds servant trouve plus profitable d'abandonner le terrain assujetti que de faire les ouvrages qu'exigent l'usage de la servitude : il a le choix, et s'il fait l'abandon, celui qui a le droit de passage ne peut pas exiger autre chose.

Pareillement un propriétaire est assigné pour voir déclarer son héritage assujetti à un droit d'égout; après de longs débats, le demandeur parvient à faire prononcer que les eaux de ses toits seront reçues sur une partie désignée de l'héritage du défendeur : celui-ci, pour se libérer de la servitude, peut abandonner la portion de terrain assujettie. Observez que dans cette espèce l'abandon que ferait la partie condamnée ne la dispenserait pas de payer les dépens prononcés contre elle; car c'est personnellement qu'elle les doit, et pour avoir soutenu mal à propos la contestation.

Il y a souvent des cas où, quelque peu important que soit l'objet de la servitude en comparaison des frais à faire pour la mettre en usage ou pour la conserver, celui qui la doit aime beaucoup mieux supporter la charge que de faire l'abandon. Par exemple, vous avez le droit de venir chercher de l'eau à une fontaine placée dans le milieu de mon parc : obligé de tenir cette fontaine et le chemin qui y conduit en bon état, elle me coûte annuellement plus cher d'entretien, que le sol assujetti ne vaut en lui-même. Cependant cette dépense annuelle, fût-elle bien plus considérable, ne peut pas se comparer au désavantage que j'éprouverais, si, pour me libérer, je vous abandonnais la fontaine et le chemin qui y conduit; car, par un pareil abandon, mon parc perdrait beaucoup de son agrément et de sa valeur.

Dans d'autres circonstances, l'objet de la servitude est de telle nature, qu'on n'a pas le moindre intérêt à l'abandonner. Je suppose qu'un propriétaire se soit obligé à ne pas élever de constructions, et à ne pas planter de grands arbres dans toute l'étendue de terrain qui fait face à ma maison, afin de me laisser jouir de toute la vue que m'offre cet espace : il est évident que le maître de l'héritage asservi ne pourrait se libérer de la servitude qu'en abandonnant tout le terrain sur lequel se promène la vue droite. Or quel avantage trouverait-il dans l'abandon d'un objet aussi considérable? Il se priverait sans rien gagner; car il vaut mieux posséder un terrain assujetti à la vue du voisin que d'être privé de la propriété de ce terrain.

Ces différens exemples, en montrant combien varient les motifs qui portent un propriétaire à faire l'abandon de l'objet asservi, ou à supporter la servitude, expliquent en même temps ce que la loi entend, quand elle dit que l'on peut abandonner le fonds servant pour s'affranchir de la charge : on voit clairement que l'abandon ne comprend pas le domaine entier de celui qui doit le service foncier; il s'étend uniquement à la portion de ce domaine sur laquelle s'exerce la servitude.

Vous avez le droit d'ouvrir une fenêtre dans le mur mitoyen qui sépare nos deux héritages; pour me dispenser de contribuer aux réparations du mur, j'en abandonne la mitoyenneté : on demande si la servitude sera conservée.

La raison de douter, est que le mur peut être considéré comme le seul objet de la servitude : or, dès que j'en fais l'abandon, je dois être affranchi de la charge. Ce qui décide, c'est que le principal objet de la servitude dont il s'agit, est le jour que vous obtenez de la fenêtre : je ne pourrais donc être affranchi qu'en vous abandonnant, sur mon héritage, de quoi satisfaire à votre vue, ou de quoi vous procurer un jour convenable, selon le titre de la servitude. Par conséquent l'abandon que j'ai fait de la mitoyenneté, me décharge seulement de la portion pour laquelle je devais contribuer à l'entretien du mur; mais il n'éteint pas le droit foncier.

Art. V. *Obligations du propriétaire de l'héritage servant.*

Un premier paragraphe dira ce que le propriétaire de l'héritage servant est tenu de souffrir; un second fera voir de quels changemens cet héritage est susceptible.

§ Iᵉʳ. *Ce que doit souffrir le propriétaire de l'héritage servant.*

Dans l'article II, on a vu en quoi consistent les droits du propriétaire à qui la servitude est due; il est facile d'en conclure quels sont les devoirs de celui à qui appartient l'héritage asservi.

D'abord il est tenu de souffrir l'usage de la servitude, et il ne peut rien faire qui tende à la diminuer, ou à la rendre plus incommode. *Cod. Napol.*, art. 701, § 1.

Ainsi, quel que soit le droit de tirer du jour d'un mur mitoyen, le voisin n'est pas fondé à bâtir contre l'ouverture par où vient le jour; il ferait une chose qui empêcherait l'usage de la servitude : il ne pourrait pas non plus élever une construction trop près de cette ouverture, sans faire une chose qui tendrait à diminuer l'effet de la servitude. Si les titres ne déterminaient pas combien d'espace le voisin est tenu de laisser entre l'ouverture faite dans le mur et toute autre construction qui lui conviendrait, des experts seraient chargés de régler ce point, d'après les circonstances, suivant la nature du jour accordé, et selon la situation respective des objets actifs et passifs de la servitude.

En second lieu, le propriétaire de l'héritage servant doit souffrir les ouvrages nécessaires pour l'usage et la conservation de la servitude; car, dès que l'*art.* 697 du Code autorise celui à qui le service foncier est dû à faire les ouvrages dont il s'agit, il en résulte que le possesseur de l'héritage servant doit en supporter l'incommodité. Par conséquent il ne peut pas exiger des indemnités pour l'importunité que peut lui causer les travaux : il peut seulement demander un délai, pendant lequel on sera tenu de les achever; et quand le temps fixé sera écoulé, des indemnités lui seront dues pour le retard qu'on aura apporté dans la confection des ouvrages. Remarquez qu'en forçant le propriétaire de l'héritage servant à souffrir les travaux dont il s'agit, la loi ne permet pas qu'à leur occasion il soit causé le moindre dommage sur cet héritage : si quelques détériorations y sont faites par suite des travaux du voisin, l'indemnité en est due par ce dernier.

Souvent, lors de pareils travaux, le terrain assujetti n'est pas assez étendu pour contenir les matériaux qu'il faut approcher et préparer près du lieu où ils doivent être employés; il est certain, dans ce cas, que le propriétaire de l'héritage servant doit permettre de déposer ces mêmes matériaux, s'il est nécessaire, sur des terrains non assujettis à la servitude. Voilà en quoi consiste une des manières de souffrir les travaux nécessaires au service foncier : *refectionis gratiâ, accedendi ad ea loca quæ non serviant, facultas tributa est quibus servitus debetur.* L. 11. ff. *comm. prædior.*

Lorsque le propriétaire de l'héritage servant est tenu, par le titre, de faire à ses frais les ouvrages nécessaires à l'exercice ou à la conservation du droit foncier, son devoir est de maintenir les lieux dans le même état, sans pouvoir, sous prétexte de réparations, opérer des changemens qui nuiraient à l'usage de la servitude. Il ne lui est dû aucune indemnité pour les détériorations que les travaux peuvent occasionner aux portions de l'héritage qui ne sont pas assujetties; car alors ces détériorations viennent de son propre fait, et sont une suite de l'obligation où il est de faire les ouvrages nécessaires à la servitude : bien plus, il doit exé-

cuter ces ouvrages dans un temps qui ne soit pas trop prolongé; le voisin peut même faire fixer un délai, et réclamer
des dommages-intérêts pour le retard qu'il éprouverait dans
le service foncier, depuis l'expiration du temps accordé pour
les travaux.

Remarquez que le propriétaire de l'héritage servant, quoique chargé de maintenir en bon état l'objet de la servitude,
ne doit supporter que la dépense absolument nécessaire à
l'exercice du droit. Par exemple, vous avez la faculté d'appuyer sur mon mur une construction; et je suis forcé par
vous de reconstruire ce mur qui menace ruine. Je suppor-
terai sans doute tous les frais de reconstruction; mais la démolition des objets que vous avez appuyés sur ce mur, et
leur rétablissement lorsque les réparations seront achevées,
doivent être payés par vous : je ne suis obligé qu'à tenir mon
mur en état de supporter votre construction. En effet, vous
devez user de la servitude à vos dépens : par conséquent,
lorsque, pour réparer le mur, il faut retirer les objets que
vous y avez appuyés, vous seul devez supporter ce qu'il en
coûte, d'abord pour leur déplacement, et ensuite pour leur
replacement, si vous jugez à propos de rétablir la même
construction.

Une observation qui convient ici, est que, pour agir prudemment, il faut prendre le consentement du maître de
l'héritage dominant, avant de commencer sur l'héritage servant des travaux relatifs à la servitude. On s'expose, sans
cette précaution, à la dénonciation de nouvel œuvre,
et par conséquent à la nécessité de suspendre provisoirement les ouvrages jusqu'à la décision définitive de la contestation.

Il est bon d'appliquer ici ce que dit l'*art.* 662 du Code, à
l'occasion des ouvrages à faire aux murs mitoyens. On demande au voisin son consentement; s'il le refuse, on fait
régler par des experts comment les ouvrages projetés doivent être exécutés pour ne pas nuire à l'exercice de la servitude. Par ce moyen, les travaux autorisés sont faits avec
sécurité, et sans craindre aucune interruption.

En parlant des devoirs du propriétaire de l'héritage dominant, nous avons eu occasion d'appliquer la disposition légale dont il s'agit aux ouvrages concernant l'objet d'une servitude. La différence est qu'alors nous parlions des travaux à faire par le maître de l'héritage dominant; tandis que nous nous occupons ici des travaux projetés sur l'héritage servant : mais les mêmes motifs militent, dans l'un et l'autre cas pour forcer à prendre la précaution d'une autorisation judiciaire, lorsque le voisin refuse son consentement. Nous renvoyons donc à ce qui a été dit sur ce point dans l'article III de ce chapitre.

§ II. *Quels changemens peuvent être faits à l'héritage servant.*

Il est évident que le propriétaire de l'héritage servant n'a pas la faculté de faire à l'objet de la servitude des travaux qui pourraient diminuer l'avantage que retire l'héritage dominant. Le Code Napoléon, *art. 701*, défend expressément d'entreprendre sur le fonds servant rien qui tende à diminuer l'usage du service foncier, ou qui le rende plus incommode.

Mais celui dont l'héritage est asservi peut-il faire des changemens à l'état des lieux, pourvu que la servitude puisse être pleinement exercée? La raison de douter est tirée du même article du Code; on y voit qu'il ne peut être rien changé à l'état des lieux. Ce qui décide, c'est que la loi n'entend parler que des changemens qui dérangent l'usage du service foncier. On peut donc opérer sur l'héritage servant les dispositions qui conviennent au propriétaire, lorsqu'elles ne préjudicient pas au droit foncier.

Au reste, il faut bien considérer la nature de chaque servitude pour distinguer les changemens qui peuvent être effectués sans nuire à son usage. Par exemple, si j'ai un droit de vue, il est évident que la construction que vous placeriez devant ma fenêtre serait un changement préjudiciable à ma jouissance : au contraire, si j'ai le passage dans votre cour qui n'est pas pavée, et qu'il vous convienne de la rendre plus propre en la faisant paver, ce changement ne porte aucune atteinte à mon droit. Mais ce passage conduisait à la rue par le devant de la maison, et il vous plaît de lui donner une issue par le côté, de manière qu'il aboutit à une autre rue; je pourrai réclamer d'après le même texte du Code : il dit que l'on ne peut pas transporter l'exercice de la servitude dans un autre endroit que celui où elle a été primitivement assignée. Pareillement, les eaux d'une maison s'écoulent par droit de servitude sur un autre fonds, au travers d'un mur de séparation; le propriétaire de ce fonds, quoique maître également du mur, ne pourrait pas à son gré fermer l'ouverture faite pour recevoir les eaux, ni leur ouvrir une issue dans une autre place.

Néanmoins, suivant le Code, *art.* 701, § 3, si l'assignation primitive de la place où s'exerce la servitude était devenue plus onéreuse au propriétaire du fonds asservi, ou si elle l'empêchait de faire des réparations avantageuses, il pourrait offrir au propriétaire de l'héritage dominant un autre endroit aussi commode pour l'exercice de la charge foncière, et celui-ci ne pourrait pas le refuser.

Pour que le changement dont il s'agit ici puisse être effectué, il faut d'abord que la servitude soit devenue plus onéreuse. Par conséquent, le caprice du propriétaire de l'héritage servant ne serait pas un motif valable pour l'autoriser à offrir de changer la place où s'exerce la servitude; il doit prouver que la charge foncière est augmentée : le cas arrive, par exemple, lorsqu'elle empêche de faire des améliorations sur l'héritage servant.

En second lieu, il ne suffit pas que la servitude soit devenue plus onéreuse à celui qui la doit, il ne lui sera pas permis de changer de place, si l'endroit où il propose d'en transporter l'usage n'est pas aussi commode pour le propriétaire de l'héritage dominant. On ne force celui-ci à consentir au changement que quand sa jouissance n'en est point altérée; autrement, quelque onéreuse que soit devenue la servitude, l'endroit où elle est exercée ne doit pas varier.

Pour l'utilité d'une maison qui vous appartient, vous avez acquis le droit de traverser mon bâtiment, afin de parvenir plus commodément à la rue sur laquelle il est construit. Le passage avait d'abord son issue sous une porte cochère;

Tome I.

mais, pour opérer des améliorations qui me promettent des avantages, ce dessous de porte est destiné à former un magasin : en conséquence, je propose de porter sur la gauche le passage qui était sur la droite. Un pareil changement sera autorisé, parce que le passage ne sera pas moins commode dans le nouvel emplacement que dans l'ancien. Mais si le passage était originairement couvert, et que j'en offrisse un autre sans couverture, le maître de l'héritage dominant ne serait pas tenu de consentir au changement, parce que la servitude lui deviendrait évidemment moins utile.

Il est bon de rappeler ici, que quand on parle de l'héritage servant, on entend seulement la portion du sol sur laquelle s'exerce la servitude, et non pas la totalité du domaine dont cette portion du sol est une dépendance. De là il suit que le propriétaire de l'héritage servant peut faire chez lui, sans le consentement de son voisin, toutes sortes de travaux concernant les parties de son domaine, qui ne sont pas assujetties à la servitude : il est libre de séparer ces mêmes parties qui ne servent pas à l'exercice du droit foncier, il peut même détruire les constructions qui s'y trouvent; en un mot, il est le maître d'en disposer comme il lui plaît, sans que le voisin puisse s'en plaindre.

CHAPITRE VI.

COMMENT S'ÉTEIGNENT LES SERVITUDES.

Pour l'établissement des servitudes, il faut considérer celles qui naissent de l'état naturel des lieux, ou de la nécessité du voisinage; elles ne tiennent leur existence que de la loi. A l'égard des servitudes volontaires, elles s'établissent toutes par des titres émanés des parties intéressées, ou de leurs auteurs. Pour savoir si la possession de trente ans peut acquérir le droit d'exercer une servitude, on a distingué celles qui sont tout à la fois continues et apparentes, et celles qui ne réunissent pas ces deux qualités. Les services fonciers de la première espèce sont les seuls qui puissent s'obtenir par prescription ; quant aux autres, sans aucune exception, on ne les établit jamais sans titre, eût-on une possession immémoriale. Tels sont les principes qui ont été expliqués au chapitre IV de cette première partie.

Il n'est besoin au contraire d'aucune distinction pour connaître la manière dont s'éteignent les servitudes. De quelque espèce qu'elles soient, nécessaires ou volontaires, continues ou discontinues, apparentes ou non apparentes, toutes généralement cessent d'exister de quatre manières : 1° par titre ; 2° par destruction ; 3° par confusion ; 4° par prescription. Nous traiterons ces divers modes d'extinction des servitudes dans les quatre articles suivans.

Art. Ier. *Comment les servitudes s'éteignent par titre.*

Dans un premier paragraphe, on verra quelles sont les servitudes qui peuvent s'éteindre par titre ; et dans un second, par qui l'extinction par titre doit être consentie.

§ Ier. *Quelles servitudes s'éteignent par titre.*

On sent bien que, si deux propriétaires ont pu convenir d'une servitude sur un fonds pour l'utilité d'un autre fonds, ils ont également le droit de consentir l'extinction du droit qu'ils ont créé : la servitude volontaire est un véritable contrat qui peut être dissous par ceux qui l'ont formé.

Il en est de même de l'extinction des servitudes nécessaires, soit naturelles, soit légales ; ceux à qui elles sont dues peuvent en faire la remise par titre. On parle ici seulement des servitudes nécessaires qui n'intéressent que les particuliers ; car aucune convention faite entre deux voisins ne peut éteindre les servitudes qui sont établies pour l'ordre et la sûreté publique.

On trouve l'exemple d'une servitude naturelle éteinte par la volonté de ceux qu'elle intéresse, lorsque le sol de votre héritage est naturellement plus élevé que le mien : les eaux qui vous viennent, ou de la pluie, ou d'une source, passent nécessairement sur mon fonds, et je suis forcé de les recevoir, par le seul effet de la situation dés lieux. Mais nous pouvons convenir qu'il me sera libre d'employer tous mes moyens pour empêcher les mêmes eaux de pénétrer sur ma propriété, sauf à prendre par vous les précautions nécessaires pour les perdre, soit dans des puisards, soit autrement. Vous pourriez aussi vous obliger à me préserver du passage des eaux : dans l'un et l'autre cas, ce serait une vraie servitude volontaire, qui serait imposée sur votre héritage pour l'utilité du mien.

Ces conventions n'ont rien de contraire au droit : il est permis à chacun de renoncer aux avantages que son fonds a reçus de la nature. Quel qu'il soit, l'arrangement fait entre les deux propriétaires éteindra la servitude naturelle, qui fera place à une servitude volontaire : en sorte que ce qui concerne les eaux des deux fonds ne sera plus réglé selon les principes qui conviennent aux services fonciers établis par la nature; on se conformera à l'arrangement conclu entre les deux propriétaires.

Dans cet exemple, on suppose que les eaux qu'il s'agit d'empêcher de suivre leur pente naturelle ne sont pas utiles à d'autres propriétés situées à la suite de la mienne; car, si je n'étais pas le seul à qui les eaux supérieures fussent destinées, je ne pourrais pas faire avec vous une convention dont l'effet serait de retenir les eaux sur votre terrain sans le consentement de tous les intéressés. En effet, la situation naturelle des lieux n'établirait pas une servitude uniquement entre vous et moi elle serait commune à tous les propriétaires inférieurs : il faudrait donc leur concours pour l'éteindre ou la modifier.

On fera les mêmes raisonnemens à l'égard des servitudes légales : elles sont établies par la nécessité d'accorder deux voisins dans certaines circonstances où ils se trouvent respectivement, sans avoir fait de convention. Si ensuite ils règlent leurs intérêts autrement que la loi ne l'a fait, leur traité sera valable.

Par exemple, on sait que la loi ne permet pas d'ouvrir une vue d'aspect dans un mur, s'il n'est pas au moins à six pieds de distance de l'héritage voisin : cette servitude légale peut être éteinte, si les deux propriétaires conviennent que cette sorte de vue existera, quoiqu'il n'y ait que trois pieds depuis le mur jusqu'à la ligne de séparation du fonds contigu. Pareillement une vue droite placée à la distance convenable peut être condamnée, si les deux propriétaires intéressés en conviennent. Dans ces deux cas, le droit de vue sera réglé par le titre de la servitude volontaire qui aura pris la place de la servitude légale.

Ces deux exemples suffisent pour faire voir comment les servitudes nécessaires, soit naturelles, soit légales, peuvent s'éteindre par titre aussi-bien que les servitudes volontaires.

§ II. *Par qui l'extinction par titre doit être consentie.*

L'extinction d'une servitude doit être consentie par le maître de l'héritage auquel est utile le service foncier; lui seul peut disposer d'un pareil droit, qui fait partie de sa propriété. On peut voir, sur cet objet, ce qui a été dit dans l'article II du chapitre IV : on y explique par qui les servitudes volontaires peuvent être établies; c'est avec les mêmes principes qu'on détermine par le consentement de qui elles peuvent s'éteindre volontairement.

De ces principes, que nous ne répéterons pas ici, il résulte que, si l'héritage dominant appartient à plusieurs personnes, celles qui n'ont pas adhéré à la libération conservent la faculté de faire usage du droit entier; car il ne cesse pas d'exister tant que la totalité des propriétaires de ce droit n'ont pas consenti à son extinction. Il est en effet de la nature des servitudes d'être indivisibles; elles ne peuvent donc pas perdre leur existence pour une partie seulement : *nec acquiri libertas, nec remitti servitus per partem potest.* L. 34, ff. *de serv. præd. rust.*

Néanmoins celui des propriétaires de l'héritage dominant qui aurait consenti à l'extinction de la servitude serait non recevable à réclamer le service foncier tant que les autres ne demanderaient pas à en faire usage. Mais un seul de ceux qui n'ont pas adhéré à l'extinction vient-il à réclamer; tous les propriétaires, même celui qui avait fait la convention, rentrent dans l'exercice de la servitude, puisqu'elle subsiste dans son intégrité.

On demande si en pareil cas le débiteur de la servitude a un recours contre celui qui avait stipulé l'extinction. La réponse est négative, à moins que ce dernier ne se soit obligé à fournir l'adhésion de ses copropriétaires; mais s'il a donné son consentement sans promettre celui des autres intéressés, c'est au débiteur à se le procurer. La personne avec qui il a traité est censée n'avoir accordé la remise de la servitude que sous cette condition tacite; si elle n'est pas remplie, l'engagement est sans effet.

Lorsque l'héritage assujetti appartient à plusieurs propriétaires, l'extinction volontaire du service foncier est-elle effectuée, quoique tous n'aient pas concouru à la libération? Cette question se décide différemment, selon la nature de l'acte qui contient la remise de la servitude.

Si la convention intervenue à ce sujet impose aux propriétaires de l'héritage servant une obligation qui ne peut être remplie que par le consentement de tous, il n'est pas douteux que le propriétaire de l'héritage dominant pourra continuer d'exercer son droit tant que tous ceux qui le doivent n'auront pas adhéré à l'extinction. Par exemple, si, pour prix de la remise de la servitude, il a été demandé la cession d'une pièce de terre faisant partie de l'héritage servant, cette cession ne pouvant avoir lieu sans le consentement de tous ceux à qui la pièce de terre appartient, il est évident que la servitude ne sera pas éteinte tant que tous les propriétaires de l'héritage servant n'y auront pas consenti.

Mais il en est autrement, si le prix de la libération est une chose qu'un seul peut donner. Par exemple, si, par le titre qui établit la servitude, il a été convenu qu'elle pourrait être rachetée moyennant telle somme, la charge foncière sera éteinte aussitôt que l'argent aura été payé, même par un seul des propriétaires : celui-ci aura ensuite son recours contre les autres intéressés pour se faire rembourser de leurs parts dans le prix de l'affranchissement.

Que déciderait-on si le titre constitutif du service foncier, ne prévoyant pas l'extinction, un des propriétaires de l'héritage servant avait stipulé la libération, et en avait payé un prix consenti par lui seul?

Il est évident que celui à qui la servitude était due ne peut plus y prétendre, puisqu'il a reçu le prix dont il est convenu pour la remise du droit. A l'égard de ceux d'entre les débiteurs de la servitude qui n'ont pas adhéré, ils peuvent sans doute soutenir que le prix donné est trop considérable; mais ils ne sont pas fondés à dire qu'il leur convient mieux de souffrir la servitude, parce que tout copropriétaire a le droit d'opérer l'affranchissement de l'objet indivis. Il ne reste donc à régler entre eux que la manière dont chacun tiendra compte de sa part dans le prix de la libération à celui qui en a fait l'avance : une pareille contestation se décide d'après les circonstances et selon les règles de l'équité. Observez que le maître du fonds dominant est étranger à cette discussion.

Au reste, dans les cas où le concours de tous les propriétaires de l'héritage servant est essentiel à l'extinction du service foncier, il n'est pas nécessaire que leur consentement intervienne dans le même acte; la libération stipulée par un seul d'entre eux sera valable dès que les autres l'auront ratifiée, ce qu'ils peuvent faire successivement. On peut dire la même chose concernant le consentement des propriétaires de l'héritage dominant; chacun peut adhérer à l'extinction de la servitude par un acte séparé; mais ce sera seulement à compter du jour où toutes les adhésions se trouveront fournies que la servitude sera éteinte.

On demande ce qui arriverait dans le cas où le cahier des charges, pour la vente d'un immeuble en justice, omettrait d'énoncer une servitude dont il se trouve grevé. L'adjudication définitive serait-elle un titre suffisant pour éteindre le droit foncier?

On convient que, si la servitude est continue et apparente, elle ne cesse pas de subsister, parce qu'étant un accessoire que l'adjudicataire n'a pas dû ignorer, il était inutile d'en faire mention dans le cahier des charges. Mais si la servitude est discontinue, soit apparente, soit non apparente, ne peut-on pas dire que, l'adjudicataire n'en ayant pas eu connaissance, il n'est pas tenu du service foncier?

Autrefois les servitudes volontaires qui n'étaient pas apparentes étaient purgées par le *décret* : on appelait ainsi la procédure concernant la vente judiciaire des immeubles. Pour que le droit foncier ne fût pas éteint, il fallait l'énoncer dans le cahier des charges : celui à qui la servitude était due avait soin d'exiger cette énonciation ; et si elle était omise, il avait la faculté, pour la réclamer, de former une opposition à fin de charge ; en négligeant de se pourvoir, il perdait son droit.

Aujourd'hui ni l'expropriation forcée, ni toute autre manière de vendre les immeubles judiciairement, ne purge les charges réelles. Cette vérité a été établie en principe dans *l'art.* 731 du Code de procédure civile : on y voit textuellement que l'adjudication faite d'un immeuble, par suite d'une expropriation forcée, ne transmet à l'adjudicataire d'autres droits de propriété que ceux qu'avait la partie saisie. Si donc l'objet adjugé est grevé d'une servitude, l'adjudicataire est tenu de la souffrir, comme la souffrirait la personne à qui l'immeuble appartenait. Il est vrai que l'adjudicataire, en démontrant qu'il n'aurait pas acquis s'il avait connu la servitude, pourrait demander la nullité de son adjudication. S'il voulait pourtant la conserver, il aurait son recours contre le précédent propriétaire, c'est-à-dire, en cas d'expropriation forcée, contre la partie saisie : il en exigerait l'indemnité résultant de ce que l'immeuble vaut moins que s'il n'était pas assujetti à la servitude.

Art. II. *Comment les servitudes s'éteignent par destruction.*

Cet article se divise en trois paragraphes, où on verra, 1° quelle espèce de destruction éteint les servitudes ; 2° si une servitude éteinte par destruction peut être rétablie ; 3° si le rétablissement d'une servitude est possible lorsque la destruction qui l'a éteinte a duré plus de trente ans.

§ Ier. *Quelle espèce de destruction éteint les servitudes.*

Il est de l'essence d'une servitude qu'il y ait un fonds asservi à un autre fonds : si donc l'un des deux vient à être détruit, le service foncier cesse d'être exigible, parce qu'il ne peut pas y avoir d'héritage débiteur, si l'héritage créancier

est détruit; et respectivement il n'est plus rien dû à un héritage, lorsque le fonds débiteur n'existe plus.

Peu importe que la servitude soit nécessaire, c'est-à-dire
naturelle ou légale, ou bien qu'elle soit volontaire; car, de
quelque espèce qu'on la suppose, il y a essentiellement un
héritage dominant et un héritage servant; par conséquent,
lorsque l'un ou l'autre est détruit, le service foncier ne peut
plus subsister.

Cette destruction, qui fait cesser la servitude, s'entend
non-seulement d'un anéantissement total, tel que celui qui
résulte d'un tremblement de terre, d'une inondation, d'un
incendie, mais encore de tout changement survenu, soit au
fonds dominant, soit au fonds servant, et qui ne permet plus
l'usage de la servitude. *Code Napol. art.* 703.

Ainsi, à la suite de mon jardin j'ai un pré bordé par une
rivière qui en emporte une portion chaque année; en vertu
d'un titre valable, la faculté de passer dans ce même pré vous
est due pour l'utilité de vos vignes situées sur le coteau voisin. Lorsque les eaux auront totalement pris la place de mon
pré, votre droit de passage sera éteint par destruction, puisque l'objet assujetti à la servitude aura cessé d'exister; par
conséquent, je ne serai pas tenu de vous accorder le passage
dans un autre endroit de mon héritage, à moins que le titre
ne m'y oblige expressément.

Si c'est moi qui ai le droit de passage sur votre fonds
pour faciliter le transport du foin recueilli dans mon pré,
la servitude sera également éteinte par l'anéantissement
de ce pré, lorsqu'il sera occupé entièrement par le lit de la
rivière.

Dans ces deux cas, la destruction est entière : dans le premier, c'est l'héritage servant qui périt; dans le second, c'est
l'héritage dominant qui cesse d'exister; et dans l'un comme
dans l'autre, la servitude est éteinte.

Un fonds est assujetti à ne recevoir aucune construction
capable d'obstacler la vue de prospect du voisin; la partie de
ce fonds la plus rapprochée des fenêtres de ce voisin est acquise par l'autorité pour un établissement public qui intercepte la vue. La servitude alors se trouve éteinte par destruc-

tion, quoique le fonds qui y était assujetti ne soit pas anéanti : il suffit que le changement survenu ait rendu impossible l'exercice du droit foncier.

Dans cet exemple, c'est sur le fonds servant que se fait le changement; s'il était arrivé du côté de l'héritage dominant, l'effet serait le même. L'établissement public étant placé sur une portion du fonds dominant de manière à priver de la vue les autres portions, le fonds servant devient libre : on pourra donc élever des constructions sur les terrains qui se trouvaient soumis à la servitude avant l'événement qui en opère l'extinction.

Mon pressoir est asujetti à recevoir la récolte de vos vignes, pour les façons de votre vin; vous plantez un bois à la place de vos vignes : il est évident que le droit de pressurage est éteint par la destruction des vignes. Ce n'était pas à la totalité de votre domaine qu'était dû le service foncier, mais seulement aux vignes que vous y possédiez.

Si ce changement était arrivé à mon pressoir; par exemple, si le feu du ciel l'avait incendié, la servitude se trouverait éteinte également par destruction.

Remarquez que le changement qui arrive du côté de l'héritage dominant peut être l'effet de la volonté du propriétaire, comme dans l'espèce précédente, lorsqu'il arrache sa vigne pour la remplacer par un bois. Il n'en est pas de même à l'égard du propriétaire de l'héritage servant; il n'a pas le droit d'opérer volontairement un changement qui empêche l'usage de la servitude : il ne la voit donc pas s'éteindre par destruction arrivée de son côté, si ce n'est quand l'événement ne peut pas lui être attribué. Si donc mon pressoir, sur lequel est due une servitude à votre vigne, avait été détruit par ma faute, je serais personnellement responsable de vos dommages-intérêts, et vous auriez droit de me forcer à le rétablir. La raison de cette différence est que celui à qui un service foncier est dû peut en faire usage, ou y renoncer quand il lui plaît : c'est une propriété dont il dispose arbitrairement : au contraire, la servitude n'appartient pas au propriétaire de l'héritage asservi; il ne doit donc rien faire qui puisse en altérer l'exercice.

De même que le droit à une servitude s'étend aux accessoires sans lesquels il ne serait pas possible d'en faire usage, de même, lorsque l'objet principal du service foncier est détruit, ce qui n'en était que l'accessoire devient libre, quoique n'ayant reçu aucune atteinte. Par exemple, la faculté de prendre de l'eau dans un puits suppose essentiellement le droit de passer pour arriver à ce puits : or, si, par l'effet d'une force majeure, il s'opère un tel changement que le puits n'existe plus, certainement le droit de passage sera éteint avec la servitude dont il n'était que l'accessoire. En supposant que le puits ait été détruit par le fait du propriétaire de l'héritage dominant, la servitude n'en est pas moins éteinte : par conséquent le droit de passage pour arriver à ce puits, n'étant qu'accessoire du service foncier, est également supprimé.

§ II. *Si une servitude éteinte par destruction peut être rétablie.*

Quand la destruction du fonds dominant, ou du fonds servant, est la suite d'un accord entre les parties, c'est le cas de l'extinction par consentement mutuel. On suit alors ce qui est réglé dans la convention ; en sorte que le service foncier pourrait n'être éteint que pour un temps limité, ou sous une condition quelconque : mais si la destruction était convenue simplement et sans réserve, la servitude serait éteinte définitivement et pour toujours.

Il n'en est pas de même lorsque la destruction ou le changement, soit de l'héritage dominant, soit de l'héritage servant, arrive sans convention entre les deux voisins : la servitude n'est éteinte que pour le temps que dure l'état de destruction ; et elle reprend toute sa force, lorsque les choses sont rétablies de manière que l'exercice du droit puisse avoir lieu. *Cod. Nap.*, art. 704.

Appliquons cette disposition aux différentes espèces proposées dans le paragraphe précédent. La première suppose qu'un pré a été couvert par la rivière ; si les eaux se retirent, le droit de passage reprendra son activité, soit que le terrain qui avait été submergé forme l'héritage dominant, soit qu'il constitue l'héritage servant.

Dans le second exemple, si l'édifice public qui intercepte la vue de prospect venait à être détruit, l'héritage asservi originairement à cette vue retomberait dans le même assujettissement. On suppose pourtant que la destruction de l'édifice intermédiaire n'est pas accidentelle; car, s'il devait être rétabli des constructions sur le même emplacement, la vue ne se trouverait libre que momentanément : le maître du fonds dominant ne pourrait donc pas exiger, pour si peu de temps, la destruction des objets élevés sur le fonds servant.

Le même principe s'applique facilement au cas où vos vignes ont droit de pressurage; si vous les arrachez pour les mettre, ou en terre labourable, ou en pré, ou en bois, et que par la suite il vous convienne de replanter le même terrain en vignes, mon pressoir reprendra la charge dont il avait été libéré, tant que le fonds dominant n'a pas eu de vignes. Pareillement, si c'est mon pressoir qui a été détruit par vétusté, ou par tout autre accident, il deviendra sujet à la servitude aussitôt qu'il sera rétabli. On demande si je puis être forcé à le reconstruire. On distingue si le titre me charge de tenir un pressoir en état de vous servir; avec une pareille stipulation, il n'est pas douteux que je suis tenu de rétablir mon pressoir quand il a été détruit. S'il est dit simplement que vous aurez la faculté de vous servir de mon pressoir, assurément je ne pourrai rien faire qui en accélère le dépérissement; mais aussi je ne serai pas obligé de l'entretenir, ni de le rétablir en cas de destruction. Alors vous êtes autorisé à faire malgré moi les dépenses de réparations et de reconstruction, si vous voulez tenir les choses dans l'état convenable à la servitude. *Cod. Nap., art.* 698.

§ III. *Si la Servitude peut être rétablie quand la destruction a duré plus de trente ans.*

Dans tous les temps une servitude s'est éteinte, quand celui à qui elle est due a cessé d'en faire usage pendant le nombre d'années nécessaire à la prescription : ce mode d'extinction sera traité dans un des articles suivans. Ce qu'il convient de rappeler ici est une question long-temps agitée : elle se présentait, lorsque le non-usage de la servitude résultait d'une destruction qui n'était pas le fait du propriétaire de l'héritage dominant : on demandait si le temps de la prescription pouvait lui être opposé. Pour la négative on s'appuyait sur la maxime *contra non valentem non currit præscriptio*, et plus particulièrement sur un texte romain. L. 34 et 35, ff. *de servit. præd. rust.* Ceux qui voulaient au contraire que la prescription eût lieu dans l'espèce proposée, invoquaient la faveur due à la liberté, et se fondaient sur un autre texte romain. L. 6, ff. *si servit. vindic.*

Le Code Napoléon a tranché la difficulté en décidant conformément à cette dernière opinion. Il dit en effet dans son *art.* 704, que les servitudes revivent après la destruction, si les choses sont rétablies de manière qu'on puisse en user, à moins qu'il ne se soit écoulé assez de temps pour opérer la prescription de la manière que l'ordonne l'*art.* 707 : c'est-à-dire que, s'il s'agit d'une servitude discontinue, la cessation du service pendant trente ans, depuis la destruction, opère la liberté du fonds asservi; tandis que, si la servitude est continue, le temps de la prescription ne court que du jour où le maître de l'héritage servant a fait un acte contraire au droit de son voisin.

De là il suit que celui qui, même par un événement dont il n'est pas l'auteur, perd l'usage de la servitude, ne peut pas se dire hors d'état d'agir; il n'est pas de ceux que la loi appelle *non valentes.* Il est bien vrai qu'il n'a pas la faculté de faire usage de la charge foncière, lorsqu'elle est impossible à exercer; mais il lui reste le moyen de faire des actes conservatoires capables d'arrêter le cours de la prescription. Or, quand il néglige pendant trente ans de rappeler qu'il lui est dû un droit foncier, dont il entend se servir dès qu'il en aura la possibilité, on présume qu'il en a consenti l'abandon.

Un commentateur du Code-Napoléon ne veut pas qu'on puisse acquérir la liberté de l'héritage servant par la prescription, tant que le maître de l'héritage dominant est réduit à l'impossibilité de faire usage de la servitude : il prétend qu'il ne faut pas s'arrêter au sens que présente d'abord la disposition de la loi. Suivant lui, la cause qui a suspendu l'exercice du droit foncier ayant cessé, ce droit reprend son activité, à moins que déjà la prescription ne fût accomplie à l'époque où le changement des lieux est survenu.

Cette opinion nous paraît erronée ; elle suppose que la loi dit une chose inutile. Etait-il besoin en effet de décider qu'une servitude déjà prescrite lorsqu'arrive la destruction ne peut plus revivre, même quand l'état des choses est ensuite rétabli ? Il suffisait d'avoir posé en principe dans l'*art.* 706, que les servitudes s'éteignent par le non-usage pendant trente ans, et d'avoir expliqué dans l'*art.* 707 de quel jour doit courir cette prescription. Il paraît donc au contraire très-évident que l'*art.* 704 parle précisément du cas où, depuis la destruction, l'usage de la servitude est resté impossible pendant le temps nécessaire à la prescription : la loi veut alors que le service foncier soit éteint. A la vérité, le maître du fonds dominant cesse de jouir par un événement dont il n'est pas cause ; mais il peut faire des actes conservatoires pour interrompre la prescription. S'il garde le silence pendant trente ans, à compter du jour de la cessation du service, lorsqu'il s'agit d'une servitude discontinue, et à compter du jour où le voisin a fait un acte contraire à la servitude, si elle est continue, le propriétaire de l'héritage dominant est présumé avoir consenti l'extinction de son droit : il ne peut donc plus l'exercer, quoique l'ancien état des lieux soit établi.

Art. III. *Comment les servitudes s'éteignent par confusion.*

Trois paragraphes divisent cet article : on verra dans le premier quand il y a lieu à la confusion ; on examinera dans le second quelles portions des deux héritages doivent être réunies pour opérer la confusion ; le troisième parlera du cas où le maître de l'un des deux fonds succède au propriétaire de l'autre fonds.

§ Ier. *Quand a lieu la confusion.*

Ce n'est pas assez qu'il y ait un héritage asservi à un autre héritage ; il n'y a point de servitude, si les deux fonds n'appartiennent pas à deux maîtres différens. On a parlé au chapitre II de cette condition, comme formant un des caractères essentiels de toute servitude prédiale; car il répugne qu'on puisse se devoir un droit à soi-même : *Nemo ipse sibi servitutem debet.* L. 10, ff. comm. præd. Sans doute que tout propriétaire peut imposer une charge à un de ses héritages pour l'utilité d'un autre héritage qui lui appartient; mais cet état de deux fonds ne constitue pas une servitude : c'est simplement destination de père de famille. Il en peut résulter par la suite le titre d'une servitude; pour cela il faut que les deux fonds cessent d'appartenir au même propriétaire. Cette matière a été suffisamment expliquée au chapitre IV, article III, § III.

Puisqu'il n'y a pas servitude entre deux fonds, lorsqu'ils appartiennent au même maître, il résulte nécessairement que toute servitude est éteinte, quand les deux héritages, entre lesquels elle était établie passent dans la propriété de la même personne. *Cod. Napol., art.* 705. Cette décision s'applique aux servitudes nécessaires, aussi-bien qu'à celles établies volontairement, parce qu'elle est fondée sur l'essence même de toute servitude réelle.

Cette réunion des deux héritages dans le domaine du même propriétaire éteint le service foncier, sans distinguer si elle arrive à titre onéreux ou à titre gratuit; ni si c'est le propriétaire de l'héritage dominant qui acquiert l'héritage servant, ou si c'est le propriétaire de l'héritage servant qui devient maître de l'héritage dominant : dans les deux cas, la confusion est opérée.

Pour qu'il y ait confusion, il faut qu'elle se fasse à titre de propriété; car si le propriétaire de l'un des héritages devenait possesseur de l'autre en qualité de fermier, par exemple, ou d'usufruitier, la servitude ne cesserait pas d'exister. En effet, la possession que l'on obtient à titre précaire est exercée au nom du véritable propriétaire : par conséquent, les deux fonds, quoique possédés pour un temps par la même personne, n'en appartiennent pas moins à deux maîtres différens.

Ainsi la servitude établie sur l'héritage d'une personne qui épouse le propriétaire de l'héritage dominant n'est point éteinte, parce que le mariage n'opère aucune confusion de propriété. L'exercice de la servitude est suspendu, il est vrai, pendant le mariage; c'est-à-dire qu'il ne pourrait pas y avoir d'action formée en justice entre les deux époux pour raison de cette servitude : mais après le mariage, elle reprend toute son activité. L. 7, ff. *de fundo dotali.*

Si le propriétaire de l'un des héritages n'acquérait qu'une portion de l'autre, la servitude serait-elle éteinte? Non, parce que la confusion ne serait pas entière, et que la portion non acquise continuerait d'être l'objet du service foncier. En effet, il est de principe qu'une servitude est indivisible, et qu'elle ne peut être ni exigée ni soufferte pour partie : par conséquent, quelque petite que soit la portion non comprise dans l'acquisition, la servitude ne cesse pas de subsister entière à l'égard de ce qui n'a pas été réuni. L. 30, § 1, ff. *de servit. urb. præd.*

Par exemple, le propriétaire d'un fonds assujetti à un droit de passage achète la moitié du fonds pour lequel ce service foncier a été établi; il doit en souffrir l'exercice pour l'utilité de l'autre moitié qu'il n'a pas acquise. Pareillement, si c'était le propriétaire du fonds dominant qui eût acheté la moitié de l'héritage servant, il conserverait son droit entier sur la portion de terrain qui y est affectée, et dont il n'a pas fait l'acquisition; car le propriétaire débiteur n'a pas pu être libéré pour portion d'un droit indivisible.

Observez que la confusion opérée en vertu d'un titre qui, par la suite, est annulé, n'a pas éteint la servitude; car ce qui est nul ne produit aucun effet. Ainsi le propriétaire de l'héritage servant achète l'héritage dominant; et postérieurement il est évincé de son acquisition, parce qu'il la tient de quelqu'un qui n'avait aucun droit à cet immeuble. Le véritable propriétaire, en rentrant dans son bien, par l'effet de l'éviction, pourra exercer la servitude; car la confusion n'était qu'une conséquence de l'acquisition : or, celle-ci étant considérée comme n'ayant jamais existé, il en est de même de ses effets; par conséquent la confusion n'a pas eu lieu, et la servitude n'est pas éteinte.

Pareillement, si le propriétaire de l'héritage dominant avait acquis l'héritage servant, et qu'ensuite il en eût été

évincé, la nullité de l'acquisition entraînerait la nullité de
la confusion : en conséquence, ce propriétaire pourrait réclamer son droit de servitude, le fonds dont il n'a plus la
possession n'ayant pas été libéré.

Ce que nous disons de l'éviction s'applique à tous les cas
où le titre, en vertu duquel un des deux héritages a été acquis, vient à se résoudre. A l'exemple qu'on a donné on
peut ajouter celui d'une surenchère qu'éprouve l'acquéreur
de la part d'un créancier inscrit hypothécairement. Si, par
l'adjudication qui suit la surenchère, l'immeuble ne lui reste
pas, la confusion n'a pas été opérée; il est considéré comme
n'ayant jamais eu de droit sur l'objet adjugé.

L'effet de la confusion étant d'éteindre la servitude, le propriétaire qui réunit les deux héritages peut changer l'état des
lieux, ou le laisser subsister, selon sa volonté. Dans le cas
où, sans opérer aucun changement, il continue de tirer avantage d'un de ses fonds pour l'utilité de l'autre, ce qui était
servitude n'est plus que destination du père de famille. Pour
qu'il en résultât un droit foncier, il faudrait que les circonstances expliquées au chapitre IV, art. III, § III, se présen-
tassent : c'est-à-dire que cette destination du père de famille
serait un titre de servitude, si les deux héritages réunis
cessaient d'appartenir au même propriétaire; et si le service tiré de l'un pour l'utilité de l'autre était apparent et
continu.

Ainsi un droit de passage est dû sur un fonds qu'achète
le propriétaire de l'héritage dominant; il ne change rien à
l'état des lieux, et peu de temps après il revend l'héritage
asservi, sans parler de la servitude : il ne pourra pas exiger
que l'usage lui en soit conservé. En effet, la confusion avait
éteint la servitude; et comme elle n'est pas à la fois continue
et apparente, la simple destination du père de famille n'a
pas suffi pour l'établir; il aurait fallu qu'elle eût été indiquée
par une clause formelle dans l'acte de vente.

On déciderait de même si le propriétaire au lieu de
revendre sa nouvelle acquisition aliénait l'héritage auquel
était dû le service foncier : faute d'une convention expresse
dans le contrat, ce droit ne pourrait pas être exigé par l'ac-

quéreur, parce que la destination du père de famille n'est pas un titre suffisant pour créer une servitude qui est discontinue ou non apparente.

§ II. *Quelles portions des deux héritages doivent être réunies pour opérer la confusion.*

Quand on dit que toutes les parties de l'héritage assujetti doivent la servitude entière, on suppose que tout le domaine est indéfiniment soumis au droit foncier : mais si une seule portion du domaine était affectée à la servitude, il faudrait considérer cette portion unique comme formant toute seule l'héritage servant. Par conséquent, la réunion de cette seule portion au fonds dominant opérerait la confusion, et éteindrait la servitude.

Supposons donc que vous ayez droit de passer, non pas sur la totalité de mon domaine, mais seulement par le verger qui termine mon jardin ; par la suite je vous vends ce même verger, et je reste en possession du reste de mon jardin. Certainement la confusion est entière ; car la totalité de l'objet assujetti au service foncier est devenu votre propriété. Avant votre acquisition, vous n'aviez pas de droit sur le reste de mon domaine ; après vous avoir vendu le seul objet asservi, ma propriété n'est plus redevable envers la vôtre, et la servitude s'est éteinte par la confusion.

On raisonnerait de même dans le sens inverse, c'est-à-dire, si la seule portion de domaine à laquelle est due la servitude était acquise par le propriétaire du fonds servant.

Par exemple, je ne dois le passage par mon verger que pour faciliter l'exploitation de votre vigne ; par la suite je fais l'acquisition de cette même vigne : le seul objet sur lequel a été établie la servitude, se trouvant, par ce moyen, réuni avec le fonds qui la devait, la confusion est complète. Vous ne pourriez plus réclamer l'exercice du droit foncier pour la portion qui vous reste de votre domaine ; parce que l'héritage dominant, dans cette espèce, était uniquement la vigne que vous m'avez vendue, et non pas la totalité de votre domaine. La confusion s'est donc entièrement opérée par mon acquisition ; ce qui a éteint de plein droit la servitude.

Si un tiers acquérait de vous la vigne à laquelle est dû le passage, et que je vendisse à la même personne mon verger, qui est l'objet assujetti à ce droit foncier, l'héritage dominant et l'héritage servant se trouveraient réunis sous la main d'un seul propriétaire. De là il suit que la servitude serait éteinte : l'acquéreur ferait des deux objets ce qui lui serait convenable; et ce qui m'est resté de mon domaine ne devrait plus le droit foncier à la portion de domaine que vous auriez conservée.

§ III. *Du cas où le propriétaire de l'un des deux fonds succède au maître de l'autre fonds.*

Un propriétaire jouit d'une servitude établie sur une maison appartenant à une personne qui décède, et dont il est héritier pour partie; la servitude n'est pas éteinte, attendu que, n'étant pas seul héritier, la confusion n'est pas complète : en conséquence, le service foncier lui est dû tout entier, puisqu'un pareil droit n'est pas divisible. La même décision aurait lieu si le défunt avait laissé dans sa succession l'héritage dominant, et si parmi ses héritiers se trouvait le propriétaire du fonds assujetti : la confusion ne pouvant pas s'opérer pour partie, la servitude entière n'en serait pas moins exigible. Si l'héritage de la succession venait à échoir en partage au propriétaire de l'objet asservi, c'est alors seulement que la confusion produirait son effet.

Lorsque le propriétaire de l'héritage, soit dominant, soit servant, est le seul héritier du maître de l'autre héritage, la confusion étant entière, l'extinction de la servitude s'effectue de plein droit. Observez néanmoins que la confusion n'est opérée que quand le propriétaire à qui la succession est déférée se porte héritier; car, lorsqu'il renonce, les choses restent à l'égard de la servitude comme elles étaient avant le décès. Par conséquent, pendant que délibère l'appelé à succéder, et tant qu'il n'a pas pris qualité, il n'y a pas de confusion.

On doit dire la même chose dans le cas où l'héritier n'accepte la succession que sous bénéfice d'inventaire : les deux héritages restent dans le même rapport eu égard à la servitude; attendu qu'un des effets du bénéfice d'inventaire est d'empêcher qu'il se fasse aucune confusion entre les droits de la succession et ceux de l'héritier bénéficiaire. Après la liquidation et le paiement des dettes de la succession, si l'héritage qui est l'objet de la servitude n'avait pas été vendu, et qu'ainsi il entrât dans la propriété de l'héritier bénéficiaire, c'est alors seulement que s'opérerait la confusion.

Si cet héritier vendait tous ses droits dans la succession dont il s'agit, la servitude serait-elle éteinte par la confusion?

La raison de douter, est que celui qui vend ses droits successifs accepte nécessairement l'hérédité; par conséquent, la confusion semble opérée, et la servitude éteinte.

On décide néanmoins que la servitude doit revivre après la vente des droits successifs, comme s'il n'y avait pas eu de confusion. En effet, est-ce à l'héritage de la succession que la servitude est due? Il est évident que la cession de tout ce qui appartient à cette succession comprend le droit de servitude qui en dépend. Si l'héritier profitait de la confusion, il retiendrait une portion des droits successifs qu'il a vendus, ce qu'il ne peut pas faire sans blesser la convention qu'il a faite : il est donc tenu de laisser subsister la servitude dont il ne lui est pas permis de priver celui à qui il l'a vendue, comme étant une partie des biens de la succession.

Suppose-t-on que l'héritage du défunt était asservi à l'héritage de celui qui vend les droits successifs; la servitude est alors une charge de la succession : or, comme l'hérédité n'appartient à celui qui l'a acquise que déduction des charges qu'il est obligé d'acquitter, il est tenu nécessairement de tenir compte de la servitude; ce qu'il ne peut faire qu'en la laissant subsister, et en n'invoquant pas l'effet de la confusion.

Cette opinion, adoptée par Domat et par Pothier, est fondée sur les lois romaines : elles ont prononcé textuellement que, quand le propriétaire de l'héritage dominant devient héritier de celui à qui appartenait l'héritage servant, ou réciproquement, la vente des droits successifs n'éteint pas les servitudes que devait l'héritier, ou à qui elles étaient dues avant l'adition d'hérédité. L. 9, ff. *comm. præd.* L. 2, § 19, ff. *de hæred. vel act. vend.*

Art. IV. *Comment les servitudes s'éteignent par prescription.*

Cet article est divisé en huit paragraphes : on y verra successivement, 1° comment s'opère l'affranchissement des servitudes par prescription ; 2° si les servitudes nécessaires sont sujettes à cette prescription ; 3° comment peut être interrompue cette prescription ; 4° quels changemens dans le mode des servitudes peuvent s'opérer par la prescription ; 5° de quel jour commence à courir la prescription pour opérer des changemens dans le mode des servitudes ; 6° en quoi le mode des servitudes est différent de ce qui en constitue l'objet ; 7° ce qui concerne le cas où l'héritage dominant appartient à plusieurs personnes ; 8° ce qui concerne le cas où c'est l'héritage servant qui appartient à plusieurs personnes.

§ Ier. *Comment l'extinction d'une servitude s'opère par la prescription.*

Comme les servitudes sont contraires à la liberté avec laquelle chacun doit disposer de sa propriété, on a de tout temps interprété en faveur de l'affranchissement des fonds le non-usage des droits fonciers : on présume que celui qui est resté long-temps sans user d'une servitude en a consenti l'extinction. Le temps nécessaire pour opérer cette sorte de prescription était fixé par le droit romain à dix ans entre présens, et à vingt ans entre absens : mais la plupart des coutumes appliquèrent à l'extinction des servitudes la prescription de trente ans. C'est cette disposition du droit commun de la France, que le code Napoléon a consacrée par son *art.* 706 : il y est dit que la servitude est éteinte par le non-usage pendant trente ans.

Pour bien comprendce comment s'opère l'affranchissement d'un fonds par le non-usage de la servitude, il faut distinguer si elle est continue ou discontinue. Il suffit d'avoir été trente ans sans exercer un droit foncier discontinu, soit apparent, soit non apparent, pour le perdre par l'effet de la prescription. Ainsi la faculté de passer chez le voisin, ou de puiser de l'eau à sa fontaine, ou de faire paître des bestiaux sur son terrain, ne peut plus être exercée lorsqu'on a laissé écouler trente ans sans en faire usage.

A l'égard des servitudes continues, tant apparentes que les non apparentes, le temps du non-usage ne commence que du jour où il a été fait quelque chose qui leur est contraire : si l'on est trente ans sans réclamer contre ce qui tend à détruire une servitude de cette espèce, c'est alors seulement que l'extinction en est opérée par le laps du temps que la loi a déterminé. En effet, tant qu'une fenêtre existe dans un mur mitoyen, tant que les eaux d'un héritage coulent sur l'héritage voisin, tant qu'il n'est rien construit ou rien planté sur un terrain assujetti au droit de vue, on ne peut pas présumer que le maître de l'héritage dominant ait jamais consenti à l'extinction de pareilles servitudes ; on voit au contraire un exercice non interrompu de son droit foncier, et par conséquent une volonté continuelle d'en maintenir l'existence. Mais si le propriétaire de la fenêtre la fait boucher en maçonnerie, ou si le voisin adosse une construction contre le mur mitoyen à l'endroit de la fenêtre, si le cours des eaux est obstaclé, s'il est élevé une construction sur le terrain en simple culture, voilà des faits contraires à la servitude ; c'est depuis leur époque seulement que le propriétaire de l'héritage dominant commence le non-usage de son droit : si donc il reste trente ans dans cet état, il est présumé avoir consenti à l'extinction de la servitude. Ces décisions sont écrites dans l'*art.* 707 du Code, qui fait courir la prescription à compter du jour où on a cessé de jouir, lorsqu'il s'agit de servitudes discontinues, et à compter du jour où il a été fait un acte contraire à la servitude, lorsqu'elle est discontinue.

J'achète un héritage qui avait sur le terrain voisin un droit de passage dont on n'avait pas joui depuis vingt-huit ans ; je rétablis le passage, dont je me sers pendant trois ans : à cette époque je suis évincé, parce que l'héritage m'avait été vendu par quelqu'un à qui il n'appartenait pas. Le véritable propriétaire veut conserver le passage, mais on s'y oppose, sous prétexte que ce propriétaire a été plus de trente ans sans en faire usage. Il répond que ce droit a été remis en activité, lorsque le non-usage n'avait encore duré que vingt-huit ans, et qu'ainsi le temps nécessaire pour prescrire n'était pas encore écoulé. On lui objecte que l'interruption de la prescription n'est pas son fait, mais celui d'un possesseur qui n'était pas propriétaire, et qu'il a lui-même évincé.

Le véritable propriétaire triompherait dans une pareille discussion; car il est de principe que la prescription peut être acquise, et par conséquent peut être interrompue par tout possesseur qui jouit d'un héritage à titre de propriété. On n'examine pas s'il est ou non de bonne foi; il suffit qu'il ne possède pas à titre précaire, comme serait un bail, un usufruit, un séquestre. L. 12, ff. *quemadmodùm servitut. amit.*

§ II. *Si les servitudes nécessaires s'éteignent par la prescription.*

Les servitudes nécessaires, soit naturelles, soit légales, peuvent-elles, comme les servitudes volontaires, s'éteindre par le non-usage pendant trente ans?

La raison de douter vient de ce que la loi déclare le non-usage pendant trente ans comme un moyen d'éteindre les servitudes sans aucune exception.

Pour décider, on doit distinguer les servitudes qui sont établies pour l'ordre et la sûreté publique : jamais on ne peut être affranchi de ces sortes de charges par le non-usage, quelque prolongé qu'il soit. Ainsi, sous prétexte que le voisin n'a pas réclamé depuis trente ans, on se refuserait en vain à construire le contre-mur prescrit par la loi pour appuyer une cheminée, un four, une forge, à un mur mitoyen; la sûreté publique réclame sans cesse la précaution ordonnée : il n'est donc pas possible, pour se dispenser de construire le contre-mur, d'opposer la prescription. Pareillement la culture d'un terrain enclavé ayant été négligée pendant trente ans, le propriétaire veut enfin le mettre en valeur : on ne peut pas argumenter d'un non-usage aussi long pour lui refuser le passage nécessaire, parce que l'utilité publique exige que la culture des terres ne reçoive aucun obstacle, et ne permet pas qu'une propriété soit réduite à l'impossibilité d'être utile d'une manière quelconque. Remarquez, dans l'exemple dont il s'agit, que la prescription pourrait être opposée pour prouver que le terrain enclavé n'appartient plus à celui qui prétend le cultiver : mais nous supposons ici que la propriété ne lui est pas contestée; et nous disons qu'alors le passage nécessaire lui est dû, nonobstant le long espace de temps qu'il est resté sans en faire usage.

A l'égard des servitudes, soit naturelles, soit légales, qui ne concernent que l'intérêt des particuliers, elles s'éteignent toutes par le non-usage, quand il est accompagné des circonstances prescrites par les *art.* 706 *et* 707 du Code. Par exemple, votre fonds étant plus élevé que le mien, il était donc, d'après la loi, assujetti à recevoir les eaux venant naturellement de chez vous. Cependant je suis en possession depuis trente ans d'opposer à ces eaux un obstacle qui les force à se perdre dans votre terrain; ou bien c'est vous-même qui, pour votre propre besoin, et pendant le même espace de temps, avez empêché les eaux de suivre leur cours naturel : vous ne pouvez plus me forcer à souffrir la servitude qu'avait établie naturellement la situation des lieux. Une pareille charge ne touchant qu'à nos intérêts particuliers, il m'a été permis d'en prescrire l'affranchissement : or, comme cette servitude était continue, le temps de la prescription a couru du jour où, pour la première fois, a été construit, par vous ou par moi, la digue qui a repoussé les eaux de votre côté.

On voit, dans cet exemple, que la prescription n'opère pas seulement l'affranchissement de mon héritage, elle m'acquiert de plus un droit de servitude contre le vôtre, c'est-à-dire le droit de vous renvoyer des eaux qui naturellement venaient sur ma propriété. Cet effet du laps de temps est autorisé, puisque les servitudes continues s'établissent par la même prescription de trente ans. De là il résulte que, si, après m'être acquis le droit d'empêcher les eaux de s'écouler sur mon terrain, vous aviez fait rompre la digue, et que je n'eusse pas réclamé pendant trente ans, votre fonds serait affranchi par l'effet du non-usage de ma part : alors la servitude résul-

tant de la situation naturelle des lieux reprendrait son activité contre mon héritage.

Prenons parmi les servitudes légales un autre exemple
n'offrant que des intérêts particuliers. Il est défendu à tout
propriétaire de laisser tomber les eaux de ses toits sur le
fonds voisin : la servitude imposée par la loi consiste donc à
établir la couverture des bâtimens, de manière que les eaux
pluviales s'écoulent sur le terrain de la personne à qui appartient la construction. Pour qu'on puisse commencer une
possession capable un jour de faire cesser l'obligation imposée par la loi à l'héritage servant, de garder les eaux de ses
toits, il est nécessaire qu'il ait été fait quelque chose de contraire à cette servitude, parce qu'elle est continue. Si donc,
par exemple, il a été établi des gouttières qui jettent l'eau
de pluie sur l'héritage du voisin, et si celui-ci reste trente
ans sans réclamer, la servitude légale sera éteinte; on ne
pourra plus forcer le propriétaire du bâtiment à retirer ses
gouttières.

On voit dans cet exemple, comme dans le précédent,
que l'héritage qui était assujetti à la servitude nécessaire
n'en est affranchi que par l'acquisition qu'il fait d'une servitude volontaire sur l'héritage voisin : cette acquisition est
l'effet de la prescription. Par conséquent, si par la suite les
gouttières sont supprimées, et que les choses restent en cet
état pendant trente ans, la charge qui avait été établie en
faveur de l'héritage sur lequel sont les bâtimens se trouve
éteinte : alors la servitude légale reprend toute sa force
contre ce même héritage, de manière que le propriétaire
ne pourrait plus rétablir de gouttières saillantes sur le terrain
voisin.

Par ces différens exemples, on voit qu'il importe peu de
qui viennent les faits qui fixent l'époque où commence le
non-usage des servitudes continues : tantôt c'est le propriétaire de l'héritage servant, qui entreprend quelque chose
d'opposé au droit de servitude, comme lorsqu'il élève un
bâtiment plus haut qu'il n'est prescrit par le titre; d'autres
fois le propriétaire de l'héritage dominant agit contre son
propre droit, comme lorsqu'il bouche lui-même, par de la

maçonnerie, une fenêtre qu'il avait eu la faculté d'ouvrir dans un mur mitoyen. Cette réflexion répond à la question de savoir si l'entreprise contraire à la servitude continue peut commencer le non-usage propre à la prescription, lorsque cette entreprise n'est pas faite sur l'héritage servant. La loi exige seulement un acte contraire à la servitude continue, pour fixer l'époque où commence à courir le temps du non usage : elle ne dit point que cet acte émanera plutôt du propriétaire de l'héritage servant que du maître du fonds dominant ou de tout autre. Concluons donc que tout acte fait, n'importe sur quelle propriété, s'il est contraire au droit foncier, fixe l'époque où commence à courir la prescription à fin de libérer. En effet, le point essentiel est de constater le non-usage : il est donc également favorable à l'extinction de la servitude, lorsqu'il tire son origine d'un fait attribué au propriétaire soit du fonds dominant, soit du fonds servant, soit d'un fonds intermédiaire.

§ III. *Comment interrompre cette prescription.*

Pour empêcher qu'une servitude continue s'éteigne par la prescription, il suffit de laisser les lieux dans l'état où ils ont été mis : on n'est tenu à aucun acte, ou plutôt l'existence de l'objet de la servitude atteste que le droit foncier est continuellement exercé. Il n'en est pas de même d'une servitude discontinue, l'usage n'en est constaté que par des faits de la part du propriétaire de l'héritage dominant. Le moindre temps qu'il reste sans exercer son droit commence une prescription, qui s'interrompt, il est vrai, chaque fois qu'il use de la servitude : il lui importe donc de ne pas rester trente ans sans la mettre en activité. Par exemple, s'il s'agit du droit de passage, et que trente ans s'écoulent sans que le maître de l'héritage dominant, ou quelqu'un pour lui, ait passé sur l'héritage servant, le droit foncier est éteint par prescription.

Il est quelquefois des circonstances où, pendant fort long-temps, on est dans l'impossibilité de faire usage d'une servitude : on interrompt alors la prescription, en obtenant du maître de l'héritage servant un acte portant que le droit foncier est dû. Vous avez, par exemple, le droit d'envoyer paître votre troupeau dans mes prés pendant une certaine saison de l'année : depuis long-temps il ne vous convient plus d'avoir de troupeau, et vous ne voulez pas néanmoins perdre votre droit. Le moyen d'y parvenir est d'exiger de moi, avant l'expiration des trente ans de non-usage, un titre récognitif du droit foncier; si je le refusais, vous obtiendriez un jugement qui vous servirait de reconnaissance. Remarquez qu'il ne suffirait pas de former une demande; il faudrait qu'elle fût suivie d'un jugement qui me condamnerait à vous consentir un titre récognitif. Si on se bornait à la demande, sans la faire juger, l'instance se trouverait périmée après un délai de trois ans; alors la demande serait censée n'avoir jamais été formée, et la prescription n'aurait pas été interrompue : il faut donc suivre toute demande de ce genre, jusqu'à jugement définitif. *Cod. Nap.*, art. 2247.

Au reste, pour le non-usage qui éteint les servitudes, il faut suivre les règles établies par le Code, relativement à toutes les prescriptions en général, et particulièrement à celle qui s'accomplit par l'espace de trente ans. Il serait hors de notre plan de traiter ici les principes de la prescription; ils exigent un traité particulier.

§ IV. *Des changemens opérés par la prescription dans le mode des servitudes.*

Puisque les servitudes s'éteignent par la prescription, à plus forte raison le mode d'une servitude peut-il être prescrit; car, si le non-usage pendant trente ans suffit pour anéantir un droit foncier, il est tout naturel que la manière dont on a usé de ce droit pendant aussi long-temps devienne la seule qu'il soit permis d'employer à l'avenir. Peu importe que ce nouveau mode soit favorable ou préjudiciable à l'héritage dominant ou à l'héritage servant : s'il en résulte une diminution de la servitude, la prescription libère en partie l'héritage assujetti; tandis que si, par le nouveau mode, le service foncier est aggravé, la prescription procure une augmentation de droit à l'héritage dominant. Cette sorte de prescription fait présumer que les parties sont convenues de ne point user de la servitude comme elle a été établie, mais de suivre le mode pratiqué depuis trente ans. Telle est la décision de l'*art.* 708 du Code Napoléon : il ajoute que la prescription n'opère sur le mode que comme s'il s'agissait de la servitude elle-même, et de la même manière.

Pour appliquer cette dernière disposition, il faut donc distinguer si la nouvelle manière d'user de la servitude en occasionne ou l'augmentation ou la diminution. Dans le premier cas, la prescription qui établit le nouveau mode est invoquée par le maître de l'héritage dominant, comme lui ayant acquis un droit plus considérable : on doit donc se régler alors suivant ce qui est ordonné pour l'établissement des services fonciers par le laps de temps. En conséquence, conformément à l'*art.* 690, il n'y a que les servitudes qui sont à la fois continues et apparentes, dont le mode puisse changer par la possession de trente ans, lorsque ce mode nouveau tend à acquérir une augmentation de charge.

Ainsi, une conduite d'eau est destinée à écouler les eaux du terrain voisin par ma basse-cour; pendant trente ans on fait passer ces mêmes eaux non-seulement par ma basse-cour, mais encore par mon jardin. Le mode de la servitude est changé au préjudice de l'héritage servant, par l'effet d'une longue possession, parce que toute servitude continue et apparente pouvant s'acquérir par prescription, la manière d'en user en augmentant la charge peut se prescrire de même.

Il n'en serait pas ainsi, s'il s'agissait, par exemple, de la défense d'élever une maison au-delà du second étage : si cette construction n'avait qu'un rez-de-chaussée, et qu'elle fût restée en cet état pendant trente ans, on ne pourrait pas empêcher par la suite l'élévation du même bâtiment jusqu'à la hauteur marquée par le titre. En effet, la longue possession en faveur du fonds dominant n'est ici d'aucune considération, parce qu'il s'agit d'une servitude continue non apparente, qui ne s'acquiert pas sans titre, suivant l'*art.* 691. Par conséquent, tout mode qui tend à augmenter la charge, comme dans le cas proposé, ne peut pas éprouver de changement par prescription; il faut un titre, comme pour établir la servitude elle-même.

Les servitudes discontinues ne sont pas davantage susceptibles de s'établir par la longue possession, d'après le même article. Un droit de passage, par exemple, dont on ferait usage matin et soir, quoiqu'il ne fût établi que pour le matin, ne se trouverait pas modifié par le laps de temps : celui par qui le droit foncier est dû serait toujours dans le cas de n'en souffrir l'exercice que le matin, parce qu'un droit de passage étant une servitude discontinue, ne peut s'établir sans titre. En conséquence, le mode qui tend à l'aggraver ne peut pas être prescrit : tout changement dans l'usage qu'on en fait, doit donc être fondé sur un titre, sans que la possession puisse être invoquée.

Dans la manière d'user d'une servitude, s'agit-il d'un changement qui diminue la charge ; la prescription est proposée par le maître de l'héritage servant, comme un moyen d'affranchissement : on se conforme alors aux règles relatives à l'extinction des servitudes par prescription. Il n'en est pas une, suivant l'*art.* 706, de quelque nature qu'elle soit, qui ne s'anéantisse par le non-usage pendant trente ans. Par conséquent, la manière d'user de toutes les espèces de services fonciers peut également changer en faveur de l'héritage servant par la possession, soit que pendant trente ans on n'ait point fait usage d'une portion de la servitude, soit que pendant le même temps l'ancien mode de l'exercer ait été remplacé par un autre moins onéreux. Ainsi, j'avais la faculté de faire passer mes troupeaux, matin et soir, sur deux de vos champs séparés l'un de l'autre ; pendant trente ans, je n'ai usé de ce passage que le matin, et seulement sur l'un des deux champs. Le non-usage a opéré l'affranchissement de la servitude que devoit le champ sur lequel mes bestiaux ne passaient plus ; à l'égard du droit de passage sur l'autre champ, il est réduit à la faculté d'en user le matin seulement. Comme le changement dans la manière d'exercer ce dernier droit tend à diminuer la charge, il est également l'effet du non-usage par lequel s'acquiert tout affranchissement, soit des servitudes, soit de leur mode.

§ V. *De quel jour commence la prescription propre à opérer des changemens dans le mode d'une servitude.*

D'après l'*art.* 708 du Code Napoléon, le mode d'une servitude se prescrit de la même manière que la servitude elle-même : il faut donc, pour opérer l'extinction d'une partie de la charge foncière, calculer le temps du non-usage, conformément à ce que prescrit l'*art* 707 pour l'extinction de la servitude entière.

En conséquence, s'il s'agit de prescrire le mode d'une servitude discontinue, soit apparente, soit non apparente, les trente ans commencent à courir du jour où le nouveau mode, qui tend à alléger la charge foncière, a été pratiqué la première fois : c'est en effet de ce jour-là que l'on a cessé de jouir comme on en avait le droit.

Ainsi un passage était dû matin et soir, et cependant depuis trente ans on ne s'en est servi que le matin : le mode de la servitude se trouve prescrit en faveur de l'héritage servant. La faculté de passer autrement que le matin est éteinte par le non-usage, qui a commencé du jour où pour la première fois on a cessé d'exercer le droit foncier pendant les heures du soir.

Pareillement vous pouviez aller puiser de l'eau à ma fontaine en passant par mon jardin; vous avez pris l'habitude, depuis trente ans, d'arriver à cette fontaine par la rue, ce qui m'est beaucoup moins à charge : le mode de la servitude est donc prescrit; vous n'avez plus le droit d'exiger que je vous ouvre mon jardin. Le non-usage qui a duré le temps nécessaire à la prescription, a commencé du jour où vous avez cessé de venir à la fontaine par le chemin que j'étais tenu de vous livrer à travers mon héritage.

Quand la servitude est continue, qu'elle soit apparente ou non apparente, le temps du non-usage propre à l'éteindre ne court, suivant l'*art.* 707 du Code, qu'à compter du jour où il a été fait un acte contraire au droit foncier : par conséquent, le mode des servitudes ne pouvant se prescrire, d'après l'*art.* 708, que comme le droit foncier lui-même, et de la même manière, le non-usage capable de changer la forme de la servitude continue ne date que du jour où il a été fait un acte contraire au mode établi originairement.

Si donc on a une vue d'aspect, et que depuis trente ans on ait tenu la fenêtre fermée avec grille de fer, ou avec verre dormant, le mode de la servitude est prescrit, la fenêtre ne peut plus être dégarnie des objets qui, pendant si long-temps, ont obstaclé la vue.

Le fait qui, dans cet exemple, se trouve contraire à la manière dont on pouvait originairement exercer le droit foncier, et duquel date le temps utile à la prescription, émane du propriétaire de l'héritage dominant. Il en serait de même s'il s'agissait d'un acte attribué au propriétaire de l'héritage servant; cet acte fixerait également l'époque où commencerait à courir le temps nécessaire à la prescription du mode de la servitude. Ainsi les eaux de votre héritage doivent s'écouler en totalité sur le mien par deux endroits différens : depuis trente ans j'ai fait une construction qui obstacle une des issues établies pour les eaux de votre héritage; par cet acte, contraire au droit originaire, le mode en est prescrit, et les trente ans après lesquels je me trouve ainsi libéré d'une portion de la charge foncière ont commencé à courir du jour où j'ai fait faire les travaux qui ont détourné la moitié des eaux que j'étais tenu de recevoir; c'était à vous, avant l'accomplissement de la prescription, de me forcer à ouvrir la seconde issue que j'avais fermée.

Ces deux derniers exemples offrent des servitudes continues et apparentes; on ne déciderait pas autrement à l'égard d'une servitude continue non apparente, telle qu'est la prohibition de planter des arbres sur un terrain, afin de ne pas obstacler la vue du voisin. Si, depuis trente ans, des arbres se trouvaient avoir pris racine dans une partie de ce terrain, le mode de la servitude serait prescrit, en sorte que l'on ne serait plus fondé à faire abattre les arbres qui existent en contravention au titre de la servitude; par conséquent on n'aurait pas davantage le droit d'empêcher que d'autres arbres ne fussent placés sur la même partie de l'héritage assujetti. La servitude ne pourrait donc plus s'exercer que par rapport à la portion d'héritage dont la prescription n'aurait pas opéré l'affranchissement.

On voit, par tout ce qu'on vient de dire, que la prescription concernant uniquement le mode des servitudes continues, commence à courir comme la prescription qui les éteint entièrement, c'est-à-dire, à compter du jour où il a été fait un acte contraire à l'état originaire des lieux qui font l'objet du service foncier.

§ VI. *Il ne faut pas confondre le mode avec l'objet de la servitude.*

Pour qu'il soit opéré un simple changement dans le mode d'une servitude par la prescription, il faut que l'objet du service foncier soit resté le même. En effet, si au lieu de faire la chose permise on use d'un autre droit, c'est une nouvelle servitude que l'on s'attribue, et qui ne peut devenir légitime par le laps de temps, à moins qu'elle ne soit continue et apparente : toute autre servitude, de quelque espèce qu'elle soit, ne pouvant s'établir que par titre, la longue possession où on serait d'en user en remplacement du droit véritablement dû, ne pourrait pas suppléer au défaut de titre. Alors la véritable servitude n'ayant pas été mise en usage tant qu'on en a pratiqué une autre à sa place, se trouverait entièrement éteinte, si le temps de la prescription afin de libérer était écoulé. Quelques exemples vont éclaircir notre observation.

Pendant trente ans, vous n'avez fait aucun usage du droit de puiser de l'eau à la fontaine de mon parc; mais vous avez pris de l'eau dont vous aviez besoin à une autre fontaine qui est dans ma basse-cour. Ce n'est point là une simple modification de la servitude; l'objet en a été changé. En conséquence vous avez exercé un droit qui ne vous était pas dû, et vous avez abandonné celui qui vous appartenait; et comme ce dernier constituait une servitude discontinue, le non-usage pendant trente ans a suffi pour l'éteindre. L. 18, ff. *quemadmod. servit. amitt.*

A l'égard de l'habitude où vous êtes depuis le même nombre d'années de prendre de l'eau à la fontaine de ma basse-cour, elle ne se convertit pas en un droit; car ce serait une servitude discontinue qui ne peut s'établir que par titre, et jamais par la possession.

Si la servitude consistait à puiser de l'eau à la fontaine de mon parc seulement avant midi, et que vous eussiez pris l'habitude de n'y venir que le soir, le service foncier serait-il éteint? Pour décider cette question, il faut examiner si l'heure à laquelle on doit faire usage du droit est comprise dans l'objet du service foncier, ou si elle n'en est que le mode. L'objet d'une servitude ne consiste pas uniquement dans le corps des héritages dominant et servant; il est formé, en outre, d'un droit qui ne cesse pas d'être incorporel, quoiqu'il s'applique essentiellement à des immeubles qui sont corporels. Ainsi l'objet d'une servitude doit comprendre non-seulement les deux héritages dominant et servant, mais encore les circonstances qui caractérisent spécialement le service exigible. Dans cet exemple il ne suffit donc pas, pour désigner la servitude, de dire que la portion de mon parc où il y a une fontaine est assujettie à votre héritage : il est nécessaire d'expliquer en quoi consiste l'assujettissement ; et c'est cette indication spéciale qui constitue votre droit foncier, et qui par conséquent en fait le principal objet. Or, si le titre de la servitude porte que votre fontaine est assujettie à me fournir de l'eau avant midi, vous ne pouvez pas y venir le soir sans changer la nature de la convention ; car dans l'établissement des services fonciers on considère surtout comme objet essentiel les circonstances qui les rendent plus ou moins à charge au propriétaire de l'héritage servant. Lors donc qu'il a consenti de s'assujettir jusqu'à midi, exiger de lui le même service dans la soirée, c'est évidemment changer l'objet du droit stipulé. Cette décision est celle des jurisconsultes romains. L. 10, § 1, ff. *quemad. servit. amitt.*

On ne peut pas se le dissimuler, plusieurs auteurs modernes croient que l'heure fixée pour l'exercice d'une servitude n'en constitue pas l'objet, mais qu'elle en caractérise seulement le mode. Si la faveur de l'affranchissement ne commandait pas une interprétation très-restrictive, en matière de servitude, cette opinion pourrait être adoptée plus généralement. Au surplus, on doit à cet égard consulter principalement l'intention qu'on a eue en établissant la servitude : en général on ne doit considérer comme le mode que les circonstances tellement essentielles à l'exercice du droit, qu'elles seraient nécessairement supposées, si elles ne se trouvaient pas exprimées. Par conséquent, si au lieu d'une de ces circonstances désignées dans le titre, on en substitue une autre par l'usage, il n'en résulte qu'un changement dans le mode, et non pas dans l'objet de la servitude.

Ainsi, vous avez le droit de mener vos bestiaux s'abreuver le matin à ma fontaine : cela suppose nécessairement que vous pourrez les faire passer sur mon héritage pour arriver à cette fontaine; en sorte que si, par le titre, l'emplacement du passage n'était pas désigné, il faudrait le fixer. Le passage, en cette occasion, ne fait pas l'objet du droit convenu : il n'est qu'un moyen nécessaire de l'exercer. Si donc, après que le lieu du passage a été déterminé, soit par le titre, soit postérieurement, vous prenez l'habitude de conduire vos bestiaux à ma fontaine par un autre chemin, vous ne changez que le mode de la servitude, dont l'objet est d'abreuver vos bestiaux tous les matins à ma fontaine. Il en serait de même si, par le titre, il avait été dit que vous puiseriez de l'eau avec un sceau pour faire boire vos bestiaux, et que vous ayez été dans un long usage de les laisser boire dans l'un des réservoirs de la fontaine : le mode seul serait changé; car le droit d'abreuver des bestiaux à une fontaine entraîne nécessairement la faculté de leur procurer l'eau qui en vient.

On ne peut pas dire la même chose de l'heure fixée pour l'exercice du droit foncier : consentir à ce que l'on puise de l'eau dans ma fontaine, c'est nécessairement accorder le droit de passer pour y arriver; tandis que permettre l'usage de cette fontaine jusqu'à midi, ne suppose pas la faculté de s'en servir pendant les heures du soir. Rigoureusement, celui qui, pendant trente ans, n'aurait point fait usage de la fontaine avant midi, aurait perdu son droit par prescription : et s'il avait été dans l'habitude, pendant le même espace de temps, de puiser de l'eau à cette fontaine dans l'après-midi, il aurait pratiqué une servitude différente qui ne lui serait acquise que dans le càs où il aurait un titre, parce que les servitudes discontinues se perdent par le non-usage, mais ne s'acquièrent pas par prescription. Au reste, on le répète, les circonstances peuvent servir à décider si l'heure fixée pour l'exercice d'une servitude en est l'objet, ou seulement le mode. Ce que nous avons voulu faire sentir ici, c'est qu'il est fort important de ne pas confondre ces deux points, puisque, comme on l'a vu, les effets de la prescription sont quelquefois différens, selon qu'elle concerne le mode ou l'objet du service foncier.

La nécessité de ne pas confondre le mode avec l'objet d'une servitude, peut aussi se faire sentir quand elle est continue. Prenons pour exemple un héritage sur lequel on s'est obligé à ne pas élever de constructions plus haut que le premier étage de la maison voisine : si des bâtimens y ont été portés pendant trente ans à la hauteur seulement de quelques pieds au-dessus du terme fixé, le droit foncier est éteint, en sorte que le propriétaire de l'héritage affranchi peut élever ses constructions, par la suite, à telle hauteur qu'il lui plaira. En vain voudrait-on le contraindre à ne pas excéder la hauteur à laquelle il s'est mis dans l'usage de les tenir, et prétendre qu'il n'a prescrit que le mode de la servitude : la prohibition d'élever un bâtiment au-dessus du terme fixé est l'objet même du service foncier; pour peu que l'on excède cette hauteur déterminée, c'est un acte contraire, non pas simplement au mode, mais à l'existence même de la servitude. En conséquence, si les choses restent dans le même état pendant trente ans, l'affranchissement de la servitude est opéré.

§ VII. *Du cas où l'héritage dominant appartient à plusieurs personnes.*

Nous avons déjà eu occasion d'avertir que les principes établis par le Code Napoléon, pour les prescriptions en général, et particulièrement pour celle de trente ans, s'appliquent aux servitudes dans les différens cas où il est permis de les prescrire, soit activement, soit passivement. Il nous a

donc suffi de parler des conditions exigées par la loi pour
acquérir une servitude, ou pour s'en affranchir par le laps
de temps : à l'égard, soit des qualités que doit avoir la possession, soit des causes qui empêchent, ou interrompent,
ou suspendent la prescription, on doit suivre ce qui est
réglé par le Code d'une manière générale pour la prescription
trentenaire; nous ne devons pas nous en occuper dans un
travail consacré seulement aux services fonciers.

Néanmoins il est bon de faire connaître ce que la prescription, afin d'opérer l'affranchissement, a de particulier,
quand l'héritage dominant appartient à plusieurs propriétaires indivisément. Il est inutile de rappeler ici que, par
l'expression d'héritage dominant, on n'entend pas essentiellement la totalité d'un domaine, mais seulement la portion
de l'immeuble pour l'utilité de laquelle est due la servitude.
Cependant, souvent il arrive que le droit foncier est utile
au domaine entier; alors tout l'immeuble est l'héritage dominant.

Si l'héritage en faveur duquel la servitude est établie appartient par indivis à plusieurs propriétaires, la jouissance
de l'un empêche la prescription à l'égard de tous les autres.
Cette disposition de l'*art.* 709 du Code Napoléon est une
conséquence nécessaire de l'indivision de l'héritage dominant. En effet, dès que l'un de ceux qui le possèdent par indivis fait usage de la servitude de manière à interrompre la
prescription, la charge foncière est conservée pour l'utilité
de tout ce qui lui appartient dans cet héritage dominant : or,
par l'effet de l'indivision, il n'est pas une seule partie de
l'objet indivis, quelque petite qu'on puisse l'imaginer, sur
laquelle ne s'étende la part de propriété de celui qui a exercé
la servitude; donc il a conservé ce droit pour la totalité de
l'héritage dominant.

On ne déciderait pas de même, si les différens propriétaires de l'héritage dominant étaient sortis de l'indivision par
un partage, et que chacun possédât seul une portion de
l'immeuble. Il est bien vrai que le service foncier, étant de
sa nature indivisible, n'en serait pas moins dû en entier au
propriétaire de chaque portion; mais, comme ces proprié-

taires ne posséderaient plus par indivis, l'héritage dominant
se trouverait partagé en parties indépendantes les unes des
autres, qui formeraient autant d'héritages séparés, à chacun
desquels serait due la même servitude. Ainsi chaque propriétaire pourrait perdre pour sa part l'exercice de la servitude,
sans que les propriétaires des autres portions dussent en
souffrir : donnons des exemples.

Un héritage est assujetti à recevoir les eaux d'une maison
appartenant indivisément à plusieurs héritiers, qui habitent
chacun un corps de logis. Quand même l'un d'eux serait le
seul qui, pendant plus de trente ans, eût usé de ce droit, les
autres héritiers seraient fondés à reprendre l'exercice de la
même servitude, sans qu'on pût leur opposer la prescription,
attendu que la maison étant possédée par indivis, celui qui
a usé de la servitude l'a conservée entière pour tous ses co-
héritiers. Dans la suite la maison est partagée, et chaque
corps de logis devient un objet séparé : le propriétaire de
chaque corps de logis a sans doute la faculté d'exiger que ses
eaux s'écoulent par l'héritage voisin : mais si l'un de ceux
qui se sont partagé la maison néglige pendant trente ans
d'user de ce droit, il le perd pour le corps de logis qui lui
appartient. Il ne peut pas argumenter de ce que la servitude
a été exercée pour les autres corps de logis, parce qu'il n'y a
plus d'indivisibilité : en conséquence l'héritage servant ne
sera tenu de recevoir à l'avenir que les eaux des corps de logis
contre qui la prescription à fin de libérer n'a pas couru.

Pareillement, si la servitude avait pour objet un droit de
passage dû à la maison possédée par indivis, il suffirait que
l'un des propriétaires s'en servît, pour empêcher que les autres n'en fussent privés par le non-usage. Après que la
maison aura été partagée, le propriétaire de chaque corps de
logis continuera d'avoir le droit de passage; mais il ne l'exer-
cera plus pour la totalité de la maison, ce sera uniquement
pour la portion qui lui est échue : par conséquent, s'il cesse
de faire usage de cette servitude pendant trente ans, il perd
le droit qui était dû à son corps de logis, quoique l'affranchissement ne soit pas opéré à l'égard des autres portions du
bâtiment divisé.

Prenons pour troisième exemple un mur de clôture donnant sur un chemin public, et assujetti à n'être pas élevé au-delà d'une hauteur fixée; on a voulu laisser la jouissance de la vue à l'héritage qui est de l'autre côté du chemin, et qui appartient indivisément à plusieurs personnes. Si le propriétaire du mur l'élevait plus haut qu'il n'est convenu, un seul des propriétaires de l'héritage dominant pourrait faire baisser ce mur; et son action, en interrompant la prescription, serait utile à tous ses copropriétaires. Mais si l'héritage dominant avait été partagé, le propriétaire d'une des portions n'aurait le droit de faire baisser le mur que dans la partie qui gênerait sa vue : par conséquent, si le mur restait trop élevé vis-à-vis des autres portions de l'héritage dominant, la servitude à leur égard se trouverait éteinte après trente ans.

Dans tout ce qu'on vient de dire, on suppose que la partie du domaine à laquelle est due la servitude est divisée entre plusieurs personnes; ce qui arrive, par exemple, lorsqu'un droit de vue est dû à la totalité d'une maison, qui ensuite est partagée de manière que le corps de logis de droite appartient à une personne, et que le corps de logis situé à gauche devient la propriété d'une autre personne. Il est certain alors que l'un et l'autre propriétaire auront également le droit de vue, parce qu'un service foncier est indivisible, et qu'il répugne à la raison que chacun des copartageans puisse user d'un pareil droit proportionnellement à la valeur de son corps de logis.

Qu'arriverait-il si le domaine était divisé de manière que la partie à laquelle est due la servitude appartînt à un seul propriétaire? Ce cas aurait lieu dans l'espèce, si le droit de vue n'était établi que pour l'utilité d'un seul des deux corps de logis. On sent bien que la servitude ne pourrait être exigée que par la personne à laquelle serait tombé en partage ce qui forme le fonds dominant. Sans doute qu'on aura eu égard à cet avantage dans l'acte de partage; ce qui ne regarde point le propriétaire de l'héritage servant. Il sait ne devoir laisser la vue libre que pour l'utilité de tel corps de logis : ainsi tout ce qu'il doit considérer, et ce qui peut seul l'intéresser, est de connaître la personne à qui est tombé en partage ce même corps de logis.

Ces divers exemples font assez voir comment la disposition de *l'art.* 709 du Code s'applique seulement au cas où l'héritage dominant est possédé par indivis; ils montrent comment, après le partage de ce même héritage, la servitude peut s'éteindre à l'égard de chacune de ses portions séparément, sans nuire au droit des autres portions.

D'après ces principes, on décidera la question suivante. Un héritage est possédé pendant quinze ans par indivis, et aucun des propriétaires n'a fait usage d'un droit de pacage, par exemple, dû à l'immeuble commun. Cet héritage étant ensuite partagé entre les copropriétaires, l'un d'eux commence à exercer le service foncier; par conséquent il interrompt la prescription à son égard. Les propriétaires des autres portions de l'héritage divisé continuent, pendant encore quinze ans, à ne pas faire usage de la servitude : on demande si elle se trouve alors prescrite contre ces derniers.

La raison de douter, est que leur possession a été indivise pendant les quinze premières années, et divisée pendant les quinze dernières. Cette différence, dans la qualité des deux possessions, semblerait ne pas permettre qu'on puisse les joindre ensemble pour compléter le temps de la prescription.

Ce qui décide, c'est que pendant les quinze premières années tous les propriétaires ont possédé la totalité de l'héritage dominant : par l'effet du partage, chacun d'eux, il est vrai, ne se trouve plus avoir qu'une portion de l'immeuble ; mais chacun n'en continue pas moins, pour sa portion, la possession commencée pour la totalité indivisément. De là il suit que ces deux sortes de possessions s'unissent naturellement l'une à l'autre pour n'en plus former qu'une seule qui s'applique à chaque portion séparée. Par conséquent la prescription est acquise contre ceux des propriétaires qui, après le partage, ont continué à ne pas jouir de la servitude : en effet, les quinze années de non-usage pendant l'indivision se joignent aux quinze autres années qui ont suivi le partage, et par ce moyen s'accomplit le temps nécessaire pour opérer la prescription.

Supposons maintenant que, pendant les quinze années de possession indivise, un seul des propriétaires de l'héritage dominant ait envoyé ses bestiaux paitre dans le champ du voisin ; si, après le partage, les autres propriétaires continuent à ne pas exercer le droit foncier pendant encore quinze ans, l'auront-ils perdu par la prescription ?

Dès que le droit foncier a été exercé par un seul des possesseurs indivis avant le partage, la prescription a été interrompue pour tous également tant qu'a duré l'indivision. Le non-usage de plusieurs des copropriétaires ne peut donc pas leur être opposé : la prescription à leur égard ne doit commencer à courir que depuis le partage, parce que c'est la seule époque où, cessant d'être indivis, ils n'agissent plus utilement l'un pour l'autre.

Quand l'héritage dominant appartient par indivis à plusieurs personnes, parmi lesquelles est un mineur, ou tout autre contre qui la prescription ne court pas, le Code, *art.* 710, décide qu'elle ne court pas davantage contre les autres copropriétaires. C'est un des effets de l'indivision, en vertu de laquelle la part de propriété du mineur, comme celle de chacun de ses copropriétaires, frappe sur toutes les parties de l'héritage, quelque petites qu'elles soient. Le mineur, par le privilége de son âge, empêche donc la prescription de courir au profit de toutes les portions de l'immeuble dominant ; dès-lors le droit foncier étant conservé pour le tout, les propriétaires majeurs participent nécessairement à cet avantage.

Il faut bien remarquer que l'indivision est la seule cause de cette décision, en sorte que si l'héritage était partagé entre tous ceux à qui il appartient, la part de chacun serait un héritage particulier à qui le même droit foncier serait dû séparément. Par conséquent la prescription, quoique suspendue à l'égard de la portion échue au mineur, pourrait courir contre les portions des majeurs.

Que doit-on décider dans l'espèce suivante ? Une maison ayant une vue d'aspect sur l'héritage voisin est divisée entre deux héritiers, dont l'un est majeur, et dont l'autre n'est âgé que de dix ans ; le rez-de-chaussée de la maison tombe en partage à celui-ci, et l'héritage supérieur devient séparément la propriété du majeur. Le voisin construit dans la suite un mur assez élevé pour nuire à la vue de l'étage supérieur, et à plus forte raison pour obstacler celle du rez-de-chaussée dépendant de la maison qui a le droit de vue.

Après un laps de trente ans sans réclamation, la prescription est acquise contre la portion de l'héritier majeur, laquelle consiste dans l'étage supérieur. Quant au mineur à qui appartient le rez-de-chaussée, la prescription n'a pu courir contre lui qu'à compter de sa majorité ; or, il ne s'est écoulé que dix-neuf ans depuis cette époque, ce qui est insuffisant pour prescrire : il est donc fondé à demander que le mur soit abattu. Le succès de sa réclamation profite nécessairement au propriétaire de l'étage supérieur, quoique la maison ne soit pas possédée indivisément ; car il n'y a pas de moyen de rendre le droit de vue au rez-de-chaussée sans que le premier étage ne jouisse également du même aspect.

Quoi qu'il en soit, ce n'est pas ici une exception au principe que nous avons posé : on ne peut pas dire dans ce cas que le majeur soit relevé de la prescription par le mineur. En effet, si le majeur profite de la vue que se procure le propriétaire du rez-de-chaussée, c'est une suite de l'impossibilité qu'il y a de détruire ce qui gêne celui-ci sans que le propriétaire de l'étage supérieur n'en soit avantagé : c'est pourquoi si, par la suite, le maître du rez-de-chaussée faisait remise de la servitude, le mur pourrait être rétabli aussi haut qu'il conviendrait au propriétaire de l'héritage servant, sans que la personne qui demeure à l'étage supérieur de l'héritage dominant pût s'en plaindre, son droit de vue ayant été éteint par la prescription.

§ VIII. *Du cas où l'héritage servant appartient à plusieurs personnes.*

On vient de voir dans le paragraphe précédent comment les règles de la prescription à l'effet d'éteindre une servitude s'appliquent au cas où l'héritage dominant appartient à plusieurs personnes. Il est nécessaire d'examiner maintenant ce qui a lieu à l'égard de la même prescription, quand c'est l'héritage servant qui a plusieurs propriétaires.

Ici, comme dans tout ce qui concerne les servitudes, on entend par héritage servant non pas nécessairement tout le domaine de la personne par qui le service est dû, mais seulement la portion de ce domaine qui est assujettie à la servitude.

Quand l'héritage servant appartient à plusieurs personnes indivisément, le droit foncier est dû également par tous les propriétaires; en sorte que ce qui est fait contre l'un pour interrompre la prescription, est censé fait aussi contre les autres. Pareillement si l'un d'eux fait un acte contraire à une servitude continue, afin de commencer à prescrire contre cette charge, le temps de la prescription courra utilement pour tous les copropriétaires de l'héritage assujetti. Mais si cet héritage était divisé, ses portions seraient considérées comme autant d'héritages séparés qui devraient la même servitude : par conséquent, ce que l'un des propriétaires ferait pour se libérer ne profiterait pas aux autres.

Prenons pour exemple la vue de prospect due par un héritage à la maison voisine : tant que l'héritage servant reste indivis, la construction qui est élevée au-delà de la hauteur fixée sur telle portion que ce soit, suffit pour commencer une prescription favorable à la totalité de l'immeuble asservi. Il résulte de là que le jugement qui serait pris contre l'un des copropriétaires pour le forcer à baisser la construction, interromprait la prescription, non-seulement à son égard; mais encore à l'égard de tous les autres propriétaires de l'héritage servant.

Supposons que ce même héritage cesse d'être possédé par indivis, et que ses diverses portions soient placées d'une telle manière, que le propriétaire de l'héritage dominant puisse cesser d'avoir la vue sur l'une, par suite d'un fait qui ne le priverait pas de la vue sur les autres. Supposons ensuite qu'après le partage, le propriétaire de l'une des portions séparées élève des constructions qui nuisent au droit de vue : par ce fait, il commence une prescription qui n'est utile qu'à lui seul; et s'il parvient à s'affranchir par une assez longue possession, les autres portions n'en resteront pas moins sujettes au même service foncier. En effet, par suite du partage, les diverses portions sont devenues autant d'héritages séparés, qui doivent à la vérité la même servitude, mais qui peuvent séparément s'en affranchir. Le propriétaire d'une des portions ayant élevé la construction plus haut que ne le permet le titre de la servitude, la vue du voisin n'a éprouvé d'obstacle que sur la portion dont il s'agit; et ce voisin a continué de jouir de son droit sur les autres portions. Par conséquent, toutes les portions étant, par l'effet du partage, autant d'héritages séparés, l'avantage qui arrive à l'une ne peut pas profiter aux autres.

Admettons que les portions de l'héritage servant soient placées de manière que l'on ne puisse pas voir sur la plus éloignée, si l'on n'a pas la vue sur la plus rapprochée : supposons ensuite que celui à qui cette dernière portion est échue en partage élève un mur assez haut pour que la vue ne puisse plus s'étendre sur toutes les autres portions, l'affranchissement, dans ce cas, sera opéré après trente ans pour la portion où se trouve la construction contraire à la servitude : en même temps, les propriétaires des portions placées par derrière sont libres de construire. Ce n'est pas que la prescription acquise pour l'une des portions doive profiter aux autres; mais il est clair qu'on exercerait inutilement le droit de vue sur celles-ci. On a démontré, en effet, que quand le droit de servitude devient inutile à l'héritage dominant, il est suspendu, à compter du jour où a commencé l'obstacle qui en empêche l'usage : on a ajouté que si cet état durait tout le temps de la prescription, le droit foncier finirait par s'éteindre irrévocablement.

Il n'en serait pas de même si c'était le propriétaire de la portion la plus éloignée qui eût élevé un mur au-delà de la mesure fixée. Par un acte aussi contraire à la servitude, il commence sans doute la prescription; mais elle n'est utile qu'à lui seul, parce que l'affranchissement de sa portion ne fait aucun obstacle à l'exercice du droit de vue sur les autres portions.

On raisonne d'une manière analogue quand il s'agit d'un droit de passage qui traverse un héritage. Si par la suite cet immeuble est divisé entre plusieurs propriétaires, il n'est pas douteux que les diverses portions sont considérées comme autant d'héritages qui doivent le même droit. Cependant, à cause de la position de ces mêmes portions, si le propriétaire de l'une acquiert l'affranchissement, les autres portions deviennent libres nécessairement. En effet, on ne peut pas traverser un héritage quand le terrain destiné au passage n'est pas ouvert d'un bout à l'autre : si donc celui à qui le service foncier est dû avait, pendant trente ans, essayé de faire seulement une partie du chemin, et que, trouvant sans cesse des obstacles, il n'ait jamais achevé ni jamais réclamé, la servitude serait éteinte pour toutes les portions de l'héritage servant, quoique chacune fût possédée séparément. Le propriétaire du droit de passage n'a pas même conservé la faculté d'aller et de venir jusqu'à l'endroit où était l'obstacle : ce droit d'aller et de venir sur le terrain voisin, est une servitude qui n'a pas le même objet que le droit de traverser pour se faire un chemin. Ainsi, en se contentant d'aller et de venir sur une partie du passage, le propriétaire de l'héritage dominant n'a pas usé du droit qui lui appartenait; il a fait autre chose : or, cette chose constituerait une servitude discontinue, qui ne peut pas lui être acquise par la simple possession; il faut nécessairement un titre.

Dans l'espèce proposée, l'affranchissement est donc opéré par le fait d'un seul au profit de tous, sans que celui à qui le passage était dû en ait rien conservé, et quoique l'héritage servant fût divisé en portions indépendantes les unes des autres. La raison en est facile à sentir; la servitude dont il s'agit n'est pas de nature à être exercée séparément sur chaque portion de l'héritage servant : elle serait donc inutilement exigée sur les portions de ceux qui n'ont pas prescrit. De là il suit qu'à l'égard de ces mêmes portions le droit de l'héritage dominant est suspendu jusqu'à ce que l'obstacle soit vaincu, ou jusqu'à ce que l'état d'affranchissement soit devenu définitif, par un laps de temps suffisant pour opérer la prescription.

Au lieu d'un passage propre à conduire au travers de l'héritage servant, supposons que la servitude ait pour objet la faculté de se promener dans un parc, et que l'héritage servant ait été par la suite divisé entre plusieurs héritiers ; on doit alors considérer les diverses portions comme autant d'héritages différens, qui sont assujettis au même droit de promenade. Celui à qui le service foncier est dû reste-t-il trente ans sans se promener sur l'une des portions divisées ; elle acquiert son affranchissement par le non-usage, sans pour cela que la prescription profite aux autres portions. On en donne pour raison, qu'il s'agit ici d'un droit qui peut s'exercer séparément sur chacune des portions de l'héritage divisé.

FIN DU TOME PREMIER.